古典文獻研究輯刊

二二編

潘美月・杜潔祥 主編

第 8 冊

清人經解地理考據研究

孔祥軍 著

國家圖書館出版品預行編目資料

清人經解地理考據研究／孔祥軍 著 — 初版 — 新北市：花木
蘭文化出版社，2016〔民 105〕
目 2+288 面；19×26 公分
（古典文獻研究輯刊 二二編；第 8 冊）
ISBN 978-986-404-501-3（精裝）
1. 經學 2. 考據學 3. 清代
011.08   105001916

ISBN-978-986-404-501-3

9 789864 045013

古典文獻研究輯刊
二二編　第八冊　　　　　　　ISBN：978-986-404-501-3

清人經解地理考據研究

作　　　者　孔祥軍
主　　　編　潘美月　杜潔祥
總 編 輯　杜潔祥
副總編輯　楊嘉樂
編　　　輯　許郁翎
企劃出版　北京大學文化資源研究中心
出　　　版　花木蘭文化出版社
社　　　長　高小娟
聯絡地址　235 新北市中和區中安街七二號十三樓
　　　　　　電話：02-2923-1455 ／傳眞：02-2923-1452
網　　　址　http://www.huamulan.tw 信箱 hml810518@gmail.com
印　　　刷　普羅文化出版廣告事業
初　　　版　2016 年 3 月
全書字數　285236 字
定　　　價　二二編 15 冊（精裝）新台幣 28,000 元
版權所有·請勿翻印

清人經解地理考據研究

孔祥軍　著

作者簡介

孔祥軍，1979 年生，江蘇揚州人，歷史學博士，揚州大學社會發展學院副教授。目前主要從事清人經解提要、《毛詩注疏》版本校勘等研究工作。已出版專著《晉書地理志校注》、《漢唐地理志考校》、《三國政區地理研究》，發表學術論文若干篇，主持中國國家社科基金項目、中國教育部社科基金項目各一項。

提　　要

　　本書研究對象是清人經解地理考據，其主要成果以考據專著和單篇文字爲主。據此，本書寫作思路是對清人經解「釋地專著」所體現出的學術價值和考辨思路展開研究，兼顧出現在經解、筆記、文集以及史部著作中的「零星考據」。主要的研究方法，是通過甄別遴選具有代表性的典型實例，一方面展示清人所取得的考據成果，藉以明瞭地理考據在清代學術史上之地位；另一方面詳細分析清人進行經解地理考證時所使用的各種手段和方法，從而爲判定清人經解地理考據所具有的學術價值，提供堅實的依據，以此勾勒出清人經解地理考據的全景。

中國教育部人文社會科學研究青年基金項目
《清人經解地理考據整理與研究》
（批准號：13YJCZH073）資助成果

中國國家社會科學青年基金項目
《清人地理考據文獻集成與研究》
（批准號：14CTQ040）階段性成果

揚州大學新世紀人才建設工程資助

目

次

前　言

　　清人全力治經，往往不惜投入畢生精力鑽研、探求幾部經典文獻之古義奧蘊，故而清人學術之主幹即爲汗牛充棟的經學著述。與此同時，無論是文字訓詁之學，亦或是義理詞章之論，也幾乎都是圍繞著解經而展開與推演的。爲了保存和利用這批海量而又寶貴的學術財富，清人先後編輯了兩部叢書：《皇清經解》與《皇清經解續編》。前者，又稱《學海堂經解》，由大吏阮元倡發，最早刻成於道光年間，收書一百八十三種〔註1〕，後遭兵燹，書板破毀，又重加刊刻，收書一百八十種，其後又屢有重刊；後者，又稱《南菁書院經解》，由時任江蘇學政的著名學者王先謙主持刊刻，共收書兩百零九部，以補《學海堂經解》之不足，清人經學研究之代表成果大備於此〔註2〕。其中，大量經解著述直接或間接的涉及到了地理問題，爲了解決諸多繁難問題，清人運用了各種考據手段辨方證地，體現出了清人精湛的辨析思路和卓越的考證水準，從而將經學地理研究推進到了前所未有的高度。

　　從目錄學史角度而言，對於清人經解著述的文獻梳理工作，在清朝已經開始，其中頗具代表性的是朱彝尊《經義考》，是書通考歷代經義，集經學目錄之大成，其中對清朝著述雖有涉及，但關乎地理考據者則很少；乾隆三十

〔註1〕《皇清經解》所收清人著述有相當大一部分只是節取，如顧炎武《日知錄》、閻若璩《潛丘箚記》等等，實際上只收錄了與經學相關的文字，其它內容一律刊落不刻，故在使用《清經解》時需要核對原書，以防錯漏。與之相較，《皇清經解續編》則均爲全書整部收錄，不存在節取的現象，這在編輯體例上是重要的改變。

〔註2〕今人又有彙輯《清經解三編》、《四編》之舉，兩編共收錄兩清經解外清人經學著作凡一百一十五種，分別於 2011 年、2014 年由齊魯書社出版。

七年，開四庫館，館臣對所收及存目文獻逐一撰寫提要說明，經部收錄清朝著述頗豐，其中有相當一部分涉及地理考據，但四庫提要的基本特點是先用幾句話稍加概況，再挑出其中的幾個實例，或是或非，評騭得失而已；道光三十七年，沈豫撰成《皇清經解提要》，是唯一一部用提要形式專門反映經解成果的著述，然而每篇提要篇幅極短，與四庫提要情況類似。民國二十一年，由多位著名學者倡發，選擇了《四庫全書》未及收錄的三萬三千多種古籍，逐一撰寫提要，共同編寫了一部稿本《續修四庫全書提要》，但直到上世紀九十年代方經點校出版了《續修四庫全書提要・經部》，其撰寫方式依然與四庫提要如出一轍。縱觀上述幾種提要，其共同的特點是太過簡略，對於深入瞭解經解著述的研究成就和考證方法，沒有太大的借鑒價值，具體到地理考據專著則尤其如此。

清代考據學派在地理學方面解決了經學文獻中的大量疑惑，對此，梁啟超在《清代學術概論》和《中國近三百年學術史》中進行了全面的總結。民國以降，王國維、顧頡剛等還將其發揮得淋漓盡致。新中國建立後進行的史學革命，使階級分析法成為歷史研究主流，考據學被邊緣化，貶多襃少。上世紀八十年代之初，儘管還存在否定清代考據的言論，但已微弱了許多，九十年代以來考據學受到了與闡釋歷史、專題研究一樣的重視，故而出現了一批關於清代考據學派研究的論著。如陳祖武等著《乾嘉學術編年》與《乾嘉學派研究》（河北人民出版社 2005 年版）、漆永祥《乾嘉考據學研究》（中國社會科學出版社 1998 年版）、郭康松《清代考據學研究》（崇文書局 2003 年版）、羅炳良《清代乾嘉史學的理論與方法論》（蘭州大學出版社 2004 年版）等著作。這些論著的共同特點是，對於清人地理考據都不深入，不是一筆帶過，就是語焉不詳。而專門論述清代地理學進程的專著《中國地理學史（清代）》（趙榮、楊正泰撰，商務印書館 2006 年版），竟於清人經解地理考據未作詳論，實在是一大遺憾。《中國歷代地理學家評傳》第三卷（清代、近現代）（山東教育出版社 1993 年版）收錄清代地理學家凡十八人，所錄各篇評論也未曾深入分析清人經解地理考據的相關情況，僅就其所謂成就稍加敘述而已。民國著名學術刊物《禹貢半月刊・發刊詞》提出今後具體工作的四個方面，其一即是要完成清人未竟之業。回顧學史，連梳理與總結清人經解地理考據的工作都沒有能夠完成，遑論更進一步。

據此，對清人經解地理考據進行全面深入的研究，有著十分重要的學術

價值和意義。所以，本書將清人經解地理考據作爲研究對象，而基本討論範圍可以用兩個關鍵詞：「經學地理」與「清人考據」，加以概括。二者既各有範疇，又相互影響。所謂各有範疇，經學地理是指經學文獻中出現的地理問題，主要包括自然地理和人文地理兩個方面，前者涉及山嶺水體等地理實體的名稱、區域、走勢等問題，後者則涉及古邑故國等歷史遺蹟的命名、位置、沿革等問題；清人考據則是指主要活動年代在清朝的學者〔註3〕所進行的考辯論證。所謂互相影響，此處的經學地理不是泛指一切經學文獻中的地理問題，而是清人考據所涉及到的經學地理問題；同樣，此處的清人考據，也不是泛指所有清人所作考據，而是特指與經學地理相關之考述論辯，因爲地理問題的特殊性，清人除了紙上談兵外，還能進行實地走訪調查，因此在一定程度上帶有踐行徵實的實證性質。

正是因爲有了「經學地理」與「清人考據」這兩大關鍵詞的限定，所以本書進行相關研究所依據的核心資料主要集中於清人經解文獻，兼顧清人學術筆記以及清人文集等方面。具體來說，《尚書》、《毛詩》、《春秋》三《傳》、《四書》均涉及到了大量的地理問題，特別是《尚書·禹貢》以及《春秋》三《傳》，清人反覆論辯，相互駁難，卓識迭見，蔚然大觀，遂成專門之學。其表現形式，以撰寫釋地專著爲主，如胡渭《禹貢錐指》、江永《春秋地理考實》、焦循《毛詩地理釋》、閻若璩《四書釋地》等等；以在經學著述中含帶附見長篇地理考證爲輔，如閻若璩《古文尚書疏證》、顧棟高《春秋大事表》等等；此外，在經解集釋、筆記條辨、文集討論、史著考據中還存在著數量空前的、與經學地理相關的零星考據。

根據研究資料所呈現的分佈狀態，本書的基本框架主要對清人經解「釋地專著」所體現出的學術價值和考辨思路展開研究，兼顧出現在筆記、文集，以及史考中的「零星考據」。主要的研究方法，是通過甄別遴選具有代表性的典型實例，一方面展示清人所取得的考據成果，藉以明瞭地理考據在清代學術史上之地位；另一方面詳細分析清人進行經學地理考證時所使用的各種手段和方法，從而爲判定清人經解地理考據所具有的學術價值，提供堅實的依據，以此勾勒出清人經解地理考據的全景。這也是本書所期望達到的第一層研究目的。與此同時，希望本書所萃取清人經解地理考據之精華能引起當代

〔註 3〕此處對「清人」範圍的界定，主要依據江慶柏《清代人物生卒年表·凡例》（人民文學出版社 2005 年版，第 16 頁）所作「清人」之定義。

學者的注意，並對當今的經學地理研究提供某種參考，是爲第二層研究目的。
這種參考並非是簡單停留在對清人相關結論的徵引，而應當是借鑒清人考據
的具體思路和考辨方法，當代學人若能深曉此端才算是在眞正意義上全面繼
承了耗費先人心血所成之學術遺產，是爲第三層研究目的。最後，在領略清
人精湛考據的同時，當代學者若能深刻體悟深藏其中的執著追索、矻矻以求
的學術精神，借古人之大氣吹今日之浮風，則可謂天之未喪斯文也，是爲第
四層研究目的。

　　經學古奧，古地茫昧，清人學識深厚，經解汗牛充棟，這對研究者來說
是極大的挑戰。具體來說，本書的研究困難集中於兩個方面：「求全難備」和
「蓋棺難定」。上文第二點已經提到了本書的資料分佈情況，大部分釋地專著
已經收入了阮元所編《清經解》和王先謙所編《清經解續編》，但仍有相當一
批清人經解釋地著作越出了此兩編近四百種之範圍，存目情況可從《清史稿·
藝文志》、《清史稿藝文志及補編》以及《清史稿藝文志拾遺》中窺知其概，
然而這些書目中前二者只錄名稱，不著收藏地點和相關版本，《拾遺》僅是彙
抄其它書目。據筆者摸索所知，其中相當一部分條目是編者依據清人各種材
料的記載所錄，換句話說，這些書到底是存是佚，還是僅有書名或撰寫計劃
而壓根就未能成書，編者也不得而知。所以在尋覓一些較爲冷僻的清人經解
釋地著述時，筆者雖然通過各種途徑和方法四處打聽，最後往往是無功而返，
如朱右曾《春秋左傳地理徵》十卷、吳偉業《春秋地理志》等等，不知天壤
間究竟是否仍有遺存。此外，有些書花費了很大代價和氣力，終於得獲一見，
然而要麼根本談不上詳辨考據，如呂調陽《觀象廬叢書》所錄《群經釋地》
六卷、《古史釋地》一卷、《諸子釋地》一卷，雖逐條列出地名，但往往三言
兩語，簡述今地所在，沒有任何考辨性質的文字；要麼僅僅是彙編集錄，如
張煥綸未刊手稿本《尚書地名今釋》九卷，彙集前人各種說法，沒有任何自
己的看法和意見，僅是抄書而已。這些都夠不上地理考據的標準，類似的情
況還很多。釋地專著尚且如此，零星考據所遇到的困難更大了。筆者花費了
大量的時間，認眞逐一翻閱了清人經解、學術筆記以及重要史部考據著作，
在精心斟酌孰爲考據的標準後，細緻鈎輯出了與經學地理考據相關的若干條
目，再從中精選出各類著例，分別撰成專章，頗有精疲力盡之感。

　　除了資料方面的問題，本書的最大困難就是如何評價清人經解地理考
據，即判斷孰是孰非。從某種意義上來說，筆者除了對清人經解地理考據進

行研究外，還得越過清人，直接對經學地理進行研究，然後再返身平亭清人眾說之是非，其難度可想而知。於是，筆者不得不隨著清人考據所及，彌思竭慮，輾轉求索，有時能與清人攜手同行，有時則與其展開較量，其間之苦樂，唯己自知。有些可以徵實的問題，通過文獻排比、邏輯推理以及參考考古收穫與研究成果，在某種程度上可以進行認定。但另外一些虛無縹緲的問題，則只能在清人聚訟紛紜、互相攻訐中選擇其一，如《禹貢》「三江」等類似疑問。此外，在本書的研究過程中，筆者驚奇的發現清人考據也不是想像中那麼嚴謹精審，清人在徵引文獻和展開考辨時，經常是紕漏叢聚、錯謬百出，所以往往要不厭其煩地為清人核對文獻，真有深秋掃落葉之感，這也在很大程度上加重了研究負擔。

　　以上所言研究困難之處，正是本書不足所在。一方面限於筆者搜羅範圍和客觀條件的種種制約，必然會有遺漏未及之處；另一方面由於筆者學識淺薄、思慮愚鈍，對清人經解地理考據的判定也必然存在錯訛誤謬，故向祈方家不吝賜教，讀者包涵見諒。為了充分展現清人經解地理考據的學術價值和研究手法，文中多舉實例，故不乏長篇引用原文之處，引文由筆者酌加標點，或有與通行整理本相異者，乃因筆者理解文義不同，正文不再一一出注，也一併在此說明。

附：常引文獻版本說明

1. 《毛詩》，《四部叢刊》初編影宋本，商務印書館線裝本。
2. 《尚書》，《四部叢刊》初編影宋本，商務印書館線裝本。
3. 《春秋經傳集解》，《四部叢刊》初編影宋本，商務印書館線裝本。
4. 《說文解字》，《四部叢刊》初編影宋本，商務印書館線裝本。
5. 《史記》，文學古籍刊行社影印南宋初覆北宋刊《史記集解》，1955 年版。
6. 《漢書》，《中華再造善本》叢書影印國家圖書館藏北宋刻遞修本，北京圖書館出版社，2003 年版。
7. 《後漢書》，《仁壽本二十六史》影印南宋福唐郡庠重刊北宋淳化監本，成文出版社，1971 年版。
8. 《水經注》，中國書店影印明嘉靖黃省曾刻本，2012 年版。

第一章　清人《尚書》地理考據

第一節　蔣廷錫《尚書地理今釋》

　　《尚書地理今釋》，蔣廷錫撰。《尚書》所涉三代上古之事，年紀邈遠，文獻乏徵，地理一端，尤難考實，故是篇以《今釋》冠名，釋解爲主，間有考辨。全篇一卷，擇取《尚書》所涉地名，以先後爲次〔註1〕，分條簡述，爲清人專釋《尚書》地理權輿之作〔註2〕，故《四庫全書》、《皇清經解》皆收錄是書。

　　蔣氏考辨仍以傳世文獻爲基本依據，如「灉沮」條：「按：《元和志》：灉水、沮水俱出濮州雷澤縣西北平地，去縣四十里〔註3〕。《九域志》：濮州有沮溝，即《禹貢》『灉沮會同』是也。宋時河決曹、濮間，灉、沮之源適當其沖，久而泥滓塡淤，二水遂涸。蔡傳乃欲以汳睢當之，非是。韓汝節云：汳睢在

〔註1〕蔣氏云：「諸篇地名皆依經文編次，《禹貢》山川有一名再見或三見者，若依例編敘，未免重複混淆，今將九州疆域、山原、川澤、羌夷各以類次焉」（《尚書地理今釋》，《清經解》，第 1534 頁）。下文所引皆爲《清經解》本《尚書地理今釋》。

〔註2〕此外，據《清史稿藝文志拾遺》（中華書局 2000 年版）著錄，清人專釋《尚書》地理之作尚有張煥綸《尚書地名今釋》九卷，是書爲未刊稿本，今藏上海圖書館。翻閱張氏此稿，雖卷帙繁富遠邁蔣書，然大抵鈔撮文獻記載與前人著述，幾乎沒有獨立考辨之見，故本書不擬單獨討論。

〔註3〕今檢《元和郡縣圖志》卷十一河南道濮州雷澤縣條：「灉水、沮水，二源俱出縣西北平地，去縣十四里」（中華書局 1983 年版，第 296 頁）。蔣氏所謂「去縣四十里」，不知所據何本，似誤。

豫、徐之境，無豫於兗州，而兗州自有灉沮也。」〔註4〕蔣氏據《元和志》以定灉、沮二水發源所在，又釋其湮滅之因，兼駁蔡說之誤，可謂條理順暢，水到渠成。

蔣氏考辨地名，往往佐證以地理實況，如「嬀汭」條：「按：孔安國《傳》云：舜所居嬀水之汭。《經典釋文》云：汭，水之內也。皆不以汭爲水名，而《水經注》云：歷山有舜井，嬀水出焉，南曰嬀水，北曰汭水，異源同歸，渾流南入於河。《史記正義》亦引《地記》云：河東郡青山東山中有二泉〔註5〕，南流者嬀水，北流者汭水。今考山西平陽府蒲州南有嬀、汭二水，皆南注大河，與《水經注》、《地記》二書合。蓋汭本訓北、訓內，又爲小水入大水之名，或後人見嬀水北有一小水入嬀，遂蒙《堯典》文而加名耳。」〔註6〕汭本爲通名非專稱，蔣氏援引《水經注》、《地記》以明汭確有專稱之汭，繼而證以平陽府濮州實有二水之地理情狀，認定此處之汭確有其水，傍依嬀水，同源分派，實非虛言。然蔣氏又深析其來歷，指出其既非小水入大水，而斯名之得，乃後人因其地有入嬀之小水，遂誤因經典所載而視之爲汭也。不僅如此，蔣氏復能依據地理實情以駁誤說，如「梁岐」條：「《孔傳》：梁、岐在雍州。今陝西西安府韓城縣西北九十里之梁山，鳳翔府岐山縣東北四十里之岐山也。蔡傳疑雍州之山不當載於冀州，指今山西汾州府永寧州東北之呂梁山一名骨脊山者爲梁山，汾州府孝義縣西之狐岐山一名薛頡山者爲岐山。然二山去河甚遠，不得謂河水所經。」〔註7〕蔡沈泥於「治梁及岐」述於冀州〔註8〕，故以此推求梁、岐二山所在，看似頗有道理，實則純屬臆斷，蔣氏則從地理實情出發，一針見血的指出蔡說漏洞所在，《禹貢》既謂「治梁及岐」，則梁、岐二山必傍大河，《孔傳》所釋梁、岐二山，一在韓城，一在鳳翔，皆昵河水，而蔡說二山所在，誠如蔣氏所謂實「非大河所經」，則其錯訛，不待辨而自明矣。周中孚《鄭堂讀書記》謂蔣書：

〔註4〕《尚書地理今釋》，《清經解》，第 1537～1538 頁。
〔註5〕原作「河東郡青山東中有二泉」，脫「山」字，今據《景印文淵閣四庫全書》本《尚書地理今釋》、百衲本《史記》補。
〔註6〕《尚書地理今釋》，《清經解》，第 1533 頁。
〔註7〕《尚書地理今釋》，《清經解》，第 1535 頁。
〔註8〕胡渭《禹貢錐指》卷二云：「晁以道用《水經注》以爲呂梁、狐岐，讀此始知《蔡傳》說宗晁氏。」（上海古籍出版社 2006 年版，第 25～26 頁）。則蔡沈此說或本晁以道。

「訂定諸儒之說，凡十一條，訂定蔡傳之說，凡九條，皆考證精審，足證舊說之訛。」〔註9〕誠非虛譽也。

借助輿圖考辨古地，亦爲是篇頗值稱道之處。在考辨黑水所在時，蔣氏云：「今四海大一統，皇上恩威所屆，靡不霑被震懾，郵傳所至，迎將恐後。特命使臣，遠歷西番，究源討委，寫圖以志，支派經絡，瞭如指掌，諸家浮說，有所折衷矣。」〔註10〕有此利器襄助，蔣氏不獨對既往飄渺之說，多有釐定，且能深析脈理，疏通源流，頗具現代自然地理研究之氣貌。

然是篇所釋古地，或承襲誤說，故間有訛謬。如「三苗」條：「今湖廣武昌、岳州二府，江西九江府地。《史記正義》曰：吳起云三苗之國左洞庭而右彭蠡，今江州、鄂州、岳州也。」〔註11〕蔣氏釋三苗所在，完全依據張守節所謂「江州鄂州岳州」之說，而張說又源自吳起之語。吳起所謂「左洞庭而右彭蠡」，恰恰非指後世所謂「洞庭」、「彭蠡」之地，據錢穆先生考證「洞庭」爲河域之滎澤，「彭蠡」爲大河龍門以下一段，三苗疆域則在河南魯山嵩縣盧氏一帶山脈以北，自蒲坂至析城王屋山一帶山脈以南，往來其間，夾河而居。〔註12〕張氏不知地名遷徙，不明「同名異地」之辨，蔣氏遂以訛傳訛，貽害深遠。蔣氏又於其時地理多有蒙昧，而致誤說。如「碣石」條：「案：《漢書・地理志》云：大碣石山在右北平郡驪城西南〔註13〕。《武帝紀》注文穎云：碣石在遼西絫縣，絫縣今罷入臨渝，此石著海旁。蓋驪城即今直隸永平府樂亭縣，絫縣即今昌黎縣，二縣壤地連接，杳無碣石蹤跡，而海水蕩滅之說，又荒誕不可信考。《肇域志》云：山東濟南府海豐縣有馬谷山即古碣石，劉文偉〔註14〕亦以馬谷山在古九河之下，合於《禹貢》入河入海之文，斷爲碣石無

〔註9〕　周中孚《鄭堂讀書記》卷九《尚書地理今釋》條，北京圖書館出版社2007年版，第170頁。

〔註10〕　《尚書地理今釋》，《清經解》，第1540頁。

〔註11〕　《尚書地理今釋》，《清經解》，第1533頁。

〔註12〕　錢穆《古三苗疆域考》，刊於民國二十一年《燕京學報》第十二期。又收入錢穆《古史地理論叢》（《錢賓四先生全集》第34冊，第83～114頁）。清人吳積鑒《詁經精舍五集》卷一以爲三苗即三危在鳥鼠山西、岷山之北（譚其驤主編《清人文集地理類彙編》第1冊，浙江人民出版社1986年版，第336～337頁），尤屬臆斷之見也。

〔註13〕　今檢《漢書・地理志》右北平郡有驪成縣，班固自注云：大揭石山在縣西南，苯曰揭石。作「揭石」而非「碣石」也。

〔註14〕　此處「劉文偉」當爲「劉世偉」之訛，檢上海古籍出版社2004年整理點校本《肇域志》書末所附《山東肇域記》卷一作「劉世偉」，又正文下引《潛邱札

疑。近世論碣石者，惟此說庶幾近之。」〔註15〕海水蕩滅之說，似起於酈道元，《水經注》卷五：「漢武帝元光二年，河又徙東郡，更注渤海，是以漢司空掾王璜言曰：往者天嘗連北風，海水溢，西南出，侵數百里。故張君云：碣石在海中。蓋淪於海水也。昔燕、齊遼曠，分置營州，今城屆海濱，海水北侵，城垂淪平，王璜之言信而有徵，碣石入海非無證。」焦循已駁之〔註16〕，酈氏誠誤，而蔣氏此說亦非。閻若璩《潛邱札記》卷二云：「前謂鑿空出新不若舊說之安者，尤莫甚近日碣石入海之說。陽信有劉世偉者，著論曰：『海豐縣北六十里有馬谷山，一名大山，高三里，周六七里，疑即古之碣石，為河入海處。夫事無所證，當求之跡，跡有不明，當度之理，以跡而論：九河故道咸屬齊，鬲津等三河在縣之界，而碣石不當復在他境；以理而論：禹之治水，行所無事，齊地洼下濱海，以禹之智，不從此入，而反轉繞千里之外，乃自平州而入海耶？況平州地形高，此山既在九河之下，又巍然獨出於勃海之上，為碣石，似無疑。』顧寧人賞其新，東海公載入《一統志》中。余曾正告之曰：九河見兗州，碣石則在冀州，皆《禹貢》明文，未易可移。果如世偉言，當移碣石為兗州之山矣。古九河闊二百餘里，長約四百里，其為逆河之地者，亦須長闊相等，方外受海水之潮汐入，內容河水之九派注。今馬谷山之旁與上，何處著此一片地耶？果爾，當刪《禹貢》『同為逆河』四字，以『入于海』接上『又北播為九河』，然後可。東海公不覺笑，余曰：無論《經》，聊以史證之。蘇秦說燕曰：南有碣石之饒；秦始皇三十二年，之碣石，使燕

記》閻若璩云云，胡渭《禹貢錐指》卷十一云：「碣石，冀州山，後世有因黃河改道，而移之於兗域者，元王充耘、明劉世偉之說是也」（上海古籍出版社2006年版，第360頁），秦蕙田《五禮通考》卷二百一云：「明劉世偉又云：海豐縣北馬谷山疑即古之碣石」（《景印文淵閣四庫全書》第140冊，第19頁），皆可為證。然清人晏斯盛《禹貢解》卷一云：「《肇域志》云：山東濟南府海豐縣有馬谷山即古碣石，劉文偉亦以馬谷山在九河之下，合於《禹貢》入河入海之文。」（《四庫全書存目叢書》經部第59冊影印南京圖書館藏清乾隆新喻晏氏刻《楚蒙山房集》本，第266頁）。崔啟晦《禹貢山水詩·碣石詩》小注亦云：「又考《地理今釋》，撫寧、昌黎二縣杳無碣石蹤跡，《肇域志》云：山東濟南府海豐縣有馬谷山即古碣石，劉文偉亦以馬谷山在古九河之下，合於《禹貢》入河入海之文。」（《四庫未收書輯刊》第四輯第3冊影印清同治三年長沙刊本，第333頁）。此似皆承蔣氏之說，而以訛傳訛也。

〔註15〕《尚書地理今釋》，《清經解》，第1535頁。
〔註16〕焦循《禹貢鄭注釋》卷上「夾右碣石入於河」條，《續修四庫全書》第55冊影印復旦大學圖書館藏清道光八年刻《焦氏叢書》本，第209頁。

人盧生求羨門、高誓，刻碣石門；二世元年春，東行郡縣，李斯從，到碣石刻始皇所立刻石；《封禪書》：並海上，北至碣石，巡遼西；《貨殖傳》：夫燕，勃、碣之間一都會也；尙得謂碣石不在昔平州今昌黎等縣處耶？《永平府志》已進呈，未及正之云。」〔註17〕閻氏析理引史，所駁甚是，據今人譚其驤研究，《禹貢》碣石即今河北昌黎之碣石山〔註18〕。昌黎本有此山，而蔣氏竟謂「杳無碣石蹤跡」，實未親歷昌黎地界，細作考察，又惑於顧炎武、劉世偉之說，未加詳考，遂成歧誤。

此外，蔣氏考辨復有不通情理者，如「陪尾」條：「按：《孔傳》云：淮出桐柏，經陪尾。今德安府安陸縣北有橫山，《漢志》所謂橫尾山古文以爲陪尾者也。淮水不經此山下，吳澄《書纂言》曰：《唐志》泗水縣有陪尾山，泗水出焉。蓋此是也，以橫尾爲陪尾者，非是。」〔註19〕蔣氏因淮水不經江夏安陸之橫山，故以其非爲《禹貢》之陪尾，遂定《唐志》所謂泗水之陪尾爲是。然此泗水縣之地亦非淮水所經，且案諸地圖，其距淮水更遠，不知蔣氏何以釋此之惑？前後矛盾，莫此爲甚。閻若璩《尚書古文疏證》卷六云：「《博物志》云：泗出陪尾，其徐州之山乎？徐西境，豫東境，正相接。禹既下太華，乃於是而熊耳，洛所經也；而外方，伊所經也；而桐柏，淮所出也；至於陪尾，泗所出也，則諸水之治，亦可見矣。」〔註20〕《禹貢》：「西傾、朱圉、鳥鼠，至於太華，熊耳、外方、桐柏，至於陪尾」，此明爲導山一列，閻氏混淆導水、導山，強配熊耳以下諸山以諸水，而太華以上，又付之闕如，其牽強彌縫之跡，顯甚。今人高師第詳考文獻，以爲陪尾山當爲今河南光山縣西北八十里之浮光山〔註21〕，揆諸文獻，庶幾近之。

〔註17〕《潛邱札記》，《景印文淵閣四庫全書》第859冊，第444～445頁。

〔註18〕譚其驤《碣石考》，收入《長水集》下冊，人民出版社1987年版，第98～104頁。高洪章、董寶瑞撰《碣石考》（《歷史地理》第三輯），申述譚說；劉起釪《碣石考》（《江海學刊》1984年第五期），亦以碣石在昌黎之說爲是，均可參看。

〔註19〕《尚書地理今釋》，《清經解》，第1536頁。

〔註20〕閻若璩《尚書古文疏證》，上海古籍出版社1987年影印清乾隆十年眷西堂本，第732頁。

〔註21〕高師第《〈禹貢〉導山所謂「陪尾山」究竟是現今哪一座山？》，收入《禹貢研究論集》，上海古籍出版社2006年版，第305～313頁。

第二節　閻若璩《尙書古文疏證》

閻若璩《尙書古文疏證》八卷,深辨《古文尙書》之僞,力糾蔡氏《集傳》所誤,「繁稱博證,反覆釐剔,源源本本,有條有據,洵足以袪千古之大疑,而立不敗之定讞」〔註22〕,爲有清一代經學研究最高成就的代表之作〔註23〕。是書以條目形式逐條展開考證,雖非嚴謹著書之體例,然其考據手段和論辨效果可謂反覆尋究、空前絕後。其中卷六集中考辨《尙書》地理,茲擇其要,迻錄於此。

清人經學地理考據多隻言片語,點到即止,如閻氏之長篇考證者,寥若晨星、鳳毛麟角。然閻氏終非以文字冗長見勝,而是動用一切手段考釋古地,抽絲剝繭、層層遞進,輾轉反覆、探盡幽曲。其辨「九江」一則,即爲著例,文雖繁長,今皆從錄,以見閻氏考據之高妙所在。「又按:太史公曰:余南登廬山,觀禹疏九江。嘗得《廬山圖經》,案之,有所謂上霄峰者,爲山絕頂處,傳司馬遷嘗登於此,因思當日從北而觀有九江焉。」廬山其址古今未變,閻氏以此爲牢靠基點,結合司馬遷親歷所見,遂定九江所在,後續所辨,證成此說而已。「班固《志》尋陽縣『九江在其南,皆東合爲大江』,應劭注:『江自廬江尋陽分爲九』是也,從南而觀有九江焉。」西漢廬江尋陽縣在今湖北廣濟東,與廬山隔江相望,孟堅、應劭之說正與地理形勢相合。《禹貢》所謂「九江孔殷」當即指此段江水,錢穆先生亦以爲:「尋陽今黃梅縣北,而九江在其南,殆即今廣濟、黃梅、宿松、望江諸縣境之江水也。」〔註24〕閻氏又從《禹貢》荊州本文出發,以申其說:「且最爲明證,『九江納錫大龜』,孔曰:大龜出九江水中,《史記・龜策列傳》:神龜出於江水中,廬江郡常歲時生龜長尺二寸者二十枚輸太卜官。是迄漢猶然,向嘗謂《禹貢》紀山川不紀風俗,

---

〔註22〕錢穆《中國近三百年學術史》,《錢賓四先生全集》第16冊,第301頁。

〔註23〕樊廷枚《四書釋地補》引清世宗祭閻若璩文云:「讀(筆者按:疑作著)書等身,一字無假,孔思周情,旨深言大,一字之褒,榮於華袞,身雖不顯,而道則亨也」(《續修四庫全書》第170冊影印清嘉慶二十一年梅陽海涵堂刻本,第5頁),能博得帝王如此稱揚,閻氏學問之精卓,馳名於世也。

〔註24〕錢穆《禹貢》山水雜說》「九江」條,《齊魯學報》第一號,又收入錢穆《古史地理論叢》,《錢賓四先生全集》第36冊,第349頁。顧頡剛《禹貢注釋》云:「今湖北黃梅北即古尋陽,九江在其南,殆即今廣濟、黃梅、宿松、望江諸縣境的江水」(《中國古代地理名著選讀・第一輯》,學苑出版社2005年新版,第21頁),其釋九江,全襲錢說,而沒錢名,後附《禹貢地圖》卻將九江繪於今洞庭湖位置,前後矛盾,莫衷一是。

紀物產不紀人才，以山川物產亙千年而不變者，於茲益信。」恰如閻氏所說，
《禹貢》所謂各貢其地所產，實毓於各方山川自然之化，氣候不變，物產亦
亙古不變，荊州九江既以大龜爲貢，而漢廬江郡濱江一段正以物產著稱，故
九江在此確不可疑。「或曰：蔡傳謂即今之洞庭引《水經》者，非與？」蔡沈
《禹貢》「九江孔殷」注云：「九江，即今之洞庭也。《水經》言：九江地在長
沙下雋縣西北。」〔註 25〕據此，則九江似在湖北通城，而與大江無涉，故有
《水經》所載「非與」之惑。胡渭《禹貢錐指》即從是說。〔註 26〕對此，閻
氏疏解云：「曰：未盡非也。詳玩《水經》之文，上有衡山，下有東陵、敷淺
原，曰：『九江地在長沙下雋縣西北』，似爲導山之九江、導江之九江作注，
於『九江孔殷』無涉。」閻氏細繹《水經》原文，「九江地在長沙下雋縣西北」
一句恰在「衡山在長沙湘南縣南」、「敷淺原地在豫章歷陵縣西南」之間，而
《禹貢》導山云：「岷山之陽，至於衡山，過九江，至於敷淺原」，二者頗有
關聯，故閻氏判定此長沙下雋之九江，乃導山、導江之九江，而與荊州九江
無關。〔註 27〕楊守敬亦以爲《禹貢》九江有二，「余謂下雋之九江是荊州之九
江，尋陽之九江是導江之九江，蓋長江數千里江水枝分，何必只一見？見於
荊州者即不必見於導江，見於導江者即不必見於揚州？」〔註 28〕楊氏所云正

〔註 25〕　《朱文公訂正門人蔡九峰書集傳》，中華書局 1987 年影印北京圖書館藏淳祐
　　　　　十年金華呂遇龍刊本。

〔註 26〕　胡渭《禹貢錐指》卷七「九江孔殷」條：「渭按：今岳州府巴陵縣，本漢下雋
　　　　　縣地，縣西南有洞庭湖。《山海經》云：洞庭之山，帝之二女居之，是常遊於
　　　　　江淵，澧、沅之風，交瀟、湘之浦，是在九江之間，出入必以飄風暴雨。《楚
　　　　　地記》本此。」（上海古籍出版社 2006 年版，第 203 頁）。丁晏《禹貢集釋》
　　　　　卷二駁之云：「然郭注謂尋陽九江，引《書》『九江孔殷』，則非洞庭明矣。」
　　　　　（《續修四庫全書》第 55 冊影印華東師大圖書館藏清同治山陽丁氏六藝堂刻
　　　　　本，第 312～313 頁）。

〔註 27〕　焦循對此卻有不同見解，以爲《禹貢》衡山之九江即荊州九江，衡山自西而
　　　　　來其脈至廬江乃過大江，江正因山脈潛渡，加之大禹刊鑿，故磯頭疏分，目
　　　　　爲九派，爾後又反折向西，歸宿於敷淺原。焦氏九江命名之解，頗有新意，
　　　　　且合地勢水文，可備一說也。（《禹貢鄭注釋》卷下「過九江至於敷淺原」條，
　　　　　《續修四庫全書》第 55 冊影印復旦大學圖書館藏清道光八年刻《焦氏叢書》
　　　　　本，第 231 頁）。

〔註 28〕　楊守敬《禹貢本義》「九江」條，《續修四庫全書》第 55 冊影印南京圖書館藏
　　　　　清光緒三十二年刻本，第 595 頁。侯楨《禹貢古今注通釋》卷二「九江孔殷」
　　　　　條云：「老友陶以言敦詩，常遊湖湘間，言洞庭吐納群川，爲九江所彙，一如
　　　　　舊說。」（《四庫未收書輯刊》第四輯第 3 冊影印清光緒六年侯復增古杕秋館
　　　　　活字本，第 495 頁）。則洞庭九江亦有目驗之勢也。

與閻說思路近似，然其謂荊州之九江在下雋則誤甚，閻氏早已論之，楊守敬何其疏漏也。此後，閻氏又自問自答，以圓融其說：「然則，兩九江可乎？曰：何不可之有？《禹貢》一書有南條之荊山，有北條之荊山；有徐州之蒙山，有梁州之蒙山；有荊州之沱、潛，有梁州之沱、潛；有兗州之沮水，有雍州之沮水。」而荊州之九江，又有禹功疏導與澤浸天成之別：「或曰：上山、水畢竟各見於一州，未聞一州之內，水重見也者。曰：以山證之，豫州之內有導山之熊耳在盧氏縣，有導水之熊耳，《孔傳》以為宜陽縣；況九江一為禹所疏，以人工名；一為九水所會聚，以澤浸名；同見荊州內，何不可之有？為禹所疏者，曰甚得地勢之中；為九水會聚者，第曰禹經之而已、江合之而已，其書法固自別也。但故道唐猶存而宋眇然，以致諸公起而辨之。」最後，閻氏又從沿革地理的角度，駁斥了蔡說之誤，「蔡氏之尤悠謬者，以今尋陽之地將無所容九江，不知漢尋陽縣在大江之北，今黃州府蘄州東潯水城是；東晉成帝咸和中始移於江南，今九江府德化縣西十五里是。杜佑曰：溫嶠所移也。譬諸河源本在西南而張騫乃求之西北，直差之毫釐，謬以千里。蔡氏郡邑之遷改，朝代之換易，尚所不詳，而可與談水道乎？」〔註29〕古尋陽在江北，後遷江南，蔡說蒙昧於古今政區沿革，誠不可與談水道也。閻氏立足經久之盧山，以考渺茫之九江，真可謂高明之見也。

　　由考究經文用字，進而釋經辨地，閻氏於此頗為著力，其云：「『浮於淮泗達於菏』，今本作『河』，二孔無傳疏，止陸德明引《說文》作『菏』，又未明其是。余考之，菏是也。蓋菏者，澤名，為濟水所經，又東至於菏者，是在豫之東北，即徐之西北，舟則自淮而泗，自泗而菏，然後由菏入濟，以達於河，此徐之貢道也。或曰：曷不詳言之？余曰：以上文兗州『浮於濟漯達於河』，次青州便『浮於汶達於濟』，不復言達於河矣。又次徐州『浮於淮泗達於菏』，亦不復言達於濟矣。至揚州則『沿於江海達於淮泗』，且不復言達於菏。不復言者，蒙上文也，一層脫卸一層，雖由當日水道之自然，而其敘法從變，字法從簡，真屬聖經之筆……總之，直言達於河，不識其何途之從，惟言達於菏，而水道歷歷然在人目前矣。此一字之長，有助於國史不小，其亦昔人謂觀書貴博證，尤貴得古善本以為之證者與！」〔註30〕閻氏此辨甚見

〔註29〕 本段所引見閻若璩《尚書古文疏證》卷六，上海古籍出版社 1987 年影印清乾
　　　　隆十年眷西堂本，第 733～739 頁。
〔註30〕《尚書古文疏證》卷三，第 226～228 頁。

精彩，其先引出《說文》異文，再結合《禹貢》文例書法〔註31〕，言之鑿鑿的指出作「河」實不可通，作「菏」則正可見徐州貢道。〔註32〕宋人程大昌《禹貢論下》三十五「漢沔」條有云：「兗之達河也以濟漯，既書達河於兗矣，至青第言達濟，不更竟之於河。其後徐貢則又止於菏，揚貢則又極於淮泗，正惟淮、泗、菏、濟得相因以達於河，故書其無所因者以張本，而削其有所因者以省文，聖經之法簡嚴例如此」〔註33〕，又云：「班固以爲河水，許叔重以爲菏水，菏、河古字應通。然後知徐貢之書達河也，非以越濟也，正因菏以達也。夫惟有菏以爲達濟之因，則江、海、淮、泗、菏、濟，自南而北，交相灌注，水道既闕絕，而經文書例，已書者更不再書，通此經一律也。」〔註34〕則閻辨或本程說〔註35〕，而又申明之也。朱鶴齡《禹貢長箋》卷四云：「仁山金氏言《古文尚書》作『達於菏』，《說文》引《書》亦作『菏』……然八州之貢，皆以達河爲至。兗州言達於河，故青不言；徐州言達於河，故揚不言。其義實相因，安知《古文》不有誤耶。」〔註36〕於此，胡渭《禹貢錐指》卷五曰：「河、漯，青且不言矣，而徐復云『達於河』，陵亂失次，《禹貢》必無此書法，而人猶謂作『河』爲是者，總由不知菏澤之原委耳。」〔註37〕辨析甚是，朱氏不識《禹貢》書例，所言誤甚。然湯奕瑞《禹貢方域考》則妄駁胡說，其云：「『達於河』，胡朏明以河爲菏澤，竊恐非是。」〔註38〕湯氏非之，不知其何據，實乃妄斷之尤甚者也。徐鹿蘋《增訂夏書禹貢注讀》復云：「徐之貢，浮舟於淮，自淮入泗，泗於河相隔，泗之西流，灄水入焉，自灄

〔註31〕焦循《禹貢鄭注釋》卷上「泗濱浮磬」條亦云：「《禹貢》於兗州言浮沛漯達於河，於青州則止言達沛，於揚州言達淮泗，於徐州言浮淮泗泗達於菏，互文以見之也。」（《續修四庫全書》第 55 冊，第 213 頁）。焦氏所見或自悟所得，然前人早已明言，不待其之揭發也。

〔註32〕此「菏」亦可作「荷」，詳王念孫《讀書雜志·漢書》第六「達於河」條（江蘇古籍出版社 1985 年版，第 247 頁）。

〔註33〕《禹貢論》，中華書局 1985 年影印北京圖書館藏淳熙八年泉州州學刊木。

〔註34〕《兗青徐揚四州貢道相因圖·敘說》，《禹貢山川地理圖》，中華書局 1985 年影印北京圖書館藏淳熙八年泉州州學刊本。

〔註35〕丁晏《禹貢集釋》卷一「浮於淮泗達於河」條云：「程大昌《禹貢論》據《說文》以正經文之誤，後人多從之。」（《續修四庫全書》第 55 冊，第 308 頁）。此言或是。

〔註36〕朱鶴齡《禹貢長箋》，《景印文淵閣四庫全書》第 67 冊，第 71 頁。

〔註37〕胡渭《禹貢錐指》，第 139 頁。

〔註38〕湯奕瑞《禹貢方域考》，《四庫全書存目叢書》經部第 59 冊影印湖北省圖書館藏清雍正十二年刻本，第 432 頁。

可以達河。泗之上源，濟水合焉，自濟亦可以達河，蓋灉入泗而出於河，濟合泗而入於河者也。」〔註 39〕徐說徐州貢道，既自泗入灉，又由泗合濟，按其思路則天下水道無不可通於河也，顯不可信據也。今人釋此水道云：「菏水，據《水經泗水注》，自菏澤分流，東南經今山東鉅野、金鄉、濟寧市入於泗水。其水今湮。是古時淮通泗，泗通菏，菏通濟，由濟通濼以入於河，徐州的貢道就是這樣」〔註 40〕，蓋以此說爲定讞矣。而閻氏似思辨太過，疑慮甚深，轉又調停兩說，其謂：「又按：《疏證》第二卷『浮於淮泗達於河河不如菏』謂蔡傳爲未然。茲因討論濟水，亦覺其說通。故《禹貢圖注》曰：淮與泗相連，淮可以入泗，自泗而往，則有兩途：或由灉以達河，灉出於河而入於泗者也；或由濟以達河，濟出於河而合於泗者也。余請證以古事，一《王浚列傳》杜預與書曰：自江入淮，逾於泗、汴，泝河而上，振旅還都。此由淮而泗，由泗而汴，由汴而河之道也，西道也。一《溝洫志》滎陽下引河東南爲鴻溝，以通宋、鄭、陳、蔡、曹、衛，與濟、汝、淮、泗會此，由淮而泗，由泗而濟，由濟而河之道也，東道也。」〔註 41〕表面來看，似亦可通，細究詳度，實非如此。《禹貢》導水：「導沇水，東流爲濟，入於河，溢爲滎，東出於陶丘北，又東至於菏。」此爲《禹貢》本文，由菏入河之道甚明，而未見由汴入河之文。且閻氏前文所揭《禹貢》書法亦可爲證，若徐州貢道爲由淮達泗，由泗達汴，由汴入河，則當云「浮於淮泗達於汴」，而不可云「浮於淮泗達於河」，杜征南致書王浚爲晉事，年代太晚，不可以證先秦之事。故閻氏後說，可謂求之過深，畫蛇而添足也。

閻氏亦能以親身走訪驗證其說，如其謂：「古人文多倒，不盡以次，《禹貢》亦然。『東會於泗、沂』，沂入泗，泗入淮，宜曰『沂、泗』，茲卻曰『泗、沂』。『西傾、朱圉、鳥鼠，至於太華』，呂伯恭以《漢志》言朱圉在天水郡冀縣，則在鳥鼠東，與經文次不合，疑不在此。不知余曾親經其山，在今鞏昌府伏羌縣西南三十里，山色帶紅，石勒四大字曰：『禹奠朱圉』，當日道中雜詠有『丹嶂含朝景』之句，即指此。依山之次，宜曰「西傾、鳥鼠、朱圉，至於太華」，茲卻曰『西傾、朱圉、鳥鼠』者，倒也。至梁州貢道，沔與潛通，

〔註39〕 徐鹿蘋《增訂夏書禹貢注讀》，揚州大學圖書館藏清光緒四年上洋集成堂新刊本。

〔註40〕 顧頡剛《禹貢注釋》，收入《中國古代地理名著選讀・第一輯》，第 17 頁。

〔註41〕 《尚書古文疏證》卷六，第 759～760 頁。

宜曰『入於沔』；渭不與沔通，宜曰『逾於渭』，經文不然者，乃傳寫偶訛，不必曲爲說爾。」〔註 42〕《尚書》前經秦火，後復轉錄，傳寫訛誤，錯簡倒乙，實難避免，其不可斤斤於文字，明矣。且摩崖石刻雖不足以定此山必爲朱圉，然閻氏援此以證，頗有客觀科學之精神，且據此以明不可拘泥文獻之見，亦可謂有識。

閻氏往往能以通博而見新知，進而嘗試著進行了一些規律性的總結，如其云：「《詩》與《書》相表裏，『信彼南山，維禹甸之』，則《禹貢》之終南也；『豐水東注，維禹之績』，則《禹貢》之『灃水攸同』也；『奄有下土，纘禹之緒』，則指『禹汝平水土』、『后稷播時百穀』；『洪水芒芒，禹敷下土方』則指『禹敷土』；『天命多闢，設都於禹之績』則指『五百里侯服』等。」〔註 43〕閻氏點出《詩》、《書》相通之理，爲其以經證經開闢了新路。其又通過對大量地名的綜合考察，初步歸納出某些地理通名之例：「河之南，洛之北，其兩間爲汭也，在今鞏縣。河自北來，渭自東注，實交會於今華陰縣，故曰渭汭。汭字，解有作水北者，有作水所出者，有作水之隈曲者，有作水曲流者，有作水中州者，總不若《說文》『汭，水相入也』於此處爲確解。夫言豈一端而已，夫各有所當也。」〔註 44〕這已經越出了單單考辨某地在某處的傳統做法，而是從大量實例中抽繹出帶有規律性的結論，清晰有序的分析出「汭」字所指涉的諸種情況，藉此結論可爲考辨其它已知、未知的相關問題提供重要幫助。這一考辨工作本身的學術意義不言而喻，而更值得注意的是其全新明晰的研究思路。

〔註 42〕《尚書古文疏證》卷六，第 726～727 頁。
〔註 43〕《尚書古文疏證》卷六，第 802 頁。
〔註 44〕《尚書古文疏證》卷六，第 728 頁。

第二章　清人《禹貢》地理考據

第一節　胡渭《禹貢錐指》附丁晏《禹貢錐指訂誤》

　　《禹貢錐指》二十卷，胡渭撰。此書在總結前人研究的基礎上，對《禹貢》作了系統而全面的深入研究，引起了經久的反響[註1]，康熙四十四年南巡，胡氏以白衣身份獻上此書，得到了御賜「耆年篤學」匾額之褒獎，康熙此舉乃「爲天下士子讀書者勸」[註2]，客觀上也起到了推獎學風的作用。最高統治者如此關注，無論是從何種目的出發，在當時或是現在亦或未來，都可謂絕代之殊榮，不朽之盛事。胡氏之所以在《禹貢》研究中獲得如此之成功，一方面是因爲其對既往研究進行了全面系統的總結[註3]，另一方面其在

───────────────

〔註1〕汪彥石《禹貢錐指解要‧後序》云：「德清胡氏朏明《錐指》二十卷，採摭繁富，疏通證明，摘孔、蔡之謬，攛諸家之精，爲自來釋《禹貢》者所未有，固宜家塾誦習。」（《四庫未收書輯刊》第四輯第 3 冊影印清咸豐三年家塾刻本，第 321 頁）。則除了在學術界廣爲流傳外，胡氏是書甚至被改寫成童蒙讀本，進入私塾課堂，成爲《禹貢》解讀的公認基準。

〔註2〕胡會恩《禹貢錐指紀恩》，《禹貢錐指》上海古籍出版社 2006 年標點版附錄，第 710 頁。本文引用皆以此本爲是，若對標點有不同看法處，徑改，不出說明。另，關於此整理本標點問題，可以參看呂友仁、李正輝《整理本〈禹貢錐指〉求疵》一文（《中國經學》第四輯，廣西師範大學出版社 2009 年版）。

〔註3〕胡渭云：「《經》下集解，亞《經》一字。首列《孔傳》、《孔疏》，次宋、元、明諸家之說……其說與穎達相似，故不多取……至於地志、《水經》，覼縷本末，附以夾註……諸家《書》解及《河渠書》、《地理志》、《溝洫志》、《水經注》外，凡古今載籍之言，無論經、史、子、集，苟有當於《禹貢》，必備錄之。」（《禹貢錐指略例》，《禹貢錐指》第 1～3 頁）。

很多方面提出了自己獨到的見解。清人甚謂：「自有胡氏之書，說《禹貢》者可以無作矣」〔註4〕，今人稱《禹貢錐指》是「一部具有總結性的書」〔註5〕，洵非過譽也。

《禹貢》所存古史地理，率多同名異地〔註6〕，胡氏能於歷代記載中條分縷析、明辨毫釐，爲後人繼續探求經學地理提供了堅實的基礎。如其考辨孟門云：「《尸子》、《呂氏春秋》、《淮南子》皆言：龍門未闢，呂梁未鑿，河出孟門之上……《水經注》云：河水南逕北屈縣故城西，有孟門山，即龍門之上口也……渭按：龍門之上口爲孟門，在今吉州西，西直陝西延安府之宜川縣；其下口即今河津縣壺口山盡處，近世亦謂之龍門者也，西與韓城之龍門相對。上口至下口，約一百六十餘里。」胡氏依據文獻記載指明孟門即龍門之上口，而龍門之下口即壺口山，實爲一體。繼此，胡氏又指出古孟門有二，「孟門有二：一在龍門山北，三子言『河出孟門之上』者是也。一在太行山東，《左傳》襄二十三年齊侯伐晉，取朝歌，入孟門，登太行。《史記》吳起謂魏武侯曰：殷紂之國，左孟門，右太行。《呂氏春秋》曰：通乎德之情，則孟門、太行不爲險矣。劉孝標《廣絕交論》曰：太行、孟門，豈云嶄絕？凡與太行連舉者，皆非吉州之孟門也。」胡氏通過引證大量文獻，指出除了龍門之孟門外，尚有太行之孟門，二者並存而非一。又考後一孟門所在，「杜預云：孟門，晉隘道。而不言其處所，司馬貞注《吳起列傳》云：劉氏按：紂都朝歌，則孟門在其西，今言左，則東邊別有孟門也〔註7〕。其注《齊世家》

〔註4〕俞樾《禹貢正詮・序》，《四庫未收書輯刊》第四輯第 3 冊影印清光緒十一年姚丙吉刻本，第 427 頁。

〔註5〕顧頡剛《禹貢注釋》，《中國古代地理名著選讀・第一輯》，學苑出版社 2005 年新版，第 6 頁。

〔註6〕楊守敬《禹貢本義》便專以辨別《禹貢》同名異地現象爲撰述宗旨，其自序云：「以《禹貢》本書言之，雍州之荊山，何以與荊州之荊山同名；兗州之蒙山，何以與梁州之蒙山同名；雍州有漆沮，何以兗州又有灉沮；梁州有沱、潛，何以荊州又有沱、潛；皆是異地同名、不能合一之證……余博觀往籍，綜覽形勢，始悟古人簡質，地連滇池，便有黑目，流經廣鬱，皆得鬱稱，秦漢猶然，何論三代。」（《續修四庫全書》第 55 冊影印南京圖書館藏清光緒三十二年刻本，第 585 頁）。

〔註7〕今檢百衲本《史記》卷六十五《孫子吳起列傳》「殷紂之國左孟門」條，司馬貞《史記索隱》云：「劉氏按：紂都朝歌，今孟山在其西，今言左，則東邊別有孟門也。」此云「孟山在其西」，胡氏引作「孟門在其西」，有篡改文獻之嫌。

則曰：孟門在朝歌東。蓋據起言以立說，今其地實無山以應之。齊師自朝歌而西入，亦不當反在其東，然則孟門者太行隘道之名，疑即今輝縣之白陘也。」胡渭據杜預注所謂「晉隘道」，推測其爲太行八陘之白陘，高士奇《春秋地名考略》亦持是說，「司馬貞謂（孟門）在朝歌東北，蓋以意言之，卒未能明其處也。今以太行之全勢論之，《述征記》、《元和郡縣志》皆曰：太行首始河內，北至幽州，凡百嶺，連亙十三州之界，有八陘：第一軹關陘，第二太行陘，第三白陘，此三陘在河內……白陘在輝縣，輝縣界連淇縣，淇縣即古朝歌也……入孟門，入白陘也，登太行，登羊腸阪也。吳起謂魏武侯：殷紂之國，左孟門，右太行。蓋以紂都朝歌，太行如屏，擁其西北二陘，分列左右，可恃以爲固也。當時齊莊公好勇喜兵，是役也，不藉友邦之力，獨與數十勇士，分將六軍，輕兵深入，蓋欲出人不意，用奇以制勝也。是故既取朝歌，則分兵爲二部，一入白陘，由朝歌而墮其險阨；一登太行，自河內以瞰其腹心。」〔註8〕高說雖可視爲胡氏之補充，然亦屬猜測，難爲定讞也。清人武億《群經義證》卷四辨云：「《左傳》此文當在晉境中求之，《外傳·晉語》『公伐原』下云『乃去之，及盟門，而原請降』，注：盟門，原地；請降，退一舍而請降。然則盟門即孟門也，盟、孟古字通，欲知孟門所在，當依原推之，後漢《郡國志》軹有原鄉，《通典》云：原在濟源縣西，由原而退舍三十里，在今濟源城之西北，俗名圲門鎮，封亦盟音轉訛也。」〔註9〕武氏謂此孟門在軹縣，與朝歌相距甚遠，似未盡合古史情勢，然其由音轉聲通而求古地，亦可備一說也。無論太行之孟門何在，其究非晉西昵河之孟門也，胡氏據此揭明後世文獻之誤：「樂史《太平寰宇記》云：相州安陽縣有鯀隄，禹之父所築，以捍孟門，今謂三仞城。蓋亦指朝歌西之孟門，但不知從孟門來者爲何水，須築隄以捍之。若謂此孟門即龍門之上口，則築隄當在太原府瀕河之地，安陽距西河千里，山脊隔斷，何用爲孟門築隄？竊疑此隄爲清、淇、蕩、洹諸水而設，後人誤認兩孟門爲一山，遂附會其說，以爲鯀所築，以捍孟門耳。」〔註10〕後人不辨古史有兩孟門，遂將人禹所治壺口之孟門移於河內安陽，又由此傳出鯀隄之名，可謂以訛傳訛，層累誤讀也。

〔註8〕高士奇《春秋地名考略》卷五「孟門」條，《春秋戰國史研究文獻叢刊》第 3 冊影印清康熙間錢塘高氏刊本，國家圖書館出版社 2009 年版，第 232～234 頁。

〔註9〕武億《群經義證》，《清經解續編》，第 1040 頁。

〔註10〕此段所引胡渭文皆見《禹貢錐指》卷二，第 23～24 頁。

　　蔡沈《書集傳》爲明清科舉用書，官方欽定身份無疑大大加強了其影響力，然其所釋《禹貢》地理則多有舛誤，胡氏對此能反覆詳考、審究其謬〔註11〕，如《禹貢》「壺口治梁及岐」蔡沈云：「梁、岐皆冀州山。梁山，呂梁山也，在今石州離石縣東北。《爾雅》云：『梁山晉望』，即冀州呂梁也。呂不韋曰：『龍門未闢，呂梁未鑿，河出孟門之上』。又《春秋》『梁山崩』，《左氏》、《穀梁》皆以爲晉山，則亦指呂梁矣。酈道元謂：呂梁之石崇竦，河流激蕩，震動天地。此禹既事壺口，乃即治梁也。岐山在今汾州界休縣狐岐之山，勝水所出，東北流注於汾。酈道元云：後魏於胡岐置六壁，防離石諸胡，因爲大鎮。今六壁城在勝水之側，實古河逕之險阨。二山河水所經，治之，所以開河道也。先儒以爲雍州梁岐者，非是。」〔註12〕胡氏於蔡沈此說，先溯其所本，「王應麟《困學紀聞》曰：治梁及岐，若從古注，則雍州山距冀州甚遠，壺口、太原不相涉，晁以道用《水經注》以爲呂梁、狐岐。讀此，始知蔡傳說宗晁氏。」則蔡沈「梁岐冀州」說當源自王、晁二氏也，胡氏從學術史的角度，首先揭示出此說後起，其可信度則大打折扣。繼之，胡氏分別從地理方位與地名釋解入手，以辨蔡說之非。「渭按：蔡氏所指呂梁在今永寧州東北，本名骨脊山，去河一百五十餘里。狐岐在今孝義縣西，一名薛頡山，去河三百三十餘里。安得謂河水所經而治之以開河道乎？且使二山果爲此經之岐、梁，則當在太原役中，不得與壺口連舉矣。」胡氏據蔡說推求其所定梁、岐二山所在，均距大河尚遠，恰與蔡氏所云「二山河水所經」者自相矛盾，蔡說之謬，不言自明。又，上文王應麟所謂「古注」或指《孔傳》：「壺口在冀州，梁、岐在雍州，從東循山，治水而西」，蔣廷錫云：「《孔傳》：梁、岐在雍州。今陝西西安府韓城縣西北九十里之梁山，鳳翔府岐山縣東北四十里之岐山也。蔡傳疑雍州之山不當載於冀州，指今山西汾州府永寧州東北之呂梁山一名骨脊山者爲梁山，汾州府孝義縣西之狐岐山一名薛頡山者爲岐山。然二山去河甚遠，不得謂河水所經。」〔註13〕蔣氏所駁與胡氏可謂不謀而合，

〔註11〕　胡渭《禹貢錐指略例》云：「蔡傳較劣，其本師文集、語錄所言《禹貢》山水如龍門、太行、九江、彭蠡等說，亦不能善會其意，而有所發明，況其它乎？」（《禹貢錐指》，第 1～2 頁）。由此可見，胡氏本對蔡沈《書》傳有不屑一顧之見。

〔註12〕　《朱文公訂正門人蔡九峰書集傳》，中華書局 1987 年影印北京圖書館藏淳祐十年金華呂遇龍刊本。

〔註13〕　蔣廷錫《尚書地理今釋》「梁岐」條，《清經解》，第 1535 頁。

然胡氏復對蔡氏援引諸書所載之「晉望」者詳加解釋,「《爾雅》曰『梁山晉望』,正謂夏陽之梁山。夏陽,故少梁,秦地也。《左傳》文十年晉人伐秦,取少梁。梁山由是入晉,成五年梁山崩,晉侯所以問伯宗,而行降服、徹樂之禮。下逮戰國,少梁猶屬魏,故梁山雖在雍域,而實爲晉望。蔡氏以爲在冀州,即離石之呂梁,何其考之不詳邪!」〔註14〕蔡沈望文生義,見地名「晉望」即以爲在晉地,而晉地又在河東,遂以呂梁當之,不知此「晉望」雖屬晉,然地在河西,蔡沈於先秦疆域地理蒙昧如此〔註15〕,胡氏所駁是也。蔡氏誤說影響深遠,清人朱鶴齡《禹貢長箋》卷一「治梁及岐」條云:「黃度謂:《禹貢》冀界逾河,自梁至岐,包漢三輔於其中。若然,則《禹貢》可不立雍州,且龍門之河何以謂之西河耶?此蓋因《傳》、《疏》而誤耳。」〔註16〕朱氏所疑,實秉承蔡沈二山在冀州之見。對此,四庫館臣所作提要駁曰:「(朱氏)皆有所見,惟解治梁及岐,力主狐岐爲冀州之境,則於理未合。蓋岐實雍地,當時水之所壅,於雍爲甚,故治冀必先治雍,而後壺口可得而疏。《孔傳》所云:壺口在冀州,岐在雍州,從東循山,治水而西。此語最爲明晰。鶴齡所以反其說者,殆以冀州之中不當及雍地,不知冀爲天子之都,何所不包。古人文字原未嘗拘泥,如荊州云『江漢朝宗於海』,荊固無海,亦不過推江漢所歸言之耳。即此可以爲例,又何必斤斤致疑乎。」〔註17〕「治梁及岐」述於《禹貢》冀州,而《孔傳》則注在雍州,此乃王應麟、晁以道、蔡沈及朱鶴齡諸人誤說紛起之根本原因,四庫館臣所辨恰中其要,所駁甚是。清人夏之芳《禹貢彙覽》卷一云:「梁岐雍州山,不言於雍而見於冀者,以壺口、梁岐爲一役,不可分而言之也。」〔註18〕此言亦得其實。

　　古往今來之學者,於古史文獻記載牴牾之處,往往糾結於認定某說,爭論於孰是孰非,而胡渭卻能深析地理情勢,尋繹歧說成因,化解所謂矛盾,從而得出令人較爲信服的結論。如其云:「《漢志》鉅鹿縣:《禹貢》大陸澤在北,一而已。而唐人所言不一,《通典》有二:趙州昭慶縣,隋爲大陸縣,有

〔註14〕本段所引胡渭考辨,皆見《禹貢錐指》卷二,第25~26頁。

〔註15〕閻若璩《尚書古文疏證》卷六云:「蔡氏郡邑之遷改,朝代之換易,尚所不詳,而可與談水道乎?」(上海古籍出版社1987年影印清乾隆十年眷西堂本,第738頁)。則清人於此亦有共識也。

〔註16〕朱鶴齡《禹貢長箋》,《景印文淵閣四庫全書》第67冊,第28頁。

〔註17〕《禹貢長箋提要》,《景印文淵閣四庫全書》第67冊,第2頁。

〔註18〕夏之芳《禹貢彙覽》,《四庫未收書輯刊》第三輯第5冊影印清乾隆積翠軒刊補修本,第584頁。

大陸澤；深州陸澤縣，有《禹貢》大陸澤，是也。《元和志》有四：邢州鉅鹿縣，大陸澤一名鉅鹿澤，在縣西北，東西二十里、南北三十里，葭蘆、菱蓮、魚蟹之類充牣其中，澤畔又有鹹泉，煮而成鹽，百姓資之；趙州昭慶縣，廣阿澤在縣東二十五里，即大陸別名；深州鹿城縣，大陸澤在縣南十里；又陸澤縣南三里，即大陸之澤是也……愚竊謂唐鉅鹿縣東境，亦漢鉅鹿縣地，澤在西北，接昭慶界。蓋一澤跨二縣之境，即班固所云『在鉅鹿縣北』，孫炎所云『今鉅鹿縣廣河澤』者也。而志家唯以平鄉爲古鉅鹿，求此澤而不得，遂言今盡爲丘隴，豈知《元和志》獨詳於鉅鹿，原不在平鄉界邪。」〔註 19〕文獻所載大陸所在各不盡同，至唐又歧爲四縣，胡渭詳度地勢，精闢的指出大陸雖名爲一澤，然泛濫蔓延，實跨數縣之地，志書分縣各述，遂至疑義。這樣的考辨思路爲解釋文獻記載中有關經學地理之分歧矛盾，提供了一把甚爲有效的鑰匙。胡渭不但明乎於此，更能得心應手的加以運用，可謂難能可貴，又如：「《漢志》祝其縣南有羽山，杜預《左傳》注亦云：在祝其縣西南，縣之故城在今贛榆縣界。而《隋志》朐山縣有羽山，《元和志》云：羽山在朐山縣西北一百里，又云：在臨沂縣東南一百十里，與朐山縣分界。朐山，今海州，臨沂，今沂州也。近《志》郯城縣東北亦有羽山，接贛榆界，《齊乘》云：羽山，舊在朐山縣東北九十里，今屬沂州，在東南百二十里，時郯城未復，故在州境也。諸說不同，要之，此山在沂州之東南，海州之西北，贛榆之西南，郯城之東北，實一山跨四州縣之境也。」〔註 20〕羽山所在，記載紛紜，究屬何地，莫衷一是，而胡氏則能跳出傳統思路斤斤於孰是孰非的桎梏，一針見血的指出諸說雖異而皆是，羽山實跨四縣之實質。其爲後世學者推而廣之，更加合理的考證經學地理，起到了重要的啓發作用。

　　《禹貢》爲《尙書·夏書》一篇，攻治《禹貢》實爲擘經之範疇，胡渭頗能援經證經、互辨以明，顯示了深厚的經學功底。援據《毛詩》者，如其云：「衛之封域，東得桑土之野，楚丘、帝丘皆是也。其詩曰『降觀於桑』，又曰『說於桑田』，又曰『期我乎桑中』，又曰『桑之未落，其葉沃若』，此木屢見於歌詠，則其多可知」〔註 21〕，此引《毛詩》以證衛國封疆東至桑土之楚丘也；又「渭按：衛文公遷於楚丘，其詩曰『樹之榛栗，椅桐梓漆』，是亦

〔註 19〕　《禹貢錐指》卷二，第 57 頁。
〔註 20〕　《禹貢錐指》卷五，第 121 頁。
〔註 21〕　《禹貢錐指》卷三，第 75～76 頁。

兗土宜漆之一證也」〔註22〕，此據《毛詩》以明衛地楚丘之物產也；又「《詩·大雅》『芮鞫之即』，芮即《職方》『涇汭』之汭，水名也。《漢志》扶風汧縣下云：芮水出西北，東入涇，《詩》芮阸，雍州川也。師古曰：阸讀與鞫同。余因此悟水北曰汭之義，蓋涇水東南流至邠州長武縣東，芮水自平涼府靈臺縣界流經縣南，而東注於涇。公劉所居故豳城，正在二水相會內曲之處，及其後人眾而地不能容，則又營其外曲以居之，故曰『止旅乃密，芮鞫之即』，鄭箋曰：『水之內曰隩，水之外曰鞫』，外即南，內即北也。推之洛汭，亦然」〔註23〕，此引《毛詩·大雅·公劉》以考辨涇汭水道及公劉所居也。又有援據《左傳》者，如其云：「雲夢，《經》、《傳》諸書有合稱者，有單稱者。《周禮》荊州藪澤曰雲夢，《爾雅》十藪楚有雲夢……此合稱雲夢者也。《左傳》定四年楚子涉睢濟江入於雲中，此單稱云者也；宣四年𨛬夫人棄子文於夢中，昭三年楚子以鄭伯田江南之夢……此單稱夢者也。單稱特省文耳，雲可該夢，夢亦可該雲，故杜元凱注『夢中』云：夢，澤名，江夏安陸縣東南有雲夢城。則夢在江北。注『雲中』云：入雲夢澤中，所謂江南之夢。則雲在江南。注『江南之夢』云：楚之雲夢，跨江南北。則南雲北夢，單稱合稱，無所不可，絕無江北為雲，江南為夢之說。」〔註24〕胡氏此解雲夢，依憑《左傳》及杜注，將雲夢、雲、夢糅合會通，合文散文，一體視之，甚見其通達之眼光，據今人譚其驤考證，經學地理中存有作為楚王遊獵區之「雲夢」，與作為藪澤之「雲夢澤」之別，前者地跨大江南北，後者專指江陵之東、江漢之間的華容地區〔註25〕，胡氏所解當即為前者也。

　　胡渭雖旁徵博引、考證精審，然而也不可避免地對一些歷史地理學常識存在著認識誤區。如其云：「《漢志》濟陰郡治定陶縣，山陽所領縣有成武、單父、東緡、方輿，皆在濟水之南。二郡，《志》並屬兗州，故以為兗州之境，跨濟而過。不知漢武置十三州，自立疆界，不盡與古合，安得以漢之兗州為

〔註22〕《禹貢錐指》卷二，第 80 頁。

〔註23〕《禹貢錐指》卷十，第 307 頁。

〔註24〕《禹貢錐指》卷七，第 215～216 頁。

〔註25〕譚其驤《雲夢與雲夢澤》，收入《長水集》下冊，人民出版社 1987 年版，第 105～125 頁。又據石泉研究，先秦至漢初，雲夢說專指古雲杜縣境，今漢水中游以東至今京山、鍾祥間；漢魏六朝時，雲夢說則轉指華容；且亦認為並不存在跨越大江南北的所謂古代大雲夢澤，詳參《石泉文集》第二編《古雲夢澤研究》（武漢大學出版社 2006 年版），又石泉、蔡述明合著《古雲夢澤研究》（湖北教育出版社 1996 年版）。

禹之兗州乎？」〔註26〕又「漢復置兗州，後漢、魏、晉並因之」〔註27〕，又
「漢復置揚州，後漢、魏、晉並因之」〔註28〕，等等。按照胡渭的理解，漢
武帝所置十三州部刺史皆為實際行政區了，然實非如此，此十三州部刺史實
為監察區，絕非行政區，沒有所謂疆域分界的指標意義〔註29〕，胡氏不明地
方行政制度沿革，遂有如此錯謬之言。此外，胡氏更有荒唐之說，「《通典》
云：青州之界：東跨海，從岱山東歷密州，東北經海曲、萊州，越海分遼東、
樂浪、三韓之地，西抵遼水。此說近是⋯⋯禹即東行至遼東，經略嵎夷，然
後渡海而南，治灘、淄二水也。」〔註30〕大禹竟能橫渡渤海，如此虛無縹緲
之說，竟然出自以皓首窮經自詡的胡渭之口，令人難以置信。胡渭是書除了
對《禹貢》地理率多考辨，於經濟民生亦有涉及。而其所言可謂書生之見，
復多臆說，其甚者如其論海運：「近世言海運者，皆以《禹貢》為口實⋯⋯唯
唐人實用海運，開元二十七年以李适為幽州節度河北海運使⋯⋯此元人海運
之鼻祖也。元法用平底海船運糧，自江出海，北抵直沽，行一萬三千餘里。
初更兩月，後乃僅月餘，省費不訾。然風濤叵測，人舟漂溺，無歲無之，而
議者謂雖有此患，視河漕之役所得實多，故終元之世，海運不廢。明人亦嘗
用之，尋被漂溺，遂罷。蓋都幽燕者，脫有意外之梗，不得已而出於斯，以
紓朝夕之急，是或一策。若夫揚州之貢道，則自江口以至淮口，泛海不過六
七百里，並岸而行，本不甚險，豈可與元人同日而語？議者乃藉口《禹貢》，
欲復海運，委民命於不測之淵，以偷取一時之便，仁人君子，為之寒心，嗟
乎！勃、碣之間，膏壤千里，水田可興，農政可修，太平之基，萬世之利，
端在於此，謀國者慎無輕言海運哉！」〔註31〕胡氏謂海運之策，乃時人因偷
安一時之便，而至漂陌舟人、草菅人命，此說厚誣古人甚矣。胡渭雖沈研《禹
貢》，然其於輿地之學率多茫昧，上文已有引述，海運之薦實起於河患滔天，
非由他因也。清人秦緗業云：「夫古之治河者，順其勢而導之，不聞逆其性而
制之也。今河日南徙，盡失禹時故道，治之者隄防束縛，阨其北流，時有漫

〔註26〕《禹貢錐指》卷三，第 64～65 頁。
〔註27〕《禹貢錐指》卷三，第 66 頁。
〔註28〕《禹貢錐指》卷六，第 150 頁。
〔註29〕詳參周振鶴《中國行政區劃通史・總論》，復旦大學出版社 2009 年版，第 48
　　　　頁。
〔註30〕《禹貢錐指》卷四，第 95～96 頁。
〔註31〕《禹貢錐指》卷六，第 195～196 頁。

決之患，而不知變計者，非以國家歲漕東南粟，勢不得不假黃以濟運耶？」〔註32〕黃河入淮，蓋爲漕運也，要除此弊，海運即爲一轍，錢穆先生《國史大綱》辨此甚析：「爲顧全運河水量，而強抑黃水南行，與淮合流。不惟河患頻仍，即淮水亦成大害……若當時一面能改行海運，元人海運，已十達六七，若自淮口揚帆，不經月即至天津，更無可虞。此事明人主之者，如丘濬、羅洪先、鄭曉等，殊不乏人。而屢議屢格，寧歲擲無量巨金於會通無底之牝，眞可惜也。一面縱河北去……則河、淮皆可安瀾，而豫、魯、蘇、皖四省，凡河、淮潰瀾之區，皆復變爲膏腴沃土。」〔註33〕自黃河入淮之後，下游地區深受其害，每當泛濫、四處潰決，可謂滅頂之災，其所造成之災害，豈是海運漂泊舟人之危害所能比擬。治河關鍵在於河、淮分流，這自然要大大影響運河水位，漕運則衰，故海運爲其重要替代方案。胡渭不查此間因果，遂空發議論，誤導後人，其所建言，即爲統治者決策之參考，甚或爲海運不行之重要原因，亦未可知也。

　　除了上述問題之外，清人丁晏對《禹貢錐指》進行了較爲全面的修訂工作，撰成《禹貢錐指正誤》一篇〔註34〕，在此基礎上又編有《禹貢集釋》三卷。糾正胡氏所引文獻之誤，是丁氏此篇之重點。如胡渭云：「渭按：雲土夢，《漢書》作『雲夢土』，《史記》、《水經注》並作『雲土夢』，沈括《筆談》云：

〔註32〕秦緗業《禹貢古今注通釋・序》，《四庫未收書輯刊》第四輯第 3 冊影印清光緒六年侯復曾古杼秋館活字本，第 468 頁。

〔註33〕錢穆《國史大綱》第七編第三十九章「南北經濟文化之轉移（中）」，《錢賓四先生全集》第 28 冊，第 850〜853 頁。

〔註34〕清人姚燮亦撰有未刊稿本《胡氏禹貢錐指勘補》十二卷，是書序目云：「後得胡氏《錐指》一書，貫穿諸說，滔滔辨論，歎其爲無以復加。久之，復覺疑竇百出，迷障益生，爰反覆推求，益證以他書之未經引據者，眉志書上。迨弱冠……雖日攜行篋中，客中有暇，又苦無書籍可訂，業遂中輟，今老矣，身復多病……回取原本，力疾釐訂一周，分爲十二卷，錄之如右，俾兒輩藏之。」擄此，是書之作時斷時續，且乏書籍文獻參考，學術質量自然大打折扣。今檢北京師範大學圖書館藏清人馮成勳思滌軒抄錄本，通篇絕少引據文獻之處，多爲姚氏自作解說，且其說理空洞，率多推測，如卷一其駁胡渭「鄭康成《書》注間及《義疏》及他籍三江一條足稱秘寶」之語，云：「小水如大水，渾而爲一，何得復分爲三，而顧以其說爲秘寶，此誠不知其何見」，姚氏此說想當然耳，民國人姚明煇云：「南江爲贛、鄱之水誠不易矣，今湖口於中歷九月江湖對流，而秋冬兩季，湖水由石鍾山下傍南岸東流，青水一條，不混黃色，即南江矣，此予所目驗者。」（姚明煇《禹貢注解》，揚州大學圖書館藏民國六年武昌高等師範學校排印本）類似之處甚多，是書之難以信據，明矣。

《石經》倒土夢字，唐太宗得古本《尚書》乃『雲土夢作乂』，詔改從古本。」
〔註35〕丁晏駁之云：「今考《夢溪筆談》云：舊《尚書・禹貢》云『雲夢土作
乂』，太宗皇帝時得古本《尚書》作『雲土夢作乂』，詔改《禹貢》從古本。
沈括所稱太宗謂宋太宗，故稱皇帝，所以尊本朝也。東樵加『唐』字，大誤。
又引《石經》倒土夢字，今《筆談》亦無此語。唐《開成石經》亦係『雲土
夢作乂』，東樵謂從《石經》本，則《傳》云澤中有土義甚愜當，此《石經》
又不知何據？蓋一誤再誤也。」〔註36〕今檢《元刊夢溪筆談》卷四「辯證二」
云：「舊《尚書・禹貢》云『雲夢土作乂』，太宗皇帝時得古本《尚書》作『雲
土夢作乂』，詔改《禹貢》從古本。」〔註37〕則丁氏所正是也，胡氏不察，誤
引文獻，非但其說謬甚，所致貽害亦遠矣，清人芮日松《禹貢今釋》卷上「雲
土夢作乂」條曰：「唐以前作『雲夢土作乂』，太宗得古本《尚書》，改爲『雲
土夢作乂』」〔註38〕，其門人潘錫恩云：「（是書）因已擷《錐指》之菁英」〔註
39〕，故芮說即延胡渭之謬論也，以訛傳訛者，此之謂也。諸如此類，丁氏此
篇所揭夥矣。然丁晏所正胡書之誤，非盡是也，如丁氏云：「其它字句之誤：
《錐指》『太原』下引『汾水又南逕汾陽故城東』，脫『又南逕秀容城東』七
字〔註40〕，又『南與虒水合』，『南』誤作『東』〔註41〕，又『西逕王澤』，誤
作『王橋』〔註42〕……東樵自謂善長知己，而其引用疏舛如此，其失大矣。」
〔註43〕今檢殿本《水經注》卷六於「羊腸即此倉也」與「《魏土地記》曰」之
間，有「又南逕秀容城東」七字，其下小注云：「案近刻脫此七字」，而宋本
《水經注》卷六〔註44〕、明黃省曾本《水經注》卷六、吳琯本《水經注》卷
六、朱謀㙔本《水經注箋》卷六、《永樂大典》卷一萬一千一百二十九《水經

<hr>

〔註35〕《禹貢錐指》卷七，第215頁。
〔註36〕丁晏《禹貢錐指正誤》，《續修四庫全書》第55冊影印華東師大圖書館藏清同
　　　　治山陽丁氏六藝堂刻本，第350頁。
〔註37〕文物出版社1975年影印元大德九年陳仁子東山書院刻本。
〔註38〕芮日松《禹貢今釋》，《四庫未收書輯刊》第四輯第3冊影印清道光八年求是
　　　　齋刊本，第406頁。
〔註39〕潘錫恩《禹貢今釋・序》，《四庫未收書輯刊》第四輯第3冊，第393頁。
〔註40〕胡氏原文見《禹貢錐指》卷二，第31頁。
〔註41〕胡氏原文見《禹貢錐指》卷二，第32頁。
〔註42〕胡氏原文見《禹貢錐指》卷二，第33頁。
〔註43〕丁晏《禹貢錐指正誤》，《續修四庫全書》第55冊，第351頁。
〔註44〕《水經注》，《中華再造善本》叢書，國家圖書館出版社2003年影印宋殘本。

注・汾水》皆無「又南逕秀容城東」七字〔註45〕，則此七字爲戴震所補，其版本依據爲何，不得而知，《水經注疏》卷六云：「全云：以先司空本校增。趙、戴增同……守敬案：此爲全氏先人以下文逆揣而得，戴氏縱能補之，必有說，亦不云出原本，其爲得見全、趙本無疑」〔註46〕。胡渭當年所見之《水經注》或本無此七字，丁晏以爲胡氏脫漏之誤，不足爲據也。又檢明黃省曾本《水經注》、吳琯本《水經注》、朱謀㙔本《水經注箋》卷六皆作「汾水又東與嵐水合」，《永樂大典》同卷《水經注・汾水》作「汾水又南與嵐水合」〔註47〕，殿本《水經注》卷六「汾水又南與嵐水合」小注云：「案近刻訛作又東」〔註48〕，則胡渭當年所見之《水經注》或爲明刊本，丁晏以爲胡氏鈔寫之誤，亦不足爲據也。又宋本《水經注》卷六、《永樂大典》同卷《水經注・汾水》皆作「又西逕王橋」〔註49〕，黃省曾本《水經注》、吳琯本《水經注》、朱謀㙔本《水經注箋》卷六皆作「又西逕正橋」，殿本《水經注》卷六「又西逕王澤」小注云：「案原本訛作王橋，近刻訛作正橋，考原過受竹書於王澤，即此地，今改正」，則「王澤」爲戴震所改，胡渭當年所見之《水經注》或本作「王橋」，丁晏以爲胡氏鈔寫之誤，不足爲據也。於此可知，丁晏覆核所用當爲殿本《水經注》，而胡渭撰寫《禹貢錐指》所引《水經注》爲此前某舊本，丁氏視殿本爲定本以校正胡氏所引，可備一說，然遽然斷定胡渭轉錄脫誤，則大謬不然也。且丁氏於校訂文獻徵引之際，復衍新錯，如其云：「《水經》：沔水過東廬縣，維水自房陵縣維山東流。東樵『過三澨』下引此文，兩『維』字，並誤作『淮』〔註50〕。案：《續漢郡國志》房陵注引《巴漢志》有維山，維水所出。『淮』字之誤，明矣。」〔註51〕今檢傳世本《水經注》卷二十八皆作：「（沔

〔註45〕　《永樂大典本水經注》，廣陵古籍刻印社1998年影印本，第106頁。
〔註46〕　楊守敬、熊會貞《水經注疏》，江蘇古籍出版社1989年版1999年第二次印刷本，第527頁。陳橋驛《水經注校釋》（杭州大學出版社1999年版）、《水經注校證》（中華書局2007年版）於此版本歧義之處，未有任何說明出校，絕可怪也。
〔註47〕　《水經注》，廣陵古籍刻印社1998年影印本，第109頁。
〔註48〕　陳橋驛《水經注校釋》、《水經注校證》於此版本歧義之處，亦未有任何說明出校，二書漏校之處，比比皆是，既不可視爲《水經注》之定本，故難以信據也。
〔註49〕　《水經注》，廣陵古籍刻印社1998年影印本，第112頁。
〔註50〕　胡氏原文見《禹貢錐指》卷十四上，第550頁。
〔註51〕　丁晏《禹貢錐指正誤》，《續修四庫全書》第55冊，第351頁。

水）又東過中盧縣東」，胡渭所引作「又東南逕中盧縣東」，今檢《魏書》、《元
和郡縣志》、《太平寰宇記》等地志文獻，皆未見有所謂「東盧縣」，丁晏引作
「東盧縣」，顯誤。丁氏本糾胡氏之誤，又生新誤如此，五十步笑百步爾。雖
然丁氏此篇亦增新誤，但其爲《禹貢錐指》補缺訂訛之功，則不可盡沒。丁
氏《禹貢集釋》亦將此篇所見鈔撮納入，另復有增加，皆可視爲閱讀胡書之
必備參考也〔註52〕。

第二節　丁晏《禹貢集釋》附李愼儒《禹貢易知編》

　　《禹貢集釋》三卷，丁晏編撰。是書於《禹貢》各條之下，詳列《史記》、
《漢書》所引《禹貢》異文，另行低一格別擇諸家解說羅列於後，再另行低
兩格出按語闡釋疑竇、平亭是非，雖是蒐集前人解說之作，然亦有獨到之處，

　　丁氏是書雖多爲釋語，論辨甚少。但丁氏熟稔文獻，善於全面佔有材料，
從而考訂經學地理。如卷二「荊岐既旅終南惇物至於鳥鼠」條：「案：《漢志》
據古文以太壹爲終南，孟堅所稱即孔壁古文說也。《初學記》終南山引《五經
要義》云：終南山，長安南山也，一名太一。《要義》劉向所撰，向親校中秘
古文，故所說與孟堅合，足徵《漢志》之核。《續漢書‧郡國志》右扶風武功：
永平八年復，有太一山，本終南。《文選‧西京賦》『於前則終南太一』吳薛
綜注：二山名也。李善從其說，失之。然《水經‧渭水注》引杜預曰：中南
亦曰太白山，在武功縣南。《初學記》引《秦州記》：太一山，古文以爲終南。
《福地記》云：終南，太一山，在長安西南五十里。陸德明、孔穎達並據《漢
志》太一即終南，《史記索隱》同，皆古文說也。」〔註53〕丁氏旁徵博引，羅
列眾書，以辨終南即爲太一，時人魏源則援經證經，以明此說，其云：「釋終
南爲大壹山，則古今文無異說，自家法不明，信道不篤，於是皆析終南與太
一山爲二……請以經正之……《秦風‧終南》美襄公始有岐周，《史記》曰：
襄公伐戎，至岐而卒，子文公以兵破戎，闢地至岐，岐以東獻之周。蓋岐在
渭北，終南爲太白山，正在渭南，地相準直，故秦人美其始有終南，若岐以
東之南山，則襄公兵未至其地，其子文公又以獻諸周，安得爲秦有哉。以《詩》

〔註52〕關於丁晏《禹貢集釋》所訂胡渭《禹貢錐指》之錯謬，可參看本章《禹貢集
　　　釋》篇。
〔註53〕丁晏《禹貢集釋》，《續修四庫全書》第55冊影印華東師大圖書館藏清同治山
　　　陽丁氏六藝堂刻本，第324頁。

之終南證《禹貢》之終南，非太白而何……蓋太白居群山之中，隆然獨高，故名中隆，其中、終、隆、南，皆同聲叚借，不以始隴終秦爲義。」〔註54〕丁、魏二人可謂異曲同工，殊途同歸也。

不僅如此，丁氏復能從文獻記載先後入手，仔細梳理異說源流，從文獻學的角度揭示誤說之源，以明是非，足見其廣泛佔有材料的深厚學養。如卷二「岷嶓既藝」條：「案《班志》謂嶓冢在西縣西，漢水所出，鄭君謂漢陽，據後漢時地名，即西縣也。《水經・禹貢山水澤地所在》云：嶓冢山在隴西氐道縣之南。《郡國志》：漢陽，西有嶓冢山。今甘肅秦州即漢隴西地，嶓冢山在秦州西南，即《禹貢》之嶓冢也。自《後魏地形志》華陽郡嶓冢縣有嶓冢山，漢水出焉。華陽，今陝西漢中府寧羌州沔縣界。杜佑《通典》云：嶓山在今漢中郡金牛縣，《括地志》：嶓冢山在梁州金牛縣東二十八里，並承魏收之誤。後人遂以寧羌州北之嶓冢附會爲東漢水之源，不知東漢水即《漢志》沮水，木嘗經寧羌之地也。」〔註55〕經過丁氏細密耙梳，異說之起源於《魏書・地形志》，蓋無疑也。又卷三「東過洛汭至於大伾」條：「《水經》河水又東過成皋縣北，注云：『河水又東逕成皋大伾山下，《爾雅》云：山一成謂之伾，許愼、呂忱等並以爲邱一成也，孔安國以爲再成曰伾，亦或以爲地名，非也，《尚書・禹貢》曰過洛汭至大伾者也，鄭康成曰：地喉也，沇出伾際矣。在河內修武、武德之界，濟沇之水與滎播澤出入自此，然則大伾即是山矣。』案：大伾在成皋，《說文》作坯，字從土。薛瓚注《漢書》誤以黎陽山當之，黎陽石山，甚高且大，非一成之坯，明矣。《隋地理志》、《括地志》、《書正義》、《史記正義》、《杜氏通典》、蔡傳、《程大昌圖》並沿薛氏之誤，唐洪經論刻石黎陽，名爲大伾，皆後人肊說，不足據。」〔註56〕丁氏採用這種方法不僅明白示人以是非，正本清源，而且對後世誤說所據之系列記載，加以駁斥，從而避免因誤說文獻記載的層累和羅列最終動搖正解，實際上爲考證紛紜疑滯，解決文獻兩歧之見提供了一種新的思路和方法。

此外，丁晏自敘云：「嗚呼，博學如東樵，猶不能信好古文，證合經義，其所著書，多沿宋以後之俗說，泝其流而不先溯其源……余既爲之正誤，

〔註54〕魏源《禹貢説》卷上「釋道山北條陽列附」篇，《續修四庫全書》第 55 冊影印湖北省圖書館藏清同治六年方氏碧玲瓏館刻本，第 267～268 頁。
〔註55〕《禹貢集釋》，《續修四庫全書》第 55 冊，第 320 頁。
〔註56〕《禹貢集釋》，《續修四庫全書》第 55 冊，第 334 頁。

以匡東樵之失，復採獲古文，甄錄舊說，砭俗訂訛，斷以己意，自《史》、《漢》、《水經注》及許、鄭古學，取其說之確者著於篇，傅以後儒之解，證以地志，期於發攄經文，無取泥古。」〔註57〕則揭明胡渭《禹貢錐指》之誤，亦爲是書著力之一端。丁氏既精熟文獻，故其所錄胡渭之誤仍以文獻問題爲主。其中，有誤引文獻者，如卷三「溢爲滎」條：「《錐指》引《水經》：濟水又東至北礫溪南，東出過滎陽北。東樵云：北礫溪未詳。案：《溝洫志》顏注引《水經》『沛水東過礫溪』，本無『北』字，後人妄加，而東樵不能辨也。又引《水經》：濟水又東逕滎陽縣北，又東南礫石溪水注之。東樵云：『石』字衍，上有北礫溪，故此爲南礫溪。案：酈注下云：世謂之礫石澗，則『石』字非衍，明矣。經言礫溪皆於滎陽，明是一水，東樵誤爲二水，其訛甚矣。」〔註58〕東樵既不能曉《水經》原文之誤，又率爾篡改文獻，丁氏謂之「其訛甚矣」，是也。有引據誤說者，如卷三「熊耳外方桐柏至於陪尾」條：「胡東樵引吳澄《書纂言》謂泗水縣陪尾山。毛晃《禹貢指南》曰：《博物志》泗出陪尾，即斯阜也，此自是魯國泗水之所出，俗呼嬀亭山，偶名陪尾，非安陸之陪尾山也。此解最析，東樵失之。」〔註59〕有不考舊注者，如胡渭《禹貢錐指》卷七「九江孔殷」條：「渭按：今岳州府巴陵縣，本漢下雋縣地，縣西南有洞庭湖。《山海經》云：洞庭之山，帝之二女居之，是常遊於江淵，澧、沅之風，交瀟、湘之浦，是在九江之間，出入必以飄風暴雨。《楚地記》本此。」〔註60〕丁晏《禹貢集釋》駁之云：「然郭注謂潯陽九江，引《書》『九江孔殷』，則非洞庭，明矣。」〔註61〕胡氏於郭注避而不談，不知其何因。且胡氏於此，實犯下望文生義之大誤，錢穆先生云：「《山海經・中山經》有洞庭之山，後人多以巴陵洞庭釋之。然長沙巴陵之山，不得列《中山經》，且自洞庭之山以下，又東南一百八十里曰暴山，又東南二百里曰即公之山，又東南一百五十九里曰堯山，又東南一百里曰江浮之山，又東南二百里曰眞陵之山，又東南一百二十里曰陽帝之山，又南九十里曰柴桑之山，此乃江西九江之柴桑，豈有巴陵洞庭轉

〔註57〕 丁晏《禹貢集釋・自序》，《續修四庫全書》第55冊，第295頁。
〔註58〕 《禹貢集釋》，《續修四庫全書》第55冊，第338頁。
〔註59〕 《禹貢集釋》，《續修四庫全書》第55冊，第328頁。
〔註60〕 胡渭《禹貢錐指》，上海古籍出版社2006年版，第203頁。
〔註61〕 《禹貢集釋》卷二，《續修四庫全書》第55冊，第312～313頁。

在其西北千餘里之勢……然今則以《山海經》洞庭之山，定《楚辭》洞庭之澤，應在楚之隨陽右壤，當今湖北安陸應山一帶。」〔註62〕所辨甚明，胡氏望洞庭之山即以爲今洞庭湖，而以九江爲遂在此，其既不知先秦地名多通名非專名，又不考《山海經》本文及郭注，宜其舛誤如此也。

　　胡渭除了在文獻方面多有訛誤外，其對先秦古地理復多茫昧，尤以不解《禹貢》「導黑水至於三危入於南海」之「南海」爲甚。《禹貢錐指》卷十二云：「南海者，漲海也。秦置南海郡，治番禺，其下縣揭陽，王莽改曰南海亭，蓋南海自此始……是東起揭陽，西訖林邑、扶南，東西相距六七千里，並稱漲海，即《禹貢》所謂南海者也。」〔註63〕《禹貢》南海實非後世之所謂南部大海者也，清人孫星衍解此「南海」云：「《經》云南海者，即居延海之屬。《史記・大宛列傳》《索隱》引《太康地記》云：河北得水爲河，塞外得水爲海也。故《地理志》羌穀水亦云：北至武威入海。不謂大海也。孔氏《書疏》以爲越河入海，張守節以南海爲揚州東大海，謂黑水合從黃河而行，河得入於南海。俱失之矣。」〔註64〕孫氏所云甚是，今人亦謂：「海字本義，原謂西北沙原中的低窪之部，得雨則瀦水成爲綠洲，草木生長，牧民依集，乾涸則牧民徙去。故其字從水從每，（每字從屮從母，隸變作每，屮即草與灌木本字。）並非以每爲聲。」〔註65〕可爲孫說之補充，此處之海乃大漠綠洲之義，絕非胡氏所謂大海也。丁氏云：「韓愈《潮州刺史謝上表》：州南近界，漲海連天。如東樵之說則南海距張掖黑水絕遠，相隔數千里。東樵謂水行徼外，亦莫知其從何處入南海，可爲失笑！」〔註66〕胡氏難圓其說，丁氏洞若觀火，所譏

〔註62〕 錢穆《楚辭地名考》「《楚辭》洞庭在江北說」，《清華學報》第九卷第三期，又收入《古史地理論叢》，《錢賓四先生全集》第36冊，第134～136頁。
〔註63〕 胡渭《禹貢錐指》，第406頁。
〔註64〕 孫星衍《尚書今古文注疏》卷三下，中華書局1986年版，第187～188頁。清人汪之昌《青學齋集》卷二云：「海即漢居延澤，在旗東北，故亦曰額濟納海」（譚其驤主編《清人文集地理類彙編》第1冊，浙江人民出版社1986年版，第340頁），所見與孫氏同。而清人吳積鑒《詁經精舍五集》卷一則以爲居延澤弱水所入，不名南海，故以爲孫說爲非（《清人文集地理類彙編》第1冊，第338頁），可謂不明地理之甚也。
〔註65〕 任乃強《試論〈山海經〉的成書年代與其資料來源》注釋三，收入《山海經新探》，四川省社會科學院出版社1986年版，第334頁。
〔註66〕 《禹貢集釋》卷三，《續修四庫全書》第55冊，第330頁。又曾廉《禹貢九州今地考》卷二云：「三危山皆在青海，實當屬古雍州，但今青海界，猶未及黑水，亦不過稍南，兼西藏一線地耳。是則黑水爲今怒江，南行至緬甸入海，

是也。其甚者乃據南海反證黑水所在，阮元《雲南黑水圖考》云：「求入南海之水於滇之南，今有三焉：南盤江由粵西至粵東入海；禮社江由交阯入海；瀾滄江由南掌入海，此三大水既入南海，安得不謂之黑水……吾固曰：求導水之黑水不可得，當於入南海之水求之」〔註67〕，阮氏聰明反被聰明誤，其謬更甚於胡渭也。

丁氏所謂胡渭之誤大體如是，其中亦頗有難為定讞者。如胡渭云：「及閱徐堅《初學記》引鄭康成《書注》以證三江曰：左合漢為北江，右會彭蠡為南江，岷江居其中，則為中江，故《書》稱東為中江者，明岷江至彭蠡與南北合，始得稱中也。」〔註68〕對此，丁晏辨云：「徐堅《初學記》引鄭玄孔安國注……胡東樵《錐指》引此以證蘇說之確。今考三江……《疏》引鄭注『三江分於彭蠡為三孔東入海』與《初學記》所引不合，則知徐堅所引者，非鄭孔之注也」〔註69〕，焦循所見略同〔註70〕。從辨理角度而言，徐堅、孔穎達均為唐初學者，其所引不同，蓋雙方各持一本，何以見得徐堅所引必誤？若從文獻學角度而言，王鳴盛所見所謂宋本《初學記》即有

所謂入於南海者也。」（《續修四庫全書》第55冊影印湖北省圖書館藏清光緒三十二年刻本，第376頁）。大禹豈能遠赴緬甸治水入海，此說更屬無稽之談，曾氏自序云：「今隨州所直分之，謂確有依據則未能，亦期於不背經文也。」（《續修四庫全書》第55冊，第353頁）。既未有確據，則曾說之飄渺無據，蓋可知也。又孫承澤《九州山水考》卷中云：「《雲南志》載金沙江出西番，流至緬甸，其廣五里，徑趨南海，得非黑水源出張掖流入南海者乎？」（《四庫全書存目叢書》經部第56冊影印北京圖書館藏清康熙本，第282頁）。馬俊良《禹貢圖說·導黑水圖第十六》云：「黑水勢不能越河而接為一川以入南海，唯緬甸金沙出河源之西，有可接之理，然亦無能窮其原委者。」（揚州大學圖書館藏乾隆五十四年端溪書院刊本）民國時人姚明輝更以所謂目驗說明黑水入南海之義，其云：「家君由緬入滇，身歷其境，考查既確，著有《黑水解》，曰：黑水非一水之名也，今中國南流之水多黑，其遙達於南海者為瀾滄江、潞江、金沙江，其由大金沙江入南海者為龍江、檳榔江，要之，皆黑水也。」（《禹貢注解》，揚州大學圖書館藏民國六年武昌高等師範學校排印本）諸說皆未能明瞭南海實義，強合地理，故與曾氏同誤也。

〔註67〕阮元《揅經室續一集》卷一，中華書局1993年版，第1018頁。
〔註68〕胡渭《禹貢錐指》，第157～158頁。
〔註69〕《禹貢集釋》卷一，《續修四庫全書》第55冊，第309頁。
〔註70〕焦循《禹貢鄭注釋》卷上云：「《正義》所引真《鄭注》，明曰：分於彭蠡為三孔。《初學記》所引則曰：岷江至彭蠡與南北合。合與分，不可同年而語，明矣。《史記正義》引《括地志》其說如是……堅書或本之而誤與？」（《續修四庫全書》第55冊影印復旦大學圖書館藏清道光八年刻《焦氏叢書》本，第217頁）。

此鄭注〔註71〕，因此，丁氏所云，實不足以定《初學記》所引鄭注爲非也。

丁晏亦非全盤否定胡渭《禹貢》之學，如卷一「浮於濟漯達於河」條：「《新唐書・許敬宗傳》：高宗問今濟漯不相屬何故，敬宗對曰：《書》言浮汶達濟不言合漯者，漯自東武陽入千乘入海也。」對於許敬宗此解，丁氏則引胡渭說以證其非，「胡東樵謂濟漯本相通，西漢末二水爲河所隔，敬宗憑臆以對，未可以證《禹貢》也。」〔註72〕可見丁氏乃從學術角度出發，否則駁之，是則信之，非有成見，洵爲胡渭之諍友也。

與丁書旨意相彷彿者，有清人李愼儒所編之《禹貢易知編》十二卷。其自序云：「是篇專爲初學而輯，歷來講《禹貢》諸家，精考據者不免繁冗，究義理者多屬空虛，初學讀之，轉滋茫昧。予於《禹貢》毫無心得，第參合諸家之言，及非講《禹貢》而有關於《禹貢》者，輯爲是編。務使繁者簡，空者實，皆根據前人之言，其以鄙見論斷處，亦皆從前言中尋繹得來，無一自造者，名曰『易知』。」〔註73〕據此，則是書對象爲所謂初學者，編輯宗旨在於汰去繁冗考證，彙集眾說精華，從而提供一部簡編本《禹貢集解》，則考證疑竇本非其所究心。丁、李二書相較，李書卷帙繁複、後出轉博，甚至參考了域外輿地圖說，如其云：「（程大昌云）今平州正南有山而名碣石者，尙在海中，去岸五百餘里，卓立可見，可見其河道已淪入海明矣云云。近來西洋人所繪海道圖及英國人金約翰所輯《海道圖說》，於海中島嶼綦詳，皆不云此海中間峙有一島，則程氏之爲鑿空，毫無疑議。」〔註74〕又「《地理今釋》謂瀾滄由緬甸入海，今考光緒九年雲南新繪《越南國圖》，及法國所繪《越南國圖》、英國所繪《平圓地球圖》，皆係入越南合富良江入海，《地理今釋》之誤無疑。」〔註75〕然李氏又收入官方奏摺，如「康熙四十三年河南巡撫徐潮奏」〔註76〕、「雍正九年吏部尙書南河總督嵇曾筠疏」〔註77〕等，則可謂流於泛濫

〔註71〕王鳴盛《尚書後案》卷三「三江既入」條云：「《初學》引稱爲鄭玄孔安國注，殊不可解。予據紹興四年東陽麻沙劉朝宗宅刻，有右修職郎建陽縣丞福唐劉本序，雖宋板下品，究勝俗刻，當無誤。但徐堅不通經，稱引舛錯不足怪，而其爲此節之注，則無可疑。」（《清經解》，第3235頁）。
〔註72〕《禹貢集釋》，《續修四庫全書》第55冊，第303頁。
〔註73〕李愼儒《禹貢易知編・序》，《續修四庫全書》第55冊影印湖北省圖書館藏清光緒二十五年刻本，第443頁。
〔註74〕李愼儒《禹貢易知編》卷二，《續修四庫全書》第55冊，第462頁。
〔註75〕李愼儒《禹貢易知編》卷十一，《續修四庫全書》第55冊，第553頁。
〔註76〕李愼儒《禹貢易知編》卷四，《續修四庫全書》第55冊，第481頁。

也。然若論嚴謹細緻，則李氏遠不及丁氏，如丁晏、李愼儒同列《禹貢》異文，而詳略懸殊。《禹貢集釋》卷一「禹敷土」下列異文：「《史記・夏本紀》作傅土，鄭注《大司樂》亦作傅土」，「隨山刊木」條：「《漢志》作栞，顏云：古刊字。《淮南・脩務訓》亦作栞。《說文》作栞，云：槎識也，讀若刊。《史記》隨作行，刊作表」，「奠高山大川」條：「史遷說奠爲定」。〔註78〕《禹貢易知編》卷一「禹敷土隨山刊木奠高山大川」條亦列異文：「案：敷，《史記》作傅。刊，《漢書》作栞。」〔註79〕既然要列出異文，就應全面無遺漏，否則毫無意義，二書相比之下，則可見李書漏列太多，即使供初學者參考，也不應疏忽如此之甚，豈非有誤人子弟之嫌？

第三節　程瑤田《禹貢三江考》附楊守敬《禹貢本義》

《禹貢三江考》，程瑤田撰，全篇析爲三卷，內分諸條，娓娓詳辨，袪疑闡幽，其通篇主旨乃津津於考述《禹貢》三江非實指三條徑流，實爲上游三水之合流，故有三江之名也。程氏開篇即云：「《禹貢三江考》者，所以別異於諸說三江必分三條水也。故凡言某江爲北，某江爲中，某江爲南者，皆非《禹貢》經文之三江。據《禹貢》經文考之，明有三水納彭蠡中，納三出三，決不以其渾爲一流，而疑其所出者之非所納之三也。」〔註80〕又云：「江自彭蠡以下，入揚州之域，何以謂之三江也，曰以一江而納上流江之水、漢之水、豫章之水。三水會而並爲一江，故謂之三江也。」〔註81〕其核心考據手法，乃據經以證經，援經以釋經，程氏及門弟子洪㮚評曰：「右《禹貢三江考》，先生力破兩千年來諸家之說，而專涵泳《禹貢》『導漢』、『導江』及荊、揚二州諸《經》文，得其端緒而是正之者也。」〔註82〕誠然也。

《禹貢》三江之辨，由來已久，紛紛歧說起於讀《經》之疑，「夫三江之名，見於『淮海惟揚州』篇；而北江之名，見於『導漢』篇；中江之名，見

〔註77〕 李愼儒《禹貢易知編》卷四，《續修四庫全書》第 55 冊，第 483 頁。
〔註78〕 《禹貢集釋》，《續修四庫全書》第 55 冊，第 296 頁。
〔註79〕 李愼儒《禹貢易知編》，《續修四庫全書》第 55 冊，第 446 頁。
〔註80〕 程瑤田《禹貢三江考・序》，《續修四庫全書》第 55 冊影印上海師大圖書館藏清嘉慶刻《通藝錄》本，第 161 頁。
〔註81〕 《禹貢三江考》卷二「論匯澤爲治水一大法」，《續修四庫全書》第 55 冊，第 184 頁。
〔註82〕 洪㮚《禹貢三江考・校錄附記》，《續修四庫全書》第 55 冊，第 161 頁。

於『導江』篇。無疑義矣，乃後人紐於一江不可名三江之說，必欲求三水以實之，則與《經》文不合矣。」〔註83〕《禹貢》前有三江之說，後又有北江、中江，後人遂疑其間必有所謂南江者，以足所謂三水之目，「後人必欲舍《經》文，而從焚阬之後，世遠言湮，摸索而得之三江，此何說也」〔註84〕，程氏謂之爲大惑矣，「三江爲解經者之一大惑也久矣，欲辨其惑，言人人殊。然而群言之淆衷諸聖，《禹貢》之文，未殘缺也。古人立言，成章而達，克紬繹之，如親承口講而指畫之也。舍《傳》從《經》，神遊其世而尚友之，乃知後世諸儒，雖不無各有師承，然皆粗涉其藩，鮮不參以臆見。」〔註85〕程氏於此大發議論，感慨世人未能準本聖經，泥於師說，故臆度雜呈，經義遂泯。

程氏則一反舊轍，回歸本文，依經說義，以釋三江之惑：「《經》文又曰『嶓冢導漾，東流爲漢，又東爲滄浪之水，過三澨，至於大別，南入於江，東匯澤爲彭蠡，東爲北江，入於海』，『岷山導江，東別爲沱，又東至於澧，過九江至於東陵，東迤北會於匯，東爲中江，入於海』。余涵泳之，竊爲比物而言之。導渭會灃會涇，至入於河止矣；導洛會澗瀍會伊，亦至入於河止矣；河水行至兩入河處，亦不見會渭會洛之文。蓋河以洪濤受之，泯然無跡，渭洛諸水盡爲河水矣，此記小水入大水之例也。」程氏羅列兩組《禹貢》入江經文，而與入河者相較，遂有明顯之別，「今漢水入江，亦爲小入大，則入江後亦盡爲江水，書曰『南入於江』，亦可以止矣，而『導漢』條下乃變其例，增成之曰『東匯澤爲彭蠡，東爲北江，入於海』，不以匯澤爲江之力，而直以匯澤歸之於漢。」導渭、導洛，界河而止，導漢則直書入海，程氏拈出此別，甚爲重要，繼此又釋云：「於此知禹蓋目驗而得之，既目驗見爲漢之匯，則匯後之江水中，爲漢水所占者不少矣，是烏得而沒滅之哉！」據程氏推論，大禹治水之時，因見漢水入江水量澎湃，故不滅其名也，然既已入江，無跡可求，故稱所謂北江，變通而呼之也，「然而漢水在江水中，固已泯然無跡，不得仍漢之名，別之曰北江，見一江水中明明以其三分之一予之矣。」〔註86〕

〔註83〕《禹貢三江考》卷一「三江辨惑論」，《續修四庫全書》第55冊，第166頁。
〔註84〕《禹貢三江考》卷一「禹貢三江依經說義篇」，《續修四庫全書》第55冊，第165頁。
〔註85〕《禹貢三江考》卷一「三江辨惑論」，《續修四庫全書》第55冊，第166頁。
〔註86〕《禹貢三江考》卷一「禹貢三江依經說義篇」，《續修四庫全書》第55冊，第164頁。徐文靖《禹貢會箋》「三江考」云：「今案：《海內東經》曰：廬江出天子都入江彭澤西，郭注：彭澤，今彭蠡在尋陽彭澤縣。《史記・貨殖傳》：吳東有海鹽之饒，三江五湖之利。道元注《水經》謂：廬江之名，禹時已有。

至此，程氏三江說已和盤托出，《禹貢》三江非謂分派獨行、並列入海之三條大江，乃是一江而有三股，合股入海，所謂「揚州之三江，止一大江，而寄北江、南江於中江之中，以成其爲三江而入於海也」〔註87〕。股又各有別名，明其爲上游所自來也。北江即爲漢水之股，中江即爲導江之股，此甚明瞭，而南江則爲豫章之股，「彭蠡以下，即欲沒其三江之名，而亦有所不能，何也？以其至此而南江始見」〔註88〕，所謂南江者，程氏又解之云：「揚州表其跡曰三江，言江至此有漢入焉，禹目睹其匯彭蠡狀，而於其東也，目之曰北江；禹又目睹江之迤北會匯之狀，而於其東也，目之曰中江。其目爲中江也，禹實目睹豫章之水在其南，足以配江、漢而三之，故於江而大書特書之曰中江也。假使漢水入江之後，東行焉，而無豫章之水北入於江，無數百里之一片大地，予漢水以匯澤之資，則雖終古無彭蠡可也，亦終古但有江、漢朝宗於海耳，烏在其名大江爲中江，又烏在其名漢水爲北江哉。江之有北也，由於有中江也；而江之有中也，由於有豫章水之南江也。」〔註89〕程氏輾轉反覆，詳述南江始末，而其說亦有所據。單疏本《尚書正義》卷六「傳迤溢至彭蠡」條引鄭玄云：「東迤者爲南江」〔註90〕，則鄭氏亦有南江之說，程氏曰：「《經》文不見（南江），鄭君作注，必須補出，所謂先《經》始事，後《經》終義，作《傳》者之體裁」〔註91〕，又云：「吾謂是東迤者，不獨爲中江也，曰爲南江。言豫章之水入江，既不能他逃，則亦與江之東迤者，並行而東，以爲南江也。此《禹貢》所以雖無南江之名，而藏南江於中江中，鄭君之爲經師，宜其函蓋漢儒，如日月之出而煙火浸息其光也。」〔註92〕程氏復繪一圖，以見三股合流之說，明明白白，一望即知。〔註93〕

則盧江自大江之北而入江，其爲三江之北江，何疑。」（《景印文淵閣四庫全書》第 68 冊，第 272 頁）。徐氏援《山海經》謂盧江爲北江，於《禹貢》本經無徵，不可信據也。

〔註87〕《禹貢三江考》卷一「三江辨惑論二」，《續修四庫全書》第 55 冊，第 168 頁。
〔註88〕《禹貢三江考》卷一「禹貢三江依經說義篇」，《續修四庫全書》第 55 冊，第 162 頁。
〔註89〕《禹貢三江考》卷一「三江辨惑論二」，《續修四庫全書》第 55 冊，第 168 頁。
〔註90〕孔穎達《尚書正義》，《四部叢刊三編》影宋本，商務印書館線裝本。
〔註91〕《禹貢三江考》卷二「論鄭注補南江必於東迤者句之義」，《續修四庫全書》第 55 冊，第 176 頁。
〔註92〕《禹貢三江考》卷一「荊州江漢揚州三江異名同實說」，《續修四庫全書》第 55 冊，第 171～172 頁。
〔註93〕《禹貢三江考》卷一「三江辨惑論二」，《續修四庫全書》第 55 冊，第 169～170 頁。清人王澍《禹貢譜》卷下《導水圖·江漢二》亦繪爲三江合流，並在

　　三江既明，程氏遂貫通經義，直揭《禹貢》本義云：「惟其有豫章水，而又據其一片大地，然後有彭蠡之匯，然後漢水亞江之力乃見，而大江居中以撫有南北而慶安瀾。禹於是定以三江之名，而史臣之作《禹貢》，乃紀之曰『三江既入』也。」〔註94〕時人成瓘亦從三江合流之說，然其謂彭蠡爲江右之水，即程氏所謂南江之豫章水者，而實非三水之會也，成氏云：「導漾言漢至大別入江，是舉江左旁之水；言東有所會之澤，號爲彭蠡，是舉江右旁之水。於彭蠡止言匯，猶既豬耳，尚未言其流也。導江言東迤北會於匯，則流其所豬而成川矣。彭蠡非漢所匯，亦非江所匯。《經》明言彭蠡，則是彭水，綜揚州西南諸水，鍾爲大澤，揚州西南即今江西全省地也，彭水即今章江之上源也。《漢書‧地理志》南埜縣下有彭水，《水經注》謂之豫章水……《水經》謂贛水總納十水，同湊一瀆，俱注彭蠡。彭蠡即今江西之鄱陽湖也，大江會於匯之地，即今九江府東之湖口縣也。彭蠡既出湖口，江漢之合流者，可得而會之；彭蠡未出湖口，江漢之合流者，不得而匯之。何者？湖能入江，江不能入湖，入湖則無入海之路矣。」〔註95〕成氏之說，以彭蠡湖口爲三江合流之所，可謂似是而非也。《禹貢》經文明云：「嶓冢導漾……東匯澤爲彭蠡，東爲北江，入於海」，又「岷山導江，東別爲沱……東迤北會於匯，東爲中江，入於海」，清人沈練云：「匯者，彭蠡之澤也。不言匯於彭蠡者，蒙上文匯澤而言也」〔註96〕，則皆匯於彭蠡無疑也。程瑤田辨云：「然則禹之治水，在能擇其地也。於漢水入江之後，而得江右數百里之地，以匯漢水成大澤而爲彭蠡。蠡，旋蝸也，迴旋其水，使匯之，而自濬自深，狀如蠡，彭彭然大，故象形名之。」〔註97〕徐文靖《禹貢會箋》「三江考」亦云：「三江相觸，江水盤渦，旋轉爲螺紋」〔註98〕，則若無三江匯於大澤，何得水流迴旋之勢，彭蠡之名有自何而來？錢穆先生云：「『蠡』是螺旋義，『彭』是大義。上游長江

大江上注明：「漾水爲北江，大江爲中江，彭蠡爲南江」（《四庫全書存目叢書》經部第 59 冊影印湖北省圖書館藏清康熙四十六年積書岩刻本，第 233 頁），然三江盤旋細微之處則不如程圖之精密也。
〔註94〕《禹貢三江考》卷一「三江辨惑論二」，《續修四庫全書》第 55 冊，第 168 頁。
〔註95〕成瓘《篛園日札》卷二《讀尚書偶筆》「三江異義」條，商務印書館 1958 年標點本，第 142～143 頁。
〔註96〕沈練《禹貢因》，揚州大學圖書館藏清光緒年間杭州青簡齋刊本。
〔註97〕《禹貢三江考》卷二「論疏河爲治水一大法」，《續修四庫全書》第 55 冊，第 185 頁。
〔註98〕徐文靖《禹貢會箋》，《景印文淵閣四庫全書》第 68 冊，第 272 頁。

匯納漢水，水勢灝渺直下，遇水漲時每倒灌入彭蠡，彭蠡成爲長江一大蓄水池，水勢到此甚急，每激蕩成大螺旋，故此處水名『彭蠡』」〔註99〕，所見與程說合若符契矣。

宋人傳寅《禹貢說斷》引蘇軾「三江」說云：「蘇氏曰：三江之解，古今皆不明。予以所見考之，自豫章而下，入於彭蠡，而東至海，爲南江；自蜀岷山，至於九江彭蠡，以入於海，爲中江；自嶓冢導漾，東流爲漢，過三澨大別，以入於江，匯爲彭蠡，以入於海，爲北江……江漢合於夏口，而與豫章之江皆匯於彭蠡，則三江爲一，過秣陵、京口以入於海，不復三矣。然《禹貢》猶有三江之名，曰北、曰中者，以味別也。蓋以三水性不相入，江雖合而水則異，故至今有三泠之說。古今稱唐陸羽知水味，三泠相雜而不能欺，不可誣也。」〔註100〕蘇氏是說，胡渭從之。《禹貢錐指》卷六云：「三江紀其合，不紀其分……諸說唯蘇軾同鄭康成爲無病，以其非異派也。先儒曾旼、程珌、易祓、夏僎、程大昌、黃度、陳普、王充耘皆主蘇說，近世蔡傳單行，而鄭曉、周洪謨、馬中錫、邵寶、張吉、章潢、郝敬、袁黃亦以蘇說爲是，此心此理之同，終不容泯也」〔註101〕，又《禹貢錐指・揚州圖第八》圖上說明云：「江漢合流，江爲中江，漢爲北江」，「贛水一名豫章水是爲南江」〔註102〕，三江一流，語甚明白。而胡氏又謂蘇說所本或爲《初學記》所引之鄭玄注，「及閱徐堅《初學記》引鄭康成《書注》以證三江曰：左合漢爲北江，右會彭蠡爲南江，岷江居其中，則爲中江，故《書》稱東爲中江者，明岷江至彭蠡與南北合，始得稱中也。始知蘇氏所說，東漢時固已有之。」〔註103〕對此引證，清人多持懷疑，攻訐四起，阮文達謂：「唐人類書，本不足爲典要，而《初學記》□舛尤甚，並非徐堅元本，蓋詩賦家傳寫販用，久失其眞……此注既歸於鄭，於是據此以駁《班志》，且不顧《正義》所引之眞鄭注，務強而鳩合於一……夫《正義》所引其眞爲鄭注可據也」〔註104〕，焦循云：「《正義》所引眞鄭注明曰分於彭蠡爲三孔，《初學記》所引則曰岷江至彭蠡與南北合，

〔註99〕錢穆《我如何研究中國古史地名》，香港《新亞生活雙周刊》七卷五期，又收入《學龠》，《錢賓四先生全集》第 24 冊，第 251 頁。

〔註100〕傳寅《禹貢說斷》卷二，，《景印文淵閣四庫全書》第 57 冊，第 39～40 頁。

〔註101〕胡渭《禹貢錐指》，上海古籍出版社 2006 年版，第 165 頁。

〔註102〕胡渭《禹貢錐指》，第 33 頁。

〔註103〕胡渭《禹貢錐指》，第 157～158 頁。

〔註104〕阮元《揅經室集・一集》卷十二「浙江圖考上」，中華書局 1993 年版，第 272 頁。

合與分不可同年而語,明矣。《史記正義》引《括地志》其說如是……堅書或本之而誤與」〔註105〕,丁晏亦云:「徐堅《初學記》引鄭玄孔安國注……胡東樵《錐指》引此以證蘇說之碻。今考三江……《疏》引《鄭注》『三江分於彭蠡爲三孔東入海』,與《初學記》所引不合,則知徐堅所引者,非鄭孔之注也」〔註106〕。阮元以爲《初學記》非徐堅元本,錯訛叢出,此爲泛泛之談,何見其必然?照此眼光,古書文獻可以信據者,不知凡幾也。從辨理角度而言,徐堅、孔穎達均爲唐初學者,其所引不同,蓋雙方各持一據,何以見得徐堅所引必誤?阮氏、焦氏、丁氏考辨思路實太過主觀也。從文獻學角度而言,王鳴盛所見宋本《初學記》即有此鄭注,「《初學》引稱爲鄭玄孔安國注,殊不可解。予據紹興四年東陽麻沙劉朝宗宅刻,有右修職郎建陽縣丞福唐劉本序,雖宋板下品,究勝俗刻,當無誤。但徐堅不通經,稱引舛錯不足怪,而其爲此節之注,則無可疑。」〔註107〕據此,阮氏、焦氏、丁氏所云,實不足以定《初學記》所引鄭注爲非也。而於蘇氏所謂味別三江之說,胡渭則辨云:「蘇氏味別之說,自予人以可攻之隙,然誤亦有所從來。《唐書》許敬宗爲高宗論濟水曰:古者五行皆有官,水官不失職,則能辨味與色,潛而出,合而更分,皆能識之。蘇說本此,非出自陸羽輩也。」〔註108〕據此,則蘇說有所本也〔註109〕。程氏云:「蘇氏以爲三江止一江,其識卓矣。乃曰於味辨之,夫水信有味,味信可辨,然既目驗其三水入彭蠡,何不可於其入之三而信其出

〔註105〕 焦循《禹貢鄭注釋》卷上,《續修四庫全書》第 55 冊影印復旦大學圖書館藏清道光八年刻《焦氏叢書》本,第 217 頁。

〔註106〕 丁晏《禹貢集釋》卷一,《續修四庫全書》第 55 冊影印華東師大圖書館藏清同治山陽丁氏六藝堂刻本,第 309 頁。

〔註107〕 王鳴盛《尚書後案》卷三「三江既入」條,《清經解》,第 3235 頁。中華書局點校本《初學記·點校說明》云:「(明嘉靖)安氏所據的殘宋本是否眞宋刻,還是個疑問,因爲後來各藏書家從沒有見過宋本。」王氏明謂有此南宋刊本,點校者云「後來各藏書家從沒有見過宋本」,可謂失於檢尋,武斷甚矣。又綫裝書局 2002 年出版《日本宮內廳書陵部藏宋元版漢籍影印叢書》(第一輯),其中收錄日本宮內廳書陵部藏有南宋紹興十七年余四十三郎宅刻本《初學記》八卷,雖與王氏所云非同書,然天壤間確有宋本,王鳴盛不吾欺也。

〔註108〕 胡渭《禹貢錐指》,第 164 頁。

〔註109〕 崔啓晦《禹貢山水詩》卷五《三江》詩「茶經漫紀泉分陸」句自注云:「《丹徒志》江水至金山分爲三泠。《中朝故事》李德裕使取金山中泠水。《水記》揚子江南泠水第一……劉伯芻《水品》以中泠爲第一,陸羽《茶經》以爲第二。」(《四庫未收書輯刊》第四輯第 3 冊影印清同治三年長沙刊本,第 345 頁)。則水味有別之說,由來已久也。

之三……舍其顯者而辨其微者，豈惟上智？」〔註110〕則程氏此考，或即源於蘇說，而申發闡明之也。

後世亦有援班固《漢書·地理志》所載所謂南江、北江、中江以配《禹貢》三江者，於此，程氏釋疑云：「按：班氏《志》於吳縣下曰：南江在南，東入海，揚州川；《志》於毗陵縣下曰：江在北，東入海，揚州川；《志》於蕪湖縣下曰：中江出，西南至陽羨入海，揚州川。三見『揚州川』者，蓋指《職方氏》之『其川三江』而釋之也。若夫出岷山之大江，則見於湔氐道下，言其東南至江都入海，行二千六百六十里，不指謂《禹貢》之北江。而大江之分江水則見於石城下，言其首受江，東至餘姚入海，行千二百里，不指謂《禹貢》之南江也。其不指謂南江者，嫌於將以配大江為北江，其不配大江為北江者，嫌於與岷山導江東為中江之文相背也。班氏雖於《禹貢》經文空運筆妙，未能理順冰釋，而闕疑慎言，頗無差謬。」〔註111〕程氏謂班固所述三江乃《周禮·職方》之三江，與《禹貢》無涉。然單疏本《尚書正義》卷六「傳震澤至震澤」條引鄭玄云：「三江分於彭蠡，為三孔，東入海」，則鄭氏似亦以為三江確分三派，別自東流，焦循《禹貢鄭注釋》云：「為三孔，則南江、中江、北江也……《志》云『揚州川』，即用《職方氏》『其川三江』，明以《禹貢》之三江即《職方》之三江」〔註112〕，焦氏以為《周禮·職方》之三江即《禹貢》之三江，班固所述三江亦即《禹貢》三江。而程瑤田則專闢一篇以釋此「三孔」，是書卷一「鄭注三江分於彭蠡為三孔解」云：「分於彭蠡為三孔者，解三江『三』字也。言揚州現止一江，今曰三江，則必有三孔。其三孔在何處也，曰：《經》云『彭蠡既豬』、『三江既入』，三江接彭蠡以為言，則當求三孔於彭蠡。而彭蠡者，漢水之所匯，江水之所會，又彭蠡之上流則豫章諸水，至此而後入江。是則一彭蠡，為三水之所歸，即為三孔之所納……是三江也，蓋分於彭蠡為三孔而得名焉耳矣。」〔註113〕程氏以為此三孔即承三江而言，俱匯於彭蠡而有三孔之勢。王鳴盛則從經注體例角度加以考辨，其曰：「又云三江分於彭蠡為三孔東入海者，據文似彭蠡以下又有三孔，詳繹其義，則三孔實即指南北

〔註110〕《禹貢三江考·序》，《續修四庫全書》第55冊，第161頁。
〔註111〕《禹貢三江考》卷三「全氏謝山經史答問論三江諸說辨」，《續修四庫全書》第55冊，第188頁。
〔註112〕焦循《禹貢鄭注釋》卷上，《續修四庫全書》第55冊，第215頁。
〔註113〕《禹貢三江考》卷一，《續修四庫全書》第55冊，第172頁。

中三江也。鄭此注『左合漢』云云出《初學記》,『三江分』云云出本《疏》,今併合爲一條。若以『左合漢』云云爲下文『導水』之注,『三江分』云云爲此節注,則是鄭於南北中三江絕未提明,何容突然直指三江分於彭蠡,使措辭全無根蒂。解經之體,經文前後相涉者,詳於前略於後。此篇揚州既先言三江,然後『導水』言北江、中江,鄭自當於揚州先說三江名義,知『左合漢』云云必非『導水』之注也。且江自會彭蠡以下東流入海,則昔之靜海,今之通州,是更無別路,知鄭云三孔即指南北中也。」〔註114〕據王說則兩條鄭注並不矛盾,《尚書正義》所引鄭注乃接《初學記》所引,爲釋三江合流之補充。意見雙方可謂各執一詞,莫衷一是。錢穆先生有云:「治古地理者,每本《漢志》說《禹貢》,以爲考證圭臬。然《漢志》與《禹貢》明有相歧處,豈得必依《漢志》爲通?」〔註115〕此言甚是,然程氏三江合流之見,亦非全無道理,實可備一說。且民國時人姚明輝更是從實踐觀察的角度,證明三江合流說確不可侮,「予門人有操商船業習長江水道者,驗得江水自湖口以東,夏秋則北岸之流盛,冬春則南岸之流盛,而中流四季皆急。行船者於夏秋上水傍南岸,下水則傍北岸,冬春反是。夫夏秋北岸水流之盛,盛於漢;冬春南岸之盛,盛於鄱陽湖。蓋一江之槽而流三江之水焉,此足以明《禹貢》三江之說。」〔註116〕

程氏考辨《禹貢》三江,又及治水之法,可謂讀書研經而有益世致用之得也。其謂:「治水貴於洩也,而尤貴於豬。匯澤者,豬水之法也。江自彭蠡以下,入揚州之域……然則彭蠡未豬,而三江之水何以遂不能入海也,曰水之納也太多,而咽喉太小,無他處足以分而容之,故雍塞泛濫……綜計江、漢、豫章三十分之水,其因神禹之匯澤而容而豬之於彭蠡中者,已殺去其太半,是三水之洪濤瀾汗而東者,不及三十分之半也。三江咽喉雖小,豈十有餘分之水而猶壅塞難吞,不能由地中行而奏入海之績哉。故曰『彭蠡既豬』,『三江既入』,自然之效也。三江入海,而震澤因之底定。」〔註117〕此處程氏總結大禹治水之得,最要乃在其稔知水理,於諸水匯集之處能豬水於澤中,

〔註114〕王鳴盛《尚書後案》卷三「三江既入」條,《清經解》,第 3235 頁。
〔註115〕錢穆《楚辭地名考》「《楚辭》洞庭在江北說」注釋二十七,《古史地理論叢》,《錢賓四先生全集》第 36 冊,第 137 頁。
〔註116〕姚明輝《禹貢注解》,揚州大學圖書館藏民國六年武昌高等師範學校排印本。
〔註117〕《禹貢三江考》卷二「論匯澤爲治水一大法」,《續修四庫全書》第 55 冊,第 184～185 頁。

以緩水勢，下游遂得從容入海，而無泛濫之患。程氏此見，非孟浪懵懂之言，實有裨於深識古人治水之法也。

清人《禹貢》三江之說，最爲複雜者莫過於楊氏守敬《禹貢本義》所釋。楊氏根本否定《禹貢》導江有所謂南江者，「余謂《禹貢》本只有中江、北江而無南江，若果以彭蠡爲南江，何必不云『東迤爲南江北會於匯』，而省此三字，待鄭氏補成乎？蓋《禹貢》所謂中江、北江者，只此一江。其以北江係導漾下者，以漾水發源嶓冢，至武都爲漢水，與《漢志》東、西漢水分流者不同，其水較大，故《禹貢》於荊州稱『江漢朝宗於海』，明明謂江、漢同流，特以漢在江北，故以北江繫於導漾之下，其不復稱漢而稱北江者，江終大於漢，於同流之中略分名實耳。所稱中江者，即此毗陵入海之江，非荊溪入海之江也。中者，正也，大也，不必爲中心之中，有北，即有南以配之也。」〔註118〕於此，程瑤田早有成說，楊守敬拘於《經》文，不知《禹貢》從未有所謂二江之說〔註119〕，且豫章之水由南而來，揆諸地理水勢，鄭注爲是也。清人晏斯盛《禹貢解》卷三云：「或曰：中江、北江見於《經》，而南江無所考證。曰：《南史・王僧辨傳》陳霸先自嶺南起兵討侯景，出南江行至湓口，胡三省云贛水謂之南江，唐張九齡都督洪州有《望南江入始興郡路》詩〔註120〕，又《自豫章南還江上作》詩云：歸去南江水，磷磷見底清，此明徵也。」〔註121〕則清人於「南江」自有所見。又民國人姚明煇云：「南江爲贛、鄱之水誠不易矣，今湖口於中歷九月江湖對流，而秋冬兩季，湖水由石鍾山下傍南岸東流，青水一條，不混黃色，即南江矣，此予所目驗者。」〔註122〕楊氏誤解經義，

〔註118〕楊守敬《禹貢本義》「三江」條，《續修四庫全書》第55冊影印南京圖書館藏清光緒三十二年刻本，第594頁。

〔註119〕今人辛樹幟所見與楊氏略同，其言：「不知《禹貢》時代，西周人對南方之事知道極少，贛江果爲南江，書中何不直接指出，實由《禹貢》作者不知南江之所在，我們後來研究《禹貢》者爲什麼要代它添上南江，眞可謂庸人自擾。」（《禹貢新解》，農業出版社1964年版，第287頁）。《禹貢》作於何時，本有爭論，辛樹幟考訂爲西周全盛時代，以此一家之言爲基礎，再推斷出《禹貢》時代對南方之事知之甚少，本身就犯了一個循環論證的邏輯錯誤。

〔註120〕引文所謂張九齡《望南江入始興郡路》詩，據《四部叢刊》初編所收明成化本《曲江張先生文集》及《全唐詩》，本詩全稱爲《秋晚登樓望南江入始興郡路》。

〔註121〕晏斯盛《禹貢解》，《四庫全書存目叢書》經部第59冊影印南京圖書館藏清乾隆新喻晏氏刻《楚蒙山房集》本，第297頁。

〔註122〕姚明煇《禹貢注解》，揚州大學圖書館藏民國六年武昌高等師範學校排印本。

又不能親赴實地目驗考察，其說之誤，明矣。楊氏又以爲《禹貢》導江之北江、中江合流，匯爲《禹貢》揚州「三江既入」之北江，此北江亦即《漢志》毗陵之北江，而《禹貢》揚州「三江既入」之中江、南江亦即《漢志》蕪湖中江、吳縣南江，「《禹貢》揚州『三江既入，震澤底定』，導漾東爲北江，導江東爲中江，而無南江……《禹貢》揚州本有『三江既入』之文也」，《漢志》蜀郡湔氐道岷山在西，徼外江水所出，東南至江都入海，此即毗陵之北江也，是則班氏固以北江爲正流，並不涉荊溪之中江可知。班氏但截江水之下流爲揚州之北江，不以蕪湖之中江爲《禹貢》導江之中江，則吳縣之南江但以詮揚州之三江，非爲導江補南江，又可知也。」〔註 123〕之所以會出現如此複雜怪異的說法〔註 124〕，大抵是因爲楊氏必欲以班固《漢書・地理志》自注之三江強解《禹貢》之三江，進退維谷，左右爲難，遂逼出這樣明顯勉強的解釋。這實際上與楊氏《禹貢本義》的撰寫宗旨恰恰背道而馳，其自序云：「以《禹貢》本書言之，雍州之荊山，何以與荊州之荊山同名；兗州之蒙山，何以與梁州之蒙山同名；雍州有漆沮，何以兗州又有灉沮；梁州有沱潛，何以荊州又有沱潛；皆是異地同名，不能合一之證……余博觀往籍，綜覽形勢，始悟古人簡質，地連滇池，便有黑目，流經廣鬱，皆得鬱稱，秦漢猶然，何論三代。」〔註 125〕則楊氏此篇專辨《禹貢》同名異地之例，以此種思路考辨《禹貢》地理亦不失於一種有效手段〔註 126〕，其對碣石、九江、大別等聚訟紛紜的問題，從此角度提出了自己的看法，在某種意義上起到了啓發後學的作用。惜乎楊氏不能一以貫之，其辨「三江」卻未曾區別班固三江與《禹貢》三江，實仍應以同名異地視之也〔註 127〕。清人袁自超《禹貢翼傳便蒙》云：「松江下

〔註 123〕楊守敬《禹貢本義》「三江」條，《續修四庫全書》第 55 冊，第 592 頁。

〔註 124〕曹爾成《禹貢正義》卷下云：「北江者，廣陵建業之江，在揚之北，故曰北；漢既入江，則江爲主，故曰江；導北江入海，而凡揚北之地跨江之左右者，無不治矣。按：漢在北，江在南，彭蠡更在江之南……中江者，三吳之江，以其貫乎揚州之中而名也；導中江至松江入海。」（《四庫全書存目叢書》經部第 57 冊影印上海圖書館藏清乾隆刊本，第 141～142 頁）。曹氏以爲北江實爲漢、江及彭蠡水之合流，而又有所謂中江者，卻更無南江，其說法之繁複怪異，與楊氏蓋可比肩也。

〔註 125〕楊守敬《禹貢本義》，《續修四庫全書》第 55 冊，第 585 頁。

〔註 126〕閻若璩早已運用此法，如考辨《禹貢》九江（《尚書古文疏證》卷六，上海古籍出版社 1987 年影印清乾隆十年眷西堂本，第 733～739 頁），然未能將之明確提出，楊氏能發揚此法，亦自當有其學術價值和地位。

〔註 127〕楊氏陸榮《禹貢臆參》卷上「三江既入」條云：「考《國語》：吳之與越，仇讎戰伐之國也，三江環之。又曰：與我爭三江五湖之利者，非吳耶。其言三

七十里分流，東北入海者爲婁江，東南流者爲東江，並松江爲三江，此解『三江既入』之三江……若論《禹貢》南條之三江，莫如鄭氏之說，左合漢爲北江，右會彭蠡爲南江，岷江居其中爲中江。」〔註128〕袁氏以同名異地解《禹貢》「三江」，實乃調和二者之見，未見其所必可信也。全祖望《經史答問》卷二「三江」條云：「惟《水經・沔水》下篇注引郭景純曰：三江者，岷江、松江、浙江也。《初學記》誤引以爲韋曜之言，蓋自揚州斜轉，東南揚子江，又東南吳松江，又東南錢唐江，三處入海，而皆雄長一方，包環淮海之境，爲揚州三大望，南距荊楚，東盡於越，中舉勾吳，此外無相與上下者，恰合《職方》大川之旨，即《國語》范蠡曰：與我爭三江五湖之利者，非吳也耶？子胥曰：吳之與越，三江環之。夫環吳、越之境，爲兩國所必爭，非岷江、松江、浙江而何？」〔註129〕則全以郭璞三江說爲是。晏斯盛《禹貢解》卷三概括前人各類「三江」說云：「《班志》會稽吳縣云：南江在南，東入海；毗陵縣云：北江在北，東入海；丹陽蕪湖縣云：中江出西南，東至陽羨入海；以大江與松江、蕪湖江爲三。郭璞《爾雅注》以岷江、松江、浙江爲三。韋昭《國語注》以松江、錢塘江、浦陽江爲三。酈道元《水經注》以毗陵江爲北江，以分江水至會稽餘姚東入海爲南江，而中江缺焉。顧夷《吳地記》、庾杲之《揚都賦注》俱以太湖東注爲松江，下七十里有水口分流，東北入海者爲婁江，東南入海者爲東江。」〔註130〕包括郭璞注在內的諸家之說，雖皆釋三江，然非指明爲《禹貢》之三江也，後人據引，遂致紛紜，皆由不識同名異地之義也。

江俱在越地，以事蹟考之，則今三江城、三江衛、三江閘、三江場，並在浙省三江口之上，考古證今，三江屬浙無疑。」（《四庫全書存目叢書》經部第59冊影印北京圖書館藏清康熙乾隆刻《楊潭西先生遺書》本，第190頁）。楊氏以清時地名逆推《禹貢》故地所在，荒唐可笑，無需置辯，可謂不明同名異地通例之尤甚者。於此類非常可怪之說，譚澐評曰：「夫揚居東南近海之地，水自爲源而入海者甚多，諸家見《經》有三江，隨其所見執指三水，至於《經》文中江、北江，反棄而不錄」（《禹貢章句》卷二「三江既入」條，《四庫未收書輯刊》第四輯第3冊影印清同治九年譚氏家塾刻本，第573頁），此言深中其病。

〔註128〕袁自超《禹貢翼傳便蒙》，揚州大學圖書館藏清光緒五年金陵李光明家書莊刊本。

〔註129〕《全祖望集彙校集注》，上海古籍出版社2000年版，第1891～1892頁。

〔註130〕晏斯盛《禹貢解》，《四庫全書存目叢書》經部第59冊，第296頁。

第四節　焦循《禹貢鄭注釋》附何秋濤《禹貢鄭注略例》

《禹貢鄭注釋》兩卷，焦循撰。自閻若璩《尚書古文疏證》出，而學者盡知《古文尚書》及《孔傳》之僞〔註131〕，故考究經典，紛紛惟古注是求，於是則有鄭玄注之輯錄，所謂「乾嘉以來，講經家皆以康成爲主」〔註132〕也。焦氏亦著意於此，「以嘉定王光祿、陽湖孫觀察所集之本爲質，考而核之，編次成卷。專明班氏、鄭氏之學，於班曰《志》，於鄭曰《注》，而以《水經·禹貢山水地澤所在》一篇條列，而辨之於末。」〔註133〕是書首列《禹貢》原文，後低一格分列班固之《志》、鄭玄之《注》，前者綴郡縣，後者明出處，再低一格各下按語。看似輯佚之編，實多獨得之見，時人汪萊評云：「此書驪視之，不過抄撮舊文，蒐羅殘簡，然而輦原流、區眞贗、精批導、愼斡旋，若閱者眞神不充，則作者內心全隱。」〔註134〕焦書確有創見，汪氏所評是也。茲集其著力考辨、獨出機杼者，分述簡評，以見此書之價值。

焦循思維縝密，善於在細讀經文的基礎上，尋覓其中的蛛絲馬蹟，總結出帶有規律性質的所謂書例，此點堪稱焦氏是書之一大特色。如其云：「又按：凡他水自源來附者，謂之入；經流逕過他水者，謂之會；自經流分出衰行者，謂之迤；自經流分之，又合爲一，謂之播，謂之同。」〔註135〕此類書例是否完全正確，尚待研究，然而這種研經思路，卻頗值肯定。焦氏又不止於此，更將此種書例用於考辨疑竇，闡釋經文大義，如卷上「浮於潛逾於沔入於渭亂於河」條：「循按：傅同叔《禹貢集解》〔註136〕云：『浮潛以至漢上，去沔

〔註131〕丁晏《禹貢集釋·自敘》云：「釋《禹貢》者，以孔安國爲最古，顧安國《傳》爲贗作，不足徵信」（《續修四庫全書》第55冊影印華東師大圖書館藏清同治山陽丁氏六藝堂刻本，第293頁），此可代表清人於《禹貢》《孔傳》之普遍看法。

〔註132〕李愼儒《禹貢易知編·凡例》，《續修四庫全書》第55冊影印湖北省圖書館藏清光緒二十五年刻本，第445頁。

〔註133〕焦循《禹貢鄭注釋·序》，《續修四庫全書》第55冊影印復旦大學圖書館藏清道光八年刻《焦氏叢書》本，第203～204頁。

〔註134〕汪萊《禹貢鄭注釋·跋》，《續修四庫全書》第55冊，第256頁。

〔註135〕《禹貢鄭注釋》卷上，《續修四庫全書》第55冊，第219頁。

〔註136〕文淵閣《四庫全書》收入大典本傅寅《禹貢說斷》四卷，館臣《提要》云：「朱彝尊《經義考》有寅所著《禹貢詳解》（檢《經義考》卷九十四作「傅氏寅《禹貢集解》，中華書局1998年版，第509頁；又《四庫全書總目》卷一一此處及下文「詳解」皆作「集解」，中華書局1965年版，第92頁）二卷，通志堂

為近，故舍舟陸行以入沔。而沔之相通者，有褒，自褒逾斜，北達渭。言入不言達者，以褒斜之間絕水百餘里，上文既言逾沔，亦所以該下而省文也。沔褒既是水道，言沔不言褒可也，斜渭既是水道，言渭不言斜可也。如必欲言沔、渭之間有褒斜，絕水不通，則當曰：逾於沔、逾於渭，古人之文豈如是之不簡直哉！』……余於同叔之解逾沔入渭，而有悟於『夾右碣石入於河』。此『入於河』尤言『入於渭』，與『導水』言渭、洛、沇之『入於河』異義。彼言水之入水，此言人之入水，水之入水，則此水達於彼水，自人言之則謂之達；人之於水，不言達而言入，則非由水而水矣。逾沔之後，言入於渭，自陸而水也。夾右碣石入於河，亦自陸而水也。鄭言禹從碣石山西北行，還從碣石山東，南行入河，亦謂夾山而行，不言泛海。注本明析，自不明碣石入於海為山脈入海，又不明夾右碣石入於河為自陸入河，遂以河之入海在碣石，入於河為泛海逆入於河，因而為島夷之貢道，且謂碣石淪於海中矣。若果由海入河則宜曰『沿於海達於河』，揚州之文可例也。」〔註137〕焦氏受前人啓發，遂將經文「達於河」、「入於河」之區別徹底揭明，由此又進一步推究經文「夾右碣石入於河」，實乃大禹由碣石陸行入河之義，此與《鄭注》恰合，經義由此遂明。

此外，其釋九江之義，亦可謂頗有創見，「惟此江緣水中磯石沙洲，分為九派而復合，似九河之播而有不同，河之播為九，則間別其道，非一河也；江之分為九，則穿達於磯洲之間，實一江也。」〔註138〕九江究為虛指亦或實指，難作定讞。若乃實指，又為哪九條江，前人於此，眾說紛紜，焦氏是說，

當刊入《九經解》中。而《永樂大典》載其書，則題曰《禹貢說斷》，無《詳解》之名。又《經解》所刊本稱原闕四十餘簡。今檢《永樂大典》本，不獨所缺咸在，且其《五服辨》三千餘言，《九州辨》千數百言，校原闕且更多至數倍。又喬行簡《序》稱寅著群書百考，事為之圖，《禹貢說》特其一種，是編當先以《山川總會》及《九河》、《三江》、《九江》四圖，而次及諸家之說，今《經解》四圖俱誤編入程大昌《禹貢論》中，與其書絕不相比附。而《永樂大典》獨係之《說斷》篇內。蓋當時所見，實宋時原本，足以依據。而《經解》刊行之本，則已為後人傳寫錯漏，致並書名而竄易之，非其舊矣……今取《經解》刊本，謹依《永樂大典》本詳加校定，訛者正之，闕者補之，析為四卷，仍題《說斷》舊名，而於補缺之起訖，各加注語以別之，庶幾承學之士得以復見完書焉。」（《景印文淵閣四庫全書》第57冊，第1～2頁）據此，則所謂焦氏所謂《禹貢集解》，當從四庫館臣所考作《禹貢說斷》。
〔註137〕《禹貢鄭注釋》卷上，《續修四庫全書》第55冊，第226～227頁。
〔註138〕《禹貢鄭注釋》卷上，《續修四庫全書》第55冊，第219頁。

不落窠臼，允爲新解。其詳考曰：「按『導山』曰『逾於河』、曰『過九江』，非閒文也。《正義》釋『逾於河』云：荊山在懷德縣，逾於河謂山逾之也。此處山勢相望，越河而東是也。自衡山至德安縣，由南而東北，無容經九江，此所以或以洞庭爲九江，或以彭蠡爲九江也。不知過九江正非虛過，蓋自衡山而來，山脈盤結於九江之間，此江之所以九，而敷淺原則其歸宿地也。江中磯洑橫突、洲嶼繁多，此正山脈之所在。故導山至此，必求之水中曰過九江者，山脈過江中也。廬山在原之東，蓋脈自東還至西也，《水經注》引《廬山記》曰：上霄之南，大禹刻石志其丈尺里數，今猶得刻石之號焉。禹之導山固未嘗不登廬山，乃或以《經》不言，遂謂禹導山止於敷淺原，豈其然哉……蓋水行磯石之間，以水言謂之九江，以山脈言亦爲九江，鄭氏言山谿所出其孔眾多，正謂此也。《淮南子・要略訓》云：禹之時，天下大水，禹身執蔂垂，以爲民先，剔河而道九岐，鑿江而通九路，闢五湖而定東海。剔河即播九河，鑿江即九江孔殷，闢湖即震澤底定，此西漢人解經。或以九江、五湖不煩致力，何其迂也！江、漢既合此地，山脈所結，未易暢流，乃鑿爲九而多其孔，始奏朝宗之績。導山之過九江，所以致九孔，即所以致江、漢朝宗也。」〔註139〕焦氏貫通經文，由「導山」入手，逆推衡山所行，山脈潛行，橫截大江，所過之處正爲大禹治水所鑿之所，故分裂江水，疏爲九派，九江之名殆由此也。焦氏作此推論，有理有據，可備一說也。

　　是書雖顏曰「禹貢鄭注釋」，然焦氏於班固《地理志》有關《禹貢》者，亦輯錄條列，且其所重似更勝鄭注一籌，謂之奉爲圭臬，亦不爲過也。行文之中，推獎之言比比皆是，「班氏《地理志》敘云：採獲舊聞，考跡《詩》、《書》，推表山川，以綴《禹貢》、《周官》、《春秋》，下及戰國秦漢焉。蓋其所採博，所擇精，漢世地理之書，莫此爲善，故鄭氏注《經》，一本於是〔註140〕，或明

〔註139〕《禹貢鄭注釋》卷下，《續修四庫全書》第 55 冊，第 231 頁。

〔註140〕清人何秋濤所見正與焦氏此說相反，其謂：「案：鄭注《禹貢》所引《地理志》往往別有所據，不本班《志》」（《禹貢鄭氏略例》，《續修四庫全書》第 55 冊影印《清經解續編》本，第 433 頁），據何氏考證，「案：班《志》河東龘縣東有霍太山，此稱故龘縣，與班異者，考《續志》河東永安縣故龘，陽嘉三年更名，有霍太山，與鄭同，是鄭所稱《地理志》實東漢時書也」（《禹貢鄭氏略例》，《續修四庫全書》第 55 冊，第 431 頁），又「劉昭注《續漢志・序》云：推檢舊記，先有地理。是東漢別有《地理志》，鄭據當代之書，故不與班合」（《禹貢鄭氏略例》，《續修四庫全書》第 55 冊，第 433 頁）。則鄭注所引《地理志》或有與今本班固《漢書・地理志》相異者，焦氏不察，此說似誤。

標所自，或陰用其說，間有不合者，亦必別據地說等書，明言其所以易之義」
〔註141〕，「班氏志地理，其指精妙，求之乃見」〔註142〕，「地理之書，莫精於
班《志》，其言簡而義該，互出旁通，至博至愼」〔註143〕，由此可見，焦循學
有宗主，秉承一家，蓋爲漢學家之本色也。然尊奉太過，則易固步自封，轉
失嚴謹審愼之義。《禹貢》徐州「浮於淮泗，達於河」，《說文解字》「菏」字
下引作「達於菏」，閻若璩《尚書古文疏證》輾轉考述，據經證經，以辨此「河」
字當作「菏」〔註144〕，而班固《漢書・地理志》山陽郡湖陵縣條小注則謂：《禹
貢》浮於泗淮通於河，水在南。胡渭駁曰：「漢時湖陵縣安得有黃河，此『河』
字明係『菏』字之誤。水在南，謂菏水在縣南也，酈道元《泗水注》引此文
云『菏水在南』，《水經・濟水篇》言：菏水過湖陸縣南，東入泗。皆確證，
不獨許愼作『菏』也。」〔註145〕班氏此處顯誤，本無異議，然焦循卻一意迴
護，辯稱：「班《志》作『河』，蓋省文……《經》於徐州之『菏』作『河』，
《史記》亦作『河』，《漢書》仍之。而於湖陵下引《禹貢》文，則正恐誤河
水爲大河之水，非謂大河逕湖陵也。《志》從省文，《說文》用其本字。菏之
爲河，蓋由來久矣，豈僞孔所改耶！」〔註146〕焦氏所云，毫無根據，省文之
說，足見其彌縫之跡而已。時人成蓉鏡總述諸家云：「顏氏師古謂渡二水而入
於河，黃氏度謂菏是古文傳寫誤，徐氏文靖謂是豫州入河之河，焦氏循謂《說
文》用本字《志》從省文，皆失之。」〔註147〕是也。

解經釋注是爲訓詁考據之學，而焦氏復能通經致用，對大禹治水之法，
亦有研究，「循按：治河之法，備於冀州。河出龍門，得渭力挾之而東，恐其

〔註141〕《禹貢鄭注釋・序》，《續修四庫全書》第 55 冊，第 203 頁。
〔註142〕《禹貢鄭注釋》卷上，《續修四庫全書》第 55 冊，第 213 頁。
〔註143〕《禹貢鄭注釋》卷下，《續修四庫全書》第 55 冊，第 234 頁。
〔註144〕閻若璩《尚書古文疏證》卷三，上海古籍出版社 1987 年影印清乾隆十年眷西
堂本，第 227～228 頁。
〔註145〕胡渭《禹貢錐指》卷五，上海古籍出版社 2006 年版，第 142 頁。王先謙《漢
書補注》網羅眾說，亦以爲《漢志》此處「河」字當作「菏」（書目文獻出版
社 1995 年影印本，第 699 頁）。
〔註146〕《禹貢鄭注釋》卷上，《續修四庫全書》第 55 冊，第 214 頁。
〔註147〕成蓉鏡《禹貢班義述》，《續修四庫全書》第 55 冊影印湖北省圖書館藏清光緒
十四年廣雅書局刻本，第 400 頁。又成氏此書以班固《漢書・地理志》所引
《禹貢》說爲宗主，此與焦氏此書以鄭注爲宗主，有其相似之處，然成氏廣
肆收羅、旁徵博引，已經超出了「班義述」的範疇，謂之《禹貢》古注集解，
不爲過也。

溢也，修太原以通汾水而持之。既至孟津，將欲載之高地，則用伊雒諸水挾之而北，恐其溢也，通沁水以持之。覃懷底績，沁水通也。沁持於河內，洛逼於河南，而河乃北就衡漳矣。蓋河不可以土治，而利以水治。渭之勢向東者也，河因之而東；洛之勢向東北者也，河因之而東北；漳之勢向北者也，河因之而北。伊助洛北行，故闢伊闕以通之，恒、衛助漳北行，故通恒、衛以從之。水之合也既多，則釃之爲漯，匯之爲大陸，播之爲九河，皆在北行之後。禹之治水，用諸水之力以相推挽，此中消息，微矣。」〔註148〕焦循雖非治水專家，然其援《禹貢》所載，推求出所謂以水助水、束水合流之法，亦非毫無理據，或可爲今日水利工作者之參考。

道光時人何秋濤編有《禹貢鄭氏略例》一卷，何氏年輩晚於焦循，然是篇亦屬同題之作，其自序云：「乾隆以來，王西莊氏、江艮庭氏、孫淵如氏爲《尚書》今古文之學，咸以鄭注爲主，雖互有得失，而於《禹貢》則未能專明其誼。余既治《禹貢》學，因徧觀而詳考之，知鄭之言地理得者有三，諸家述鄭而失者亦有三。博綜圖籍，詳稽沿革，援東京之簡策，訂邃古之遺聞，可以上綴班《志》，旁證桑《經》，鄭之長一也；沱、潛證以《爾雅》，降水不在安平，雖精密如孟堅，猶必考正其失，不爲苟同，鄭之長二也；考東原，覈九江，讀和爲桓，質是爲氏，其所不知，不事傅會，證實志疑，可爲後法，鄭之長三也……諸家掇拾成書，務尊師說，然王則偏執己見，歷詆群儒，質諸鄭義，轉多乖繆；江則鮮所發明；孫則簡略已甚；其於地理，咸無裨焉。因惜鄭學未明，經恉有舛，輒不自揣，爲作《略例》一卷，求其會歸，析其疑滯，庶以旁推曲通，拾遺補佚，存此一家之言。」〔註149〕則是篇旨歸在於申發鄭注之例，而其意不在考辨經學地理也。然何氏歷數王鳴盛、江聲及孫星衍，而未提焦循《禹貢鄭注釋》，不知乃未見焦書，抑或棄而不論。然何氏此篇陳述爲主，極少有考辨之言。不獨於此，即從學術撰述態度來看亦然，鄭注本爲集腋之裘，焦氏於各條之下標明所輯之書，而何氏則全部抹夫，並謂「其出處諸家皆具列，今不復贅」，則若讀何氏《略例》，則需同時參看王氏等諸家輯本，方能核對出處。兩下相較，焦書顯勝何氏，而同被收入《清經解續編》，何水平參差不齊如此之甚也！

〔註148〕《禹貢鄭注釋》卷上，《續修四庫全書》第 55 冊，第 208 頁。
〔註149〕何秋濤《禹貢鄭氏略例·序》，《續修四庫全書》第 55 冊，第 431 頁。

第五節　魏源《禹貢說》附倪文蔚《禹貢說》

　　《禹貢說》，魏源撰。是書上下兩卷，分篇詳說《禹貢》貢賦、導山諸條諸列、導水諸條諸水，各篇先設問，後辯答。細讀魏氏此書，其頗以經師自詡，而盤互宗主家法，於經學地理考證，則非其措意也。

　　以解經視角闡釋《禹貢》，是魏源此作最大之特色。如其釋三江則云：「國朝講明經學師法，始知執後世所行之江，不可以求『三江』，猶按後世所行之河，不可以求『九河』，於是信《地志》、《水經》所述禹跡，謂江分於彭蠡爲三孔東入海者，蓋今古文師說，近古得實。」〔註150〕故魏氏對既往所謂史學之《禹貢》研究則嗤之以鼻、不屑一顧，其謂：「胡氏史學非經學」〔註151〕，又「譚經師家法，又孰有亟於《禹貢》者乎？近世治《禹貢》，首推胡氏，惟其沿史學之地志，而昧經學之斷限，故惟考河、濟故道與歷代遷徙，有功於經，而江、漢、弱、黑則紕繆百出。」〔註152〕魏氏所言經學家法，既非唐人疏義，「閻氏若璩輩猶襲孔穎達爲吠聲」〔註153〕，也非鄭玄《禹貢》注，而是上通班固、桑欽之說，處處標榜所謂今古文經學也。〔註154〕此點與焦循、何秋濤等人依據鄭注發明經義、考求地理亦復有異。「夫今古文家法，又孰有明於《禹貢》者乎！班固《漢書》皆用今文說，其《地理志》特稱《禹貢》山川者三十有五，皆歐陽夏侯《書》說也，又特稱古文說者十有一……桑欽《水經》末特書《禹貢》山水澤地所在凡六十事，與《地理志》古文說合，則是《禹貢》今文家言備於班固之《地理志》，《禹貢》古文家言備於桑欽之《水經》」〔註155〕，故魏氏斤斤於區分孰爲今文說，孰爲古文說，於兩說之中再擇

〔註150〕魏源《禹貢說》卷下「釋道山南條三江」篇，《續修四庫全書》第 55 冊影印湖北省圖書館藏清同治六年方氏碧玲瓏館刻本，第 282 頁。

〔註151〕《禹貢說》卷下「釋道山北條沛水」篇，《續修四庫全書》第 55 冊，第 276 頁。

〔註152〕《禹貢說》卷上「通釋《禹貢》」篇，《續修四庫全書》第 55 冊，第 258 頁。

〔註153〕《禹貢說》卷上「釋道山北條陽列二」篇，《續修四庫全書》第 55 冊，第 267 頁。學術考辨不必加入主觀情感，而魏氏評述前人研究，率多用辭粗鄙、苛責如是，實有失爲學者之風範，陳澧《禹貢說・序》云：「人言君性傲然」，人言不誣矣。

〔註154〕時人丁晏則惟《尚書》古文說是信，於今文家亦復棄而不顧，所謂漢學家之復古，至此殆臻其極也，詳參丁晏《禹貢集釋・自敘》，《續修四庫全書》第 55 冊影印華東師大圖書館藏清同治山陽丁氏六藝堂刻本，第 293 頁。

〔註155〕《禹貢說》卷上「通釋《禹貢》」篇，《續修四庫全書》第 55 冊，第 258 頁。

一以爲定讞。如卷上「釋道山北條陽列附」篇：「問：『終南惇物，至於鳥鼠』，或謂起隴山及南山皆謂終南，或謂止大乙一山，而惇物則莫知所在者何？曰：《地理志》右扶風武功：太壹山古文以爲終南，垂山古文以爲惇物。《水經》隴山、終南山、敦物山在扶風武功縣西南，此並以太白山爲終南，而武功山爲惇物，故古有『武功太白，去天三百』之諺，此古文《尚書》說也。《隸釋》載《漢無極山碑》云：有終南之惇物，岱宗之松，揚越之篠簜。洪氏適謂以惇物爲終南所產，於松篠同科。此歐陽夏侯《書》說，程氏大昌本之，謂終南產物殷阜，故稱惇物，非別有一山。考此文與『原隰底績，至於豬野』，耦文對舉，『惇物』正與『底績』對文，此今文《尚書》說也。」魏氏既已羅列今古文惇物之說，遂詳析而以今文爲是，「惇物之訓則必從今文，蓋『九州』敘事異於『導山』，若空述脈絡，不著隨刊，則與『導山』篇何異，『九州』無是例也，故荊岐必言既旅，蒙羽必言其乂，蔡蒙必言旅平，原隰必言底績，終南必言惇物。鴻荒之世，終南奧阻，人跡不至，雖材產殷阜，無由顯於人世，自隨刊滌源以後，檁橇四通，於是終南材木金箭取給不窮……故以惇物與旅績並書。」〔註156〕其考辨手法大抵如是。〔註157〕

　　雖魏氏一以班、桑爲據，然亦非盲目信從，而是詳考究竟，辨別其僞，如卷上「釋道山南條陽列」篇：「（《漢書・地理志》）六安國安豐：《禹貢》大別山在西南……《書・正義》謂：《地理志》無大別，惟鄭注云『大別在廬江安豐縣』，杜預糾其與漢水不相近。疑後人取鄭注以增入《漢志》，且《志》果有此條，杜預豈不知而託爲或說者？《正義》豈有不見《地理志》而直言其無者？鄭注於《漢志》無條不引，豈有獨闕此文而俱引杜預者？故知此注必在鄭氏以後，而其混爲《班志》原注又必在唐本以後，孔穎達時尚未羼殽也。」〔註158〕魏氏所疑，不爲無據，焦循《禹貢鄭注釋》於此無說，成蓉鏡《禹貢班義述》則云：「述曰：《孔疏》云《地理志》無大別，《尚書今古文注疏》譏其檢之不密，是也。《史集解》、《正義》引鄭注：《地

〔註156〕《禹貢說》卷上，《續修四庫全書》第 55 冊，第 267～268 頁。

〔註157〕今檢《漢書・地理志》右扶風武功縣云：「大壹山古文以爲終南，垂山古文以爲敦物，皆在縣東。」上文魏氏引作「垂山古文以爲惇物」，似誤。又段玉裁《校漢書地理志注》以爲垂字古文寫法與物字相近，或爲敦物得名之故（《經韻樓集》卷五，上海古籍出版社 2008 年版，第 95 頁）。段氏以爲敦物即垂山，此見與魏說適相對立，可資參考也。

〔註158〕《禹貢說》卷上「釋道山南條陽列」篇，《續修四庫全書》第 55 冊，第 270 頁。

理志》大別在廬江安豐縣，《郡國志》廬江郡安豐有大別山」〔註 159〕，然據何秋濤考證，鄭玄所引《地理志》或非班固《地理志》〔註160〕，則成氏之說不可從，魏說是也。

除了依據《禹貢》今古文諸說考辨地理，魏氏復能援他經以證本經，顯示出其融通經學、觸類旁通的深厚學養。如以《毛詩》證《禹貢》，其云：「釋終南爲大壹山，則古今文無異說，自家法不明，信道不篤，於是皆析終南與太一山爲二……請以經證之……《秦風‧終南》美襄公始有岐周，《史記》曰：襄公伐戎，至岐而卒，子文公以兵破戎，闢地至岐，岐以東獻之周。蓋岐在渭北，終南爲太白山，正在渭南，地相準直，故秦人美其始有終南，若岐以東之南山，則襄公兵未至其地，其子文公又以獻諸周，安得爲秦有哉。以《詩》之終南證《禹貢》之終南，非太白而何……蓋太白山居群山之中，隆然獨高，故名中隆，其中、終，隆、南，皆同聲叚借，不以始隴終秦爲義。」〔註 161〕又以《左傳》證《禹貢》，「蓋楚濟漢，東則大別，當在漢之東岸……今更以《左傳》詳證之。定四年，吳伐楚，舍舟於淮汭，自豫章與楚夾漢，左司馬成謂子常曰：子沿漢而與之上下，我悉方城外以毀其舟，還塞太隧，直轅冥阨，子濟漢而伐之，我自後擊之，必大敗之。子常不從，乃濟漢而陳，自小別至於大別，三戰不利，大敗於柏舉……楚師戰敗於天門縣，大別、柏舉皆在此，由權口濟漢，當即雍澨，轉戰荊門州，五敗而及江陵之郢。及左司馬自息還，則漢東已無吳師，故濟漢救郢，而吳師自郢東禦之於雍澨。以《左傳》證《禹貢》，則大別之在漢東，不在漢西，無可疑者。」〔註162〕所引所據，皆稱精當，清人研經治學，暗於地理考辨相會通也。

〔註159〕 成蓉鏡《禹貢班義述》，《續修四庫全書》第 55 冊影印湖北省圖書館藏清光緒十四年廣雅書局刻本，第 414 頁。

〔註160〕 何秋濤云：「鄭注《禹貢》所引地理志往往別有所據，不本班《志》」（《禹貢鄭氏略例》，《續修四庫全書》第 55 冊影印《清經解續編》本，第 433 頁），又「班《志》河東龐縣東有霍太山，此稱故龐縣與班異者，考《續志》河東永安縣故龐，陽嘉三年更名，有霍太山，與鄭同，是鄭所稱《地理志》實東漢時書也」（《禹貢鄭氏略例》，《續修四庫全書》第 55 冊，第 431 頁），又「劉昭注《續漢志‧序》云：推檢舊記，先有地理。是東漢別有《地理志》，鄭據當代之書，故不與班合」（《禹貢鄭氏略例》，《續修四庫全書》第 55 冊，第 433 頁）。

〔註161〕 《禹貢說》卷上「釋道山北條陽列附」篇，《續修四庫全書》第 55 冊，第 267～268 頁。

〔註162〕 《禹貢說》卷上「釋道山南條陽列」篇，《續修四庫全書》第 55 冊，第 270～271 頁。

　　據陳澧云:「余憶與君初見時,談分江水不能越山數重而橫入震澤。君拊掌曰:吾疑此久矣,今將往觀焉。蓋君勤於考古,又健於遊,考地理有疑,則走數千里,目驗而定之。讀嶓冢導漾,遂往甘肅而觀所謂三洞者,以著於書。書中凡若此者,皆其卓然可傳之說也。」〔註163〕則魏源不獨紙上窮經,復能跋山涉水,以證其解,其求眞之精神,實屬難能可貴也。《清經解續編》收入有倪文蔚《禹貢說》一篇,主要對彭蠡、雲夢、三江、九江、敷淺原、東陵幾個聚訟紛紜的地名加以討論,經生常談,無多新意,然倪氏云:「余嘗自龍坪至黃梅,過所謂蔡山者,平地一邱,旁無附麗,高不過數丈,詢之土人,水大則在江心,去岸十餘里,相傳爲產龜處。褚先生稱廬江常歲時生龜,長尺二寸,二十枚輸之太卜官。與《禹貢》九江納錫大龜正合。」〔註164〕則其作與魏書同名,而其人亦與魏氏之實踐精神固相通也。

〔註163〕陳澧《禹貢說・序》,《續修四庫全書》第55冊,第257頁。
〔註164〕倪文蔚《禹貢說》「九江」條,《續修四庫全書》第55冊影印《皇清經解續編》本,第429頁。

第三章　清人《毛詩》地理考據

第一節　焦循《毛詩地理釋》

　　《毛詩地理釋》四卷，焦循撰，爲未刊手稿，今藏上海圖書館。〔註1〕卷首焦循自序云：「乾隆丁未，館於東城壽氏，偶閱王伯厚《詩地理考》，苦其瑣雜無所融貫，更爲考之，迄今十七年，未及成書。今春家處，取舊稿刪其繇冗，錄爲一冊。凡《正義》所已言者，不復臚列。附以氏族，得四卷。嘉慶八年癸亥二月春分日。」據此，焦循乃因不滿干應麟所考毛詩地理，而有此篇之作〔註2〕。是書之撰，歷時彌久，前後經十七年仍未完成，細觀今存手

〔註1〕是書歷來多有著錄，如阮元《通儒揚州焦君循傳》云：「君謂王伯厚《詩地理考》繁雜無所融貫，作《毛詩地理釋》四卷」（《碑傳集》卷一百三十五，中華書局1993年版，第4058頁），《清史列傳》卷六十九《焦循傳》：「（焦循）又著《禹貢鄭注釋》一卷，《毛詩地理釋》四卷」（中華書局1987年版，第5587頁）。然《焦氏遺書》未收此書，公私目錄未見刻本著錄。而《毛詩地理釋》手稿四卷尚存人間，今藏上海圖書館，其爲深入研究焦循毛詩學、輿地學，提供了全新資料，助益甚大，可謂彌足珍貴，惜乎學界對此稿關注不多，理應引起研治清季學術史者之注目。本文所引《毛詩地理釋》原文，皆據卜海圖書館所藏此本，下不贅注。

〔註2〕民國二十一年，孫常敍在吉林省立圖書館發現焦循批註《詩地理考》一部，並加以輯錄，集爲一冊名爲《揚州焦氏讀〈詩地理考〉札記》，並由吉東印刷社於康德二年（1935）出版。《古籍整理研究學刊》1985年第二期刊發了《揚州焦氏讀〈詩地理考〉札記》（選載）一文，僅節取了《孫敍》、《繫年》以及焦循極少批註。據此文所錄焦循《詩地理考敍》批註：「閱二過矣，終宋儒之學也，庚戌循又記。余近有《詩釋地》一書，視此較精善，今亦尚未脫稿也，嘉慶戊午夏月記」，可見焦循確實在《詩地理考》上用了很大功夫，但此批註與《毛詩地理釋》顯爲兩書，可資互參。

稿，前三卷釋地，後一卷釋人〔註3〕，釋地部分每先表地名，下繫《毛傳》，凡《毛詩正義》未及者則附案語以考其實。其底本謄寫工整、一絲不苟，而施以眉批，又多刪改、增入、倒乙等等修改符號，這顯然是所謂「取舊稿刪其緐冗」的痕跡，於此處正可見焦循研究之深入與學問之遞變。然而既屬未刊手稿，或為焦氏未定之見，稿本中自論點至句法，多有蒙昧含糊，甚或牴牾不通之處，此亦不足為怪也。

焦循為清季易學三大家之一，梁啓超云：「可以代表清儒《易》學者不過三家，曰惠定宇，曰張皋文，曰焦里堂……里堂精於算理，又精於聲音訓詁」〔註4〕，故其考據地理邏輯縝密，步步為營，又不惜文字，長篇追索，此為其顯著之特色，其辨浚地所在，即盡顯此長。卷一「寒泉浚」《傳》「浚衛邑也」：「循按：《水經注》：瓠子水會濮水，東逕浚城南，西北去濮陽三十五里，城側有寒泉岡，即《詩》所謂『爰有寒泉，在浚之下』。《通典》濮州濮陽縣引此詩，又云：寒泉在縣東南，有古浚城。濮陽縣為衛地，浚在於此，當有然者。寒泉，《傳》無所解，則不必實有其地，後世名阪、名岡，取號於《詩》，謂之寒泉，不得轉以為《詩》證也。」焦氏先據《水經注》、《通典》考實浚地所在，繼而又以通識眼光辨明「寒泉」非實有其地，後世所指多有附會，其見解之通脫，甚得釋地之要。至此，似已無疑問，然而「《太平寰宇記》於開封之浚儀縣云：寒泉陂在縣西六十里，《詩》曰『爰有寒泉，在浚之下』，其水冬夏常冷，因曰寒泉。歐陽忞《輿地廣記》云：開封縣有浚溝，《詩》所謂浚郊、浚都也；祥符縣北有浚水，故謂浚儀，有寒泉陂，《詩》『爰有寒泉，在浚之下』。」焦氏並未迴避矛盾、簡化問題，而是實事求是的拈出文獻二則，從而引出「浚在浚儀之說」。對此，焦循又深辨其非，「此以浚儀之浚偶與《詩》同，遂取《詩》之『寒泉』以名其陂。乃浚儀漢屬陳留，班氏自注云：故大梁，魏惠王自安邑徙此。」焦氏認為此乃後人望文生義，而謂浚儀為浚地，據《漢書·地理志》此浚儀乃西漢時名，戰國時稱大梁，與浚自無關係。繼

〔註3〕焦循《毛詩地理釋》卷四小序云：「余既釋《詩》之言地者，次為三卷。竊以杜征南撰《春秋集解》，又為《土地名》、《氏族譜》以相經緯。《詩》與《春秋》表裏，釋其地亦宜釋其人……豈非有地則有人，有人則有事，《序》、《傳》中有及時事者，亦考而說之，附諸卷末云。」則焦氏實仿杜預之意，而續以釋人紀事之述。

〔註4〕梁啓超《中國近三百年學術史》，復旦大學出版社1985年版《梁啓超論清學史二種》本，第296～297頁。

而，焦循又從疆域角度駁正浚在浚儀之說，焦氏的思路是，《毛傳》既謂浚爲
衛邑，只需證明浚儀非爲衛邑，則前說不攻自破。「衛之疆域跨河東西，南平
於河。何以言之，陳留郡之長垣、封邱〔註5〕皆在浚儀之北，孟康言長邱在封
邱，杜曰宋地；《續漢郡國志》封邱有桐牢亭或曰古蟲牢，杜曰鄭地。《春秋》
匡在長垣，文八年晉侯歸匡戚之田於衛，杜曰：匡本衛邑中屬鄭；又祭仲，
杜言陳留長垣縣東北有祭城；是長垣爲衛、鄭交界之地也。長垣之東爲沛陰，
杜以鄭之武父在東北〔註6〕，封邱之東爲酸棗〔註7〕，杜以鄭廩延之別名，又
以鄭之城棣在西南。」此段考辨略欠從容，雖顯繁亂迫促，而旨意甚明。焦
氏擇定陳留郡長垣、封丘二縣，第一步說明二縣皆在浚儀之北，第二步努力
證明此二縣縣境分屬鄭、宋，衛本在鄭、宋之北，又何能跨二國而遙領浚儀
之地？「《漢志》東郡南燕縣，南燕國；《通典》滑州胙城縣，漢南燕縣，古
南燕國；隱公五年『衛以燕師伐鄭』，《土地名》云東郡燕縣；然則封邱以北、
長垣以西尚有南燕國介於其間，莊二十年燕仲父猶見於《傳》矣，《郡國志》
東郡燕縣有平陽亭、有瓦亭，平陽、瓦皆衛地，杜皆以爲在燕縣東北。」焦
氏考出衛地之南，長垣、封丘之西北，尚有南燕古國，又增有力之證。「又衛
之平邱、宛濮、蒲，杜皆以在長垣，劉昭引《陳留志》鞠居在封邱，則以漢
縣計之，衛之境止得長垣，多得封邱、南燕，自此而南皆鄭宋之地，衛不得
而有之，浚郊、浚都何得在此？」焦氏總成上文，浚儀非屬衛地，明矣。焦
氏因無法直接論證其說，故通過證明浚儀與衛之間相隔他國之境土，最終考
辨成理，其思路新異高明，堪稱妙絕。然焦循並未止步於此，又引出一問題，
「劉昭引《晉地道記》謂《論語》儀封人即此縣〔註8〕，《論語集解》鄭注云：
儀蓋衛邑」，浚儀爲儀，儀又爲衛邑，則浚儀爲衛邑，問題似乎又回到了原點。
「《正義》云：以《左傳》衛侯入於夷儀，疑與此是一。《郡國志》東郡聊城
有夷儀，此齊、衛之界，孔子至衛，未嘗由齊，非謂此也。夫曰『蓋衛邑』，

〔註5〕「封邱」典籍本作「封丘」，焦循改丘爲邱，似因尊孔而避諱，下同此。
〔註6〕《春秋》桓公十二年：「丙戌，公會鄭伯盟於武父」，杜注：「武父，鄭地，陳
　　　留濟陽縣東北有武父城」，又《漢志》陳留郡有濟陽無沛陰，焦氏作「沛陰」，
　　　顯誤。
〔註7〕《水經注》卷七經文：「濟瀆又東逕酸棗縣之烏巢澤北」，注文「澤有故亭……
　　　濟瀆又東逕封丘縣，南燕縣之延鄉也，其在《春秋》爲長丘焉。」據此，酸
　　　棗當在封丘之西，《中國歷史地圖集·秦漢圖組》所繪若此，焦氏云「封邱之
　　　東爲酸棗」方向適反，誤甚。
〔註8〕《續漢志》陳留郡浚儀縣劉昭補注。

未知果衛否也，或非衛邑，則浚儀可矣。《水經注》於浚儀引《西征記》論儀封人即此縣非也，酈氏非之，信矣。」焦循據孔子適衛之途以駁儀爲夷儀之說，誠是；然其僅引酈道元所謂「非也」以證儀不在浚儀，論辯頗爲乏力。《論語補疏》卷上「儀封人」條焦循又云：「使儀封人在浚儀，當今祥符、蘭陽之間，雖爲由陳至衛之道，而邑非衛邑矣。」〔註9〕此說仍非確證。劉寶楠云：「案：《明一統志》儀城在蘭陽西北二十里，即封人請見處。蘭陽、祥符地本相接通，以浚儀之名，附會爲封人所官邑。又浚儀始見於《郡國志》〔註10〕，不若夷儀爲尤古矣。」〔註11〕劉氏以爲古儀地本近浚儀，後人見浚儀有儀字，而附會此爲古儀地，庶幾近之。其實，焦氏上文歷歷所考，已證明浚儀非衛地，儀既近浚儀，鄭玄謂儀蓋衛邑，顯誤。此例既可見焦循推求古地之細密精審，也可見考不勝考，終陷繁瑣而反致模棱。

　　焦氏亦復能從毛詩所涉地名入手，細繹其命名之義，進而由此辨析地望方位，區分同名異地。如卷一「中露」《傳》「中露衛邑也」：「循按：鄭氏爲此《序》箋云『黎侯爲狄人所逐，棄其國而寄於衛，衛處之以二邑，因安之』，二邑，即依《毛傳》爲說也。《水經注》：瓠子河東逕黎縣故城南，孟康曰今黎陽也，薛瓚言按黎陽在魏郡非此黎陽也，世謂黎侯城，昔黎侯陽寓於衛，《詩》所謂『胡爲乎泥中』，毛云泥中邑名，疑此城也，土地污下，城居小阜，魏濮陽郡治也。此以泥中爲邑，無畔於《傳》。至《元和郡縣志》於鄆州鄆城縣云：黎邱在縣西四十五里，春秋時黎侯寓於衛，因以爲名，黎之臣子諷衛侯歸國〔註

〔註9〕　焦循《論語補疏》，《清經解》，第8825頁。又王鎏《四書地理考》卷一「儀」條引《王中川集》云：「（浚儀）此地爲儀者有五證：此去衛故都僅百數十里，自衛適陳，道必經由，一證也；《水經》浚水實出邑下，《衛詩》云『子子干旄，在浚之郊』，浚之於儀，實爲一所，二證也；秦漢去古未遠，縣名浚儀，必有所據，三證也；儀又加浚者，見浚爲衛水，此實衛地，四證也；儀封在漢爲東昏縣，後易東明，宋元始易爲儀封，今縣治又國初所遷築，去衛適陳，必不由此，封人官名，偏取儀封，此不足信，五證也。」（《續修四庫全書》第170冊，第327頁）。浚儀非衛地，焦循已考實，其所謂五證，皆浮泛而不可信據也。

〔註10〕　《漢書‧地理志》陳留郡已有浚儀縣，此處劉氏稱浚儀始見於《續漢書‧郡國志》，誤甚。

〔註11〕　劉寶楠《論語正義》，《諸子集成》第1冊，上海書店1986年影印世界書局本，第72頁。

〔註12〕　揆諸文義，當作「黎之臣子諷黎侯歸國」，檢《元和郡縣圖志》卷七：「黎之臣子諷其君歸國」（中華書局1983年版，第261頁），則此處作「衛侯」，顯誤。

12），作詩曰：『胡為乎泥中』，蓋惡其卑濕也。此以卑濕解泥中，似本《水經注》『污下』之說而誤者，實為畔《傳》之始。」《毛傳》雖屬古文經學，然傳自西漢，當淵源有自，《水經注》未違《毛傳》，《元和志》則申說轉異，頗有望「泥中」文而生「卑濕」義之嫌，焦氏點出二說釋解地名之異，自可見出古說流傳而致訛誤之跡。繼此，焦循指出又有另一說法：「乃《水經注》於河水過黎陽又云：黎，侯國也，《詩‧式微》黎侯寓於衛。《元和志》衛州黎陽縣云：古黎侯國。此黎陽在漢屬魏郡，晉灼曰：黎山在其南，河水經其東，其山上碑云：縣取山之名，取水之陽，以為名。即臣瓚所謂『黎陽在魏郡非黎縣』是也。蓋魏郡之黎陽，以黎山得名，在今衛輝府之濬縣，唐之衛州，宋之浚州也；東郡之黎，以黎侯寓得名，在今曹州府鄆城、壽張之間，唐屬鄆州，宋屬濟州也⋯⋯黎陽既非本國，亦非寓地，孟康誤舉，故臣瓚破之，酈道元、李吉甫之書兩系之，殊屬惑人，地書紛雜，誠未易讀也。」焦氏從地名命名角度入手，細繹兩黎得名之因，魏郡黎陽名自黎山河陽，鄆城黎城乃因黎侯所寓得名，一出自然山川，一出人文史事，此端既明，則地望自分。此段考辨確鑿明晰，堪稱精彩。焦循又云：「黎侯寓衛，衛處以泥中、中露二邑，後因以所寓之地名黎，得黎侯所寓之地，即得泥中、中露之地也矣。」若此高見，實已觸及古史地名遷移之普遍規律，錢穆先生曾總結到：「一民族初至一新地，就其故居之舊名，擇其相近似而移以名其僑居之新土」〔註13〕，「因人事變動，常常有後起的新名來掩蓋故名」〔註14〕，焦氏由《式微》詩義揭示中露、泥中實乃黎侯所寓，再依據地名遷移規律，由已知之黎地，推求未知之中露、泥中，實開考古證地之一大法門。

傳世典籍中關於經學地理的說法往往方枘圓鑿、矛盾牴牾，焦循通過排比前後文獻記載，將流傳中所產生的訛誤呈現出來，孰是孰非，不辨自明。辨章學術、考鏡源流的學術史研究思路，被焦氏極好地運用到了經學地理研究中。其著例，如卷一「楚堂」《傳》「楚邱有堂邑者」：「循按：《漢書‧地理志》山陽郡成武，有楚邱亭，齊桓公所城，遷衛文公於此，子成公徙濮陽；又東郡濮陽，衛成公自楚邱徙此，故帝丘，顓頊墟。後漢《郡國志》成武屬沛陰郡，補注云：《左傳》隱七年戎執凡伯於楚邱。《正義》

〔註13〕錢穆《史記地名考‧序》，《錢賓四先生全集》第 34 冊，第 8 頁。
〔註14〕錢穆《提議編纂古史地名索引》，《禹貢》半月刊第一卷第八期，收入《古史地理論叢》，《錢賓四先生全集》第 36 冊，第 378 頁。

所引杜預注即此隱七年注也。〔註15〕《晉地里志》沛陽成武有楚邱亭，晉改沛陰爲沛陽，杜預時尚未改，故仍曰濟陰〔註16〕，杜於隱七年之楚邱及僖二年之城楚邱，並云衛邑，則固以齊之所城、戎之所伐爲一地，與《班志》同也。」班固、杜預均認爲楚邱在成武，並無疑問，焦氏先定下一基點，隨後便引出異說：「康成東漢人，時成武屬沛陰，不屬東郡，而疑在東郡界中者，蓋不以成武之楚邱，爲衛之楚邱也。」焦氏所謂康成云云者，實指孔穎達《正義》所引：「《鄭志》：張逸問楚宮今何地？仲梁子何時人？答曰：楚丘在濟、河間，疑在今東郡界。今仲梁子，先師魯人，當六國時，在毛公前。然衛本河北，至懿公滅，乃東徙渡河，野處漕邑，則在河南矣。又此二章，升漕墟望楚丘，楚丘與漕不甚相遠，亦河南，明矣，故疑在東郡界中。」〔註17〕鄭玄所疑頗有道理，據《左傳》閔公二年：「冬十二月，狄人伐衛……衛師敗績，遂滅衛……及敗，宋桓公逆諸河，宵濟，衛之遺民男女七百有三十人，益之以共、滕之民爲五千人，立戴公，以廬於曹。」據此，至魯閔公二年衛方由北渡河，隱公七年衛何得河南地境之有，「戎伐凡伯於楚丘」，杜注：「楚丘，衛地」，大誤〔註18〕。然國屬雖誤，杜氏所釋

〔註15〕《毛詩·定之方中》孔穎達《正義》云：「杜預云：楚丘，濟陰成武縣西南。」（汲古書院昭和四十八年影印足利學校藏南宋十行本《附釋音毛詩注疏》，第359頁）。又，《春秋》隱公七年「戎伐凡伯於楚丘」杜注：「楚丘，衛地，在濟陰城武縣西南。」

〔註16〕據筆者考證，杜預編成《春秋經傳集解》在太康元年，詳參拙作《杜預〈春秋經傳集解〉所存晉太康元年地志輯考》，收入《漢唐地理志考校》（新世界出版社2012年版，第69～70頁）。又檢《續漢書·郡國志》有濟陰郡，三國曹魏有濟陰郡，宋本《晉書·地理志》作「濟陽郡」，據筆者考證，西晉太康四年改濟陰郡爲濟陽郡，詳參拙作《晉書地理志校注》（新世界出版社2012年版，第39～40頁）。

〔註17〕《附釋音毛詩注疏》，第359頁。

〔註18〕江永《春秋地理考實》隱公七年「楚邱」條云：「《經》：戎伐凡伯於楚邱以歸。杜注：衛地，在濟陰城武縣西南。《彙纂》：今兗州府曹縣東楚邱亭是也。今按：曹縣今屬曹州府。《一統志》：楚邱城在曹縣東南五十里，春秋時戎州己氏之邑，漢改爲己氏縣，隋改曰楚邱，明省入曹州。又考，二年戎城亦在曹縣，則此楚邱爲戎邑，凡伯經其地，戎遂伐之以歸，非衛邑也。因此楚邱與滑縣楚邱衛文公所居者同名，杜遂以爲衛地，不知此楚邱去衛遠，衛不得有此。說者因杜注遂謂『於楚邱』者，罪衛不能救王臣之患，考之亦不詳矣。若論近楚邱之國，則曹都定陶者爲最近，凡伯經戎人之邑而戎伐之，雖曹亦不能救也。《春秋》書『於楚邱』詳其爲戎地，以見戎之橫、周之微耳，於曹、衛乎何責。」（《春秋戰國史研究文獻叢刊》第4冊影印清道光九年學海堂刊

地望則不誤。焦循於鄭玄東郡之說，有以辨之：「《水經注》：菏水分沛於定
陶東北，北逕己氏縣故城西，又北逕景山東，《衛詩》所謂『景山與京』者
也，又北徑楚邱城西，《郡國志》曰：成武縣有楚邱亭〔註19〕，杜預云：楚
邱在成武縣西南，衛懿公爲狄所滅，衛文公東徙渡河，野處漕邑，齊桓公
城楚邱以遷之，即《詩》所謂『升彼墟矣，以望楚矣，望楚與堂，景山與
京』。此同於《班志》。」焦氏並未正面回答鄭說之疑，而是援引《水經注》
作爲新證，又云：「惟《鄭志》答張逸問疑在東郡界中，未言何縣，亦未明
載經注中，蓋未定也。」焦氏云云，未及根本問題，實欠論辯之力。然焦
氏揭發訛誤源流之功，則不可沒，「《水經注》言：濮水枝津，上承濮渠，
東逕鉏邱縣南，京相璠曰：今濮陽城西南十五里有沮邱城，六國時沮、楚
同音，以爲楚邱，非也。然則京相璠始以濮陽有楚邱，亦未即指文公所徙
之楚邱，酈氏於古事舊跡，往往兩載，獨此直斥其非，則眞非矣。」據焦
氏此段所揭，京相璠實爲誤說源頭，而後世以訛傳訛，則更甚矣，「至唐人
作《括地志》，乃以爲在滑州衛南縣，《通典》及《元和郡縣志》皆於滑州
言衛文公自漕邑遷於楚邱，即衛南縣。《太平寰宇記》於澶州衛南縣言：楚
邱城在縣西北四里，《詩》曰『定之方中，作於楚宮』，引《城冢記》云：
齊桓公築楚邱之城即此。此本《括地志》之說，然於河南道宋州楚邱縣，
則又云：古之戎州即已氏之城邑，景山在縣北三十八里，高四丈，空岡在
縣北三十里，高一丈，蓋《詩》云『景山與京』也，又棠水在縣北四十五
里，從單州成武縣入界，南行五里，合泡溝，《詩》云『望楚與堂』也，又
古楚邱城在縣北三十里，《詩》云『定之方中，作於楚宮』，《左傳》隱公七
年『戎伐凡伯於楚邱』，杜預注云：在沛陰成武縣西南。是兼兩地而言之。
至歐陽忞《輿地廣記》，辨成武之楚邱，云：漕、楚邱二邑相近，今拱州楚
邱非衛之所遷，縣有景山京岡，乃後人附會名之。於是近世學者，遂以楚
邱在開州滑縣，而成武之楚邱在今曹縣，爲宋地。而戎之所伐，與齊之所
城，竟爲兩地！〔註20〕」通過焦氏此番排比羅列，一條紅線赫然在目，鄭

《皇清經解》本，國家圖書館出版社 2009 年版，第 15〜16 頁）。江氏雖不明
兩楚邱實爲一地，然其釋此衛地乃涉後而誤，是也。

〔註19〕 今傳世本《續漢書・郡國志》濟陰郡成武縣無楚邱亭之載，王先謙《詩三家
義集疏》謂此《郡國志》係《地理志》之誤（中華書局 1987 年版，第 240 頁），
或是。

〔註20〕 焦氏所謂「近世學者」，如顧棟高，其《春秋大事表》卷四《春秋列國疆域表・

疑權輿，京相璠濮陽之說遂起；濮陽近滑州，遂自《括地志》至《通典》、《元和志》則有楚邱滑州衛南之說；再至《寰宇記》則兩載其說而未定孰是；又至《輿地廣記》則楚邱一分爲二，各爲一地，此後遂成不刊定論。〔註21〕源流既明，焦氏又據史實事理再辨之，「循因論之，閔公二年，立戴公盧於曹，齊桓公使公子無虧戍曹。僖公元年〔註22〕，諸侯城楚邱封衛，於是去曹而遷楚邱矣，十二年，爲狄難，諸侯城衛楚邱之郛，十八年、二十年〔註23〕，狄皆侵衛，三十一年冬，狄圍衛，衛遷於帝邱。是必帝邱可以避狄，故去楚邱而適此。若楚邱在滑縣，則與帝邱接壤，相去不足百里，狄可圍楚邱於滑，獨不可圍帝邱乎？必不然矣。唯楚邱在成武，爲衛之東南，與宋、魯接壤，狄人出沒於此，凡侵魯、侵宋、侵衛皆在此。帝邱，西憑大河，北擁清、濟，地近於漕，實遠於楚邱。自遷之後，狄乃移患於魯、宋，雖文十三年乘衛侯在會，亦爲患於邊，不足爲衛難矣。故未遷則

衛表》云：「僖二年遷楚邱，今爲衛輝府之滑縣」（中華書局1993年版，第530頁）。而此誤甚至沿訛至今，楊伯峻《春秋左傳注》閔公二年「封衛於楚丘」注云：「楚丘，衛地，在今河南省滑縣東」（中華書局1990年修訂版，第273頁）；趙生群《春秋左傳新注》閔公二年「封衛於楚丘」注云：「楚丘，衛地，在今河南滑縣東」（陝西人民出版社2008年版，第150頁）；皆不知此處楚丘既非衛地，也不在滑縣也。

〔註21〕 王先謙云：「自隋開皇十六年，同時置兩楚丘縣，一在漢己氏縣，即杜注所云城武縣西南；一在漢白馬、濮陽之間，正用京説，旋改衛南，於是言輿地者本之，遂一成而不可易。」（《詩三家義集疏》，第241頁）。王氏此言可作焦氏所譜楚邱諸説源流之補充。又顧棟高有詩云：「衛邑原來兩楚丘，開皇並置本《春秋》。班書謬列從成武，滑縣漫同己氏州。」小注詳考：「《穀梁》於兩楚丘皆言衛邑，而不明其處，至隋開皇十六年同時置兩楚丘縣，一在漢己氏縣，以戎伐凡伯之楚丘爲名。己氏，春秋時爲戎州，在今山東曹州府曹縣東南四十里。一在漢白馬縣，即齊桓公所封者，在今河南衛輝府滑縣東六十里。」（《春秋大事表‧春秋列國地形口號》，第1023頁。）王説似本此，然顧氏此言易致誤解，據《隋書‧地理志》梁郡楚丘條：「開皇四年又置己氏，六年改曰楚丘」（中華書局1973年版，第836頁），則開皇六年改己氏爲楚丘，非開皇十六年置楚丘。而衛南之楚丘，據《隋書‧地理志》東郡衛南條：「開皇十六年置」（第843頁），《元和郡縣圖志》卷八滑州衛南條：「本漢濮陽縣地，隋開皇十六年，於此置楚丘縣，屬滑州，後以曹州有楚丘縣，改今名。」（第199頁）。則顧氏、王氏宜言隋開皇十六年同時有兩楚丘，庶幾契合史實。

〔註22〕 《左傳》閔公二年，《春秋》、《左傳》僖公二年，皆載僖公二年諸侯城楚丘封衛，焦氏此處謂僖公元年，似誤。

〔註23〕 《春秋》僖公二十一年：二十有一年春，狄侵衛。焦氏此處謂僖公二十年，似誤。

苦之，既遷且乘狄亂，侵以報之，蓋狄雖無定，而出沒之地亦有常，河、濟之間非其所及矣。」焦氏精熟《春秋》，貫通《左傳》，衛國數遷前後之史事，如視諸掌，隨手拈來，寓釋地於考索史事，其所辨析皆中衛、狄交爭之情，衛遷成武，固近史實也。經此長篇考證，楚邱諸說之爭，蓋可息矣。

「《詩》與《春秋》（本相）表裏」〔註24〕，援《春秋》史事以考《毛詩》地理，以經證經，史詩互證，亦爲焦循考據之重要手法。如卷二「汶水」箋「汶水之上蓋有都焉襄公與文姜時所會」：「循按：《漢書・地理志》有二汶，一出泰山郡萊蕪，入泲，此《禹貢》之汶也；一出琅邪郡朱虛，至安邱入濰，此《詩》之汶也。」焦氏先列出二汶首尾所逕，經義之別，繼而考辨此說之由來，「何以言之？《禹貢》言『浮於汶達於泲』，入濰之水，不可以達泲也。」此自《禹貢》而言，誠爲顯而易見之證，所辨甚是；焦氏又援《春秋》以辨：「文姜之會齊侯，《春秋》備書之：莊二年會禚，七年會谷，爲齊地；四年會祝邱，七年會防，皆魯地。《詩》刺襄公入魯境，則當指祝邱、防二地。祝邱，即桓五年城以備齊之邑，《地理志》東海郡即邱，孟康云古祝邱，在今沂州府境。魯有二防，西防，本宋地，隱十年魯取之，杜注高平昌邑縣西南，晉高平昌邑在漢屬山陽郡，今爲兗州金鄉縣地，於魯爲南境，齊侯不應遠至此；東防，隱九年公會齊侯之地，杜注在琅邪華縣東南，亦在今沂州府境。防及祝邱皆在齊都之南，魯境之東，襄公至此，必由臨朐而南渡入濰之汶，汶全在齊，齊人詠其地之水，則不必遠引萊蕪所出之流也。」齊襄會文姜，《春秋》所載有四，其二在齊，其二在魯，而本詩《齊風・載驅》有「魯道有蕩」之語，則爲赴魯無疑。焦氏遂筆鋒一轉，遂詳考祝邱、防二地所在，皆處今山東臨沂一圍，襄公欲會文姜於此，豈能由泰山之汶而折回遠繞，其必經之汶則爲入濰者無疑，此汶在齊，適可與《齊風》諷詩相配，焦氏此例所辨眞可謂左右逢源、處處貼合。且於齊之禚、谷二地，焦循亦有說：「若谷在東阿，禚爲西境，襄公至此，無容過汶也」，二地皆在今山東長清周圍，與二汶均相隔已遠，確不關涉。考據之滴水不漏，焦氏是也。

然焦氏所考亦有似是而非者，如卷一「汜」《傳》「決復入曰汜」：「循按：《爾雅》有二汜，一在《釋水》，『決而復入』之謂也；一在《釋邱》，『涘爲厓窮瀆汜』是也。《說文》兼採之，字從巳午之巳。鄭氏注《禹貢》，以夏水

〔註24〕 《毛詩地理釋》卷四小序。

首出江、尾入沔爲沱，《水經注》以夏水爲江之汜。蓋自江之決處言之，爲沱；自決而復入言之，爲汜；自水決復入之間言之，爲渚；三者一也。汜可通名爲沱，汜者，沱之復入江者也，故夏水鄭言沱，酈言汜。」焦氏謂「汜可通名爲沱」此本不誤，而強分江決爲沱，復入爲汜，經由爲渚，則分辨太過，顯屬牽強。而其說訛誤有三：其一，曲解《爾雅》，《爾雅》爲釋經而作，《毛傳》亦取之爲解，明謂「決而復入」爲汜，非謂「江決爲沱，復入爲汜」，焦循以意改志、六經注我，甚非；其二，不通地理，今檢《水經注》卷三十二經文：「夏水出江流於江陵縣東南」，酈道元注云：「江津豫章口東有中夏口，是夏水之首，江之汜也」，江陵爲江水決出衍爲夏水之津口，據此可謂「江決處爲汜」，而焦循滅去「之首」二字，引作「以夏水爲江之汜」，擇此去彼，斷章取義，遂稱「自決而復入言之爲汜」，而與地理實情轉相違背，殊無謂也；其三，專通不分，汜、沱本皆爲通名，而非專名，實指枝江而復入於江之義，《爾雅・釋水》早已明言，又《水經注》卷三十四：「江汜枝分，東入大江，縣治州上，故以枝江爲稱，《地理志》曰：江沱出西南，東入江是也」，《水經注》卷四十經文：「荊州沲水在南郡枝江縣」，沲即沱，則此枝江可稱汜，亦可稱沱，夏水亦然，可稱汜，也可稱沱，確無所謂分段命名之義，焦氏所辨太晰，故而太過，成也在精，敗也在精，此之謂也。

第二節　朱右曾《詩地理徵》

　　《詩地理徵》七卷〔註25〕，朱右曾撰〔註26〕，是書體例全仿王應麟《詩地理考》，所標條目亦大抵遵從王氏，各條之後又多錄王書所引文獻及考述〔註

〔註25〕 下文所引皆爲《清經解續編》本《詩地理徵》。

〔註26〕 《清經解續編》本《詩地理徵》及各家書目著錄皆作「朱右曾」，而今人洪湛侯《詩經學史》第四節「《詩經》地理研究」作「朱右尊《詩地理徵》七卷」，又云：「朱右尊字尊魯，嘉定（今屬上海市）人」（中華書局 2002 年版，第 544 頁）。不知其何據。今檢《清史列傳・儒林傳》：「朱右曾，字尊魯，江蘇嘉定人。」（中華書局 1987 年版，第 5646 頁）。又，光緒《嘉定縣志》卷十六錄《朱右曾傳》謂其字尊魯，號亮甫。則洪氏所謂「朱右尊」者，似承朱氏之字而訛誤。

〔註27〕 朱氏於王著亦間有辯駁，除下文所述，又如卷二「干」條：「《地理志》東郡有發干縣。曹氏曰：即此所謂干。《郡國志》：衛國，干城。王氏曰：故發干縣，今開德府觀城。案：此沿劉昭之誤也，後漢東郡有發干縣，有衛國縣，二縣並存，地非接壤。《晉志》陽平郡有發干縣，《後魏志》同，《隋志》北齊

27〕。「但王氏採錄遺文，案而不斷，往往得失並存。右曾則舊說未安，頗多辨證」〔註 28〕。是書以《詩經》地理研究爲宗旨，歷來被視爲清人《詩經》地理研究之渠首〔註 29〕。

經學地理，錯綜複雜，往往名相近而地不同，考定實屬不易，朱氏致力於此，多有所獲。其主要考辨手法是通過廣羅文獻，將相關記載整合分類，最終根據不同的地理方位梳理成文，諸地之別，判然可分。如其於卷六「景山」條辨「景亳」、「蒙亳」之異云：「西亳即景亳，以景山名也。昭四年《左傳》：商有景亳之命。杜預曰：河南鞏縣西南有湯亭。《郡國志》注引《皇覽》曰：河南偃師有湯亭，有湯祠。《晉太康地記》曰：尸鄉南有亳阪。《晉書‧嵇含傳》：家在鞏縣亳邱，自號亳邱子。今偃師縣西十四里槐廟村，即古亳邑鄉也。其北亳亦曰蒙亳。湯爲諸侯時居之。《漢書‧地理志》山陽郡薄縣，臣瓚曰：湯所都。《續志》梁國薄縣，彪自注：故屬山陽，湯所都。此在春秋宋地也。《左傳》莊公十二年：公子御說奔亳，僖二十一年：會於薄，以釋宋公，哀十四年：桓魋請以鞌易薄，杜預曰：梁國蒙縣西北有亳城，是也。而皇甫謐以爲即景亳，故《括地志》云：宋州北五十里大蒙城即景亳湯所盟地。《寰宇記》云：景山在應天府楚邱縣北三十八里，高四丈。《路史》注引《九域志》：景山在澶，以證其爲景亳。夫四丈之山與邱陵等耳，烏足以表地乎？」〔註 30〕

又卷二「桑中」條：「《樂記》曰：桑間濮上之音。注曰：桑間在濮陽南。《疏》曰：今濮上之上，地有桑間。《地理志》曰：衛地有桑間濮上之阻，男

省。今東昌府堂邑縣西南五十里發干城也，西北距觀城縣百七十餘里，非一處，明矣。」《續漢書‧郡國志》原文作「衛。公國。本觀故國，姚姓，光武更名。有河牧城。有竿城。」劉昭補注曰：「《前書》故發干縣。」故朱氏謂王氏沿劉昭之誤。（《清經解續編》，第 5040 頁）。又「頓邱」條：「《水經注》：淇水東屈而西轉，逕頓邱北，故闞駰曰：頓邱在淇水南，又屈逕頓邱西。王氏引作『淇水北逕頓邱縣故城西，闞駰云云，又屈逕頓邱西，又東屈而西轉逕頓邱北。』與今本異。考淇水自朝歌東逕頓邱北，屈逕其西，而南流入河。魏武開白溝，遏淇水東北出，由宿胥故瀆而北，故曰淇水右合宿胥故瀆，北逕雍榆城東，又北逕白祠山東，歷廣陽里而出頓邱城西，王氏誤也。」（《清經解續編》，第 5043 頁）。

〔註 28〕 《續修四庫全書總目提要‧經部》「《詩地理徵》」條，中華書局 1993 年版，第 383 頁。
〔註 29〕 洪湛侯以爲：「朱右尊（當作朱右曾，見上註 26）、桂文燦、尹繼美三家之書，最爲時論所稱，朱書尤爲精審。」（《詩經學史》第四節「《詩經》地理研究」，第 544 頁）。
〔註 30〕 《詩地理徵》，《清經解續編》，第 5070 頁。

女亦亟聚會，聲色生焉，故俗稱鄭衛之音。《郡國志》：東郡有濮陽縣。劉昭稱《博物記》曰：桑中在其中。案：序文『政散民流而不可止』，用《樂記》語，說者遂以桑中為桑間〔註31〕。然桑間自在濮上，殷紂使師延作靡靡之樂，已而自沉於濮水，衛靈公時師涓遇焉，夜聞而寫之，為晉平公鼓之，事見《史記‧樂書》。康成本之以注《樂記》，是桑間濮上言其音不言其《詩》也。且《詩》上言沬邑，下言上宮，並在都會之地。朝歌東距濮陽一百七十五里，無緣期於此而要於彼也。」〔註32〕此例朱氏不煩詳引文獻，說明桑間位置所在。而《桑中》詩云：「爰采唐矣，沬之鄉矣。云誰之思？美孟姜矣。期我乎桑中，要我乎上宮，送我乎淇之上矣。」據王氏《詩地理考》所引文獻可知「沬」、「上宮」均地近朝歌〔註33〕，而桑中亦當在附近，此與桑間之濮陽距離一百七十多里，故朱氏以為兩者非一地，從《毛詩》本文出發考證地理，頗為可信。

先秦「營陵」、「營邱」同異之辨由來已久，歷來文獻記載頗多牴牾，清人於此聚訟紛紜，朱氏是書發六證詳辨此事，卷六「齊」條：「《地理志》北海郡營陵，或曰營邱。應劭曰：師尚父封於營邱，陵亦邱也。臣瓚非之曰：營陵，《春秋》謂之緣陵。兩說相歧，紛如聚訟。道元辨之曰：營陵城南無水，惟北有一水，世謂之白狼水，由《爾雅》出前左之文，不得以為營邱也。而愚更有六證也：天齊淵在臨淄南郊山下，齊之名國以此。若在緣陵，不得有齊名，一也。」朱氏以為齊既得名於臨淄南郊之天齊淵，故齊始封當在臨淄，不在緣陵。朱氏所述不知其依據為何，揣度朱氏意見大抵以為「營邱」即臨淄，而營邱又非營陵，此說非確。趙一清《水經注釋》詳辨此事，指出太公所封之營丘不在臨淄，而是古營丘之地，其後因為地名遷移的原因，而使臨淄得稱營丘。〔註34〕朱氏又云：「以營陵為營邱者，徒以《史記》有營邱邊萊、萊侯與之爭之說，營陵去萊差近耳。不知武王之世，太公未嘗就國。《金縢》言二公穆卜，又言二公問諸史，展喜對齊侯曰：周公、太公股肱周室，成王勞之，而賜之盟書。《大傳》言太公報政與

〔註31〕 王應麟《詩地理考》卷一「桑中」條引朱氏曰：「桑間，衛之桑中是也。」（《詩地理考》，日本京都中文出版社 1977 年影印元至正刊本《合璧本玉海》附，第 3916 頁。）朱右曾所謂「說者」或指此「朱氏」。
〔註32〕 《詩地理徵》，《清經解續編》，第 5042 頁。
〔註33〕 參看王氏《詩地理考》，第 3916～3917 頁。
〔註34〕 參看本書「清人《水經注》研究著述所見經學地理考據」章相關部分。

伯禽同時，是太公就國在成王之世也。安得如《史記》所云？豈太公之見，反出於逆旅主人下哉？則此事全不足信，二也。」據《史記·齊世家》：「於是武王已平商而王天下，封師尚父於齊營丘。東就國，道宿行遲。逆旅之人曰：『吾聞時難得而易失。客寢甚安，殆非就國者也。』太公聞之，夜衣而行，犂明至國。萊侯來伐，與之爭營丘。營丘邊萊。萊人，夷也，會紂之亂而周初定，未能集遠方，是以與太公爭國。」朱氏以為此段記載全不可信，其依據文獻指出太公於武王世未曾就國，且「逆旅主人」云云亦頗多故事意味，難作信史，朱氏所言是也。「班固於臨淄，自注：師尚父所封；於營陵，注：或曰營邱。或者疑辭，姑存一說，非可案據，三也。」班固既於《漢書·地理志》臨淄下注明「師尚父所封」，則營陵下所謂「或曰營邱」殆存疑也。「《晏子春秋》言先君太公築營之邱，又言景公登牛山，北臨其國城而流涕，晏子曰：使賢者守之。則太公常守之矣。此正指臨淄，非營陵也，四也。」朱氏此證只可說明營邱為齊之國城，即為臨淄，而言「非營陵」，未必然也。「《春秋》城緣陵不言杞，與城楚邱不言衛，同例。若本是齊都，必有先公之廟，桓公即欲假仁市恩，何至委宗廟於異國，五也。」據《春秋》僖公十四年「春，諸侯城緣陵。」《左傳》云：「春，諸侯城緣陵而遷杞焉。」此即朱氏所謂「《春秋》城緣陵不言杞」，若緣陵即營邱，而營邱亦即臨淄，齊侯無由將杞國遷入臨淄而居之，此即所謂「何至委宗廟於異國」，於史實斷不可通，朱氏此條理據甚為有力。「《史記·世家》言獻公自薄姑徙治臨淄，而應劭云：獻公自營邱徙此。〔註35〕劭意謂齊未嘗都薄姑邪？抑謂薄姑亦號營邱邪？又豈自薄姑復還營陵，自營陵徙臨淄邪？支離之說，不攻自破，六也。」杜預《釋例》不列營陵於齊地，《晉書·載記》：慕容德如齊登營邱，是亦明證也。」〔註36〕朱氏抓住應劭與《史記》記載之矛盾，揭示其說之不可信。並輔以杜預《釋例》、《晉書·載記》說明營陵非營邱。經此六證，「營陵」非「營邱」雖非為定論，然其間疑問，暴露無遺。

除了名近地異者，朱氏於同名異地，也能深加考辨。先秦「漆沮」本為一水二名〔註37〕，又有涇東、涇西之別，朱氏於卷四「漆沮」條深辨後者，

〔註35〕《漢書·地理志》齊郡臨淄條顏師古注引應劭曰：「齊獻公自營丘徙此。」
〔註36〕《詩地理徵》，《清經解續編》，第 5046 頁。
〔註37〕楊守敬於此有說，參看《水經注疏》，江蘇古籍出版社 1989 年版 1999 年第二次印刷本，第 1449 頁。

頗得其實,「《詩》之漆沮在漢爲右扶風竟,在涇水西。《書》之漆沮,於漢爲北地及左馮翊竟,在涇水東,周時但謂之洛水。《職方》雍州,其浸渭、洛,《周語》三川震,韋昭解謂:涇、渭、洛,是也。《左傳》曰:成有岐陽之蒐。蒐狩之處,惟岐陽爲宜。《吉日》詩『瞻彼中原』,即所謂『周原膴膴』也。今世所傳石鼓文,說者以爲宣王之鼓,其文正與《吉日》相類〔註 38〕。而鼓出於鳳翔,故知此漆沮亦扶風之水,與洛水無涉也。」〔註 39〕朱氏從兩個角度考辨這一問題,據《周禮》、《國語》等文獻記載,《尚書》之漆沮其時謂之洛水,在涇東。又據《左傳》、《吉日》詩之記載,《詩》之漆沮與洛水無涉,別在涇西。朱氏還運用了石鼓文材料予以說明,充分顯示了其考證地理廣羅實據的客觀精神,遙開後世以地下出土材料考證傳世文獻所謂「二重證據法」之先河〔註 40〕。其辨周城、岐陽非一,亦以周城遺蹟爲據,卷五「周原」條右曾案:「周城、岐陽亦自有別。《閟宮》篇云:居岐之陽。《說文·邑部》:郂,周大王所封,在右扶風美陽中水鄉,從邑支聲。杜預云:岐陽在美陽縣西北。與《班志》、《水經注》吻合。周城,周公之采地,王禕《周公廟記》云:周城,今爲岐陽鎮,遺址猶存,廣袤七八里,四圍皆深溝,南有周原。杜預曰:周,扶風雍縣東北周城也。雍縣即今鳳翔府治,今岐山縣在府東五十里,其東竟於漢爲美陽縣地,其縣治以西於漢則雍縣地……是周公之采與太王所邑周,名則同,城、地則異。」〔註 41〕是例朱氏依據文獻,指出岐陽在漢時爲美陽縣地,而周城爲故邑,並引據王禕《周公廟記》對周城遺址之記載爲證,二地劃別,顯而易見。今人曹瑋依據傳世文獻和考古發掘資料認爲太王都邑

〔註 38〕 傳世石鼓第九鼓有「田車孔安,鏊勒駻駻」句,今人鮑漢祖即引《吉日》詩:「田車既好,四牡孔阜」爲釋,詳鮑著《石鼓箋釋》第四章「石鼓句解」(鳳凰出版社 2007 年版,第 57 頁)。

〔註 39〕 《詩地理徵》,《清經解續編》,第 5056 頁。

〔註 40〕 《詩地理徵》卷三「宛邱」條:「《爾雅》云:宛中宛邱。又云:邱上有邱曰宛邱。陳有宛邱,此郭氏所以訓宛中爲中央高峻也。夫毛公之時,宛邱無恙,此必目驗得之。李巡、孫炎亦前於郭氏,而從《毛傳》,則其邱可知。王隱與郭氏相去不遠,云漸欲平。意璞或以漸平者,不足爲名邱,別指陳地之邱以爲宛邱,故顯違毛訓乎?至於後魏酈氏遂謂今無處矣,則後世之所謂宛邱,如《郡縣志》云:在陳州宛邱縣南三里,《輿地廣記》云:邱上有邱,今其地形則然,《寰宇記》云:在宛邱縣南三里,高二丈,皆非《詩》之宛邱也。」(《清經解續編》,第 5050 頁)。亦反映出朱氏重視實地遺蹟的思路。

〔註 41〕 《詩地理徵》,《清經解續編》,第 5060 頁。

與周公封邑爲兩地，前者位於今陝西扶風縣法門鎮北祁家溝以東的時溝河與美陽河之間，即今人所稱之周原一帶；後者則在岐山縣北郭鄉和周公廟附近〔註42〕。結論與朱氏所考正合。朱氏又於卷七「虢」條辨兩「制」之別：「虢都於制。《左傳》曰：制，嚴邑也，虢叔死焉。《地理志》東虢在滎陽，其地在今開封府滎澤縣西南，非北制也。北制，一名虎牢，六國時曰成皋，今爲汜水縣。《左傳》襄十年：諸侯城虎牢而戍之，又言：晉師城梧及制，隱五年《傳》：制人敗燕師於北制，是二制非一地也。徐廣注《史記》云：虢在成皋，《水經注》、《括地志》、《郡縣志》、《通典》俱沿其誤。」〔註43〕於卷七「滎波」條辨諸「波」之異：「《史記索隱》曰：《古文尙書》作滎波。此及今文並云滎播，播是水播溢之義，滎是澤名。謹案：《說文》：潘水在河南滎陽，潘古亦作番。許君蓋本今文爲說，古文作『波』，則讀『播』，短言之耳，非《爾雅》『水自雒出』爲『波』及《職方》『其浸波溠』之『波』也。《爾雅》波水見《水經‧河水》，及《洛水注》：洛水又東，門水出焉，所謂洛別爲波者也。《周禮》波水見《水經‧溠水注》：波水出孤山，俗名歇馬嶺，東南入溠，馬融《廣成頌》所謂浸以波溠者也。一在檜西南，俱數百里。二波之外，又有入谷之波。《山海經》：瞻諸山西三十里，婁涿之山，波水出於其陰，北流注於谷。亦在滎陽之西，非滎波之波也。」〔註44〕朱氏旁徵博引，條分縷析，方位既了，地異可知也。

　　朱氏考辨復能於詳引文獻之外，揆諸史事以定是非，其著例如卷五「韓」條，「《詩》之韓與《左傳》韓原之韓異，而俱與今陝西之韓城縣無涉。《詩》之韓國，《左傳》所謂『邗、晉、應、韓，武之穆也』。《周語》所謂『武王之子，應、韓不在，其在晉乎？』國在《職方》并州，其後在漢有辰韓、馬韓

〔註42〕　參看曹瑋《太王都邑與周公封邑》一文（《考古與文物》1993 年第 3 期），《中國文物地圖集‧陝西分冊》扶風縣圖法門鎮北偏東繪有周原遺址，其中令召陳村附近有多處西周宮室遺址（文物出版社 1998 年版，上冊第 184 頁），是書在文物簡介中說到周原爲周人的發祥地和滅商以前的都邑遺址（下冊第 302 頁）。周原遺址在岐山東南方向，與《漢書‧地理志》右扶風美陽縣小注所謂「禹貢岐山在西北」正合，故曹說可信。《中國歷史地圖集‧秦漢圖組》西漢司隸部圖將中水鄉位置繪於今岐山縣境內岐山正南，偏離周原遺址，雖《毛詩‧魯頌‧閟宮》有云「后稷之孫，實維大王，居岐之陽，實始翦商」，此岐山之陽蓋泛指，非必謂其在岐山正南，故似誤繪。
〔註43〕　《詩地理徵》，《清經解續編》，第 5071～5072 頁。
〔註44〕　《詩地理徵》，《清經解續編》，第 5073 頁。

之屬，謂之三韓。韓原之韓，《左傳》所謂『霍、楊、韓、魏，皆姬姓也』，而晉滅之，《地理志》所謂『韓武子食采於韓』，《郡國志》所謂河東郡河北縣有韓城，杜預所謂『韓國在河東郡界也』，國在《職方》冀州，滅於晉武公」，朱氏開宗明義，首先從正面提出了自己的觀點，即《詩》之韓國在古并州域，《左傳》之韓原在古冀州域，均於陝西韓城無涉，續而追溯了三地混淆之由：「自鄭氏箋《詩》誤以晉之梁山爲韓之梁山〔註45〕，韋昭解《國語》誤以宣王命韓侯爲即晉所滅之韓〔註46〕，於是繆轕糾紛。張華《博物志》遂云：夏陽有韓原，韓武子采邑。隋世因之，置韓城縣。而說地者罔不以爲據，豈知案之《經》、《傳》不可通邪？」繼而又分途考辨，先證《詩》之韓不在陝西韓城：「以《詩》言之，其辨有四。茫茫禹跡，畫爲九州。封九山、決九川，陂九澤、越九原，九州之內，誰非禹甸。古公踰梁山，在好畤矣；《爾雅》梁山之犀象，在南方矣；《莊子》之呂梁，在彭城矣；《漢書·梁孝王傳》梁山，在東平矣；《禹貢》呂梁，在離石矣；此皆章章經史者，其餘不可悉數，不得謂夏陽之梁山爲禹所甸，幽、並無梁山，即有之，非禹所甸也。辨一也。」《韓奕》詩首章有云：「奕奕梁山，維禹甸之」，朱氏博引經史文獻所載之「梁山」，意在說明此句詩爲泛指，非實指，不可因梁山而認定韓域所在。此辨識見通達，深契經學地理難以坐實之實情。又云：「晉都絳邑，而云甸侯，若韓在河東，與晉鄰比，當亦甸侯；芮居臨晉，而云圻內，若韓在夏陽，與芮接壤，應云畿內。而《詩》云『因是百蠻』，《傳》曰：長是蠻服之百國，何哉？以曹爲伯甸去王城八百里例之，則蠻服應去宗周三千四百里，其非河東夏陽，明矣。辨二也。」若韓地昵近河東、夏陽，則當在宗周控制區域內，而與本詩「因是百蠻」、與戎雜處的記載顯然矛盾。「『韓侯出祖，出宿於屠』，《說文》：郿在馮翊郃陽〔註47〕。郃陽距韓城不盈百里，距河北縣不盈二百里，而去鎬

〔註45〕 《韓奕》題有鄭箋云：「梁山，今左馮翊夏陽西北。」

〔註46〕 《國語》卷十六《鄭語》「武王之子，應、韓不在」條韋昭曰：「近宣王時，命韓侯爲侯伯，其後爲晉所滅，以爲邑，以賜桓叔之子萬。」（上海古籍出版社 1998 年版，第 523 頁）。

〔註47〕 「《說文》：郿在馮翊郃陽」，今檢《說文解字》第六下：「郿，右扶風縣」，與此迥異。細繹上下文，作「郿」顯然文義不順。又《說文》：「郃，左馮翊郃陽亭。」段玉裁《說文解字注》作「郃，左馮翊郃陽亭」並云：「謂左馮翊郃陽有郃亭也。各本作郃陽亭，誤。今依《集韻》、《類篇》、王伯厚《詩地理考》正。」（上海古籍出版社 1981 年版，第 287 頁）。朱氏原文似本段說，則「郿」當作「郃」，文義始通，《清經解續編》本顯誤。

京則三百里而遙。韓侯已反國及郊，顯父猶追餞之乎？辨三也。」朱氏從本詩所載史實入手，結合地理方位，精闢的指出若韓近在夏陽，王卿顯父於屠地餞別韓侯，而屠地已入韓境，此舉近乎荒謬，顯非事實。而若韓城遠在幽州，顯父長途追餞則頗可理解。「《春秋》梁伯國在韓城縣南二十里，梁山，梁之所以名也。僖公十九年，梁亡入秦，謂之少梁。文公十年，晉人伐秦，取少梁，而梁山入晉。《爾雅》作於春秋之末，故云：梁山，晉望也。《括地志》曰：韓城在同州韓城縣西十八里。夫準之《周禮》，韓侯爵封當四百里，梁伯爵封當三百里，乃今二國之都，相距數里，即滕、郳小國，猶不至此，可信乎？不可信乎？《地理志》明云：左馮翊夏陽，故少梁，秦惠文王更名，梁山在西北。無故韓國之說也。辨四也。若夫追貊北國，非夏陽之所接，燕去同州兩千餘里，非量地任力之法，則亭林已詳哉言之矣。〔註 48〕」朱氏歷數史實，夏陽梁山之域，春秋爲梁國，後爲秦所滅，更名少梁，後地又入晉，韓無由得同據此域，是也。續而，朱氏又舉四辨，以明《左傳》之韓原非夏陽韓城。「以《左傳》言之，其辨亦有四。晉之兼併載於《傳》者，閔元年滅耿、霍、魏，僖五年滅虢、虞，其荀、賈、焦、楊、韓，不知何年並於晉。僖十五年《傳》言：惠公許秦賂河外列城五，東盡虢略，南及華山，內及解、梁城。河外者，南河之外也，觀僖三十年《傳》許君焦、瑕，及華山、虢略可見，若此時晉已有河西，何不以河西地予秦，而韓萬見於桓三年《傳》，則韓之入晉久矣。辨一也。《釋例》韓、韓原、宗邱，三名一地，《集解》宗邱近在宗邑，則非河西地可知。辨二也。《傳》敘韓原之戰，上言涉河，下言寇深，則非河西地，又可知。辨三也。《晉語》敘戰韓之後云：穆公歸至於王城，王城在今同州府朝邑縣東，又東與山西蒲州府以河爲界，則知《左傳》涉河即朝邑之河，所謂蒲津關者也。朝邑在同州府東三十里，韓城在同州府東北二百二十里，若戰於韓城，則秦師之歸當取道澄城，不至朝邑。辨四也。是則韓城之韓，無與於《毛詩》、《左傳》明矣。」此四辨皆切中肯綮，《左傳》之韓原確非夏陽韓城。然又有《毛詩》、《左傳》兩韓爲一地之說：「或曰：是則然矣。然鄭氏、韋昭、杜預之倫，咸以晉所滅者即武穆之裔，則安知《詩》

〔註48〕顧炎武《日知錄》卷三「韓城」條云：「舊說以韓國在同州韓城縣。曹氏曰：『武王子初封於韓，其時召襄公封於北燕，實爲司空，王命以燕眾城之。』竊疑同州去燕二千餘里，即令召公爲司空，掌邦土，量地遠近，興事任力，亦當發民於近甸而已，豈有役二千里外之人而爲築城者哉？」（《日知錄集釋》，上海古籍出版社 1985 年版，第 270 頁）。朱氏所言，蓋指此。

之韓國不在河東，彼夏陽之梁山，或跨河而有之，未可知也。曰：茲所謂惑者矣。武王光宅天下，兄弟之國十有五人，同姓之國四十人，豈能悉數之乎？且燕分南北，號有東西，徐別隗嬴，越殊芊姒，則何以必其無二韓也。河東爲同姓之韓，封自武王；涿郡爲武穆之韓，封於成王。惟成王之世，侯甸已無間壤，故國唐叔於太原，疆以戎索；封武穆於并域，因時百蠻。《詩》曰『纘戎祖考』，又曰『先祖受命』，親昵之詞不殊命，文侯之昭乃顯祖也。同姓之韓，滅於晉，春秋之韓氏、六國之韓王，其裔也。《史記‧韓世家》曰：韓之先，與周同姓，姓姬氏，其後苗裔事晉，得封於韓原曰韓武子。使河東爲武穆所封，太史公不應于吉甫所詠、富辰所言，概置不道，而但據叔侯一語，明爲同姓，此可見《毛傳》、《史記》相爲表裏，西漢人之聞見，大抵同矣……夏陽渡河爲河津、榮河二縣，河津則耿國所處，榮河乃魏之脽地，韓安得越之而有梁山哉？至若『燕師北國，追貊百蠻』之窒礙者，河北與夏陽同也。實事求是，自不得違王肅，而從鄭氏矣。〔註 49〕」〔註 50〕朱氏從分封史實和

〔註49〕 今檢《水經注》卷十二《聖水注》：「聖水又東南逕韓城東。《詩‧韓奕》章曰：溥彼韓城，燕師所完，王錫韓侯，其追其貊，奄受北國……王肅曰：今涿郡方城縣有韓侯城。」此即王肅之說。前引鄭箋云：「梁山，今左馮翊夏陽西北。」此即鄭玄之說。四庫館臣所擬《四庫全書總目》「詩地理考」條有云：「又《大雅‧韓奕》首章曰『奕奕梁山』，其六章曰『溥彼韓城，燕師所完』。應麟引《漢志》『夏陽之梁山』、《通典》『同州韓城縣，古韓國』，以存舊說。引王肅『燕，北燕國』，及『涿郡方城縣有韓侯城』，以備參考。不知漢王符《潛夫論》曰：昔周宣王時有韓，其國近燕，後遷居海中。《水經注》亦曰：高梁水首受㶟水於戾陵堰，水北有梁山。是王肅之說，確有明證。應麟兼持兩端，亦失斷制。」（中華書局 1965 年版，第 126 頁）。今人丁山遺稿《殷商氏族方國志》亦認爲《詩經‧大雅‧韓奕》「溥彼韓城，燕師所完」中所說的韓國，以王肅注及魏收《魏書‧地形志》涿郡方城縣有韓侯城之說爲近。（科學出版社 1956 年版，第 144 頁）。則朱氏所言「不得違王肅而從鄭氏矣」誠是也。又清人汪之昌《青學齋集》卷五辨云：「考《水經‧聖水注》聖水又東南逕韓城東，引《詩》『溥彼韓城』云：鄭玄曰：周封韓侯居韓城爲侯伯，言爲獫夷所逼稍稍東遷，王肅曰：今涿郡方城縣有韓侯城，世謂之寒號城，非也。據酈引鄭說，雖不以韓爲兩國，而云東遷，則受封時韓城，東遷後自別有一韓城。王肅所云涿郡方城縣之韓侯城，案《日知錄》，今順天府固安縣有方城村，即漢之方城縣，可正爲其國近燕之證。江慎修《詩經補義》引《括地志》：同州韓城縣南十八里爲古韓國，然《詩》言韓城燕師所完，奄受追貊北國，韓當不在關中。並引《潛夫論》、《水經注》，謂方城今爲順天府固安縣，與《詩》『奄受北國』相符。方城亦有梁山，《水經注》：鮑邱水過潞縣西，高梁水注之，水東逕梁山南。潞縣今通州，其西有梁山，正當固安縣東北，然則韓始封在同州韓城，至宣王時徙封於燕之方城歟？江說不獨引申鄭王舊義，其謂

地理位置入手，將二韓之異剖分無疑。此例洋洋灑灑，將一名三地之「韓」，分端考辨，兩兩區分，雖非必爲定論，然亦堪稱精審。

唐都晉陽，漢儒是之，其後頗有「都平陽」、「都龥縣」、「都翼城」等歧說，朱氏於卷三「唐風」條羅列眾說，一一辯駁，「唐之得名以堯虛，晉之得名以晉水，唐叔封晉陽，賈、服、班、鄭無異說。至皇甫謐則云堯都平陽，於《詩》爲唐國。而張守節祖之。臣瓚謂：唐今河東郡，去晉四百里，又云：堯居唐東於龥十里。《括地志》謂絳州翼城縣西二十里唐城，堯裔子所封。近世顧氏《左傳補正》祖之。紛紛異說，請一一辨之。《地理志》於平陽下不言故唐國，應劭曰：一在平河之陽。《水經注》曰：平水出平陽縣西壺口山，東逕平陽城南，東入汾，俗以爲晉水，非也。《通鑑前編》曰：平水一名晉水。此正俗之所名。《左傳》趙朔爲平陽大夫，趙鞅入於晉陽以叛。截然兩地，不得以平陽爲晉陽也。既無晉水，安得爲晉之所都，則謐說非也。」據《地理志》、《水經注》平水、晉水判然兩水，據《左傳》平陽、晉陽顯爲兩地。此條朱氏只是辨明了晉陽非平陽，然於皇甫謐晉都平陽之說，未加辨駁。「霍爲文昭，武王時封，至《春秋》閔公元年始滅於晉。《地理志》曰河東龥縣，故霍國。唐、霍豈並處一二十里之間乎？且去晉四百里，何取乎晉之名以名其國乎？則瓚說非也。」今檢傳世宋元諸本《漢書·地理志》，河東郡龥縣條班固自注皆作：「霍大山在東，冀州山，周厲王所奔。莽曰黃城。」〔註51〕與朱

方城亦有梁山，則《詩》言梁山，特就韓國之山爲發端，不必如陳奐《傳疏》以禹治梁山況宣王之命諸侯矣。且詩家引召伯營謝、仲山甫城齊以證燕師之完韓城，抑知鄭封咸林，至武公而遷溱洧；楚封丹陽，迨武王而又遷郢；是西周時候國，率不常厥居。例之韓侯，避患東遷正同。然則韓非有兩國也，以徙封而遂有兩韓城耳，不亦班班可考哉！」（譚其驤主編《清人文集地理類彙編》第 1 冊，浙江人民出版社 1986 年版，第 437〜438 頁）。汪說持韓城東徙之說，以彌縫鄭、王之爭，難爲定論，可備一解。關於鄭、王之爭，可參看今人史應勇著《鄭玄通學與鄭王之爭研究》第四篇「鄭、王之爭」，巴蜀書社 2007 年版。

〔註50〕《詩地理徵》，《清經解續編》，第 5063〜5064 頁。

〔註51〕 此處所謂宋元諸本《漢書》，乃指：《中華再造善本叢書》影印國家圖書館藏北宋刻遞修本《漢書》，《仁壽本二十六史》影印南宋福唐郡庠重刊北宋淳化監本《漢書》，《中華再造善本叢書》影印北京大學藏宋慶元元年建安劉元起刻本《漢書》，《中華再造善本叢書》影印國家圖書館藏宋蔡琪家塾刻本《漢書》，《中華再造善本叢書》影印國家圖書館藏嘉定十七年白鷺洲書院刻本《漢書》，《中華再造善本叢書》影印國家圖書館藏元大德九年太平路儒學刻明成化正德遞修本《漢書》。

氏所引不同，不知其所據何本。又檢《水經注》卷六：「故彘縣也。周厲王流於彘，即此城也。王莽更名黃城。漢順帝陽嘉三年，改曰永安。縣，霍伯之都也。」則朱氏所謂「彘縣，故霍國」者或據《水經注》，霍既都彘縣，晉無由同置於此，瓚誤顯然，朱氏駁之，是也。「翼城之唐，漢人無言之者。即道元博極群籍，而《澮汾注》中曾不一及。為此說者，只見《左傳》有成王滅唐而封太叔之語，而是時之晉都於絳、沃、新田，以為前世遷都，亦必不遠，不自知其鑿空無據也。則《括地志》之說非也。」《括地志》之說鑿空無據，誠如朱氏所言，而顧炎武申說之，似有理據，朱氏又先引而後駁之云：「顧氏《補正》曰：翼、絳北距晉陽七百餘里，即後世遷國，遠不相及，況霍山以北皆戎狄之地，自悼公以後始開縣邑。又據《世家》唐在河汾之東一語，謂翼城正在二水之東，而晉陽在汾水西，不合。此尤目不見睫之論也。杞遷東國，許遷容城，楚遷壽春，或千餘里，或七八百里，何云遠不相及？晉封太原，逼近戎狄，故祝鮀述唐叔之封曰『疆以戎索』，然當成康之世，周道郅隆，狄亦不能為患，故詹桓伯曰『肅慎燕亳，吾北土也』……《周官·職方氏》并州澤藪曰昭餘祁，《地理志》曰：太原鄔縣，九澤在北，并州藪。則晉陽正在并州之域，安得謂皆戎狄之地乎？成侯徙都，計其時，蓋當穆王、共王之世，是時周道始衰，徐戎侵洛，翟人侵畢，畿輔近地，猶有戎狄之轍，而況太原，成侯之徙，有由然也。顧氏乃以春秋之時勢，上例宗周之盛，何哉？《史記正義》引《世本》唐叔居鄂。宋忠曰：鄂在大夏。《括地志》曰：故鄂城在慈州昌寧縣東二里。然封於河、汾二水之東，正合在晉州平陽縣。張守節以平陽為唐，誠誤，然足證《史記》『東』字之訛。何則？《水經》言汾水過平陽縣東。《郡縣志》言平陽縣東有汾水。則平陽故城亦在汾西河東，而張氏案文定義云正在此，可見《史記》及《正義》兩『東』字，原本並作『間』字，今傳刻訛耳（《唐風·疏》引此亦作『東』——原注）。否則，云唐在汾東，於義已足，何必言河，顧氏之辨，亦未之思也。」〔註52〕顧氏所列主要理由有三：晉後世都翼、絳，北距晉陽七百多里，前後兩地距離太遠，遷都不當作如此長徙；晉陽在霍山北，其時為戎域，唐不得都此；《史記·晉世家》載唐在河汾之東，而翼城正在汾東，晉陽卻在汾西，與《史記》不合。朱氏於此針鋒相對的進行了細緻考辨，顧氏第一條理由，頗有想當然的意味，古人遷徙不憚煩遠，朱氏列之詳矣。顧氏第二條理由，於古史亦頗多茫昧，朱

〔註52〕 《詩地理徵》，《清經解續編》，第 5048 頁。

氏引《左傳》文詳述其時晉戎錯壤的史實，駁之甚當。對於顧氏第三條理由，朱氏從文獻角度出發考證出：「《史記》及《正義》兩『東』字，原本並作『間』字，今傳刻訛耳」，誠爲卓識，堪稱精彩。〔註53〕

　　朱氏於考辨地理之際，往往注意尋覓致誤之由，如卷二「沋」條：「《說文解字》云：沋，沈也，東入海。又云：濟水出常山房子贊皇山，東入泜。《地理志》載《禹貢》，凡濟皆作沋。又常山郡房子縣，贊皇山石濟水所出。是沋、濟本二水，二字不相混也。」沋、濟二字音同地近，朱氏引據《說文》、《漢書・地理志》清楚說明了沋爲沈，東入海；濟出常山房子縣，東入泜；沋、濟本爲兩水。進而尋波討源，指出致誤防於應氏：「應劭作《風俗通》，始誤以出常山之濟爲四瀆之沋，自後經典相亂，凡『沋』字俱改作『濟』。酈道元駁應劭說，而又云二濟同名，則後魏時字已改矣。顏延之《應詔燕曲水詩》及《太平御覽》引皆作『濟』。」雖後魏時業已混淆，而宋人亦有明瞭者：「徐鍇曰：房子濟水，非四瀆之濟，古皆作沋。又云：沋水今多作濟，故與常山濟水相亂。楚金可謂了了矣。此《經》之『沋』，古字僅存。」所謂此《經》乃指《毛詩・泉水》，詩作「出宿於沋，飲餞於禰」，朱氏引《毛詩》爲證，既證成其說，且回到了著述宗旨所在。在此論證的基礎上，其又對「干」在常山之說進行了駁斥：「或謂干，言在常山，得毋由沋、濟相亂而誤傳訛者歟？」《泉水》詩又云：「出宿於干，飲餞於言」，上接「出宿於沋，飲餞於禰」，或者因以爲沋即濟，且出常山，干與沋地近，故推及干亦在常山。朱氏駁之，是也。末了，朱氏又順便批駁了王氏之說：「《地理志》東郡臨邑有沋廟，去禰遠矣，王氏引之，非是。」〔註54〕考證文字雖非長篇大論，而首尾完具，立、駁皆是。

　　朱氏不但單純的考證地理，更能借助地理推斷史實，實屬難能可貴。如卷三「魯道」條：「《載驅》詩曰：『魯道有蕩，齊子發夕』。《傳》曰：諸侯之路車，有朱革之質而羽飾；發夕，自夕發至日。箋曰：汶水之上，蓋有都焉，襄公與文姜時所會。考《春秋經》，莊公元年三月，夫人孫於齊；二年冬十有二月，夫人姜氏會齊侯於禚，杜預曰：齊地，《左傳》定九年齊侯致禚、媚、

〔註53〕今人曲英傑據考古資料以爲堯都平陽，雖未能視爲定論，頗可參考。詳《〈史記〉都城考》第四「堯舜之都」條（商務印書館2007年版，第8～14頁）。又可參看王社教、朱士光《堯都平陽的傳說和華夏文明的起源》一文（《中國歷史地理論叢》2000年第二期）。
〔註54〕《詩地理徵》，《清經解續編》，第5040頁。

杏於衛,則爲齊、衛接界之地;四年春王二月,夫人姜氏享齊侯於祝邱,《地形志》:泰山鉅平縣有祝邱城,非漢東海之即邱也;五年夏,夫人姜氏如齊師;七年春,夫人姜氏會齊侯於防,《地形志》:鉅平縣有防城、陽關城,冬,夫人姜氏會齊侯於谷,齊地,今東阿縣。胡氏《春秋傳》曰:齊詩《載驅》刺襄公盛其車服,疾驅於通道大都,與文姜淫之詩也……蓋以《載驅》所詠爲莊公五年夏之事也。以愚考之,殆四年及七年春之事耳。《左傳》於會禚,曰:書奸也;於會防,曰:齊志也。杜預曰:『書奸』,奸發夫人;『齊志』,出於齊侯之意;《傳》舉二端,則其餘皆從之。夫禚,齊地,往而會齊侯,故知奸發夫人,則如齊師、會谷可知矣。防,魯地,來而與文姜會,故曰齊志,則祝邱可知矣。《載驅》之詩,明是齊志,況祝邱、防、魯道、汶水俱在鉅平,故曰:《詩》所詠爲莊四年及七年春之事也。」〔註55〕朱氏指出文姜奔齊則入齊境,襄公會文姜則入魯境,本詩既列齊風,本爲刺齊襄公而作,則顯爲「齊志」,此與《左傳》史事比照,則可知「《詩》所詠爲莊四年及七年春之事也」。

由上述摘引中可見出,朱著確爲清人《毛詩》地理研究之代表作。然其考辨亦頗有誤,如卷二「景山」條據《水經注》引京相璠說,以爲「自班固誤以成武楚邱爲衛所遷,而杜預、酈道元俱沿之」〔註56〕,而酈道元已非京氏之說,且班固、杜預諸說不可以京氏一人之辭而盡非之,焦循《毛詩地理釋》詳辨楚邱諸說之來龍去脈〔註57〕,朱說顯誤。是書又有前後不一、自相牴牾處。如卷三《十畝之間》條:「《水經注》曰:故魏國城南西二面,並去大河可二十餘里,北去首山十許里,處河、山之間,土地迫隘,故魏風著《十畝》之詩。右曾案:《譜》言舜、禹故都,皆在魏竟。舜都蒲坂已見於上,禹都安邑在魏東北百四十里。大都魏地隨河勢邪曲,截長補短,應不減百里之方,但其地境瘠多山,故民俗儉嗇,非必地狹人稠也。《碩鼠》之詩民方將適彼樂郊,何至無所容乎。孟子曰:五畝之宅,樹之以桑。《漢書‧食貨志》曰:田中不得有樹,用妨五穀。《詩》言桑者,明是中田廬舍之旁,採桑來往。不得如《疏》申箋義所云:一夫不能百畝,才是十畝之間也。《毛詩》篇義但云:十畝之間,刺時也。《傳》曰:閒閒然,男女無別,往來之貌;或行來者,或

〔註55〕 《詩地理徵》,《清經解續編》,第 5047 頁。
〔註56〕 《詩地理徵》,《清經解續編》,第 5042 頁。
〔註57〕 焦循未刊手稿本《毛詩地理釋》卷一「楚堂」條,亦可參看本章焦循《毛詩地理釋》節。

來還者；泄泄多人之貌。詳《傳》之意，乃是刺國無政，使男女無別，如《樂府》羅敷之類耳。自續《序》『言其國削小，民無所居』，箋曲徇《序》，《疏》又曲徇箋，遂云：民之所便，雖田亦樹桑。不知去古則遠，人情則近，女有餘帛，不將農，歎斯饑邪？」〔註58〕此條考辨意在說明「十畝之間」詩義非為「地狹人稠」，而卷五「韓」條卻又云：「《十畝之間》已傷狹隘」〔註59〕，前後矛盾，彼此失照，不知朱氏究持何見。然此皆白璧微瑕，難掩其質也。

第三節　桂文燦《毛詩釋地》附尹繼美《詩地理考略》

《毛詩釋地》六卷〔註60〕，桂文燦撰，是書每卷首列所釋地名條目，續而換行頂格將所釋地名所屬原詩詩名和詩句引出，續而換行低一格依照《毛傳》、鄭箋、《爾雅》、《左傳》杜注、《水經注》、《漢書·地理志》的先後次序（其次序如此，但並非每一條目均有如上典籍可引），將與所釋地名相關的重要文獻摘抄羅列，續而換行再低一格出案語，或解釋地理相關問題、或進行地理考證，佈局明晰，一目了然。是書重在解釋，故名曰「釋地」，然所作考證，間有可採，茲拈出著例，可概見其餘。

桂氏最有代表性的考證工作，是對極易混淆的地名進行辨析。如卷一《式微》「胡為乎泥中」句「泥中」條，桂氏先引《水經注》：「瓠河又東逕黎縣故城南，王莽改曰『黎治』矣。孟康曰：今黎陽也。薛瓚言：按黎陽在魏郡，非此黎縣也。世謂黎侯城。昔黎侯陽寓於衛，《詩》所謂『胡為乎泥中』，毛云：泥中邑名，疑即此城也。」又引《元和郡縣志》：「黎邱在鄆城縣西四十五里，黎侯寓於衛，因以得名。」接著寫下按語：「《漢地理志》黎縣屬東郡，為今直隸大名府開州地，泥中在開州與。黎陽屬魏郡，為今河南衛輝府濬縣地。濬縣之東即開州之西，二者皆衛地，皆以黎侯寓此得名。薛瓚言黎陽非黎縣，是也。孟康謂黎陽即黎縣，失之。至鄆城縣，今屬山東曹州府，為漢東郡壽良縣地，春秋時為魯國西境，此別是一黎，非黎侯所寓之地，《郡縣志》之說尤失之。」〔註61〕此例中，桂氏利用文獻材料並結合地理情況作出判斷，

〔註58〕　《詩地理徵》，《清經解續編》，第 5048 頁。

〔註59〕　《詩地理徵》，《清經解續編》，第 5064 頁。

〔註60〕　下文所引《毛詩釋地》皆為《續修四庫全書》第 73 冊影印清光緒二十二年刻本。

〔註61〕　《毛詩釋地》，《續修四庫全書》第 73 冊，第 581～582 頁。

將「黎縣」、「黎陽」本非一地的史實辨別清楚，與此同時又指明了魯國之黎非黎侯所寓，說明其雖倚重文獻又不爲文獻所囿的客觀態度。

又卷二《將仲子》「將仲子兮」句，「案：《括地志》以管城之祭地爲祭仲邑。《路史》則以管城之祭爲周祭伯采地。或疑鄭並祭以封仲，考隱元年祭公來，桓八年祭公逆王后於紀，莊二十三年祭叔來聘，祭未嘗滅也，鄭安得取以封仲乎，蓋鄭國自有祭邑，不在畿內。今案：祭地有三，一爲直隸大名府長垣縣之祭城；一爲管城之祭城，管城今爲鄭州；一爲開封府中牟縣之祭亭。長垣去鄭遠，衛之匡、蒲、宛濮皆在其縣，地當屬衛，鄭何能有其地以封祭仲，杜說非也。《路史》以管城之祭爲祭伯采地，其說長矣。蓋鄭州近王畿也，但其後鄭亦並之耳，中牟正爲鄭地，祭仲之邑當在此。」〔註62〕此例桂氏羅列其時「三祭」指明各自地理所在，又從《將仲子》爲鄭風這一角度出發，說明長垣之祭城在衛，而管城之祭又爲祭伯采地，從而排除了此兩地，最終得出此詩之祭在中牟縣的說法，看似思路清楚，然卻論證有誤。朱右曾《詩地理徵》於卷三《將仲子》「祭」條云：「《水經注》：長垣縣有祭城，祭仲之邑。右曾案：《左傳》祭封人仲足，杜預曰：陳留長垣縣東北有祭城。長垣今徙治蒲城，屬直隸大名府，故城在縣東北三十五里。《括地志》曰：故祭城在鄭州管城縣東北十五里，鄭大夫祭仲邑。案：封人職守邊境，衛有儀封人，宋有蕭封人、呂封人，皆邊邑也。長垣爲鄭、衛錯壤之處，故杜、酈並以爲祭仲邑，若鄭州之祭，則周祭伯國也。」〔註63〕朱氏亦以爲管城之「祭」爲周王臣祭伯采地，此點與桂氏看法一致。又據《左傳》「祭仲子」爲封人，而封人職守邊邑，以爲當在鄭、衛錯壤處，與《水經注》、杜預《集解》所言長垣之「祭」位置正合，故而認定本詩「將仲子」之采地在長垣。此番論證雖未如桂氏將其時「祭」地悉數羅列，然就考定本詩「祭」地而言，顯較桂說有力，二氏《詩經》地理研究之比較，於此可概見之。

尹繼美《詩地理考略》〔註64〕亦致力於此，多有所獲。如卷一「魏唐」條：「《括地志》：故唐城在并州晉陽縣北二里。城記云：堯築也。案：唐有三，此其一也，本爲堯封國，又爲堯後封國；一在今直隸唐縣，皇甫謐云：堯始

〔註62〕 《毛詩釋地》，《續修四庫全書》第73冊，第589頁。
〔註63〕 《詩地理徵》，《清經解續編》，第5045～5046頁。
〔註64〕 下文所引《詩地理考略》皆爲《續修四庫全書》第74冊影印清同治三年鼎吉堂刻本。

封此。《括地志》云：堯後所封也；一在今隨州，亦堯後（此處疑有脫文——筆者按），宣十三年《左傳》所稱唐惠侯是也。」〔註65〕卷二「緍女維莘」條：「案：莘有八。在今郃陽，一也；桓十六年盜待諸莘，杜注：衛地，在今山東東昌府莘縣，二也；莊十年荊敗蔡師於莘，杜注：蔡地，在今河南汝寧府汝陽縣，三也；莊三十二年神降於莘，杜注：虢地，在今陝州，《路史》以爲散宜生求有莘氏美女獻紂即此，四也；成三年晉師從齊師於莘，杜注：齊地，五也；僖二十八年，晉侯登有莘之墟以觀師，杜注：故國名，今河南開封府陳留縣東北有莘城，古有莘國，《路史》謂鯀納有莘氏生伯禹即此，一作有娀，或謂地有空桑城即伊尹耕處，六也；今山東曹州府曹縣北有莘仲城，古莘仲國，《元和志》以爲伊尹耕處，七也；《寰宇記》、《路史》又載管城縣有莘城，爲《國語》虢鄶十邑之一，在今開封鄭州，八也。」〔註66〕尹氏述多辨少，大率若此。

除「同名異地」外，桂氏又辨「同名異水」。如卷二《載驅》「汶水湯湯」句「汶水」條：「王伯厚引曹氏說〔註67〕謂：許氏以爲出琅邪朱虛縣東泰山，東至安丘入濰；桑欽以爲出泰山萊蕪縣原山，西南入濟；以爲班孟堅兩存其說。夫汶水有二，出萊蕪縣原山入濟者，乃徐州之汶水；出朱虛縣東泰山入濰者，乃青州之汶也。名同水異，班氏故並記之。曹氏以爲班氏兩存其說，誤也。王氏後引曾氏之說，是也。朱氏以爲在齊南魯北二國之境，欲遷就而合爲一水，亦失之。至許氏《說文》既以汶爲出東虛（當作朱虛——筆者按）東泰山入濰，又云桑欽說汶水出泰山萊蕪西南入泲，此誠如曹氏所謂兩存其說矣。夫《說文》爲字書而非地志，可並記而不可兼存，許氏以桑欽所言爲或說則似誤矣。齊魯之間，有兩汶水，今知詩人所詠乃入泲之汶水，而非入濰之汶水者，以入濰之汶水屬齊東境，而入泲之汶水屬魯東境，文姜自魯往齊所當經也。」〔註68〕此例桂氏主要辨析了兩個問題，其一，汶水有二，一爲徐州之汶水，一爲青州之汶水〔註69〕，文獻記載以及前人所言汶水相關問

〔註65〕《詩地理考略》，《續修四庫全書》第74冊，第127頁。
〔註66〕《詩地理考略》，《續修四庫全書》第74冊，第144頁。
〔註67〕桂氏此處所引乃王應麟《詩地理考》中相關內容。
〔註68〕《毛詩釋地》，《續修四庫全書》第73冊，第591頁。
〔註69〕尹繼美《詩地理考略》卷一「齊」條亦云「案：汶有二，出今泰安者，徐州之汶也；出今青州臨朐縣沂山流入濰水者，青州之汶也。」（《續修四庫全書》第74冊，第126頁）。可謂有識，然太過疏略。王昶《春融堂集》卷三十四有「齊風汶水考」，詳考汶水有二，且述及其時汶水流播之情況，然其意旨，

題，理當在此認識基礎上進行討論。其二，詩句中之汶水乃入濟之汶，即徐州之汶水。桂氏如此判斷的依據主要是從《毛詩》內容入手，據《載驅》序：「齊人刺襄公也。無禮義故盛其車服，疾驅於通道大都，與文姜淫，播其惡於萬民焉。」則齊襄公與文姜幽會往來當在齊魯之間，「入濰之汶水屬齊東境，而入沛之汶水屬魯東境」，故桂氏得出結論「詩人所詠乃入沛之汶水」。結合詩義進行地理考證，理義具足、堪稱精彩。

此外，桂氏還對地名含義問題，進行了考辨。如卷五《皇矣》「度其鮮原」句「鮮原」條：「鮮原，蓋謂山下平原，二字非地名也。『度其鮮原』即《公劉》篇『陟降在巘』〔註70〕，與降原對舉，此則鮮與原對舉，非連稱爲地名也。《公劉》《傳》：巘，小山別於大山也。於此《傳》『小山別大山曰鮮』正同，『鮮』、『獻』古字通。《月令》『鮮羔』即《豳風》之『獻羔』，是其證。古者建國，必先相度其山川原隰，《定之方中》篇『景山與京』、『降觀於桑』，《緜》篇『周原膴膴』，《公劉》篇『於胥斯原』、『陟則在巘，復降在原』、『瞻彼溥泉，乃陟南岡』、『相其陰陽』、『度其隰原』、『度其夕陽』，皆與此詩『度其鮮原』同義。鮮原之非地名，可不解而自明矣。」〔註71〕桂氏從文字學入手，詳證了「鮮」乃小山之義，又援引諸詩，說明「鮮原」即山下平原，並非地理專名，雖是一家之言，然而考辨有據，令人信服。

亦不出此範圍，《續修四庫全書》第 1438 冊影印清嘉慶十二年塾南書舍本，第 32 頁。
〔註70〕《公劉》詩有「陟則在巘」句，而無所謂「陟降在巘」，揆諸上下文，此處「降」字當作「則」，原本顯誤。
〔註71〕《毛詩釋地》，《續修四庫全書》第 73 冊，第 615～616 頁。

第四章　清人《春秋》地理考據

第一節　江永《春秋地理考實》

　　《春秋地理考實》四卷，據江永原序，撰成於乾隆二十三年，此後清廷編修《四庫全書》，是書遂蒙收錄之榮，可見其學術價值已為官方所認可。同被收入《四庫全書》的清人春秋地理考據著作，尚有高士奇《春秋地名考略》十四卷、程廷祚《春秋識小錄》三種之《春秋地名辨異》〔註1〕。四庫館臣評江書曰：「其訂訛補闕，多有可取。雖卷帙不及高士奇《春秋左傳地名考》之富，而精覈則較勝之矣」〔註2〕，此言確非溢美之辭。江書體例簡潔，以《春秋》魯公先後年代為次，分列《春秋經》、《左傳》所見地名，作為大字標目，下綴《經》、《傳》原文；次錄杜注，間採《孔疏》；復次臚錄了康熙朝儒臣集體著作《欽定春秋傳說彙纂》地理考釋部分的文字；最後以「今按」表出己意，此為全書學術價值精萃所在。〔註3〕概括來說，江氏主要進行了以下幾類工作。

　　第一，詳辨春秋地理之「同名異地」。

　　要對同名異地現象進行研究，首先需要深入瞭解《經》、《傳》所載史事，

〔註1〕 高氏、程氏考據成就及其書述評，可參見本書相關章節。
〔註2〕 《春秋地理考實提要》，《景印文淵閣四庫全書》第181冊，第248頁。
〔註3〕 《春秋地理考實提要》云：「是編所列《春秋》山川國邑地名，悉從《經》、《傳》之次，凡杜預以下舊說，已得者仍之，其未得者始加辨證」（《景印文淵閣四庫全書》第181冊，第247頁），顯未了江書體例，似未細讀原書，頗有信口開河之嫌。

在此基礎上，合理推斷地望所在，而不是僅僅依據歷代文獻記載，簡單按照後世同名之地逆推先秦故邑。江氏對此深有體認，往往從史實出發，尋繹蛛絲馬蹟，作爲判別地望所在的堅實依據，這是江氏考訂經學地理的核心方法。如「辨三祭」，江氏即通過分析祭仲封地，作爲切入線索，展開考訂。隱元年「祭」條「《傳》：祭仲曰。按：此年杜無注。桓十一年，祭封人仲足，注云：陳留長垣縣東北有祭城……今按：祭地有三：一爲直隸大名府長垣縣之祭城；一爲管城之祭城，管城今爲鄭州；一爲開封府中牟縣之祭亭。長垣去鄭遠，衛之匡、蒲、宛濮皆在其縣，地當屬衛，鄭何能有其地以封祭仲。杜說非是。《路史》以管城之祭爲祭伯采地，《路史》之說爲長。蓋鄭州近王畿也，但其後鄭亦並之耳。若中牟正爲鄭地，祭仲之邑當在此……然則長垣何由有祭城，意周初以此封周公之子，其後祭公入爲卿士，而周又遷東都，祭公遂改食邑於管城與？」〔註4〕江氏在通貫全《經》各《傳》的基礎上，把桓公十一年之「祭」與此年之「祭」聯繫起來加以考訂，從封地史事的角度出發，認定此「祭」是春秋三「祭」中所謂中牟之地，與此同時，釐清三「祭」，又分別駁斥杜注和否定了《路史》的說法。又辨「三向」，江氏則從史情出發，結合傳世文獻，推斷三向地望。隱公二年「向」條「《經》見上（莒人入向）。杜注：譙國龍亢縣東南有向城……今按：《傳》莒子娶於向，向姜不安莒而歸，莒人入向，以姜氏還。向國當近莒，考向地在山東者二：宣四年，杜注東海承縣東南有向城。于欽《齊乘》謂向城鎮在沂州西南一百里，當爲一地，此一向也。《寰宇志》莒州南七十里有向城，此又一向也。二地不知孰爲向國，以近莒言之，則《寰宇志》爲是。蓋莒入向後，遂有其地。至宣四年，魯又伐莒，取向也。若龍亢之向，去莒甚遠。襄十四年，諸國大夫會吳於向，當是此向耳。」〔註5〕江氏從莒人入向的具體史實出發，首先說明此向當在今山東地，又對山東地區古代二向加以辨析，遂以《寰宇記》記載莒州南之向城爲是，而杜注所謂譙國龍亢之向，距莒太遠，其誤可知，然其確爲春秋故邑，江永隨即指出此當爲吳會諸國之向，可謂知史之言。又僖公二十一「鹿上」條「《經》：宋人、齊人、楚人盟於鹿上。杜注：宋地，汝陰有原鹿縣。《彙纂》：

〔註4〕《春秋地理考實》，第7～8頁。下文所引皆爲《春秋戰國史研究文獻叢刊》第4冊影印清道光九年學海堂刊《皇清經解》本，國家圖書館出版社2009年版。

〔註5〕《春秋地理考實》，《春秋戰國史研究文獻叢刊》第4冊，第10頁。

今鳳陽府潁州太和縣西有原鹿城。今按：太和縣今屬江南潁州府。按《水經注》敘淮水逕原鹿縣云：即《春秋》之鹿上。敘濮水逕鹿城南，又引《後漢郡國志》濟陰乘氏縣有鹿城鄉為鹿上。二說並存以傳。考之宋人為鹿上之盟，以求諸侯於楚，原鹿在宋之西南，於楚差近，而齊為遠。乘氏在宋之東北，於齊差近，而楚為遠。宋人既求諸侯於楚，必就其近楚之地，豈至乘氏以就齊乎？當以原鹿為是。」〔註6〕此例，《水經注》記載兩存其說，江氏細緻分析了當時宋楚會盟之情勢，指出此年鹿上之所在應為原鹿鄉無疑，堪稱江永運用史實辨析地名的典範。又昭公七年「萊柞」條「《傳》：辭以無山，與之萊柞，乃遷於桃。杜注：萊柞二山。今按：謝息言桃無山，而季氏以萊柞與之。《水經注》引應劭《十三州記》云：太山萊蕪縣，魯之萊柞邑。萊蕪在魯之北，與汶上縣東北四十里之桃鄉相去不遠，以此證之，可知桃是桃鄉，非桃虛。」〔註7〕同年「桃」條：「《傳》：吾與子桃。杜注：魯國卞縣東南有桃虛。今按：兗州府汶上縣東北四十里有桃鄉城，即襄十七年齊侯伐我北鄙圍桃者。此年，謝息遷桃，當是此地。而卞縣之桃虛為泗水縣地，乃莊二十七年公會杞伯姬於洮。洮或作桃耳。」〔註8〕兩個地名標目下的江永按語實際上討論了一個問題，即此年桃地是在桃墟或在桃鄉，江永從《傳》文出發，根據地望遠近，正確的得出了當在桃鄉的結論。

江氏在對「同名異地」現象進行辨別時，除了以依據史實推導地望，還輔以多種方法。其一，證以姓氏，如隱公元年「邾」條：「《經》：公及邾儀父盟於蔑。杜注：邾，今魯國鄒縣也。《疏》：《譜》云：邾，曹姓，顓頊之後⋯⋯又按《孟子題辭》：邾國至孟子時，魯穆公改曰鄒。非也。當是邾人自改之耳，魯穆公或是鄒穆公之訛。《史記》通作『騶』。又按《輿地廣記》：淄州鄒平縣，古鄒國。兗州鄒縣，邾文公所遷邑。此本是二國，鄒平屬濟南府。《水經》：濟水逕鄒平縣故城北。注云：有鄒侯國，舜後姚姓。非邾國，明矣。鄒平距鄒縣數百里，地非相接，豈能越遠而遷都。魯文公十二年，邾文公遷於繹，蓋自其國都遷於繹山之下，必非自鄒平來徙也。」〔註9〕邾本曹姓，文公所遷之鄒在兗州；故鄒本姚姓，濟水所逕之鄒在淄州。江氏從古姓角度，結合史

〔註6〕　《春秋地理考實》，《春秋戰國史研究文獻叢刊》第 4 冊，第 59～60 頁。
〔註7〕　《春秋地理考實》，《春秋戰國史研究文獻叢刊》第 4 冊，第 133 頁。
〔註8〕　《春秋地理考實》，《春秋戰國史研究文獻叢刊》第 4 冊，第 133 頁。
〔註9〕　《春秋地理考實》，《春秋戰國史研究文獻叢刊》第 4 冊，第 4 頁。

事地望，得出二鄒非一地的結論，是也。其二，引據《公羊》，如隱公九年「郎」條：「《經》：夏城郎。今按：隱元年，費伯已城郎，而此年又城郎，蓋魯有兩郎也。費伯城者爲魚臺縣東北之郎，去魯遠。此年城者，蓋魯近郊之邑。莊十年，齊師、宋師次於郎，公敗宋師於乘邱。則郎近乘邱，而《括地志》謂乘邱在瑕邱西北，瑕邱爲兗州府滋陽縣，與曲阜近，則郎可知矣。且哀十一年，吳伐我，不言四鄙，《傳》謂戰於郊，而《檀弓》云：戰於郎，則郎豈非近郊之地乎？十年，齊、衛、鄭來戰於郎，《公羊傳》云：郎者何？吾近邑也。得之矣。若魚臺之郎，去魯約二百里。」〔註 10〕依據戰爭之地理位置，結合《公羊》解說，江氏遂得出此郎地在曲阜之郊的結論。其三，廣徵詩賦，如文公十六年「百濮」條：「《傳》：麇人率百濮，聚於選，將伐楚。杜注：百濮，夷也。《疏》：《釋例》：建寧郡南有濮夷，無君長總統，各以邑落自聚，故稱百濮。今按：《牧誓》彭濮人，《孔傳》：濮在江、漢之間是也。晉建寧故城在今湖廣荊州府石首縣，當時麇人所率百濮在其南。又張平子《蜀都賦》云：於東則左綿巴中，百濮所充。注云：今巴中七姓有濮。此又別一濮，蓋百濮之散處者耳。」〔註 11〕引據及此，說明江永學究四部，大凡可據文獻皆能取之爲我所用，展示了深厚的文獻功底和開闊的考證思路。

由同名異地之視角，江氏進而考辨地理。如成公三年「鄋」條：「《傳》：使東鄙覆諸鄋。杜注：鄭地。今按：諸侯東侵鄭，鄭公子偃使東鄙覆諸鄋。則鄋在鄭之東，《水經注》成皋有鄋水。成皋在鄭之西北，宜非此鄋地。」〔註 12〕如江氏所作分析，《水經注》所載所謂鄋水在成皋，與此年之鄋地，別在鄭之西、東，自是判然可辨。又定公四年「皋鼬」條：「《經》：公會諸侯盟於皋鼬。杜注：繁昌縣東南有城皋亭。《彙纂》：《水經注》潁水逕臨潁縣，又東南逕澤城北，即古城皋亭。今在開封府臨潁縣界。今按：繁昌城在臨潁縣西北，魏置縣。東晉時流民入春谷，僑立繁昌縣，今屬江南太平府，非此繁昌也。」〔註 13〕永嘉之亂，晉民流寓南土，東晉普設僑州郡縣，率多沿用舊稱，於是引起許多地名混淆現象，江永考辨及此，正與史契。又如哀公十七年「笠澤」條「《傳》：越子伐吳，吳子禦之笠澤。《彙纂》：《禹貢》『震澤底定』，即笠澤

〔註 10〕 《春秋地理考實》，《春秋戰國史研究文獻叢刊》第 4 冊，第 17～18 頁。
〔註 11〕 《春秋地理考實》，《春秋戰國史研究文獻叢刊》第 4 冊，第 79～80 頁。
〔註 12〕 《春秋地理考實》，《春秋戰國史研究文獻叢刊》第 4 冊，第 93 頁。
〔註 13〕 《春秋地理考實》，《春秋戰國史研究文獻叢刊》第 4 冊，第 158 頁。

也。《爾雅》謂之『具區』，今蘇州府吳縣西南太湖是也。今按：《水經注》：松江上承太湖，更逕笠澤，在吳南松江左右，《國語》越伐吳，吳禦之笠澤，越軍江南，吳軍江北者也。笠澤疑是今之平望湖，非震澤太湖。」〔註 14〕據江永所引文獻，笠澤自非震澤太湖，《彙纂》似有望文生義之嫌。

第二，補正杜預釋地之闕誤。

杜預春秋地理研究，主要保存在《春秋經傳集解》和後世輯補的《春秋釋例・土地名》中。二書一直是後人考辨經學地理、推求春秋故邑的重要憑藉，但依然存在著若干問題。江氏是書即集中精力，對杜注釋地進行了系統全面的檢討，運用多種方法匡正其謬、補足其闕。

首先，江氏依據文獻記載補正其誤，如莊公二十八年「二屈」條：「《傳》見上（蒲與二屈，君之疆也）。杜注：二屈，今平陽北屈縣，或云『二』當爲『北』。《彙纂》：今平陽府吉州東北二十一里有北屈故城。今按：吉州在平陽府西二百七十里，今直隸山西。北屈一縣，不得言二屈。韋昭云：屈有南北，今河東有北屈。則是時復有南屈，《水經注》引《汲郡古文》曰：『翟章救鄭，次於南屈』，應劭曰：『有南，故加北』。」〔註 15〕北屈、南屈分見於典籍，杜預並錄「或曰」，實不足取信。又昭公七年「濡上」條：「《傳》：盟於濡上。杜注：濡水出高陽縣東北，至河間鄚縣入易水……《彙纂》：宋分高陽地置順安軍，金爲安州，元以後因之，濡上當在今直隸安州任邱之間，鄚縣在今任邱縣境。今按：《漢地理志》濡水出涿郡故安縣，東南流至范陽縣合易水。杜注誠與《志》不合，故安城在今保定府之易州，范陽今順天府涿州也。又按：《水經注》：濡水出故安縣西北窮獨山，東南流於容城縣西北大利亭，東南合易水。容城今屬保定府，亦近涿州，然則濡上當在今容城及涿州之間，而保定之安州與河間之任邱，皆非其地。」〔註 16〕《漢書・地理志》、《水經注》皆明言濡水出故安縣，而杜注則謂出高陽縣，不知其所據，《彙纂》亦因之而誤。又僖公元年「檉」條：「《經》：公會齊侯、宋公、鄭伯、曹伯、邾人於檉。杜注：宋地，陳國陳縣西北有檉城。《彙纂》：陳縣，今開封府陳州州境有縈城，即檉城也。今按：《水經注》謂檉小城在陳郡西南，非西北。〔註 17〕檉在

〔註 14〕　《春秋地理考實》，《春秋戰國史研究文獻叢刊》第 4 冊，第 179〜180 頁。
〔註 15〕　《春秋地理考實》，《春秋戰國史研究文獻叢刊》第 4 冊，第 43 頁。
〔註 16〕　《春秋地理考實》，《春秋戰國史研究文獻叢刊》第 4 冊，第 132〜133 頁。
〔註 17〕　《水經注》卷二十二：「陂水東流，謂之穀水。東徑滂城北，王隱曰：犖北有穀水，是也。犖即檉矣。《經》書『公會齊宋於檉』者也，杜預曰：檉，檉即

陳州，則其地當屬陳，非宋地，陳侯不與會，蓋畏楚也。」〔註18〕江氏於此例，不但依據文獻指出杜注所言古邑屬國、方位之誤，而且指出會盟於陳而陳不與盟的原因，言簡意賅，說理充分。又襄公二十一年「漆閭邱」條：「《經》：邾庶其以漆、閭邱來奔。杜注：二邑在高平南平陽縣，東北有漆鄉，西北有顯閭亭。《彙纂》：今鄒縣北有漆城即漆鄉也，顯閭亭即閭邱。今按：漢置南平陽縣，後省入鄒縣。又按：《水經注》引《從征記》曰：今漆鄉東北十里見有閭邱鄉，顯閭非也。」〔註19〕一經江永摘出文獻所載，則杜注之非，顯而易見也。

其次，依據故邑地望以駁杜注。如隱公九年「北戎」條：「《傳》：北戎侵鄭。今按：《釋例》杜以北戎、山戎、無終爲一，皆爲今直隸之永平府地。去鄭甚遠，何以侵鄭？此北戎當在河北。莊二十八年之大戎、小戎，今考其地在太原之交城；成元年之茅戎，在解州平陸；北戎蓋此等戎耳。」〔註20〕江氏所駁誠是，據杜解所言戎地在河北，如何長途跋涉，越大河而侵河南鄭地，地理差謬，一望便知。與之相仿，莊公二十八年「小戎」條：「《傳》：小戎子生夷吾。杜注：允姓之戎。今按：昭九年《傳》：允姓之姦，居於瓜州。其地在今陝西肅州西五百餘里。獻公豈至此娶女，杜說誤。小戎者，大戎之別，其地當亦近交城耳。」〔註21〕江永由此注及彼注，牽聯並觀，指出小戎地在太原交城，正與晉地相近，晉獻公確實不可能遠至甘肅迎娶戎子，杜注此類紕漏眞可謂貽笑大方也。又襄公十四年「向」條：「《經》：會吳於向。杜注：鄭地。今按：十三國大夫會吳於向，地當近吳，此當爲龍亢之向，在鳳陽府懷遠縣，注見隱二年，杜以爲鄭地，則是尉氏之向，非也。」〔註22〕杜氏未能聯繫史事，推求地望，於此可知矣。

復次，考定故地區域，以辨杜注之誤。如桓公十年「桃邱」條：「《經》：公會衛侯於桃邱，弗遇。杜注：衛地，濟北東阿縣東南有桃城。《彙纂》：今山東東昌府東阿縣西五十里有桃城鋪，旁有一邱高可數仞，即桃邱也。今按：

<hr />

舉也，在陳縣西北。爲非，桯，小城也，在陳郡西南。」《水經注疏》：「會貞按：杜言陳縣，此言陳郡，乃酈氏好奇，故意錯出耳。」（江蘇古籍出版社1989年版1999年第二次印刷本，第1918頁）。
〔註18〕 《春秋地理考實》，《春秋戰國史研究文獻叢刊》第4冊，第49頁。
〔註19〕 《春秋地理考實》，《春秋戰國史研究文獻叢刊》第4冊，第116頁。
〔註20〕 《春秋地理考實》，《春秋戰國史研究文獻叢刊》第4冊，第18頁。
〔註21〕 《春秋地理考實》，《春秋戰國史研究文獻叢刊》第4冊，第42頁。
〔註22〕 《春秋地理考實》，《春秋戰國史研究文獻叢刊》第4冊，第110頁。

東阿舊屬兗州府，今屬泰安府。漢東阿縣本齊之柯邑，故城在今兗州府陽谷縣東北，後漢分東阿置穀城縣，今為東阿縣治，與晉時東阿異地，故桃城所在亦與昔異向。又按：杜言桃邱衛地，非也。今東阿在東平州西北七十里，陽谷在州西一百四十里，桃城在東阿與陽谷之間，舊東阿既為齊之柯〔註23〕，而陽谷亦為齊邑，則桃邱亦屬之齊，去衛遠，衛不能有其地。」〔註24〕江氏通過將桃城圈定為於東阿、陽谷之間，而後兩地均為齊邑，故推考桃城必在齊地，頗有理據，杜預謂在衛地，顯誤。又襄公十七年「桃」條：「《經》：齊侯伐我北鄙，圍桃。《公羊》作『洮』。杜注：弁縣東南有桃虛。今按：齊侯伐魯北鄙圍桃，則桃亦當在魯北。弁縣，今泗水縣，在魯東，非北鄙。《水經》云：汶水西南逕桃鄉縣故城西。〔註25〕城在今汶上縣東北四十里，汶上正當魯之北鄙，此桃當是桃鄉，非弁縣之桃虛。」〔註26〕江氏從卞縣之桃虛不合史載方位入手，結合文獻記載考訂當為桃鄉之桃，是也。又文公元年「匡」條：「《傳》見上（衛孔達侵鄭，伐緜訾及匡）。杜注：在潁川新汲縣東北。《彙纂》：今開封府扶溝縣西有匡城。今按：扶溝今屬陳州府。以《傳》考之，此年之匡，非扶溝之匡也。八年晉侯使解楊歸匡、戚之田於衛，注謂匡本衛邑，中屬鄭，孔達伐不能克。今晉令鄭還衛及取戚田，皆見元年。按：此則匡與戚相近之邑也。《一統志》：大名府開州長垣縣西南十五里有匡城，即《論語》『子畏於匡』之地，隋嘗改長垣為匡城，今長垣在開州南一百五十里，開州之帝邱當時衛所都，而戚城即在開州城北七里，故匡與戚本皆衛邑，八年晉歸戚田並令鄭歸匡田耳。若扶溝之匡，去衛遠，衛不能有其地，杜注誤。扶溝之匡為鄭邑，見定六年。」〔註27〕通過詳析《經》、《傳》記載，江永將地理相近之匡、戚二地聯繫起來加以認識，長垣之匡與戚其地均在衛地，正合史實。而杜預稱其在新汲東北即所謂扶溝之匡，距離衛地尚遠，顯非此年之匡，杜誤明矣。

最末，博徵文獻，輯補杜注闕字。如僖公九年「高梁」條：「《傳》：齊侯

〔註23〕原作「阿」，今據上下文義改。

〔註24〕《春秋地理考實》，《春秋戰國史研究文獻叢刊》第 4 冊，第 29 頁。

〔註25〕今檢《永樂大典》卷一萬一千一百三十六錄《水經注·汶水》（廣陵古籍刻印社 1998 年影印《永樂大典》本《水經注》，第 451 頁）及其後所見各本《水經注》，此段皆非《水經》經文，而為注文，江氏謂之《水經》，不知所據《水經注》為何本。

〔註26〕《春秋地理考實》，《春秋戰國史研究文獻叢刊》第 4 冊，第 112 頁。

〔註27〕《春秋地理考實》，《春秋戰國史研究文獻叢刊》第 4 冊，第 71～72 頁。

以諸侯之師伐晉，及高梁而還。杜注：晉地，在平陽縣西南。今按：此高梁即二十四年晉懷公死處，杜此年注平陽下脫一『楊』字也。《水經》敘汾水南迳高梁故城西，在楊縣之南，楊縣城在今平陽府洪洞縣東南十八里，則高梁在洪洞之南。」〔註28〕今檢《晉書‧地理志》無平陽縣，有平陽楊縣。又《左傳》僖公二十四年：「戊申，使殺懷公於高梁。」杜注：高梁在平陽楊縣西南。則江氏所補，是也。又文公十七年「邧垂」條：「《傳》：周甘歜敗戎於邧垂。《釋文》：邧，於審反。杜注：周地，河南新城縣北有垂亭。《彙纂》：服虔曰邧垂在高都南，今河南府洛陽縣地。今按：《水經注》引杜預《釋地》河南新城縣有邧垂亭。此注脫一『邧』字。」〔註29〕江氏於文獻輯佚之學亦頗有研究，故能引據古書補完杜注，堪稱嚴謹細密。

除了駁正杜注之闕誤，江永還試圖尋繹杜注致誤之由。如桓公十三年「賴」條：「《傳》：楚子使賴人追之。杜注：賴國在義陽隨縣。《彙纂》：《後漢志》褒信，侯國，有賴亭，故賴國。《文獻通考》賴國在褒信縣，元省縣爲鎮，今在息縣東北，其賴亭則在商城縣南，息縣、商城皆屬汝寧府光州，蓋地相接也。杜注在義陽隨縣，則去光州甚遠，不知何據。今按：隨縣之厲鄉本厲國，杜因字音相近，意其即爲賴也，故誤。」〔註30〕《彙纂》已將賴地考辨清楚，而未及杜注所言何據，江永繼而推求闡發，杜預所誤因之而明。此外，江永亦能詳析史實，爲杜說補充說明。如昭公十三年「鄧」條：「《傳》：奉蔡公召二子而盟於鄧。杜注：潁川召陵縣西南有鄧城。今按：蔡朝吳，奉蔡公召子干、子皙盟於鄧，此鄧當近蔡國。故杜注同桓二年，非南陽之鄧州也。」〔註31〕

第三，駁正《彙纂》之失。

《欽定春秋傳說彙纂》是在康熙帝的直接領導下，由儒臣合作完成的解經彙編，其中的地理考訂多據杜注及《一統志》，雖非多有獨斷之見，但對理解《春秋經》、《傳》所涉地名仍有一定的參考作用。或許正是基於此層考慮，江永才備錄其說，分條羅列。與此同時，江氏卻以按語指出了其大量錯訛之處，這也可視爲是書重要成果之一。

〔註28〕 《春秋地理考實》，《春秋戰國史研究文獻叢刊》第 4 冊，第 54～55 頁。
〔註29〕 《春秋地理考實》，《春秋戰國史研究文獻叢刊》第 4 冊，第 80～81 頁。
〔註30〕 《春秋地理考實》，《春秋戰國史研究文獻叢刊》第 4 冊，第 32 頁。
〔註31〕 《春秋地理考實》，《春秋戰國史研究文獻叢刊》第 4 冊，第 139 頁。

依照文獻記載駁正《彙纂》之誤，仍是江永最為常用的方法。如莊公八年「葵邱」條：「《傳》：齊侯使連稱、管至父戍葵邱。杜注：齊地，臨淄縣西有地名葵邱。《彙纂》：據《後漢志》西安縣有蘧邱里，亦名渠邱，即古葵邱也，今青州府臨淄縣西三十里有西安故城，葵邱在其處。今按：《水經注》西安縣之渠邱，時水所逕；齊西之葵邱，係水所逕，則是二地。京相璠曰：葵邱在臨淄西五十里。若渠邱在西安者，齊公孫無知邑，昭十一年杜別有注，合葵邱為一，非也。」〔註32〕以地繫水，以水辨地，江永於此巧妙的利用了《水經注》記載，所正是也。又定公五年「成臼」條「《傳》：王之奔隨也，將涉於成臼。杜注：江夏竟陵縣有臼水，出聊屈山，西南入漢。《彙纂》：今漢陽府漢川縣有臼水，亦名臼子河，西南與漢水合。今按：漢竟陵縣，石晉改為景陵，今安陸府天門縣也，在府東南二百餘里。《水經注》：漢水又東逕石城西，又東南與臼水合，吳入郢，昭王奔隨，濟於成臼，謂是水也。石城即今安陸府治鍾祥縣，而鍾祥亦兼有竟陵也。然則成臼水在安陸府之東南，而漢川之臼子河非其地。」〔註33〕同是借助《水經注》，既有明確記載，成臼在安陸自然無疑。

還原歷史事件發生情境，以辨《彙纂》釋地之誤，是為江氏獨特的考證于法。如莊公三十一年「薛」條：「《經》：築臺於薛。杜注：魯地。《彙纂》：今兗州府滕縣東南有薛城。今按：薛國在滕縣南四十里，魯豈築臺於其國？當是魯地有名薛者耳。」〔註34〕江氏所疑合乎情理，此薛必在魯也。又僖公三十三年「箕」條：「《經》：晉人敗狄於箕。杜注：太原陽邑縣南有箕城。《彙纂》：今在太谷縣東南三十五里。今按：此年狄伐晉，白狄也，白狄在西河，渡河而伐晉，箕地當近河。成十三年《傳》云：秦入我河縣，焚我箕郜。是近河有箕。今山西隰州蒲縣，本漢河東郡蒲子縣地，東北有箕城，隋初移治此，後改蒲縣，唐移今治，而箕城在縣東北。晉人敗狄於箕，當在此。若太谷之箕，去白狄遠，別是一地。」〔註35〕江氏以成公十二年《傳》云「秦入我河縣，焚我箕郜」作為突破口，由此而明瞭箕地近河之情，從而順理成章的推斷出此箕不在太谷，當為蒲子之箕的結論。又襄公二十三年「少水」條：

〔註32〕《春秋地理考實》，《春秋戰國史研究文獻叢刊》第 4 冊，第 36 頁。
〔註33〕《春秋地理考實》，《春秋戰國史研究文獻叢刊》第 4 冊，第 162 頁。
〔註34〕《春秋地理考實》，《春秋戰國史研究文獻叢刊》第 4 冊，第 44 頁。
〔註35〕《春秋地理考實》，《春秋戰國史研究文獻叢刊》第 4 冊，第 70 頁。

「《傳》：封少水。今按：《水經注》引京相璠謂即沁水，今山西澤州沁水縣是也。《彙纂》云：少水即澮水。考澮水出絳縣東、澮山西，南過絳縣南，即當時之晉都。齊侯豈能至其地而封尸？《彙纂》又云：出開封府密縣古鄶城西北。此又誤中之誤，鄭地之澮與晉地之澮，名同實異，齊侯所經之地，皆在河北，未嘗至河南也。」〔註 36〕江氏所辨甚是，只要稍稍顧及歷史事實，便不會將齊侯所封之少水定於晉地。又如襄公二十四年「范」條：「《傳》：晉主夏盟為范氏。杜注：杜伯之子隰叔奔晉，四世及士會，食邑於范，復為范氏。《彙纂》：范，晉邑。戰國時為齊地，孟子自范之齊是也。漢置范縣屬東郡，唐改屬濮州，宋以後因之，今范縣東南二十五里有古范城。今按：范縣在濮州東北六十里，今屬曹州府。其地當為齊邑，去晉遠，恐晉不能有其地，士會所食之范，當在山西平陽府境。」〔註 37〕又昭公二十三年「尹」條：「《傳》：王子朝入於尹。杜注：尹氏之邑。《彙纂》：今山西汾州有尹吉甫墓，即古尹城也。今按：子朝從京入尹，從尹入王城，皆在周地。若山西汾州府，距河南遠，其地屬晉，雖有尹吉墓，當非東周尹氏之邑也。《水經》敘洛水逕宜陽縣故城南，注云：洛水又東共水入焉，水北出長石山，其西有共谷，共水出焉，南流得尹谿口，水出西北尹谷。疑尹氏邑，以尹谿、尹谷得名，然則尹邑在宜陽與？」〔註 38〕以上兩例，江氏皆先明《彙纂》所釋古邑所在與客觀史事之矛盾，隨後考定新地，合契史事，令人信服。

　　江永往往能從細微之處入手，補正《彙纂》所誤。如成公二年「靡笄」條：「《傳》：六月壬申，師至於靡笄之下。杜注：山名。《彙纂》：《史記》晉平公元年伐齊戰於靡下，徐廣曰：靡當作歷。志曰：歷山即《左傳》所謂靡笄之山也。今名千佛山，在濟南府南十里。今按：戰於鞌，鞌在歷城。《傳》云：六月壬申，師至於靡笄之下；癸酉，師陳於鞌。則靡笄與鞌非一地。《史記》戰於靡下，當作歷下，然遂以靡笄為歷山，恐非。《金史》云：長清有劘笄山。劘笄當即靡笄，長清縣在濟南府西南七十里，山在其縣，晉師從西來，正與壬申、癸酉差一日相合，當以《金史》為是。」〔註 39〕癸酉與壬申雖相差一日，但前者為戰地，後者為行軍所經，不可不辨，此例江氏展現出於精

〔註36〕 《春秋地理考實》，《春秋戰國史研究文獻叢刊》第 4 冊，第 117 頁。
〔註37〕 《春秋地理考實》，《春秋戰國史研究文獻叢刊》第 4 冊，第 119 頁。
〔註38〕 《春秋地理考實》，《春秋戰國史研究文獻叢刊》第 4 冊，第 149 頁。
〔註39〕 《春秋地理考實》，《春秋戰國史研究文獻叢刊》第 4 冊，第 92 頁。

微之處考訂史實，進而甄辨地理的本領。《彙纂》之說貌似允恰，但仔細推敲，卻屬臆斷。結合《金史》記載，江氏遂發千古之覆，以爲靡笄乃近長清之地，可謂獨具隻眼也。又襄公二十三年「東陽」條：「《傳》：趙勝帥東陽之師以追之。杜注：東陽，晉之山東，魏郡廣平以北。《彙纂》：今臨清州恩縣西北六十里有東陽城。今按：山東者，太行山以東也。魏郡者，大名府地也。廣平者，廣平府地也。然則，趙勝帥東陽之師當有其處，《彙纂》謂恩縣之東陽城爲東陽，恐非是。當時齊侯自衛伐晉，已過孟門太行，而趙勝猶帥山東東昌臨清之師以追之，遠不相值矣。且東昌臨清之地，當屬齊，晉未必能有也。按：昭二十二年，荀吳略東陽，使師偽羅者負甲以息於昔陽之門外，遂襲鼓，滅之。是東陽近鼓國，而鼓爲今正定府之晉州，趙勝所帥師當是此東陽耳。」〔註40〕江永所析可謂細緻，單從地理角度無法判斷《彙纂》所言是否爲確，若從齊、晉交鋒的史事出發，趙勝自不可率山東臨清之師追已入山西之齊兵，江氏考東陽當在正定晉州寔合史實。又昭公二十一年「赭邱」條：「《傳》：與華氏戰於赭邱。杜注：宋地。《彙纂》：《後漢志》陳國長平縣有赭邱城，應在今開封府陳州西北境。今按：華氏以南里叛，南里在宋城內，救宋之師戰於赭邱，其地蓋近國都，故下文云『大敗華氏，圍諸南里』，則赭邱去南里不遠也。長平之赭邱乃《水經注》洧水所逕地，在陳、鄭之間，去宋遠，同名耳，非其地。」〔註41〕江永連綴前後史事，細緻地梳理出一條「赭邱」——「南里」——「宋城」的線索，又依據《水經注》證明《彙纂》所言之「赭邱」在陳、鄭之間，非近宋城之地，是也。對於《彙纂》語焉不詳之處，江氏也細緻推求，努力將問題考辨清楚。如哀公十七年「戎州」條：「《傳》：公登城以望見戎州。杜注：戎邑。《彙纂》：今兗州府曹縣有楚邱故城，漢置己氏縣，以戎州己氏而名也。今按：曹縣今屬山東曹州府，此楚邱城即隱七年戎伐凡伯之處。然《傳》云：公登城以望見戎州；又云：公自城上見己氏之妻髮美。皆謂衛城。蓋衛之城外，有己氏人居之，謂之戎州，非謂衛侯登衛城能望見曹縣之戎州也。杜注與《彙纂》辭不別白，則觀者惑矣。」〔註42〕經過江氏此番解釋，不僅於《傳》文本義申說無遺，於杜注、《彙纂》語焉不詳之處亦有釐清之功。

〔註40〕 《春秋地理考實》，《春秋戰國史研究文獻叢刊》第 4 冊，第 117～118 頁。
〔註41〕 《春秋地理考實》，《春秋戰國史研究文獻叢刊》第 4 冊，第 146 頁。
〔註42〕 《春秋地理考實》，《春秋戰國史研究文獻叢刊》第 4 冊，第 180 頁。

　　江永還嘗試揭櫫《彙纂》致誤之由。如桓公三年「欒」條：「《傳》：及欒共叔。《彙纂》：欒，晉地，晉大夫欒氏封邑。今直隸真定府欒城縣是也。今按：此年杜無此注，謂欒為晉地者，哀四年注也。今正定府之欒城，去晉甚遠，晉後漸大，能有共地，春秋之初未能擴地至此。而曲沃桓叔時，已有靖侯之孫欒賓，《孔疏》謂欒氏，蓋其父字欒，則以字氏，非以邑氏。正定之欒城，或別有其故。姓氏書姬姓國有欒，則欒城或其故國，必非晉大夫欒氏之邑也。」〔註43〕雖此年無杜注，江氏仍尋覓出《彙纂》晉地之說源於哀公四年杜注，彼在春秋末年，此為春秋之初，晉國所統自有變化，江氏從歷史發展的角度認為此年晉地必不能至正定之欒城，是也。又從姓氏學角度，指出此欒為以氏為邑之例，當在山西晉地境內，《彙纂》實誤用杜注而致謬也。又如僖公二十八年「襄牛」條：「《傳》：衛侯出居於襄牛。杜注：衛地。《彙纂》：秦置襄邑縣，明初省縣併入睢州，今屬河南歸德府。今按：衛人出君，當不出其國境。以襄邑為襄牛，應劭之說也，顏師古引圈稱說辯之曰：襄邑，宋地，本承匡襄陵鄉也，宋襄公所葬，故曰襄陵，然則應說以為襄牛，誤也。今考《水經注》敘濮水逕濮陽縣之東有襄邱，此為衛之東鄙，今曹州府濮州之地，襄牛其在此與？」〔註44〕《彙纂》所釋異於杜注，江氏遍檢文獻，尋覓其說本自應劭，續引諸書辨之，而知襄牛或在濮陽矣。

　　《彙纂》於政區沿革率多蒙昧，江永多能正之。如桓公十年「桃邱」條：「《經》：公會衛侯於桃邱，弗遇。杜注：衛地，濟北東阿縣東南有桃城。《彙纂》：今山東東昌府東阿縣西五十里有桃城鋪，旁有一邱，高可數仞，即桃邱也。今按：東阿舊屬兗州府，今屬泰安府。漢東阿縣本齊之柯邑，故城在今兗州府陽谷縣東北，後漢分東阿置穀城縣，今為東阿縣治，與晉時東阿異地，故桃城所在亦與昔異向。」〔註45〕晉之東阿與清之東阿，名同地異，《彙纂》不知故邑演變沿革，視二為一，江氏所駁是也。又文公十六年「鄆邱」條：「《經》：公子遂及齊侯盟於鄆邱。杜注：齊地。《彙纂》：當在東昌府東阿縣境。今按：東阿，今屬泰安府，舊屬兗州府東平州，非東昌府也。」〔註46〕前一例《彙纂》不明古代地理沿革，此例不明當代政區變化，東阿一地，一錯再錯。

〔註43〕　《春秋地理考實》，《春秋戰國史研究文獻叢刊》第 4 冊，第 25 頁。
〔註44〕　《春秋地理考實》，《春秋戰國史研究文獻叢刊》第 4 冊，第 66～67 頁。
〔註45〕　《春秋地理考實》，《春秋戰國史研究文獻叢刊》第 4 冊，第 29 頁。
〔註46〕　《春秋地理考實》，《春秋戰國史研究文獻叢刊》第 4 冊，第 79 頁。

於《彙纂》闕字之處，江永亦多補充。如隱公十一年「時來」條：「《經》：公會鄭伯於時來。《傳》：公會鄭伯於郲。杜注：時來，郲也，滎陽縣東有釐城，鄭地也。《彙纂》：在今開封府東四十里。今按：《水經注》京相璠曰：滎陽縣東四十里有故釐城，則釐城不在開封府東，《彙纂》缺『滎陽縣』三字耳。」〔註47〕又桓公十五年「牟」條「《經》：郳人、牟人、葛人來朝。杜注：牟國，今泰山牟縣。《彙纂》：今濟南府東二十里有牟城。今按：牟非在濟南府東也。今牟城在泰安府萊蕪縣東二十里。牟，汶水在縣南門外。《彙纂》濟南府下脫『萊蕪縣』三字耳。」〔註48〕又宣公二年「大棘」條：「《經》：戰於大棘。杜注：在陳留襄邑縣南。《彙纂》：今河南歸德府睢州州西曲棘里有棘城。又寧陵縣西南七里有大棘城，亦與睢相近。今按：曲棘與大棘，當是二地。《史記‧梁孝王世家》《正義》引《括地志》：大棘在寧陵縣西南七十里，非七里。」〔註49〕此例江永援引《括地志》補《彙纂》所闕，是也。《彙纂》所誤甚明，江氏所補均是。

《彙纂》釋讀徵引文獻亦有誤脫，江氏率加釐正。如桓公二年「郜」條：「《經》：取郜大鼎於宋。杜注：郜國，濟陰城武縣東南有北郜城。《彙纂》：蓋郜有二城，北郜城則為郜國，又南二里曰南郜城，則為宋邑，隱十年取郜，是也。俱在兗州府城武縣。今按：富辰言郜為文之昭，而郜地有三：其二在城武縣，其一在晉，成十三年焚我箕郜，是也。姓氏書言郜分南北，南後入晉，北入宋〔註50〕，有告氏、郜氏。然則郜分二國，一滅於晉，一滅於宋，其南郜城為宋邑者，亦郜國別城耳。但晉、宋當言西東，不當言南北，城武今屬曹州府。」〔註51〕南北與西東，一詞之差，是非判然，杜注明言東西，《彙纂》獨標南北，經江氏考辨則當以杜注為是。與此相仿，莊公十八年「權」條：「《傳》：楚武王克權。杜注：國名，南郡當陽縣東南有權城。《彙纂》：《水經注》：沔水東會權口，南流逕權城北，古之權國也。今屬湖廣安陸府。今按：《水經》原文云：沔水又東，右會權口。注云：權水出章山東南流，逕權城北，古之權國，東南有那口城，權水東入於沔。」〔註52〕《彙纂》引文之誤，

〔註47〕　《春秋地理考實》，《春秋戰國史研究文獻叢刊》第 4 冊，第 19 頁。
〔註48〕　《春秋地理考實》，《春秋戰國史研究文獻叢刊》第 4 冊，第 33 頁。
〔註49〕　《春秋地理考實》，《春秋戰國史研究文獻叢刊》第 4 冊，第 82 頁。
〔註50〕　「南後入晉，北入宋」，今細讀上下文，揣度江氏原意，似當寫作「南後入宋，
　　　　　北入晉」。
〔註51〕　《春秋地理考實》，《春秋戰國史研究文獻叢刊》第 4 冊，第 22 頁。
〔註52〕　《春秋地理考實》，《春秋戰國史研究文獻叢刊》第 4 冊，第 39～40 頁。

可謂一目了然。又昭公二十六年「淄」條：「《傳》：伐齊師之飲馬於淄者。杜注：淄水出秦山梁父縣，西北入汶。《彙纂》：《水經注》：淄水逕梁父縣故城南，又西南逕柴縣故城北，世謂之柴汶。漢梁父縣在今泗水縣北四十里。今按：此淄水爲柴汶，非臨淄之淄。《水經注》淄水逕柴縣故城北之後，云：又逕成邑北，《春秋》成人伐齊師飲馬於斯水者也。」〔註53〕《彙纂》引文不全，江氏補完，是也。

　　《彙纂》多據《一統志》之說，江氏亦頗有採信，然於其誤謬則多補正。如僖公六年「武城」條：「《傳》：蔡穆侯將許僖公以見楚子於武城。杜注：楚地，在南陽宛縣北。今按：宛縣，今南陽府附郭南陽縣也。武城，《一統志》作武延城，在南陽府北，俗呼西城。《志》又云：春秋時楚受蔡侯降於此。則誤，此受許男降，非受蔡侯降也。」〔註54〕《一統志》未能細讀《傳》文，因有是誤。又昭公二年「中都」條：「《傳》：執諸中都。杜注：晉邑，在西河介休縣東南。《彙纂》：今山西汾州府平遙縣西北十二里有中都古城，西南至介休五十里。今按：《一統志》中都城有二：一在介休東北五十里，一在太原府榆次縣東十五里，俱云晉執陳無宇於此，非也。無宇致少姜於晉，榆次與平遙介休皆非所經之地。《水經注・沁水》篇云：光溝水逕中都亭南，又南逕中都亭，西注於沁水。地在野王縣，今爲懷慶府河內縣，中都當在此，正爲齊適晉所經之地。」〔註55〕此例《一統志》兩載中都而今地各異，均非由齊至晉必經之道，故皆非中都所在，微江氏其謬難知矣。

第四，駁正孔穎達《春秋正義》及其它傳世文獻之誤說。

　　唐初儒臣編撰《五經正義》，疏通《經》、《傳》，闡幽發微，是經學史上極爲重要的學術貢獻。孔穎達《春秋正義》雖非以地學著稱，然頗有真知灼見，江氏多有徵引，於其訛誤，亦有補正。如隱公四年「杞」條：「《經》：莒人伐杞，取牟婁。杜注：杞國，本都陳留雍丘縣，推尋事蹟，桓六年，淳于公亡國，杞似並之，遷都淳于……《彙纂》：雍邱，今河南開封府杞縣是也。淳于，今青州府安邱縣有淳于故城。今按：《史記索隱》云：周封杞居雍邱，至春秋時杞已遷東國，故隱四年莒人伐杞取牟婁，牟婁者東邑也。據此，則春秋之前，已遷青州而近莒也矣。青州去雍邱甚遠，杞得國於此，或由周王

〔註53〕　《春秋地理考實》，《春秋戰國史研究文獻叢刊》第 4 冊，第 152 頁。
〔註54〕　《春秋地理考實》，《春秋戰國史研究文獻叢刊》第 4 冊，第·54 頁。
〔註55〕　《春秋地理考實》，《春秋戰國史研究文獻叢刊》第 4 冊，第 126～127 頁。

改封之,《疏》謂雍邱淳于郡別而竟連者,大誤。」〔註56〕單疏本《春秋正義》卷三云:「《地理志》云:陳留郡雍丘縣故杞國,武王封禹之後東樓公。是杞本都陳留雍丘縣也。《志》又云:北海郡淳于縣,應劭曰《春秋》州公如曹,《左氏傳》曰淳于公如曹,臣瓚案州國名淳于國之所都。此淳于縣於漢屬北海郡,晉時屬東莞郡,故《釋例土地名》云:州國都於東莞淳于縣。以雍丘、淳于雖郡別而竟連也。」〔註57〕《孔疏》望文生義,不明杞國遷都之史事,又黯於地理,江氏謂其大誤,是也。又隱公八年「戴」條:「《經》:宋人、蔡人、衛人伐戴,鄭伯伐取之。杜注:戴國,今陳留外黃縣東南有戴城。《疏》:《地理志》梁國甾縣,故戴國,應劭曰章帝改曰考城,古者甾、戴聲相近。《彙纂》:今河南歸德府考城縣東南五里考城故城是也。今按:《疏》說非也。甾同災,章帝因其名不美故改之,見《水經注》。《一統志》云:鄭取戴,改名谷城,秦置甾縣,東漢改考城。」〔註58〕《孔疏》不明改名之由,妄加猜測,文獻俱在,稍檢便知其誤。又僖公二十五年「洮」條:「《經》:公會衛子、莒慶,盟於洮。杜注:魯地。《疏》:八年盟於洮,杜云曹地;三十一年魯始得曹田,此時不得為魯地,注誤耳。今按:《疏》說非也,《傳》云:『衛人平莒於我』,且及莒平,則此洮為魯之內地,東近莒,即莊二十七年『公會杞伯姬於洮』者也。當為卞縣,桃墟在泗水縣。」〔註59〕《孔疏》雖例不破注,然亦間有駁正,此例《孔疏》似頗有理據,然泥於地名稱謂,而未從史實出發,江永剖析明晰,杜注不誤也。又襄公十年「霍人」條:「《傳》:納諸霍人。杜注:霍,晉邑。《疏》:霍是舊國,閔元年晉獻公滅之以為晉邑也,此霍邑或稱霍人,猶晉邑謂之柏人也,必知霍人為霍邑者,《漢書·樊噲傳》云攻霍人,是霍人邑名也。劉炫云:霍,晉邑,人,掌邑大夫,猶耶人大夫稱耶人紇,蓋使為晉附庸也。今按:《疏》引閔元年滅霍,又引《樊噲傳》之霍人,似以兩地為一地,誤矣。舊霍國為今之霍州。《史記·周勃世家》及《樊噲傳》攻韓王信,皆有霍人,其地在代,《史記正義》謂即《地理志》太原郡之葰人縣,葰人故城,《括地志》云在代州繁峙縣界。顏音山寡反,《正義》因謂霍音瑣,又蘇寡反,是地名音變也。霍人、柏人、中人皆是邑名,劉炫言人者邑大夫,

〔註56〕《春秋地理考實》,《春秋戰國史研究文獻叢刊》第 4 冊,第 12 頁。
〔註57〕《四部叢刊》續編影印本,商務印書館線裝本。
〔註58〕《春秋地理考實》,《春秋戰國史研究文獻叢刊》第 4 冊,第 18 頁。
〔註59〕《春秋地理考實》,《春秋戰國史研究文獻叢刊》第 4 冊,第 64～65 頁。

非也。」〔註60〕此例《孔疏》僅以霍、霍人均見史籍，便認定二者必爲一地，推理過程不合邏輯，江氏又詳解霍人所在，言之鑿鑿，是也。

此外，對於傳世文獻有關記載，江永亦未盲從，而是細加甄別，間有補正。如駁應劭說，莊公十年「乘邱」條：「《經》：公敗宋師於乘邱。杜注：魯地。《彙纂》：西漢泰山郡有乘邱縣，顏師古曰：即《春秋》乘邱也……今按：公子偃自雩門竊出，蒙皋比先犯宋師，可知乘邱去魯城不遠，若曹縣界內有乘邱城，去魯遠，且其地本漢之濟陰郡乘氏縣，非乘邱，應劭謂敗宋師在此，《一統志》因之，誤矣。」〔註61〕《漢書・地理志》濟陰郡乘氏縣條，顏師古注引應劭曰：《春秋》敗宋師於乘丘是也，據江永考證乘邱故城當在魯地，應劭誤以乘邱爲濟陰乘氏，《一統志》又仍之，可謂以訛傳訛。又駁《水經注》之說，如成公十六年「瑕」條：「《傳》：楚師還及瑕。杜注：楚地。《彙纂》：《水經注》：淝水逕山桑縣故城南，又東積而爲陂，謂之瑕陂，又東南逕瑕城南，《春秋》『楚師還及瑕』即此城也。山桑縣在今壽州蒙城縣北，屬鳳陽府。今按：楚師自鄢陵還荊州，不當迴遠由今之蒙城，《水經注》誤也。桓六年，楚武王侵隨，使薳章求成軍於瑕以待之，當是此瑕邑。蓋在今德安府隨州。」〔註62〕從行軍路線的角度出發，楚師自河南鄢陵還湖北郢都，絕不至遠繞安徽鳳陽，江永分析透徹明白，酈道元對於南方水道地理似頗蒙昧，於此可見也。又駁《括地志》，如文公三年「王官」條：「《傳》：秦伯伐晉，濟河焚舟，取王官及郊。杜注：晉地。《彙纂》：今平陽府臨晉縣東南七十里王官谷有廢壘，即王官城也。今按：臨晉今屬蒲州府。又《水經注》：河東左邑縣，西有王官城，涑水逕其北，故晉人絕秦之辭云：『伐我涑川，俘我王官』，是王官近涑水也。左邑，今絳州聞喜縣，王官蓋在臨晉之東，聞喜之西。《史記正義》引《括地志》：王官故城在同州澄城縣西北六十里，非也。是時秦師已渡河，則王官不得在河西，澄城之王官名同而非其地。」〔註63〕據史事出發，王官自然不當在河西。又駁《太平寰宇記》，宣公九年「根牟」條：「《經》：取根牟。杜注：東夷國也。今琅邪陽都縣有牟鄉。《彙纂》：今在青州府沂水縣南。今按：《路史》：根牟，曹姓子爵，魯宣公滅之。又按：昭八年，大蒐於紅，

〔註60〕 《春秋地理考實》，《春秋戰國史研究文獻叢刊》第 4 冊，第 108 頁。
〔註61〕 《春秋地理考實》，《春秋戰國史研究文獻叢刊》第 4 冊，第 37～38 頁。
〔註62〕 《春秋地理考實》，《春秋戰國史研究文獻叢刊》第 4 冊，第 99 頁。
〔註63〕 《春秋地理考實》，《春秋戰國史研究文獻叢刊》第 4 冊，第 72～73 頁。

自根牟至於商衛，革車千乘。杜注：根牟，魯東界。《彙纂》謂在沂水縣南者是也。沂水今屬沂州府，若青州府安邱縣西南十五里有牟山，隋嘗於此置牟山縣，後改安邱，在青州府東二百里，其地非屬莒即屬齊，必非魯所取之國，魯大蒐陳車乘亦必不能至此，樂史《寰宇記》謂根牟國在安邱，誤。顧炎武引樂史說不能辯證，亦誤。」〔註 64〕江永從安邱地望出發，認爲與史載多有矛盾，故《寰宇記》根牟在安邱之說，無法成立，顧炎武亦未能明瞭此點，延誤而不知。

縱觀全書，江氏考辨經學地理，多管齊下、妙思連發，其犖犖大端者，大抵有四。

其一，從歷史情勢出發，考訂故邑所在。從考證方法的角度來談，江氏此著的最大特色是在深刻瞭解《春秋經》、《傳》所載史實的基礎上，依據史事發展的客觀情況推定古地所在，這與既往偏重於文獻排比的手法相比，自然更加科學，更加接近實際情況，對於今天我們從事此項工作尤其具有借鑒意義。其具體事例在上文敘述中已有徵引，此處再舉兩例，以見其獨樹一幟之處。

桓公十七年「黃」條：「《經》：公會齊侯、紀侯，盟於黃。杜注：齊地。《彙纂》：《路史》：登之黃縣東南有古黃城，本紀邑，後入齊。按：登州府黃縣，齊東垂也，去魯殊遠，疑非會盟處。今按：登之黃城不唯去魯遠，去齊、紀亦遠，必非其地。宣八年，公子遂如齊，至黃乃復。是黃爲魯至齊所由之地。《水經注》：昌國縣有黃山黃阜，近青州府之博興，則黃地其在此與？」〔註 65〕《彙纂》已著其疑，然未能深入探討，江氏從交通路線的角度出發，結合文獻所載，作出黃地或在博興的判斷，泃合史實。又僖公十五年「匡」條：「《經》：遂次於匡。杜注：衛地，在陳留長垣縣西南。《彙纂》：《後漢志》長垣縣有匡城，今屬直隸大名府。今按：徐國在泗州，當時諸侯畏楚，雖無志於救徐，而次師亦必稍近其地，長垣之匡去徐甚遠，何爲次於此。考河南歸德府睢州西三十里有匡城，其地屬宋，距泗州稍近，次師或當在此。」〔註 66〕與前例相仿，江氏仍以史實分析作爲切入點，將春秋各國交往的情實納入考據地理的參考因素中，所作推論遠較故說爲勝。

〔註 64〕 《春秋地理考實》，《春秋戰國史研究文獻叢刊》第 4 冊，第 86～87 頁。
〔註 65〕 《春秋地理考實》，《春秋戰國史研究文獻叢刊》第 4 冊，第 33～34 頁。
〔註 66〕 《春秋地理考實》，《春秋戰國史研究文獻叢刊》第 4 冊，第 57 頁。

江永考證古地，眼光開闊，在融通全《經》、《傳》文的基礎上，細繹史實，進行判斷，故不爲前說所囿，反能駁正誤解。如莊公三十二年「小穀」條：「《經》：城小穀。《傳》：爲管仲也。杜注：小穀，齊邑，濟北穀城縣，城中有管仲井。《穀梁傳》范甯注：小穀，魯邑。《彙纂》：程氏迴曰：齊地別有穀在濟北，有管仲井，非小穀也。今按：齊之穀，今爲東阿縣，見莊七年夫人姜氏會齊侯於穀。又莊二十三年，公及齊侯遇於穀；僖二十八年，公以楚師伐齊取穀；文十七年，公及齊侯盟於穀，成五年，叔孫僑如會晉荀首於穀；哀二十七年，《傳》齊師違谷七里；皆齊穀。若此年小穀，自是魯地，曲阜西北有故小穀城，項羽嘗爲魯公，漢高帝以魯公禮葬項王穀城，是也。昭十一年，楚申無宇曰：齊桓公城谷而置管仲。趙氏鵬飛曰：此年偶有城小穀之事，左氏遂取無宇之言合之，杜氏因以小穀爲穀城。其說是。」〔註67〕此例左氏作《傳》，因誤解《經》文，而牽合昭公十一年齊置穀城事，杜預沿誤，江永在貫通全《經》的基礎上，分析各個時期所謂穀城所載，指明此年所城爲魯地之穀，誠是。又昭公二十二年「京」條：「《傳》：子朝奔京。今按：子朝奔京，杜無注，《彙纂》亦無釋，豈以注釋在隱元年乎？隱元年之京，在滎陽，爲鄭邑，不屬周，當非子朝所奔。考諸《傳》，王師敗績於前城，前城人敗陸渾於社，晉大夫濟師渡伊洛取前城，軍其東南，王師軍於京，楚因以伐京而子朝奔郊。則京邑近前城，在伊水之南，洛陽之西南也。」〔註68〕於細微之處發現問題，在本例中得到了充分驗證，杜注、《彙纂》皆未能分辨出此年之京與隱公元年共叔段所封之京邑非爲一地，江永聯繫前後《經》、《傳》記載，將發生在此地的史事集中起來進行探討，尋覓出京與前城的密切關係，從而推求京地，顯示出深厚的史學素養和考辨功力。

江永往往在考訂古地的基礎上，反求當時史情，將地理考據與歷史研究相結合，展出了全新的研究思路。如隱公八年「瓦屋」條：「《經》：宋公、齊侯、衛侯盟於瓦屋。《傳》：齊人卒平宋、衛於鄭，會於溫，盟於瓦屋，以釋東門之役。杜注：瓦屋，周地……《彙纂》：今開封府洧川縣南二十里瓦屋里是其地。今按：杜以會於溫，故意瓦屋爲周地。今考瓦屋里在洧川南，其地在新鄭之東，當爲鄭地，非周地也。蓋此會此盟，三國本欲就鄭，是時莊公爲周卿士，故先會於河內之溫，猶欲盟於近鄭之瓦屋，鄭竟不至，

〔註67〕 《春秋地理考實》，《春秋戰國史研究文獻叢刊》第 4 冊，第 45 頁。
〔註68〕 《春秋地理考實》，《春秋戰國史研究文獻叢刊》第 4 冊，第 147 頁。

三國遂自爲盟。蓋鄭怨宋、衛深，陽許而實不欲平也。是以十年鄭復伐宋，觀會與盟之地，可得其情也。」〔註69〕地理研究的最終目標是對歷史研究有所裨益，江永在此作了極爲精彩的示範。經其分析，不但瓦屋所在可了然於胸，且使人於擇此地會盟之原因、史情演變之動向，皆有深刻認識。又襄公四年「無終」條：「《傳》：無終子嘉父使孟樂如晉。杜注：山戎國名。《彙纂》：秦置無終縣，項羽封韓廣爲無終王，都無終，即今順天府玉田縣也。縣西有古無終城。今按：顧炎武曰：無終之爲今玉田無可疑者。然此年無終子使孟樂如晉，因魏莊子納虎豹之皮，以請和諸戎；昭元年，晉中行穆子敗無終及群狄於太原；《漢書·樊噲傳》擊陳豨破得綦毋卬、尹潘軍於無終、廣昌；則去玉田千有餘里，豈無終之國先在雲中代郡之境，後始遷右北平與？按：顧氏此說是也。廣昌即今之廣昌縣，漢屬代郡，唐爲蔚州飛狐縣，明復改廣昌，屬大同府蔚州，今改屬直隸保定府易州，去玉田之無終遠，而史合言之，蓋舊無終之地近廣昌也。晉自中行吳敗狄之後，漸擴代北之地，其後趙氏盡得代地，而無終之國乃在右北平，猶之昭十二年晉滅肥，爲漢之眞定肥累縣，而遼西復有肥如縣，應劭云：晉滅肥，肥子奔燕，燕封於此，無終亦此類耳。」〔註70〕顧氏有此疑，但未能確解其由，江氏更進一步依據史實妙解其中因由，實際上總結出了地名遷移的歷史規律，顯示出非凡的概況能力。除了從史情出發，研究二者之間的互動關係，江永還能聯繫古代遺蹟探討故邑，如莊公二十八年「桐邱」條：「《傳》：鄭人將奔桐邱。杜注：許昌縣東北有桐邱城。《彙纂》：今許昌故城在開封府許州東北四十里。今按：許昌，今許州府。《水經注》云：洧水東南逕桐邱城。今無城而有隄，去許昌故城可三十五里。」〔註71〕

其二，江永善於借鑒前人之說，尤多引顧炎武之見，以爲參考。如僖公二十四「緜上」條：「《傳》：介之推隱而死，晉侯求之弗獲，以緜上爲之田。杜注：西河介休縣南有地名緜上。《彙纂》：今山西汾州府沁源縣北八十里有緜上關、緜上城。今按：沁源縣今屬沁州。介休、沁源之間，固有緜上。然襄十三年，晉侯蒐於緜上以治兵。治兵當近國都，未必遠至介休。定六年，宋樂祁如晉，趙簡子逆而飲之酒於緜上。介休之緜上，非適晉所由之地。顧

〔註69〕《春秋地理考實》，《春秋戰國史研究文獻叢刊》第4冊，第16〜17頁。
〔註70〕《春秋地理考實》，《春秋戰國史研究文獻叢刊》第4冊，第105頁。
〔註71〕《春秋地理考實》，《春秋戰國史研究文獻叢刊》第4冊，第43頁。

炎武謂縣上當近絳，今翼城縣西亦有縣山，俗謂之小縣山，當必是簡子迎樂祁之地。疑此說是，抑或晉有兩縣上，治兵迎樂祁者在翼城，爲介推田者在介休也。」〔註72〕此例杜注本無問題，江氏由此聯繫到襄公十三年之縣上，認爲非此縣上，又借鑒顧炎武之說，提出了自己的見解，頗有客觀嚴謹的研究精神。又定公十年「夾谷祝其」條：「《傳》：公會齊侯於祝其，實夾谷。杜注：夾谷即祝其也。按：服虔云：東海祝其縣。《彙纂》：《地理志》濟南淄川縣西南三十里有甲山，亦名夾山，一名祝山，上有夾谷臺，爲定公會齊侯處。案：齊、魯兩君相會，不應去齊若此之近，去魯若此之遠。今萊蕪縣有夾谷峪，《名勝志》以爲萊兵劫魯侯處，庶幾近之。今按：夾谷有三：一謂夾谷即祝其，今江南海州贛榆縣是其地。《贛榆志》云：祝其故城在縣南五十里，夾谷山西南十五里。此祝其既非一地，而地又太遠且偏。二則淄川之夾山、祝山，又有齊太近、魯太遠之疑。萊蕪夾谷，《一統志》亦並載之。顧炎武云：《水經注》：萊蕪縣城在萊蕪谷，舊說云齊靈公滅萊，萊民播流此谷，邑落荒蕪，故曰萊蕪。夾谷之會，齊侯使萊人以兵劫魯侯，是會於此地，故得萊人，非召之東萊千里之外也，不可泥祝其之名，而遠求之海上矣。」〔註73〕江氏盡列春秋夾谷所在各說，通過排除法，又徵引顧說，坐實此年夾谷之會當在萊蕪，可謂善爲我用者也。

其三，江永能將經學研究之心得運用於地理考證，拓展了清人地理考據的思路和方法。如隱公四年「濮」條：「《經》：衛人殺州吁於濮。杜注：濮，陳地水名……今按：濮水本在衛，《傳》謂：陳人執州吁而請涖於衛，衛人使右宰醜涖殺州吁於濮。蓋陳人執州吁送至衛之濮水，衛人於是涖殺之，故《經》詳其地。若濮是陳地水名，則《經》當書『殺於陳』，不必言其地也，陳地恐無濮水。」〔註74〕江氏從《春秋》書法的角度出發，認爲若此濮在陳，則衛人入陳國殺州吁，《經》當書「殺於陳」，而非「殺於濮」，況且衛地本有濮水，而杜說所謂陳之濮水未見記載，故江氏所言是也。

江氏還利用《公羊傳》、《穀梁傳》推定古地所在。如莊公元年「單」條：

〔註72〕《春秋地理考實》，《春秋戰國史研究文獻叢刊》第4冊，第62頁。同時，可參看《日知錄集釋》卷三十一「縣上」條，上海古籍出版社1985年影印本，第2329～2331頁。

〔註73〕《春秋地理考實》，《春秋戰國史研究文獻叢刊》第4冊，第165頁。同時，可參看《日知錄集釋》卷三十一「夾谷」條，第2360～2362頁。

〔註74〕《春秋地理考實》，《春秋戰國史研究文獻叢刊》第4冊，第12～13頁。

「《經》：單伯送王姬。《公》、《穀》：『送』作『逆』。杜注：單伯，天子卿也；單，采地。《疏》：單者，天子畿內地名。今按：《公》、《穀》皆云『吾大夫之命乎天子者也』，諸家多從《公》、《穀》，引莊十四年單伯會齊侯、宋公、衛侯、鄭伯於鄄、文十五年單伯至自齊，為證。若單伯為魯大夫，則單當是魯地，魯有單父邑，漢為單縣，舊屬兗州府，今屬曹州府，當是其地。」〔註75〕《公》、《穀》所謂「吾大夫」自是魯大夫，以此為線索，江永遂將單縣考訂為兗州單父邑，頗有理據。又成公九年「中城」：條「《經》：城中城。杜注：魯邑，在東海廩邱縣西南。今按：晉海郡有厚邱〔註76〕，今海州沭陽縣，厚邱在縣北六十里，魯地當不能至此。而山東東昌府之范縣古廩邱，為齊邑。皆非此《經》中城所在。《穀梁》云：城中城者，非外民也。則是魯城之內城耳，蓋城其內城，則內城以外之民竟外之，故非之。范注云：譏公不務德政，恃城以自固，不復能衛其人民是也。以為邑名，誤矣。定六年，城中城，同。」〔註77〕江永先通過排他法否定杜注，又依據《穀梁傳》及范甯說解推知此中城為魯城之內城，是也。又成公十二年「瑣澤」條：「《經》：公會晉侯、衛侯於瑣澤。杜注：地闕。今按：《公羊》作『沙澤』。定七年，盟於沙，《傳》作『瑣』，《公羊》亦作『沙澤』，與此年同。則瑣澤即沙也，注見定七年。」〔註78〕江氏將《左傳》與《公羊傳》經文對於同一地的異稱聯繫起來，推知「瑣澤」即「沙澤」，而此沙澤即為定公七年杜注所謂陽平元城縣之沙亭〔註79〕，江氏前後牽連、左右逢源，可謂互通三《傳》者也。

江永復能更進一層，將考辨故邑地名與討論經學發展歷程相聯繫，如僖公二年「下陽」條：「《經》：虞師、晉師滅下陽。《公》、《穀》作『夏陽』。杜注：下陽，虢邑，在河東大陽縣。《彙纂》：今大陽廢縣在山西平陽府平陸縣東北十五里，又三十里為故下陽城。今按：平陸縣漢為大陽縣，東漢置河北縣，唐改平陸，今屬解州。又按：虢以國都為上陽，故謂河北稍在下者為下

〔註75〕《春秋地理考實》，《春秋戰國史研究文獻叢刊》第 4 冊，第 34～35 頁。
〔註76〕《晉書・地理志》東海郡有原丘，誤，當作「厚丘」，詳參拙作《晉書地理志校注》徐州東海郡條（新世界出版社 2012 年版，第 146～147 頁）。此處「晉海郡」亦當作「晉東海郡」。
〔註77〕《春秋地理考實》，《春秋戰國史研究文獻叢刊》第 4 冊，第 96 頁。
〔註78〕《春秋地理考實》，《春秋戰國史研究文獻叢刊》第 4 冊，第 97 頁。
〔註79〕定公七年「沙」條：「《經》：齊侯、衛侯盟於沙。杜注：陽平元城縣東北有沙亭。《彙纂》……在今元城縣東。」（《春秋戰國史研究文獻叢刊》第 4 冊，第 163 頁）。

陽，《公》、《穀》作『夏陽』，音同傳訛耳。夏有大意，漢改爲大陽，漢初尚《公》、《穀》之學也。」〔註80〕經過江氏此番梳理解釋，不但消除了下陽、夏陽孰是孰非的矛盾和疑竇，而且從經學發展的角度更加證明了地名前後之沿革變化。清之平陸，即漢之大陽，大陽即夏陽，《公》、《穀》屬於今文經學範疇，西漢自漢武帝立五經博士後，率以今文經學爲主流，故漢取《公》、《穀》夏陽之說而改其名，而夏陽與下陽因音同而訛，實爲一地。又隱公七年「楚邱」條：「《經》：戎伐凡伯於楚邱以歸。杜注：衛地，在濟陰城武縣西南。《彙纂》：今兗州府曹縣東楚邱亭是也。今按：曹縣今屬曹州府。《一統志》：楚邱城在曹縣東南五十里，春秋時戎州己氏之邑，漢改爲己氏縣，隋改曰楚邱，明省入曹州。又考二年戎城亦在曹縣，則此楚邱爲戎邑，凡伯經其地，戎遂伐之以歸，非衛邑也。因此楚邱與滑縣楚邱衛文公所居者同名，杜遂以爲衛地，不知此楚邱去衛遠，衛不得有此。說者因杜注，遂謂『於楚邱』者，罪衛不能救王臣之患，考之亦不詳矣。若論近楚邱之國，則曹都定陶者爲最近，凡伯經戎人之邑而戎伐之，雖曹亦不能救也。《春秋》書『於楚邱』詳其爲戎地，以見戎之橫，周之微耳，於曹、衛乎何責。」〔註81〕楚丘地在何處不僅僅涉及到故邑定位的地理問題，還牽涉到如何理解《春秋》經文的經義問題，江氏依據當時情勢作出楚丘爲戎地的判斷，較杜注更接近史實，在辨清地理問題的基礎上，江氏又連帶解決了經文本義闡發的工作，可謂卓識。

其四，以音辨地。如隱公元年「邾」條：「《經》：公及邾儀父盟於蔑。杜注：邾，今魯國鄒縣也。《疏》：《譜》云：邾，曹姓，顓頊之後……今按：《公羊傳》『邾』皆作『邾婁』。《檀弓》亦然。婁者，邾之餘聲也。戴侗《六書故》曰：邾、鄒同聲，實一地，春秋時，邾用夷，故謂之邾婁，合邾婁之音爲鄒，故邾改名鄒。」〔註82〕江氏從音聲相通的角度，說明了邾婁和鄒同爲一地的原因所在，以證成杜說。又如桓公二年「陘庭」條：「《傳》：哀侯侵陘庭之田，陘庭南鄙，啓曲沃伐翼。杜注：翼南鄙邑。《彙纂》：翼即今平陽府翼城縣，

〔註80〕《春秋地理考實》，《春秋戰國史研究文獻叢刊》第4冊，第50頁。
〔註81〕《春秋地理考實》，《春秋戰國史研究文獻叢刊》第4冊，第15～16頁。
〔註82〕《春秋地理考實》，《春秋戰國史研究文獻叢刊》第4冊，第4頁。《六書故》卷二十六「鄒」條：「鄒、邾同聲，實一字也。春秋時，邾莒用夷，故邾謂之邾婁，婁亦兩音，力俱切者合邾婁之音爲邾，力溝切者合邾婁之音爲鄒也」（上海社會科學文獻出版社2006年影明鈔元刊本，第630頁）。此處蓋節引，原作「實一字」，江氏引作「實一地」，不知所據何本。

縣東南七十五里有焚庭城。《志》云：即陘庭也。今按：《史記·白起傳》攻韓陘城，《正義》謂陘庭故城在曲沃縣西北二十里，在絳州東北三十五里。如此，則陘庭不在翼城之南矣。襄二十三年，齊莊公伐晉，入孟門，登大行，張武軍於熒庭，戍郫邵。地皆近翼城。又《水經注》：紫谷水出白馬山，西迤榮庭城南，西入澮。亦在翼城南，則陘庭即熒庭，亦即榮庭，在翼城東南者爲是。而白起攻韓之陘城者，別是一地，非此陘庭也。」〔註83〕杜注惟據《傳》文，推斷陘庭爲翼城南境之邑，而並未詳指何地，《彙纂》據《志》〔註84〕以爲熒庭即陘庭，但不知所本。江氏從地望相近的角度，以音聲相通之理，尋繹出熒庭、陘庭爲一地的原因，並言之鑿鑿的指出曲沃之陘庭故城乃另一地，非此陘庭也。

　　江氏又從音聲相轉的角度，對未明地名，進行了嘗試性的探索。如宣公十八年「笙」條：「《經》：歸父還自晉至笙。杜注：魯竟也。今按：莊九年，殺子糾於生竇。《史記》作『笙瀆』，賈逵曰：句瀆也。今曹州府北有句陽古城，笙地其在此與？」〔註85〕又閔公二年「曹」條：「《傳》：立戴公以廬於曹。杜注：衛下邑。《疏》：當在河東，近楚邱。今按：《詩》作『漕』，《通典》滑州白馬縣，衛漕邑，戴公廬於曹，即此。今在河南衛輝府滑縣南二十里白馬城是也。」〔註86〕「曹」、「漕」音同字通，即爲一地，且《通典》明載戴公所廬之漕在白馬，無可疑也。不僅如此，江氏還反其道而行之，根據發音不同逆推地理之異，如隱公元年「費」條：「《傳》：費伯帥師城郎。《彙纂》：魯大夫費庈父之食邑，讀如字……今魚臺縣西南有費亭。今按：費伯者，費庈父也，見隱二年。郎亦在魚臺縣，故知此費爲其食邑。陸德明《釋文》音秘，非也。季氏之費，見僖元年。」〔註87〕魚臺之費讀 fèi，季氏之費，通「鄪」，讀 bì，字雖同而音有異，則其爲二地，明矣。

　　另外，江氏還對某些地名的讀音進行了討論，如襄公四年「繁陽」條：「《傳》：楚師猶在繁陽。杜注：楚地，在汝陽鮦陽縣南……今按：鮦陽之鮦，孟康本音紂紅反。陸氏《釋文》引孟康音紂，直又反。是刪『紅反』二字而

〔註83〕 《春秋地理考實》，《春秋戰國史研究文獻叢刊》第 4 冊，第 24 頁。
〔註84〕 此《志》似指《大清一統志》，說見曾貽芬、崔文印著《籍海零拾》「讀《大清一統志》」條（中華書局 2010 年版，第 467 頁）。
〔註85〕 《春秋地理考實》，《春秋戰國史研究文獻叢刊》第 4 冊，第 90～91 頁。
〔註86〕 《春秋地理考實》，《春秋戰國史研究文獻叢刊》第 4 冊，第 47 頁。
〔註87〕 《春秋地理考實》，《春秋戰國史研究文獻叢刊》第 4 冊，第 6 頁。

改其音，誤矣。《釋文》又云：一音童，或音直勇反，非。按：鮦爲鱧魚，今亦有直勇反之音。蓋以舌頭呼則音童，以舌上呼則紂紅反，轉上聲則直勇反，皆各隨其方音，唯音紂者，非。」〔註 88〕江氏從發音部位不同，解釋了鮦有多聲的原因，從而說明陸音爲紂是錯誤的。〔註 89〕

作爲有清經學大師的代表人物，江永「研覃《十三經注疏》，凡古今制度及鍾律聲韻輿地，無不探賾索隱，測其本始，而於天文地理之術尤深」〔註 90〕，以七十八歲高齡而成是書，對《春秋》、《左傳》地理進行了全方位的研究，並將部分考據成果直接反映在了所繪地圖中，取得了重要突破，是清人經學

〔註 88〕《春秋地理考實》，《春秋戰國史研究文獻叢刊》第 4 冊，第 104～105 頁。

〔註 89〕此問題爲學術史上一段公案，先後有錢大昕、段玉裁、王引之等碩儒加入論戰，其爭論的核心是孟康音爲紂紅反還是音紂。清末李慈銘有一段總結性質的文字，有助於瞭解這一問題，現迻錄於下：「《漢書》汝南郡鮦陽，孟康鮦音紂。自方氏《通雅》據監本作紂紅反，始以音紂爲誤脱二字。錢氏大昕深主之。段氏玉裁喜言合韻，而此字獨主錢説。惟盧氏文弨據《高帝紀》小顏注音紂爲是；王氏引之更引七證以明之：然不過主《後漢書》章懷音、《晉書》何超音、《左傳釋文》音、《太平御覽》音皆作紂，及《玉篇》、《廣韻》、《集韻》鮦下皆不收紂紅反，又引東韻之與幽韻通叶者十餘事。予向主錢、段説，謂諸書之音皆因孟音已脱，相沿而誤。凡地名異讀者，《漢志》諸家所音，不可枚數，皆本其方俗，而要不外雙聲疊韻之通轉。鮦從同聲，可轉爲調，亦可轉爲投，必不可轉爲紂。王氏所舉，亦惟從與由通，融與由通，居與穹叶，巏與猪通，皆雙聲最近，而無與鮦紂可貼切比例者。今以《周緤傳》封子應爲鄲侯，蘇林鄲音多，而明監本作多寒反例之，乃信紂下紅反二字確是明人妄增，而王氏父子之説皆不可易也。鄲侯之鄲，《史記·周緤傳》《索隱》引蘇林音、《漢志》孟康音、《水經注》音、《漢表》小顏音，皆作多。自沈氏繹旃據監本作多寒反，全氏祖望、趙氏一清皆深主之。王氏念孫辨之曰：單聲之字，古多轉入歌韻及哿個二韻，《説文》驒從單聲。而《魯頌·駉篇》『有驒有駱』，音徒河反。《爾雅》癉勞也，音丁賀反。《小雅·大東》篇『哀我憚人』，《小明》篇『憚我不暇』，並音丁佐反。蓋邯鄲之鄲自音鄲，而沛郡之鄲縣，則音多也。其言已極精覈。又云：凡《漢書注》中所引漢魏人音，皆曰某音某，或曰音某某之某，未有曰音某某反者。予因檢全部《漢書》，有音某某反者，皆小顏自注語，他人固無是也，益服王氏之精識細心，雖以錢之謹嚴，段之通博，猶未悟及此也。憶去年周荇農丈曾告予云：頃校《漢書》，得一好事，因舉《周緤傳》鄲字一條，獨明監本作多寒反，而宋本、汲本、殿本皆誤，予時既忘全、趙之已有此説，又不憶王氏之言，然亦心疑之。惟語荇丈以單多雙聲可通轉，明板恐未可據，而荇丈不之信。日後晤時，當備告之。」（《越縵堂讀書記》同治癸酉十一月二十一日，上海書店 2000 年版，第 220～221 頁）。

〔註 90〕王昶《江慎修先生墓誌銘》，《碑傳集》卷一百三十三，中華書局 1993 年版，第 3990 頁。

地理著作中的代表，梁啟超在談到清代地理學著作時謂：「關於考證古水道或古郡國者……其成書最有價值者，則如江慎修之《春秋地理考實》……」〔註91〕，誠為的評。然而，是書也不可避免的存在著若干問題，其考辨《春秋》地理亦間有錯謬。聊舉數例，以概其餘。如其駁杜注，襄公十年「柤」條：「《經》：會吳於柤。杜注：楚地。《彙纂》：今兗州府嶧縣泇口是也。今按：柤非楚地。《水經注》引京相璠曰：柤，宋地，今傅陽縣西北有柤水溝，去傅陽八十里。〔註92〕此說是。柤水即泇水，傅陽即偪陽，在嶧縣。」〔註93〕江氏據京相璠說以駁杜注，然焦循《左傳補疏》卷四「柤」條云：「循按：《釋例地名》楚地有柤，《穀梁傳》注亦云：柤楚地，《續漢郡國志》彭城國傅陽有柤水，《水經注》沭水篇云：沭水故瀆自下堰東南逕司吾城東，又東南歷柤口城，中柤水出於楚之柤地，《春秋》襄公十年《經》書：『公與晉及諸侯會吳於柤』，京相璠曰：宋地，今彭城偪陽縣西北有柤水溝，去偪陽八十里，東南流逕偪陽縣故城東北，西南亂於沂而注於沭，謂之柤口。酈氏雖引京相璠宋地之說，而仍明稱柤水出楚之柤地，則是地在沂、泗兩水之間。」〔註94〕則酈道元仍以柤為楚地，諸書亦以為是。惠棟、邵晉涵、阮元等人以此會之柤不當在楚地為說，洪亮吉、焦循已逐一駁之，柤實為楚地，杜預不誤也。〔註95〕

　　又如桓七年「鄧」條「《經》：鄧侯吾離來朝。《彙纂》：《釋例》曰：鄧國，義陽鄧縣，今湖廣襄陽府東北二十里有鄧城。今按：鄧國，今河南南陽府西南百二十里鄧州是也。《地理志》南陽郡鄧縣，故國。應劭曰：鄧侯國是已。晉之義陽郡治新野，在今鄧州東南七十里，故鄧縣屬之，若襄陽府襄陽縣東北二十里之鄧城，當時雖仍屬鄧縣，別是一地，為鄧國之南鄙，故《一統志》以鄧州為鄧侯國，以襄陽之鄧城為鄧國地。豈楚滅鄧後遷其人於此，故有此城與？鄧城南八里有鄾城，為鄾子國。桓九年《傳》云：鄧南鄙鄾人。杜謂

〔註91〕梁啟超《中國近三百年學術史》，復旦大學出版社《梁啟超論清學史二種》1985年版，第463頁。

〔註92〕今檢《永樂大典》卷一萬一千一百三十七錄《水經注·沭水》：「《春秋》襄公十年《經》書：『公與晉及諸侯會吳於柤』，京相璠曰：宋地，今鼓城偪陽縣西北有柤水溝，去偪陽八十里。」（廣陵古籍刻印社1998年影印《永樂大典》本《水經注》，第475頁）。其後所見各本《水經注》卷二十六皆作「偪陽」，江氏所引「傅陽」，不知所據《水經注》為何本。

〔註93〕《春秋地理考實》，《春秋戰國史研究文獻叢刊》第4冊，第107～108頁。

〔註94〕焦循《左傳補疏》，《清經解》，第8814頁。

〔註95〕參本書第七章「清人經解文字所見地理考據」相關部分。

鄾在鄧縣南，沔水之北，是當時鄾城仍屬鄧縣。北望鄧之國都，鄾正是其南方之邊鄙，非以鄾城在鄧城南八里，即謂之南鄙也。」〔註96〕江永此辨洋洋灑灑，殊無理據。今檢《永樂大典》卷一萬一千一百三十八錄《水經注・淯水》：「（鄧）縣，故鄧侯吾離之國也……淯水右合濁水……習鑿齒《襄陽記》曰：楚王至鄧之濁水去襄陽二十里，即此水也。」〔註97〕據此，吾離之鄧近襄陽無疑也，江永以為別是一鄧，純屬臆見。其所謂鄧州，自漢至晉皆為穰縣地，隋始改稱鄧州，其名後出，殊非肇自春秋。又《一統志》明言穰縣之鄧為鄧國地，非鄧侯國〔註98〕，江氏誤讀，遂因欲彌縫其說，而致此謬。

又如僖公十年「韓」條：「《經》：敗於韓。杜注：晉地。《彙纂》：《括地志》：同州韓城縣南十八里為古韓國。今屬陝西西安府地，名韓原。今按：韓城縣今屬陝西同州府，地在河西，本秦漢之夏陽縣地，隋始析置韓城縣，以古韓國為名。然十五年，秦晉戰韓原獲晉侯，非此地也。秦敗晉於韓原，其地當在河東，故《傳》云：涉河，侯車敗，注謂：秦伯之軍涉河則晉侯車敗，又晉侯曰『寇深矣』，則韓原不在河西。姓氏書：韓盞庶子，屬王世失國，宣王中興，復之，平王時晉滅韓，曲沃並晉，韓萬為戎御，復采韓原。則韓原者，韓萬之采邑，蓋在山西平陽府河津、萬泉之間。韓氏後滅鄭，徙都河南，而故采邑亦失其處。杜以晉邑釋之，不言韓原在夏陽也。《彙纂》引《括地志》，誤，且韓城地此時仍屬秦，文十年，晉伐秦取少梁，始入於晉。又《詩》之韓侯，亦非國於韓城，辯見二十四年。」〔註99〕江氏預設晉地圍於河東，故據「寇深矣」以為韓原必不在河西，非是。據《今本竹書紀年》：「（周平王）十四年晉人滅韓」〔註100〕，時為晉文侯二十四年，今人在河西韓城梁帶村發現周代大墓多座，據考古測定其墓葬年代恰與古韓國時期相吻合〔註101〕，則晉人取少梁不待晉文公，顧棟高《春秋大事表・春秋列國疆域表》「秦疆域論」云：「惠公之世，韓之戰曰『寇深矣，若之何』，可見晉之幅員廣遠，斗入陝

〔註96〕 《春秋地理考實》，《春秋戰國史研究文獻叢刊》第 4 冊，第 27 頁。

〔註97〕 《永樂大典》本《水經注》，第 562 頁。

〔註98〕 《嘉慶重修一統志》卷二百一十《河南府一・建置沿革》「鄧州」條，中華書局 1986 年影印本第 13 冊，第 10310 頁。

〔註99〕 《春秋地理考實》，《春秋戰國史研究文獻叢刊》第 4 冊，第 55 頁。

〔註100〕 方詩銘、王修齡《古本竹書紀年輯證》附王國維《今本竹書紀年疏證》，上海古籍出版社 1981 年版，第 262 頁。

〔註101〕 參看《陝西韓城梁帶村兩周遺址》，《中國文物報》，2005 年 12 月 28 日。

西內地，不始於文公時」〔註102〕，是也。故當從《括地志》，江氏所辨，未明晉國疆域變遷始末，誤甚。

又如僖公三十年「焦瑕」條：「《傳》：許君焦、瑕。杜注：晉河外五城之二邑。《彙纂》：《地理志》陝縣有故焦城，今在陝州南二里，文十三年，使詹嘉處瑕以守桃林之塞，蓋與桃林相近之地。今按：焦又見宣二年。焦為姬姓國，晉滅之，見襄二十九年。又按：杜以焦、瑕為河外五城之二，非也。惠公賂秦以河外列城五，東盡虢略，南及華山，內及解梁城，既而弗與。在河外者，焦固其一，然內及解梁城，則亦有河北之邑。《水經注》河東解縣西南五里有故瑕城，晉大夫詹嘉之故邑。則瑕在今之解州，非河外也。此文於河外邑舉焦，內及解梁者，舉瑕以該所許之邑耳。瑕在解，與河南之桃林塞亦相近，故詹嘉處瑕，亦可守桃林之塞。又成六年晉人謀去故絳，諸大夫曰：必居郇瑕氏之地。郇與瑕皆在解，杜並為一地，亦非。又瑕呂飴甥亦曰陰飴甥，蓋飴甥嘗食采於瑕，兼食於呂，呂即陰，故曰瑕呂飴甥。杜以瑕呂為姓，亦非。是皆不考解有瑕城而失之者也。河外無瑕，顧炎武求之不得，謂瑕有乎音，以漢弘農郡之湖縣為瑕，謬矣。」〔註103〕顧說強以所謂胡、瑕音通，以證瑕在河外，或非的論。但江氏以為焦在河外，瑕在河內，許君焦、瑕，包舉大河內外之地，實昧於地理之謬論也。於此疑竇，沈欽韓所辨極精當，其云：「《續志》河東解縣有瑕城，劉昭引前年入瑕《傳》，又於猗氏縣下引此年詹嘉處瑕《傳》，云在縣東北〔註104〕，皆非也。《水經注》：河水又東菑水注之，西北逕曲沃縣城南，《春秋》文公十三年，晉侯使詹嘉守桃林之塞，處此以備秦，時以曲沃之官守之，故曲沃之名，遂為積占之傳。按：僖三十年《傳》：許君焦、瑕，杜預亦云：河外五城之二邑；《史記·魏世家》：襄王五年，秦圍我焦、曲沃；《汲郡紀年》：惠王後六年，秦歸我焦、曲沃。《傳》以焦、瑕變稱，而後此以焦、曲沃變稱，則曲沃即瑕之變名，皆在弘農陝縣，於晉為河外，而解與猗氏之瑕，非秦所侵及詹嘉所處，明矣。」〔註105〕焦瑕之瑕，

〔註102〕顧棟高《春秋大事表》，中華書局1993年版，第541頁。

〔註103〕《春秋地理考實》，《春秋戰國史研究文獻叢刊》第4冊，第68～69頁。同時，可參看《日知錄集釋》卷三十一「瑕」條，上海古籍出版社1985年影印本，第2336～2338頁。

〔註104〕今檢《續漢志》河東郡猗氏縣劉昭注：「《地道記》曰：《左傳》文十三年『詹嘉處瑕』，在縣東北。」則此非劉昭言，乃轉引《地道記》也。

〔註105〕《春秋左氏傳地名補注》卷五「處瑕以守桃林之塞」條，《叢書集成初編》第3048冊，第56～57頁。

固在河外，《水經注》所載涑水之瑕非此瑕也，實爲成公六年「必居郇瑕氏之地」之瑕，在河內，顧炎武已考辨之〔註106〕。又《水經注》菑水之曲沃非晉地曲沃，一在河外，一在河內，沈氏據《水經注》所載河外之曲沃得名之由，而推及瑕地在河外，允爲灼見，江氏於此眞失考矣。

又如僖公二十四年「應」條：「《傳》：邗、晉、應、韓，武之穆也。杜注：應國在襄陽父城縣西。今按：《漢地理志》父城有應鄉，《水經注》：應國在南陽魯陽縣東，即故父城縣也。杜注作『城父』，轉寫之誤，今改正。」〔註107〕今檢僖公二十三年《經》、昭公六年《經》、昭公九年《傳》、昭公十二年《傳》，杜注均有「譙郡城父縣」，與此處杜注所謂「襄陽城父」顯然矛盾，又《晉書・地理志》襄城郡有父城縣，其地在今河南平頂山市北，距襄陽郡甚遠，豈可懸屬之也，故杜注「襄陽城父」當爲「襄城父城」之訛。江氏知其一，不知其二也，亦誤。〔註108〕

第二節　高士奇《春秋地名考略》

《春秋地名考略》十四卷，高士奇撰〔註109〕。從編寫體例來看，其將《春

〔註106〕《日知錄集釋》卷三十一「瑕」條，第2336頁。

〔註107〕《春秋地理考實》，《春秋戰國史研究文獻叢刊》第4冊，第63頁。

〔註108〕《春秋地理考實》，《春秋戰國史研究文獻叢刊》第4冊，第143～144頁，昭公十九年「城父」條：「《傳》：若大城城父而置太子焉。杜注：城父今在襄城城父縣。今按：城父俱當作父城，《漢地理志》潁川郡父城縣，《水經注》：汝水又東南與龍山水會，水出龍山，北流逕父城縣故城東，楚平王大城父城以居太子建，故杜預曰即襄城之父城縣也。又按《一統志》：故父城在今汝州東南，父城保應國亦在此，因昭九年許遷於夷賓城父，此年《傳》與杜注俱訛作城父，不知城父在譙郡，父城在襄城郡，杜注原有別也。父城近葉之方城，故費無極之讒言曰：建與伍奢將軍以方城之外叛，若城父在今潁州府，去方城遠矣。」此處江永明言父城在襄城郡，可見其撰述前後失照，頗爲疏忽也。又沈欽韓《春秋左氏傳地名補注》卷三「應」條：「注襄陽城父縣西南，當作襄城父城縣，傳寫誤也。《續志》潁川父城有應鄉，《晉書・地理志》武帝分潁川立襄城郡……」（《叢書集成初編》第3048冊，第42頁），沈氏所辨甚是。至楊守敬謂譙郡、襄城郡所屬皆當爲城父縣（譚其驤主編《清人文集地理類彙編》第1冊，浙江人民出版社1986年版，第468～469頁），實不可信據也。

〔註109〕據《春秋地名考略提要》：「進據閻若璩《潛邱札記》稱秀水徐勝敬可爲人作《左傳地名》記，問余成公二年鞍之戰云云，則實士奇倩勝代作也。」（《景印文淵閣四庫全書》第176冊，第479頁）。而文淵閣《四庫全書》本《潛邱札記》云：「秀水徐善敬可，爲人撰《左傳地名》記，問余成二年鞍之戰」（《景

秋經》、《左傳》所涉地名全部打散，按照其屬國不同，重新分類，再加考辨。此即高氏所謂：「奉命總裁《春秋講義》，因於纂紀之暇，博探諸書而參考之，取《春秋》二十會盟之國爲綱，各以其當時封境所屬，隨地標名，詳其原起，條其興革，諸小國，則編年附綴之其類；削入他國者，則從其初，不從其後；其有沿訛承誤者，必折衷以歸於一是。一展卷而知當日之某地某名，即今日之某名某處，發懷古之幽情，敬備聖明之顧問」〔註110〕，「列邦境壤相參，分國類聚，則易於解悟。首周，尊王也，次魯，宗國也；甥舅之國，齊爲首，懿親之封，晉、衛、鄭爲大，又次之；三恪之大者，宋也，地居中國之要樞，惟陳、蔡，又次之；秦以西垂之長，吳、越、徐、巴與楚俱僭王，皆《春秋》所謹者，又次之；他如邢、曹、虞、虢、邾、莒、杞、紀、許、滕、薛、小邾、北燕，其分地亦時紀於《春秋》，雖小國僻遠亦以類附之。」〔註111〕前章所述江永《春秋地理考實》則據《春秋》魯國諸公年歷之先後，地名出現之順序，逐一考辨，與高書迥異，顯然代表了不同的撰寫思路。然論考辨水準之高下，《考略》實不如《考實》之精審也。

　　同名異地，是春秋地理普遍存在的複雜問題，高氏於此多能考辨，如卷一「氾」條：「王師軍於氾、於解、於任人，杜注：王師分在三邑。臣謹按：氾地有四，此王師軍於氾，蓋成皋之氾也。漢四年，漢挑戰成皋，大司馬咎渡兵氾水，漢大破楚軍，大司馬咎、長史欣皆自剄氾水上，臣瓚曰：成皋城

印文淵閣四庫全書》第 859 冊，第 433 頁），又朱彝尊《曝書亭集》卷三十四《春秋地名考序》云：「《地名考》一十四卷，吾鄉徐處士善所輯，予受而讀之，愛其考跡疆理，多所釐正，簡矣而能周，博矣而有要。」（世界書局民國二十六年版，第 427 頁）。則徐勝即徐善，撰有《春秋地名考》，余嘉錫辨説同（《四庫提要辨證》卷一《經部・易類存目・易論》，中華書局 1980 年版，第 23～24 頁）。自四庫館臣認定高氏乃竊徐書，張之洞《書目答問》，楊守敬《水經注疏》，直至梁啓超《清代學術概論》皆沿此説，然清人亦有異見，如顧棟高當時人也，其《春秋大事表》每每稱引高士奇《地名考》，而不曰徐善《地名考》，又上引閻若璩《潛邱札記》卷二於徐善鄆地之問，多有考辨，若《春秋地名考略》爲徐氏所撰，則於此當引及閻氏之説，或是或駁，而今本《春秋地名考略》「鄆」條考辨並未提及閻説，詳見正文，故高士奇《春秋地名考略》與徐善《春秋地名考》究竟存在怎樣的關係，需要進一步研究。今暫仍舊説，以是書爲高氏所撰。

〔註110〕　高士奇《春秋地名考略・自序》，《春秋戰國史研究文獻叢刊》第 3 冊影印清康熙間錢塘高氏刊本，國家圖書館出版社 2009 年版，第 13～14 頁。

〔註111〕　《春秋地名考略・凡例》，《春秋戰國史研究文獻叢刊》第 3 冊，第 15～16 頁。

東，汜水是也，師古取之。漢成皋縣屬河南郡，隋改曰汜水，唐初析置成皋，貞觀中省入汜水〔註112〕，至今因之，本屬鄭地，王時駐軍於此。至於僖二十四年王適鄭處於汜，即今襄城縣；僖三十年晉秦圍鄭，秦軍汜南，在中牟縣南，皆非此汜，詳見鄭地。又漢高祖即位於汜水之陽，則在定陶，屬濟陰郡。《叔孫通傳》曰：漢王已并天下，諸侯共尊為皇帝於定陶，乃其證也。『曹咎自剄汜水』條，張晏注曰：汜水在濟陰界〔註113〕，乃誤以為定陶之汜也；如淳引《左傳》鄙在鄭地汜，乃誤以為襄城之汜也；師古並加駁正，良是。《後漢志》〔註114〕成皋有汜水，乃襄王出居處，亦誤也。成皋、襄城、中牟之汜，讀曰凡，鄉人呼之曰汜；定陶之汜，音敷劍反，音聲各別，字畫亦有微分也。」〔註115〕此例高氏主要依據杜注，結合《漢書》及顏注所引，區分四汜，又從字形、讀音角度以辨汜汜之別，然古書傳刻，屢經遞修，汜、汜早已不可分別，即取高氏是書此條細觀，皆刻作「汜」，若要強加分辨，轉成畫蛇添足。又卷二「防」條：「隱九年，公會齊侯於防，杜注：魯地，在琅琊華縣東南；十年，敗宋師於菅，辛巳取防，杜注：高平昌邑縣西南有西防城。臣謹按：魯有三防：華縣之防，所謂東防也，莊二十二年『及齊高傒盟於防』〔註116〕，二十九年『城諸及防』，又襄十二年『城防』，皆此邑也，為臧氏食邑，故十七年『齊高厚圍臧紇於防』，二十三年『臧紇自邾如防』，漢華縣屬泰山郡，後漢并入費縣，晉復置，屬琅琊郡，後廢，今費縣西北六十里有華城。昌邑之防，宋防也，既為魯有，欲別於臧氏之防，故謂之西防，王莽末，佼彊為

〔註112〕 今檢《舊唐書・地理志》、《新唐書・地理志》皆明言成皋縣貞觀元年省入汜水，此處高氏謂「貞觀中」，微誤。

〔註113〕 今檢《漢書・高帝紀》張晏云云繫於「大司馬咎怒渡兵汜水」條下，而非高氏所謂「曹咎自剄汜水」。

〔註114〕 范曄《後漢書》無《志》，南朝梁人劉昭取西晉司馬彪《續漢書》諸志注之，後附范書而行，此處之《後漢志》當為《續漢志》（即《續漢書・郡國志》）之訛。

〔註115〕 《春秋地名考略》，《春秋戰國史研究文獻叢刊》第 3 冊，第 59～60 頁。

〔註116〕 「齊高傒」，四部叢刊初編影宋本《春秋經傳集解》作「齊高傒」，國家圖書館藏宋慶元六年紹興府刻宋元遞修本《春秋正義》亦作「齊高傒」，故此處高氏所謂「齊高傒」者，似誤。高氏徵引文獻，屢屢有誤，不一而足，又如卷二「洮」條：「莊二十七年，公會杞伯姬於洮，杜注：魯地：僖八年，盟於洮，杜注：魯地。」（《春秋地名考略》，《春秋戰國史研究文獻叢刊》第 3 冊，第 90 頁）。今檢《春秋》僖公八年經文「春王正月，公會王人、齊侯、宋公、衛侯、許男、曹伯、陳世子款，盟於洮」，杜注：「洮，曹地」。高氏引作「魯地」，誤甚。

西防賊帥，後附劉永，永敗於睢陽，疆奔保西防，即此，章懷太子曰：西防在單縣北四十里，昌邑漢縣，武帝以封子髆，王賀廢，國除爲山陽郡，晉爲高平國，皆治昌邑，劉宋移高平國治高平縣，省昌邑入金鄉，今金鄉縣西北四十里有昌邑城。僖十四年『季姬及鄫子遇於防』，此季姬召鄫子至魯，蓋魯國之防山也，孔子父母合葬於防，即此，今防山在曲阜縣東二十里〔註 117〕。張洽《集傳》密州諸城有防城，此因《經》文有『城諸及防』之語而誤也。又青州府安丘縣有防城，乃莒邑，詳見莒地。」〔註 118〕高氏歷數《春秋經》、《傳》所載防地所在，細繹三防之別，歸納之功，亦不可沒。

　　然高氏亦有不辨之例，如卷二「費」條：「臣謹按：《尚書大傳》周初淮浦徐州並起爲寇，伯禽伐之於費，作《費誓》，《史記》作《肸誓》，賈逵、《索隱》皆以費音同祕。魯懿公子大夫費伯邑，隱七年費伯帥師城郎是也〔註 119〕，僖公與季友，始爲季氏邑。襄七年，南遺請城費；昭十二年，南蒯以費叛，十三年，叔弓帥師圍費；定十二年，墮費；即此。漢置費縣，屬東海郡，後漢屬泰山郡，晉屬琅邪國，宋爲琅邪郡，隋屬沂州，至今因之……春秋時，故城在今治西南七十里，或云：費伯食邑在今魚臺縣西南有費亭，《晉地道記》湖陸西有費亭城，非季氏之費也。」〔註 120〕此條所述，極爲混亂，費伯之邑與季氏費邑顯爲兩地，高氏先混後分，不知所云，顧棟高駁之曰：「隱元年費伯帥師城郎，高氏曰：『今魯大夫費庎父之食邑，讀如字，與季氏費邑讀曰祕者，有別』。今兗州府魚臺縣西南有費亭。僖元年公賜季友汶陽之田及費，此季氏之私邑也，今沂州府費縣西南七十里有費城。高氏《地名考》既以魚臺之費亭爲費庎父食邑，非季氏之費，而於費縣注云：初爲懿公子費伯食邑，及僖元年賜季友，遂爲季氏邑，前後自相違反。」〔註 121〕高說前後失照，顧氏予以點明，二費絕非一地〔註 122〕，不可混淆也。

〔註 117〕據《嘉慶重修一統志》卷一百六十五《兗州府一·山川》「防山」條：「在曲阜縣東二十里……《春秋》僖公十四年，季姬及鄫子遇於防。」（中華書局 1986 年影印本第 10 冊，第 7829～7830 頁）。則魯防似當在曲阜縣東三十里而非二十里。
〔註 118〕《春秋地名考略》，《春秋戰國史研究文獻叢刊》第 3 冊，第 78～79 頁。
〔註 119〕《左傳》魯隱公元年費伯帥師城郎，高氏謂「隱七年」，大誤。
〔註 120〕《春秋地名考略》，《春秋戰國史研究文獻叢刊》第 3 冊，第 95～96 頁。
〔註 121〕《春秋大事表》卷六下「費與費有別」條，中華書局 1993 年版，第 699 頁。
〔註 122〕江永《春秋地理考實》隱公元年「費」條：「《傳》：費伯帥師城郎。《彙纂》：魯大夫費庎父之食邑，讀如字……今魚臺縣西南有費亭。今按：費伯者，費

　　既辨同名異地，高氏於異名同地亦多能發覆。如卷一「溫」條：「王與鄭人蘇忿生之田：溫、原、絺、樊、隰郕、攢茅、向、盟、州、陘、隤、懷，杜注：蘇忿生，周武王司寇蘇公也；溫，今溫縣。臣謹按：僖十年，《經》書：狄滅溫，溫子奔衛，《左傳》則曰：狄滅溫，蘇子奔衛，杜注：司寇，蘇公之後，國於溫，故曰溫子。」蘇爲國，溫爲邑，後因蘇居溫，故蘇、溫互稱，杜預所釋甚明，而後世竟有所疑：「一國二名且《經》、《傳》異辭，後人因以叢疑。鄭樵曰：蘇，已姓國，顓頊裔，封於蘇，鄴西蘇城是也。羅泌曰：蘇，已姓國，懷之武德有古蘇城，在濟原西北二里；孟之溫縣西南三十里有古溫城，爲蘇忿生之邑。直判蘇、溫爲二國，顯與《經》、《傳》相戾。」今檢《元和姓纂》卷三「蘇」條：「顓頊、祝融之後，陸終生昆吾，封蘇，鄴西蘇城是也。蘇忿生，後至建，生武、嘉。」〔註123〕鄭樵蘇在「鄴西蘇城」之說似本此。而羅泌《路史》卷二十六「蘇」條：「已姓子忱，在夏曰伯，今懷之武德有蘇古城，在濟源西北二里。《寰宇雲》忿生故邑，蘇、溫見隱三年，陽樊溫原十二邑皆蘇故地。」〔註124〕檢《太平寰宇記》卷五十二：「濟源縣，即周畿內地，亦蘇忿生之邑。今古城尚存，在縣西北二里。」〔註125〕則羅說本此，然《路史》卷二十六「溫」條亦云：「己姓子，今孟之溫西南三十有古溫城，漢溫縣，忿生邑，亦曰蘇。」〔註126〕羅氏明言溫「亦曰蘇」，是兩存其說也。高氏辨此云：「蘇城之說，鄭、羅又異。鄴似太遠，懷爲較近。武德，漢縣，《漢志》沇水東南至武德入河。沇流爲濟，故有濟原之名。度其地，在今武涉縣東，亦可通也。然則羅氏所謂懷之蘇，即忿生之初封也；所謂孟之溫，即續封而尋滅者也。原非二國，第緣文義少滯，遂如乖異耳。」〔註127〕高氏駁一釋一，鄭說之誤自明，羅說之含混則得以理清。又卷六「棐」條：「文十

　　　庌父也，見隱二年。郎亦在魚臺縣，故知此費爲其食邑。陸德明《釋文》音秘，非也。季氏之費，見僖元年。」（《春秋戰國史研究文獻叢刊》第4冊影印清道光九年學海堂刊《皇清經解》本，國家圖書館出版社2009年版，第6頁）。江說是也。

〔註123〕林寶《元和姓纂》，中華書局1994年版，第286頁。

〔註124〕《景印文淵閣四庫全書》第383冊，第288頁。

〔註125〕樂史《太平寰宇記》卷五十二河北道孟州濟源縣，中華書局2007年版，第1083頁。

〔註126〕《景印文淵閣四庫全書》第383冊，第287頁。

〔註127〕本段所引皆見《春秋地名考略》，《春秋戰國史研究文獻叢刊》第3冊，第41～43頁。

三年，鄭伯會公於棐，杜注：鄭地。臣謹按：宣元年，諸侯會晉師於棐林，杜注：鄭地，滎陽菀陵縣東南有林鄉。吳氏曰棐即棐林也。〔註128〕又襄三十年，衛襄公如楚過鄭，鄭伯有迎勞於棐林。《戰國策》蘇代曰：兵困於林中，即此。《史記》信陵君曰：自林鄉軍以至於今，秦七攻魏。徐廣曰：林鄉在宛。此誤以菀陵爲宛也。《後漢志》菀陵有棐林，章懷即引杜注〔註129〕。今新鄭縣東二十五里有林鄉城。」〔註130〕棐即棐林，此爲名稍異而地實同；宛非菀陵，此爲名稍異而地迥異，高氏輾轉致辨，諸地遂因之而明。

　　杜注既爲《春秋》釋地之重要參考，故清人考證多據之以證，而高氏頗能謹識而疑之，如卷一「樊」條：「杜注：一名陽樊，野王縣西南有陽城。臣謹按：僖二十五年，晉侯次於陽樊，《晉語》倉葛曰：陽人有樊仲之官守，服虔曰：陽城，樊仲山父所居，故名陽樊〔註131〕，《後漢志》修武縣有樊陽田，今濟源縣東南三十八里有古陽城，一名皮子城。」〔註132〕據《續漢書・郡國志》注引服虔說，陽樊當在河內修武，而杜注謂其在野王，顯誤。然高氏所駁杜誤，亦有似是實非者，如卷一「訾」條：「昭二十三年，單子取訾，杜注：訾在河南鞏縣西南。臣謹按：《路史》曰：訾有二，西訾在洛，東訾在鞏。單子所取，蓋西訾也。二十四年，河津人得王子朝用於河之寶珪，陰不佞拘之，王定而獻，與之東訾。二十七年，尹文公焚東訾，始爲鞏縣之訾。杜氏誤以二訾爲一，故兩注無異辭也。《後漢志》鞏有東訾聚，今名訾城。《水經注》：洛水東逕訾城北，潯水及東羅水注之，晉石勒攻趙，出於訾、鞏之間。皆言東訾。章懷注《後漢書》即引杜注〔註133〕，如果二訾爲一，《傳》文『東』字不亦贅乎？」〔註134〕此段文字邏輯混亂，不易明瞭高氏意指。今檢日本早稻田大學藏摹宋本重鐫酉山堂藏版《重訂路史全本》卷二十八「訾」條：「有二，

〔註128〕今檢文淵閣《四庫全書》本元人汪克寬所撰《春秋胡傳附錄纂疏》卷十五有「愚按棐即棐林」云云（《景印文淵閣四庫全書》第 165 冊，第 395 頁），明胡廣等編《春秋大全》卷十八亦云「汪氏曰棐即棐林」（《景印文淵閣四庫全書》第 166 冊，第 486 頁），則此處高氏所云「吳氏」或爲「汪氏」之訛也。

〔註129〕章懷太子所注乃范曄《後漢書》，《續漢書・郡國志》作者爲司馬彪，其注者爲劉昭，高士奇於地理文獻不甚了，於此可概見也。

〔註130〕《春秋地名考略》，《春秋戰國史研究文獻叢刊》第 3 冊，第 278 頁。

〔註131〕《續漢書・郡國志》河內郡修武縣有陽樊田，劉昭補注引服虔曰：「樊仲山之所居，故名陽樊」。

〔註132〕《春秋地名考略》，《春秋戰國史研究文獻叢刊》第 3 冊，第 44 頁。

〔註133〕此處言章懷太子注《後漢志》，誤甚，詳上腳註。

〔註134〕《春秋地名考略》，《春秋戰國史研究文獻叢刊》第 3 冊，第 61～62 頁。

西訾在灘，詳見前；東訾在鞏，西有故城，屬周，單子取之，昭二十三年取訾。」此處《路史》原文作「西訾在灘」，而高氏所引作「西訾在洛」，又《重訂路史全本》卷二十六「訾」條：「始齊大夫采，今灘之都昌，西有訾故城，國本屬紀，一作鄑，西訾也。」〔註135〕則羅泌所謂西訾，乃畔灘水，遠在山東，高氏似誤「灘」為「雒」，又以洛陽在鞏縣之西，遂有如此怪談，《路史》明謂單子取訾在鞏縣東訾，此本杜注；又謂西訾近灘，此亦本杜注。《春秋》莊公元年：「齊師遷紀邢鄑郚」，杜注：「無《傳》，齊欲滅紀，故徙其三邑之民，而取其地，邢在東莞臨朐縣東南，郚在朱虛縣東南，北海都昌縣西有訾城」。高氏不知文獻源流，遂有異說。又《欽定春秋傳說彙纂》卷三十二云：「訾，杜注：在河南鞏縣西南，《路史》曰：訾有二，西訾在洛，東訾在鞏，此西訾也。今案：洛無訾城，東、西訾皆在鞏縣，《路史》誤」〔註136〕，據是書前序，其編撰於康熙六十年，而高氏《地名考》則成書於康熙二十七年，《彙纂》謂「《路史》曰：訾有二，西訾在洛，東訾在鞏，此西訾也」云云，顯襲高說，而未能翻檢原文，雖對此懷疑，而轉謂東、西訾皆在鞏縣，亦誤。江永《春秋地理考實》昭公二十三年「訾」條：「《傳》：單子取訾，杜注：在河南鞏縣西南。《彙纂》：《路史》曰：訾有二，西訾在洛，東訾在鞏，此西訾也。今按洛無訾城，東西訾皆在鞏縣，《路史》誤。今按：東訾見後二十四年。」〔註137〕則江永又襲《彙纂》之謬，可謂以訛傳訛，誤上加誤。至徐文靖《管城碩記》則云：「按：《路史》云：『訾有二，西訾在洛，東訾在鞏，單子所取，蓋西訾也』。二十四年，『陰不佞拘得玉者，取其玉，王定而獻之，與之東訾』。杜注誤以二訾為一，故兩注無異辭也。今按：《水經》：『洛水東逕訾城北，又東羅水注之』。此蓋訾之在洛者。《後漢志》『鞏有東訾聚』，此蓋訾之在鞏者。」〔註138〕幾全襲高說，此例真可謂層累誤讀之甚者也。

此外，於前說紛紜處，高氏往往能依據史情，推求孰是孰非，從而考定古地所在，如卷二「乘丘」條：「莊十年，公敗宋師於乘丘，杜注：魯地。臣

〔註135〕所引文字，文淵閣《四庫全書》本《路史》（《景印文淵閣四庫全書》第 383 冊，第 293 頁）亦同。
〔註136〕《欽定春秋傳說彙纂》，《景印文淵閣四庫全書》第 173 冊，第 884 頁。
〔註137〕《春秋地理考實》，《春秋戰國史研究文獻叢刊》第 4 冊，第 149 頁。
〔註138〕徐文靖《管城碩記》卷十一，中華書局 1998 年版，第 212 頁。又原作「《水經注》洛水東逕訾城北，潯水又東羅水注之。」而校勘者據《水經注》擅改為「《水經》洛水東逕訾城北，又東，羅水注之」，如此校改，似能訂正原文，然於徐氏襲高說之跡則湮滅而不可見也。

謹按……漢置乘氏縣，屬濟陰郡，景帝封梁孝王子買爲侯邑，應劭曰：故春秋時乘丘也，和帝又以封梁商，晉屬濟陰郡，後魏仍屬濟陰郡，隋屬曹州，唐宋仍之，金廢，今乘氏故城在曹縣東北五十里。再按：西漢泰山郡有乘丘縣，師古曰即《春秋》乘丘也，武帝封中山靖王子將夜爲侯邑，《水經注》：洸水自寧陽又西南經乘丘故城東，《括地志》：乘丘在瑕丘縣西北三十五里，今兗州府西北二十五里有古瑕丘城，曲阜在兗東三十里，以是計之，乘丘去魯都不及百里矣。」於魯敗宋師之乘丘方位所在，高氏先引出兩種不同意見，各指出其今地位置，繼而辨云：「時公子偃自雩門竊出敗宋師，必寇在門庭，故能出不意薄之也，若乘丘在曹縣，則相去三百里，無用奇之法矣。應說當誤，顏氏爲憂。」〔註 139〕高氏細繹傳文，依據當時情勢，乘丘當距魯城不遠；又輔以文獻之佐證，《括地志》、《漢書・地理志》顏注，皆可憑據，則乘丘所在終得以明也。〔註 140〕

又卷三「鞌」條：「成二年，魯、晉、曹、衛諸大夫及齊師戰於鞌，杜注：鞌，齊地。臣謹按：《穀梁傳》曰：鞌，去齊五百里；袁婁，去齊五十里，孔穎達駁之曰：齊之四境不應過遙，且鞌已是齊地，未必竟上之邑，豈得去齊有五百里乎？又云：一戰綿地五百里，則是甚言之耳。《釋例土地名》鞌與袁婁並闕，遠近無以驗之。《括地志》云：鞌城俗名馬鞌城，在平陰西十里。〔註

〔註 139〕《春秋地名考略》，《春秋戰國史研究文獻叢刊》第 3 冊，第 85～86 頁。

〔註 140〕馬宗璉《春秋左傳補注》卷一「十年《經》公敗宋師於乘邱」條：「應劭《地理風俗記》曰：濟陰乘氏縣，故宋乘邱邑。《漢志》泰山郡乘氏縣，顏籀注：公敗宋師即此地。璉案：魯師自雩門竊出以敗宋師，雩門，魯城門，則敗宋師必在魯之近郊。《括地志》云：乘邱在瑕邱縣西北，《水經・泗水注》：泗水西南逕魯縣北，又西過瑕邱縣東。瑕邱與魯縣接界，則乘邱爲魯近郊地，故元凱直斷爲魯地。濟陰乘氏，應劭、張華、酈元雖皆言爲《春秋》之乘邱，非魯近郊，故未有言敗宋師於此，小顏注不足據。惠棟反據此以駁元凱魯地之非，亦誤。《禮記正義》亦云：乘邱，魯地。」（《清經解》，第 9960 頁）。馬氏推斷邏輯與高氏相仿，而錯引顏注，遂謂乘丘爲魯近郊之地，漶漫模棱，不可信從。

〔註 141〕據《史記・韓世家》「敗齊頃公於鞍」條《史記正義》引《括地志》云：「故鞍城今俗名馬鞍城，在濟州平陰縣十里」，高氏此處引作「在平陰西十里」，不知何據。賀次君《括地志輯校》據《名勝志》補爲「在平陰東十里」（中華書局 1980 年版，第 144 頁），修訂本《史記》第 6 冊《韓世家》校勘記三，據《太平寰宇記》以爲「平陰縣」下疑脱「東」字（中華書局 2013 年版，第 2262 頁）。檢《通典》卷一百八十卷《州郡十》濟陽郡「平陰」條：「《左傳》齊晉戰鞍，城亦在縣東」（《日本宮内廳書陵部藏北宋版通典》，上海人民出版社年 2008 影印本第 7 冊，第 641 頁）。與《名勝志》、《寰宇記》所載方向合。

141〕杜氏《通典》云：鞌在平陰縣東。今平陰縣去臨淄，果得五百餘里，以附會《穀梁》之說，似可合矣。第以本《傳》考之，壬申，晉師至於靡笄之下，癸酉，師陣於鞌，自始合以至齊敗，三周華不注，既而韓厥奉觴華泉取飲，止為一日事，甚明……鞌地不可知，華不注山在濟南城北則可知矣，其名則見於桑欽《水經》，無可疑矣。若雲鞌在平陰，則去濟南二百三十里，何由一奔而遂至於華不注乎？近《志》云：鞌即古之歷下，殆不易之論也。」〔註142〕高氏從齊、晉戰事進程具體分析，指出晉師由平陰一日神速進軍兩百里以至濟南，實不可信，故五百里之說不攻而自破，《括地志》、《通典》皆附會《穀梁》五百里之說而誤也。閻若璩云：「《通典》濟州平陰縣注云：《左傳》齊、晉戰鞌，故城在縣東。《括地志》、《寰宇記》同。蓋唐世鞌故城尚存，故杜以為據。余意鞌在今平陰東作四五十里，其去華不注山亦一百三四十里。朝而戰於鞌，勝而逐之一百三四十里之山下，且三周焉。晉人之餘勇，真可賈哉，齊奚足云！蓋古馴駕一車，車僅三人，御復得其法，故取道致遠而氣力有餘。今人不明乎此，徒以平陰屬兗州，歷城屬濟南，中隔長清縣境，如是其遠，豈能一日通作戰場？茲所以見《通典》亦未足信與。」〔註143〕閻氏此辨，想當然耳，《括地志》、《通典》所載明謂鞌在平陰東十里，閻氏卻篡改為四五十里，有意拉近距離，以彌縫其晉人賈勇、百里奮力之說，然靡笄在長清〔註144〕，晉人壬申已至長清，豈有癸酉復折返平陰，再經長清至於濟南之理？閻氏誤甚，高說是也。鞌地既明，高氏又考得此年莘地所在，「師從齊師於莘，杜注：莘，齊地。臣謹按：桓十六年，衛公子伋使於齊，盜待諸莘。或謂即此莘地，今之莘縣也。蒙上文晉師自衛來，理亦相近。但杜注一云衛地，一云齊地，豈莘地原跨兩境，齊、衛皆得有之乎？又考是役，齊侯親逆晉師，而莘去鞌四百餘里，既遇於境上，即當遏勿使進，何為不戰引退，縱敵入境四百里，

〔註142〕《春秋地名考略》，《春秋戰國史研究文獻叢刊》第 3 冊，第 145～146 頁。
〔註143〕閻若璩《潛邱劄記》卷二，《景印文淵閣四庫全書》第 859 冊，第 433 頁。
〔註144〕江永《春秋地理考實》成公二年「靡笄」條：「《傳》：六月壬申，師至於靡笄之下。杜注：山名。《彙纂》：《史記》晉平公元年伐齊戰於靡下，徐廣曰：靡當作歷。《志》曰：歷山即《左傳》所謂靡笄之山也。今名千佛山，在濟南府南十里。今按：戰於鞌，鞌在歷城。《傳》云：六月壬申，師至於靡笄之下，癸酉，師陣於鞌，則靡笄與鞌非一地。《史記》戰於靡下，當作歷下，然遂以靡笄為歷山，恐非。《金史》云：長清有鄗笄山。鄗笄當即靡笄，長清縣在濟南府西南七十里，山在其縣，晉師從西來，正與壬申、癸酉差一日相合，當以《金史》為是。」（《春秋戰國史研究文獻叢刊》第 4 冊，第 92 頁）。

至睾而始戰也？由是推之，莘亦當爲近睾之地耳」〔註145〕。《左傳》桓公十六年「公使諸齊使盜待諸莘將殺之」，杜注：「莘，衛地，陽平縣西北有莘亭」，據《中國歷史地圖集·春秋圖組》，此莘亭去睾地可一百多公里，近三百里，齊師縱敵深入國境，蓋非常理，莘地之近睾明矣，高氏所辨誠是也，顧棟高謂：「高江村駁正地理處，多體會《傳》文而知其道里之遠近，說多當理」〔註146〕，洵爲允評。

　　高氏所辨，亦非盡然，往往多舛謬誤，上文已隨文匡之，此外，如卷一「京」條：「子朝奔京，當即京索之京，在今開封府滎陽縣，見鄭國京城。潞安平遙縣東七里有京陵城，周宣王北伐時所築，或云即此京也。按：此時地已入晉，非是。」〔註147〕平遙地在晉國，非子朝所奔，高氏駁之誠是，然高氏遽謂京在滎陽，亦誤矣。江永《春秋地理考實》昭公二十二年「京」條辨云：「《傳》：子朝奔京。今按：子朝奔京，杜無注，《彙纂》亦無釋，豈以注釋在隱元年乎？隱元年之京在滎陽，爲鄭邑，不屬周，當非子朝所奔。考諸《傳》，王師敗績於前城，前城人敗陸渾於社，晉大夫濟師渡伊、洛取前城，軍其東南，王師軍於京，楚因以伐京，而子朝奔郊。則京邑近前城，在伊水之南，洛陽之西南也。」〔註148〕江氏從史事推求此年京地所在，較之高說，確乎爲高明之卓見。

　　又卷四「王官」條：「文三年，秦伯伐晉，取王官及郊。杜注：晉地。臣謹按：成十三年，晉侯使呂相絕秦，曰：俘我王官，即此。《水經注》：涑水過左邑，又西逕王官城北原上，人謂爲王城也。〔註149〕《城冢記》在虞鄉南二里。虞鄉，魏縣〔註150〕，元省入臨晉，今在臨晉縣南六十里，縣東南有王官谷……唐裴駰注《史記》王官在澄城，《括地志》猗氏縣南二里有王官故城，

〔註145〕《春秋地名考略》，《春秋戰國史研究文獻叢刊》第3冊，第147～148頁。

〔註146〕顧棟高《春秋大事表》，中華書局1993年版，第888頁。

〔註147〕《春秋地名考略》，《春秋戰國史研究文獻叢刊》第3冊，第57頁。

〔註148〕江永《春秋地理考實》，《春秋戰國史研究文獻叢刊》第4冊，第147頁。

〔註149〕此句所引有不通之處，今檢《水經注》卷六：「涑水又西南逕左邑縣故南城，故曲沃也……涑水又西逕王官城北，在南原上……今世人猶謂其城曰王城也。」

〔註150〕今檢《元和郡縣志》卷十二河東道河中府虞鄉縣條：「本漢解縣地也，後魏孝文帝改置南解縣，屬河東郡，周明帝武成二年廢南解縣，別置綏化縣，武帝改綏化爲虞鄉」（中華書局1983年版，第327頁），則北周始有虞鄉縣，高氏謂「魏縣」，誤甚。

又澄城縣西北九十里有王官城，北十七里有北郊、西郊城。按：《正義》曰：時秦地東至河，在猗氏者爲是。蓋自韓原戰後，秦已懲晉，河東置官司矣。本《傳》上云『濟河焚舟』，下云『自茅津濟』，所取之地在河東無疑，裴駰誤也。」〔註151〕今遍檢《史記》，未見所謂「唐裴駰注《史記》王官在澄城」云云，惟卷五《秦本紀》：「三十六年，繆公復益厚孟明等，使將兵伐晉，渡河焚船，大敗晉人，取王官及鄗」，裴駰《集解》云：「徐廣曰：《左傳》作郊，駰案：服虔曰：此晉地，不能有。」檢百衲本《史記》，張守節《正義》：「鄗音郊，《左傳》作郊。杜預云：書取，言易也。《括地志》云：王官故城在同州澄城縣西北九十里，又云：南郊故城在縣北十七里，又有北郊故城，又有西郊古城。《左傳》云：文公三年，秦伯伐晉，濟河焚舟，取王官及郊也。《括地志》云：蒲州猗氏縣南二里，又有王官故城，亦秦伯取者。上文云：秦東地至河，蓋猗氏王官，是也。」據此，則王官在澄城，乃《括地志》之說也，裴駰見誣也。高氏徵引既誤，所辨亦謬，檢《水經注》卷六：「涑水出河東聞喜縣東山黍葭谷……又西南逕左邑縣故南城，故曲沃也……涑水又西逕王官城北，在南原上……今世人猶謂其城曰王城也。又西南過安邑縣西……涑水又西徑猗氏縣故城北」，據此則王官故城當在左邑、安邑二縣之間，即今聞喜南，而古猗氏縣在今臨猗南，王官不在此也。《中國歷史地圖集・春秋圖組》繪王官於今聞喜南，是也。高氏只知其一，不知其二，厚誣裴駰，錯上加錯矣。

又卷五「中都」條：「昭二年，晉人執陳無宇於中都，杜注：中都，晉邑，在西河界休縣東南……臣謹按……《水經注》：侯甲水自祁縣西北逕太谷，又西北連祁藪，又西北逕中都故城南，即晉執陳無宇處也……再按：《漢地理志》有中都縣，《後漢志》同，劉昭注即引晉執陳無宇事，誤也。又徐廣《趙世家》西都注云：《秦記》、《年表》作中都，太原有中都縣。夫既知西都爲中都之誤，而又引漢縣作注，亦誤也。漢中都縣，文帝爲代王時都之，晉屬太原國。《元和郡縣志》云：高齊文宣帝省榆次縣，自縣東十里移中都理之。隋仍改名榆次，見《隋地理志》。今太原府榆次縣東十五里有中都城，與界休之中都相去甚遠也。」〔註152〕高氏此辨的核心論點是清康熙時太原府榆次縣東有中都城，

〔註151〕《春秋地名考略》，《春秋戰國史研究文獻叢刊》第3冊，第203～204頁。
〔註152〕《春秋地名考略》，《春秋戰國史研究文獻叢刊》第3冊，第238～239頁。

與《春秋》之中都相去甚遠，而據《元和志》榆次之中都即爲漢縣之中都，兩中都同名而異地，隔遠而不接，故劉昭注誤。今檢《元和志》卷十三河東道太原府榆次縣：「本漢舊縣，即春秋時晉魏榆地……高齊文宣帝省，自今縣東十里移中都理之，屬太原郡。十年改中都縣又爲榆次縣，三年〔註153〕罷州爲郡，縣仍屬焉，皇朝因之……中都故城，縣東十里。高齊移於廢榆次縣，即今縣理是也。」〔註154〕據此，實際情況是：北齊天保七年廢榆次縣〔註155〕，並將故中都縣縣治移至廢榆次縣，隋開皇十年復爲榆次縣，中都縣至此見廢，故有所謂中都故城之說。《隋志》太原郡榆次縣云：後齊曰中都，開皇中改焉。正與此合。又《中國歷史地圖集·西漢圖組》漢中都縣在今平遙縣西南，周振鶴《漢書地理志彙釋》亦云漢中都治今山西平遙縣西南〔註156〕，而榆次縣自漢至今其位置並未有太大變化，皆近今山西榆次市，高氏所謂太原府榆次縣之中都故城實非漢縣之中都。而漢縣之中都恰與介休境連，劉昭、酈道元皆以漢中都即爲《春秋》昭公二年之中都，非無因也，杜注謂中都在介休縣東南，而漢中都當在介休縣東北，此「南」或爲「北」字之誤乎？高氏誤讀地志文獻，不明遷徙沿革，故有此誤也。

第三節 顧棟高《春秋大事表》

無錫顧棟高窮畢生之力，矻矻於《春秋》之學，終著成《春秋大事表》一書，見收四庫，經久傳世，其本人亦榮膺乾隆欽賜「傳經耆碩」之譽。是書雖撰於康乾之際，但體大思精、貫通三《傳》，堪稱有清一代經學研究之楷模，實將《春秋》研究推進至前所未有之高度。更爲重要的是，顧氏乃是用一種史學的眼光來治經〔註157〕，將《春秋》大事悉數拆散，分類整

〔註153〕中華書局點校本《元和郡縣圖志》校勘記，引清人張駒賢《考證》，以爲此「十年」爲隋開皇十年，「三年」爲隋大業三年。（中華書局1983年版，第387頁）。

〔註154〕中華書局點校本《元和郡縣圖志》，第367頁。

〔註155〕施和金《北齊地理志》卷二河北地區太原郡榆次縣條云：「北齊天保七年省榆次縣，又移中都縣理於廢榆次縣，遂有中都之名，至隋又改中都爲榆次也。」（中華書局2008年版，第157頁）

〔註156〕周振鶴《漢書地理志彙釋》，安徽教育出版社2006年版，第73頁。

〔註157〕今人趙伯雄謂：「但在他的那個時代，把《春秋》看做史文，對《春秋》的內容做史的研究，顧棟高畢竟是做得最好的一位，也是影響最大的一位。」（《春秋學史》，中華書局2004年版，第643頁）。

合，旁行斜下，譜爲長表，以合「屬辭比事」之義〔註158〕，故而其視野開闊，立意高遠，在一種全局背景下審視相關問題，餖飣考證者自然不可與其同日而語。

顧氏此書遍及春秋史事諸端，而尤重地理〔註159〕，考辨之文散見各表，而萃集於卷四《春秋列國疆域表・附論》、卷七《春秋列國都邑表》以及《春秋列國地形口號》諸篇，茲分類引述，以見其博考之得。

依據史事，推求地理，是顧氏考訂古地所在最主要的手段和方法。如卷四「春秋時晉中牟論」：「河南今日之中牟縣，即鄭之圃田……至《春秋》定九年齊侯伐晉夷儀，晉車千乘在中牟，則與今日之中牟絕不相涉。」顧氏先明已見：古今中牟殆非一地，繼而詳列理由，以證其說。「據本注云：救夷儀也，夷儀前本邢地，《傳》云：邢遷於夷儀，在今順德府邢臺縣西，去河南之中牟六百餘里，道里遠不相及，一也。衛侯如晉過中牟，衛本在河北，適晉安用更過河南之中牟，非途次所經，二也。孔子適趙，聞趙簡子殺竇鳴犢、舜華，臨河而返，此時趙界明在大河以北，中牟不得更在河南境，三也。《國語》晉侯問趙武曰：中牟，邯鄲之肩髀，吾欲其令良，誰可？武曰：邢伯可。是中牟與邯鄲接近，日後獻侯自耿徙中牟，敬侯又自中牟徙邯鄲，相去本不甚遠，今河南中牟距邯鄲里數，與所云肩髀者不合，四也。趙鞅與範中行相攻，哀四年九月圍邯鄲，荀寅奔鮮虞，鮮虞納荀寅於柏人；五年春克柏人，遂圍中牟。《史記》亦云：趙簡子攻范、中行，伐中牟，佛肸叛。是中牟爲范、中行氏邑，與柏人俱當在直隸順德府界，去大河之南絕遠，五也。蓋河南之中牟，在春秋止稱圃田，無中牟之名，至漢初始置中牟縣，屬河南郡。」顧氏所列五條，皆從史傳中拈出，可確證中牟在河北，絕非漢之河南中牟。中牟既在河北，其究在何地？顧氏又繼作考辨：「而《左傳》、《史記》所載之中牟，在杜元凱時已不復知其處，第云當在河北。後人但當存疑，不必強爲之說。臣瓚謂此中牟當在溫水之上，張守節《史記正義》又以相州湯陰縣西有牟山，謂中牟當在其側。俱係臆說，無明據。〔註160〕」前人之說皆非，顧氏

〔註158〕梁啓超《中國近三百年學術史》，復旦大學出版社 1985 年《梁啓超論清學史二種》本，第 202 頁。

〔註159〕趙伯雄謂：「顧氏用力最勤的，恐怕要屬地理類。」（《春秋學史》，第 641 頁）。

〔註160〕《春秋大事表》卷七之三「中牟」條一從張守節中牟在蕩陰之說，並云「今河南彰德府湯陰縣西有中牟城，在牟山下，正當衛走邯鄲之道。」（中華書局1993 年版，第 820 頁）。於此顧氏又駁張說，頗有前後失照之嫌。又洪亮吉

遂據史情，尋覓其地所在：「且《春秋傳》衛師過中牟，中牟人欲伐之，褚師圃曰：衛未可勝，齊師克城而驕，不如從齊，遂伐齊師，敗之。克城謂克夷儀，則中牟與夷儀當朝發夕至，疑當在邢臺、邯鄲之間，溫水、湯陰二處離此尚遠，亦非也。」〔註161〕顧氏善於在《經》、《傳》字裏行間尋覓線索，努力推求既知古邑與未知古地的某種內在聯繫，再由已知考定未知，此辨即為著例，顧氏由中牟伐齊師之事，推斷出中牟與夷儀之關聯，再由夷儀古邑在邢臺，考定中牟在邯鄲、邢臺之間，可備一說也。

　　清人考定《春秋》地理，大抵辨清問題即此而止，顧棟高卻更進一步，致力於探討地理問題與周王列國國運之關係，是乃顧氏最值稱道之處。如卷四「周疆域論」：「周自平王東遷，尚有太華、外方之間方六百里之地，其時西有虢，據桃林之險，通西京之道；南有申、呂，扼天下之臂，屏東南之固；而南陽肩背澤潞，富甲天下；轘轅、伊闕，披山帶河，地方雖小，亦足王也。故桓王之世，猶能興師以號召諸侯，虎牢屬鄭，仍復收之，至惠王始與鄭。以武公之略，張弛自如，皇綱未盡絕於天下也。而孱弱不振，日朘月削，楚滅申而東南之蔽失，晉滅虢而西歸之道斷。至襄王以溫、原畀晉，而東都之事去矣。然論者謂襄王之失計，此又非也。在桓王時，已嘗以十二邑易鄔邘之田於鄭，鄭不能有，而復歸諸周，周復不能有，而強以與晉。如豪奴悍僕，主人微弱不能制，而擇巨室之能者使治之。至襄王時已視為棄地，固不甚愛惜也。晉得之而日以強，周日以削，至祭入於鄭，晉遷陸渾之戎於伊川，楚伐陸渾而遂觀兵周疆矣。然則詩人所歎息痛恨於日蹙國百里者，其此之謂歟！」〔註162〕此論將周王朝國運日衰的地理因素揭示無遺，於東周而言，西有桃林之塞，實為直通關中舊京之要隘；南有申、呂、外方，為屏蔽楚人勢力之防線，此兩大屏障漸次見廢，則「日蹙國百里」而天子之威嚴亦復不再。且桃林之塞不獨於周至關重要，其於晉亦然，「然（秦）終不能越河以東一步，蓋有桃林以塞秦之門戶，而河西之地復犬牙於秦之境內，秦之聲息，晉無不知，二百年來秦人屏息而不敢出氣者，以此故也。」〔註163〕春秋之時，秦蟄

《卷施閣文甲集》卷七《與孔檢討廣森論中牟書》詳辨《論語》「佛肸以中牟叛」之中牟在湯陰，亦即《春秋》之中牟。（《清人文集地理類彙編》第1冊，第410～411頁）。可參看。

〔註161〕此段所引皆見《春秋大事表》，第549～550頁。

〔註162〕《春秋大事表》，第501～502頁。

〔註163〕《春秋大事表》卷四「秦疆域論」，第541頁。

伏日久，非不欲一窺中原，顧力不能及耳，殽之敗即可見焉，而桃林之塞絕爲鎖鑰之關鍵也。

顧氏又論彭城與諸國之關係：「入春秋時，宋乃有彭城。彭城俗勁悍，又當南北之沖，故終春秋之世，宋最喜事。齊興則首附齊，晉興則首附晉。悼公之再伯也，用吳以犄楚，先用宋以通吳，實於彭城取道。楚之拔彭城以封魚石也，非以助亂，實欲塞夷庚，使吳、晉隔不得通也。晉之滅偪陽以畀宋也，非以德宋，欲宋爲地主，通吳、晉往來之道也。蓋彭城爲宋有，而相爲楚地，偪陽爲楚與國，皆在今沛縣境，如喉噎中之有物，宋有偪陽，而吳、晉相援如左右手矣。故當日楚最仇宋，常合鄭以齮宋亦最力，迨悼公已服鄭，不復恃吳；吳闔閭之世，力足以制楚，不復專賴晉；而宋於是晏然無事。是彭城之繫於南北之故者非小，而宋常爲天下輕重者，以其有彭城也。」〔註164〕顧氏將對彭城地理位置的討論，置於楚、鄭與吳、晉兩大勢力相互對立的背景之下，彭城恰好處在吳、晉兩國聯繫的交通樞紐之上，是兩國聯合抗楚的信息通道，而彭城本屬宋，故宋之地位便因彭城而發生了顯著變化。當兩大勢力對峙時，宋於吳、晉爲盟友，於楚則爲敵方，一旦吳、晉聯盟拆解，各自抗楚，則彭城不再重要，宋亦復歸無事。錢穆先生謂：「春秋以前，年代即渺茫，人事亦粗疏，惟有考其地理，差得推跡各民族活動盛衰之大概」〔註165〕，顧說析理深透，由考史而論史，堪稱運用地理認識分析史事演進的典範。周中孚《鄭堂讀書記》評曰：「（顧棟高）論高而事核，兼有文人、學人之長，理不悖於儒者，而又不失之迂，讀《春秋》者，可以知所折衷矣。」〔註166〕

《春秋》地理尤多同名異地之例，此前各家多有考辨，顧棟高亦致力於此，頗有發覆之得，如卷七之四「城父」條：「昭九年，楚公子棄疾遷許於夷，實城父，杜注：城父縣屬譙郡。案：楚有兩城父，此所謂夷城父，取諸陳者也。僖二十三年，楚伐陳，取焦、夷，杜注：夷一名城父，即此。焦邑別見陳地。昭三十年，楚城夷以處徐子章羽；三十一年，吳人侵楚、伐夷。蓋夷、城父二名兼用矣，今江南潁州府亳州東南七十里有城父城。又有北城父。昭十九年，費無極言於楚子大城城父而置太子焉，以通北方，故太子建居於城

〔註164〕《春秋大事表》卷四「宋疆域論」，第 529 頁。
〔註165〕錢穆《提議編纂古史地名索引》，收入《古史地理論叢》，《錢賓四先生全集》第 36 冊，第 377 頁。
〔註166〕周中孚《鄭堂讀書記》卷十一「《春秋大事表》」條，北京圖書館出版社 2007 年版，第 225 頁。

父，杜注：今襄城城父縣〔註167〕，此又一城父也。哀六年昭王攻大冥，卒於城父，即此。漢置父城縣……今河南汝州郟縣西四十里有城父城。」〔註168〕顧氏依據杜注，聯綴《經》、《傳》所載，以辨《春秋》楚地之兩城父，是也。

又卷七之二「五鹿」條：「僖二十八年，晉侯侵曹，伐衛，取五鹿，杜注：衛縣西北有地名五鹿，陽平元城縣東亦有五鹿。蓋兩注以存疑，晉之衛縣，今為山東東昌府觀城縣，元城縣即今大名府治也。案：五鹿為衛邑，晉文取之而仍屬衛。襄二十五年，衛獻公自齊還國，齊崔杼止其帑以求五鹿，此時蓋屬衛。哀十四年，齊、衛救范氏，圍五鹿，杜注：晉邑，則又屬晉。其迭屬晉、衛，且地近邯鄲、中牟、鄴城，則元城之說為長。今大名府有五鹿城二，屬元城縣者即沙鹿城，屬開州者衛地五鹿是也，開州東與東昌觀城縣接界。」〔註169〕與考辨異地同名之例的通常做法不同，顧棟高並未簡單的從排比文獻的角度出發，而是獨闢蹊徑地通過梳理五鹿歷來迭屬情況，考訂出其先屬衛、再屬晉，故當在晉、衛交境之地，而元城地理正與此合，故晉侯伐衛之五鹿當在元城，而與開州之五鹿無涉也。

同地異名，亦為顧氏所關注。如又卷六下「春秋時厲賴為一國論」：「春秋時有賴國，左氏桓十三年楚屈瑕伐羅《傳》，楚子使賴人追之不及，杜注：賴國在義陽隨縣，蓋賴人仕於楚者。僖十五年，齊師、曹師伐厲，杜注：厲，楚與國，義陽隨縣北有厲鄉。《傳》書『賴』、《經》書『厲』，古通用，實則一國也。宣九年，楚子為厲之役伐鄭；十一年《傳》，厲之役鄭伯逃歸；則《傳》並書『厲』〔註170〕。昭十四年，楚子執齊慶封殺之，遂滅賴，《傳》云：賴子面縛銜璧，造於中軍，則《經》、《傳》並書『賴』。《前漢地理志》南陽郡隨縣，厲鄉，故厲國也。師古云：厲讀曰賴。『厲』與『賴』之通用，徵之《左傳》、《漢書》，歷有明據矣。《公羊》：僖十五年，齊師、曹師伐厲，何休云：厲於葵丘之會，叛天子之命，厲如字，舊音賴。昭四年，楚子滅厲，注云：《左氏》作賴。《穀梁》於僖、昭兩《傳》俱書『厲』，《史記·豫讓范睢傳》漆身為厲，厲並音賴。古人之通用如此。杜佑《通典》乃以厲、賴並列兩國，杜

〔註167〕《左傳》僖二十三年、昭六年、昭九年、昭十二年，杜注皆有「譙郡城父縣」，又《晉書·地理志》襄城郡有父城縣，則當作「襄城父城縣」。
〔註168〕《春秋大事表》，第 852～854 頁。
〔註169〕《春秋大事表》，第 780～781 頁。
〔註170〕「傳並書厲」，參照上下文，似當作「經傳並書厲」。

精於考古，而乃有此失歟！」顧氏在此展現了嫺熟運用文獻考辨地理的深厚學養，其不僅在貫通《春秋》、《左傳》的基礎上，將賴、厲為一國之說的文獻依據悉數羅列，而且旁引《公》、《穀》，博考《史》、《漢》，蓋為不易之論也。而顧氏又追溯既往，尋覓誤說之源與流：「余在汴梁修志著此論，獨見杜氏《通典》分列兩國，以為不深考之過，及作《春秋大事表》，遍閱方輿諸書，杜氏以下如馬氏《通考》、王氏《地理通釋》、高氏《地名考略》及宛溪《方輿紀要》，俱主分列。竊疑余說之不然。夫余所據者：杜預氏、何休氏、顏師古氏之說也，且即三《傳》本文，同一年事而《左》作『賴』，《公》、《穀》作『厲』，其為一國顯然，更無待杜、何之注釋也。諸儒特以《通典》從分列，更不復深考。而馬氏又以賴在光州商城縣南，以杜預在義陽隨縣者為不知何據。賴在光州，以昭四年『楚子合諸侯於申遂滅賴』之文合之，申在今南陽，於光州洵屬相近。而更於厲，從杜氏之說，謂厲在隨縣，賴在光州商城，則因杜氏而更為添設，尤非矣。謹書之，以俟後之知者。」〔註171〕顧氏不僅著力考辨，而且梳理流變，力求最大程度的將問題全面的加以揭示，這已經初步具備了當代學術研究所謂「回顧學史」的基本做法，顯示出了嚴謹和客觀的研究思路。

此外，特別值得一提的是，顧棟高清楚地認識到列國疆域並非處於靜止狀態，而是一種動態變化的過程，其謂：「若從其始封，則與春秋時之疆境不合，若從春秋當日，則二百四十年中強兼弱削，月異而歲不同，當以何年為準而圖之？」〔註172〕這種頗具系統思維的看法，反映在具體的研究過程中，便是顧氏所譜《春秋列國疆域》諸表，其將列國地境先後變化的具體情況悉數復原出來，旁行斜上、一目了然。顯然這比既往學者僅僅考辨《春秋》故邑、古地所在，要高明許多。不僅如此，在考辨具體問題時，亦能將此思路貫穿其間。如卷七之二「虛滑」條：「成十七年，鄭子駟侵晉虛、滑，杜注：晉二邑。滑，故滑國，為秦所滅，時屬晉。案：成十三年，呂相絕秦曰：『殄滅我費滑』，《孔疏》：滑即費，《春秋》更無費國，蓋國邑並舉也。自後更歷晉、歷鄭、歷周，秦滅之而不能有，為晉得。然其地近鄭，在所必爭，是年所以侵晉虛、滑也，時蓋屬晉。襄十八年，楚公子格帥師侵鄭費滑、胥靡，此時滑又屬鄭。至定六年，鄭伐周馮、滑、胥靡，此時滑又屬周。鄭之始終

〔註171〕此段所引皆見《春秋大事表》，第699～700頁。
〔註172〕《春秋大事表》卷四《春秋列國疆域表‧敘》，第495頁。

不忘情於滑可知矣。」〔註173〕顧氏詳考《經》、《傳》，歷數滑地所屬，雖頻頻轉換，而鄭爭奪滑地之意志未曾懈怠。可知於鄭而言，滑地位置可謂至關重要。

　　顧氏考定《春秋》地理，主要依據杜預《春秋經傳集解》以及《春秋釋例》，其云：「土地稱名歷代更，征南注左最分明」〔註174〕，又謂「杜氏之大有功於《春秋》者，以有《長歷》一書列春秋年月，《土地名》一書詳《春秋》興地爾」〔註175〕，「杜氏之最精且博者，莫如作《長歷》以正《春秋》之失閏，作《土地名》以考列國之地理，其學誠絕出古今」〔註176〕。但顧氏於杜注亦並非不加辨析，一以爲是，而是詳討究竟，擇善而從，如辨夾谷所在：「祝其，漢縣，屬東海郡，地在今江南海州贛榆縣西五十里，當魯之極南。定十年，公會齊侯於夾谷，杜注：夾谷即祝其。《後漢志》東海郡祝其縣即古夾谷。以道里計之，祝其縣僻處海隅，去齊、魯之都數百里，非會盟之轍所宜至，且齊強魯弱，齊豈能越國而會於其地，魯亦無爲挈齊而會於其國之極南也。高氏《地名考》以山東濟南府淄川縣西南三十里有夾谷山，一名祝其。《彙纂》又以爲齊、魯相會不應去齊若此之近，去魯若此之遠，而以泰安府萊蕪縣之夾谷峪爲萊兵劫魯侯處〔註177〕。近日《山東通志》以新設青州府之博山縣有地名顏神鎮爲當日之夾谷，爲萊蕪、淄川二縣適中處，庶幾近之。」〔註178〕顧氏從事理角度進行分析，杜氏謂夾谷在祝其，雖在魯境而去都太遠且齊亦不應越國會於此，實不合兩國會盟之情勢，是也。顧氏甚至專闢一表，名爲《春秋左傳杜注正□表》以正之，其中關乎地理者頗多，除考辨杜說之失，復能釐正杜注文本之□，如卷四十八：「成九年，城中城，杜注：魯邑，在東海廩丘縣西南……案：沇陽，《兩漢書》及《晉書志》俱云東海郡厚丘縣，《南

〔註173〕《春秋大事表》，第754～755頁。
〔註174〕《春秋大事表·春秋列國地形口號》，第998頁。
〔註175〕《春秋大事表·凡例二十條》，第24頁。
〔註176〕《春秋大事表·春秋左傳杜注正訛表》，第2567頁。
〔註177〕《春秋大事表》卷七之一「夾谷」條：「杜注，即祝其。舊以濟南淄川縣西南三十里有夾山，上有夾谷臺，爲定公會齊侯處。案：齊、魯兩君相會，不應去齊若此之近，去魯若此之遠。今泰安府萊蕪縣有夾谷峪，《名勝志》以爲萊兵劫魯侯處，庶幾近之。」（《春秋大事表》，第742～743頁）。據正文，則此處案語云云蓋本《欽定春秋傳說彙纂》，而正文所引則以《山東通志》之說爲是，可謂失照。
〔註178〕《春秋大事表·春秋列國地形口號》，第1024頁。

齊志》曰：北東海郡厚丘縣，至後魏始置洮陽郡，後周改爲洮陽縣，以其地在洮水之陽也。唐屬海州，至今不改。《興地志》云：厚丘廢縣在洮陽縣北六十里。又《後漢志》厚丘縣注云：『《左傳》城中城，杜預曰縣西南有中鄉城』。是魯中城之爲厚丘，厚丘之爲洮陽，源委歷然，而杜注厚丘之□爲廩丘無疑矣。東郡廩丘縣在今山東曹州府范縣東南七十里，係齊邑，與魯無預。」〔註179〕顧氏通過梳理厚丘沿革，說明厚丘至北魏前均屬東海郡，又徵引《續漢志》劉昭注，從文獻角度考證古本杜注本作「東海厚丘」，最後又從具體地域出發，辨明厚丘、廩丘相距甚遠，絕非一地，言之鑿鑿，所謂「東海廩丘」確爲「東海厚丘」之訛。

除了駁正杜注，顧氏還對歷代文獻，以及近代學者關於春秋地理的各種誤載謬說進行了考辨。如於《史記》，卷七之三「聚」條：「莊二十五年，晉士蔿城聚以處群公子，冬，晉侯圍聚，盡殺之。明年，命士蔿城絳以深其宮。此時之絳都爲翼，爲翼城縣。而聚在今絳州絳縣東南十里，有車箱城，相傳爲晉置群公子之所。是城絳、城聚非一地，亦非一時。《史記》謂『城聚都之，命曰絳，始都絳』，混而一之，誤矣。」〔註180〕聚爲地理通名，非專名〔註181〕，城聚、城絳本爲兩事，自非一地，錢穆先生亦以爲「是並聚與晉都故絳爲一，恐《史》自有誤」〔註182〕，是也。

於鄭玄說，如卷七之四「秦自穆公始東境至河宜從史記不宜從鄭詩譜論」云：「鄭康成《詩譜》：秦襄公當平王初，興兵討西戎救周，平王東遷，以岐、豐之地賜之，遂橫有周西都畿內八百里之地。《史記·秦本紀》云：平王封襄公爲諸侯，賜之岐以西之地，與誓曰：戎侵奪我岐、豐，秦能攻逐戎，即有其地。襄公十二年，伐戎，至岐卒。至襄公之子文公，以兵伐戎，戎敗走，遂收周餘民有之，地至岐，岐以東獻之周。岐爲今陝西鳳翔府岐山縣，是秦至文公未嘗越岐以東一步，豐、鎬故物依然尚在也。是時，周之號令猶行西土，虢、鄭懿親雖從王東遷，而其故封無恙，呼吸可通。魯莊之二十一年，惠王與虢酒泉，酒泉在今同州府澄城縣，計東遷至此，已歷平、桓、莊、僖

〔註179〕《春秋大事表》，第 2575～2576 頁。
〔註180〕《春秋大事表》，第 808 頁。
〔註181〕沈欽韓《春秋左氏傳地名補注》卷二「城聚而處之」條云：「聚謂其所居之鄉聚，非邑名也……《前漢（書）·平帝紀》張晏曰聚邑落名也。《後漢書·劉平傳》注小於鄉曰聚。」（《叢書集成初編》第 3048 冊，第 24 頁）。
〔註182〕錢穆《史記地名考》，《錢賓四先生全集》第 34 冊，第 500 頁。

四世九十四年矣，而金甌尚無缺也。直至魯僖之二年，而秦穆公滅芮，即其
地築王城以臨晉，濱河而守，晉亦於僖五年滅虢，守桃林之塞，秦晉遂以河
爲界，豐、鎬故都淪入於秦而不可反矣。計至此距初遷已及百有二十年，此
豈一朝一夕之故哉。」顧氏先是借助兩條記載完全相反的史料引出問題所在，
續而結合史實，初步判定當從《史記》之說，此後又進一步加以考辨：「藉令
如鄭氏之說，則西都久已在秦封內，天朝宮殿當已修葺，王使至秦，當有設
館迎侯之禮，何至有黍離之痛，滿目悲涼，破瓦頹垣，依然故物哉？」據《黍
離》詩序：「《黍離》，閔宗周也。周大夫行役，至於宗周，過故宗廟宮室，盡
爲禾黍，閔周室之顛覆，彷徨不忍去，而作是詩也」，據此則舊京一派荒蕪，
遂有詩人黍離之傷，誠如顧氏所辨，若地入秦有，當非此番景況。「孔氏穎達
曲護鄭說，引《終南》之詩爲證，謂襄公時已得岐東，非唯自岐以西。案：
終南山凡八百里，互鳳翔、岐山、鄠三縣及西安一府之境，是岐西亦有終南，
不得援以爲據。況此詩原係興體，言山之高大必有美材以稱其穹窿，人君尊
崇必有令德以稱其顯服，未嘗指終南爲當日之實境也。」顧氏於此又駁孔疏
迴護鄭說之辨，終南地貫東西，據之以證秦得岐東，非也。「孔氏又謂如《本
紀》說文公獻岐東於周，而春秋時秦境東至河，計襄公以後，更有何功德之
君得之？噫！此又不思之甚也！據《史記》，秦武公十年伐邽、冀戎，初縣之，
十一年初縣杜、鄭，滅小虢。而《汲冢周書》穆公二年滅芮，《春秋傳》所載
僖十九年秦取新里遂滅梁。是其累世蠶食，非一日之故，而謂東遷之初一舉
手而橫有西都八百里之地，此理勢所必無者。余反覆《左傳》、《史記》及《詩·
秦風》，而斷謂《詩譜》之不足信如此。」〔註183〕《孔疏》不諳秦人拓地史實，
非但未固鄭說，反顯己謬，顧氏之斷言《詩譜》不足信，是也。

　　於《水經注》，如卷七之四「雩婁」條：「《淮南子》：楚相孫叔敖決期思
之陂，灌雩婁之野。期思陂即芍陂，今雩婁縣在江南潁州府霍丘縣西南，期
思城在河南光州固始縣境，二邑相鄰並也。《水經注》云：雩婁，故吳地。此
誤，本《傳》原云：知吳有備而還，是不入吳境也，又爲叔敖陂水所漑，其
爲楚地明矣。《史記》：吳王餘祭十二年，楚伐吳至雩婁，服虔亦曰：雩婁，
楚之東邑。」〔註184〕顧氏從分析《傳》文出發，細繹史情，又輔以服說，可
知酈道元以雩婁在吳地，誠非也。楊守敬亦云：「雩婁在《春秋》爲楚地。昭

〔註183〕本段所引顧說，皆見《春秋大事表》，第891～892頁。
〔註184〕《春秋大事表》，第849～850頁。

五年，楚子懼吳，使薳啓彊待命於雩婁。《史記・吳世家・集解》服虔曰：雩婁，楚之東邑。《淮南子》孫叔敖決期思之陂，灌雩婁之野。亦楚地之確證。然則《左傳》侵吳，及雩婁，師未出楚境，知吳有備而還。非謂雩婁爲吳地也，當作『縣故楚地』。酈氏故吳之說，即就《左傳》言也。」〔註185〕所辨與顧氏略同，而顧氏先發也。

於《路史》，如卷七之一「揚」條：「杜注，周邑。《路史》謂：即山西之揚侯國，宣王子尚父所封。今山西平陽府洪洞縣東有揚城。案：《傳》云：壬戌，劉子奔揚，癸亥，如劉。劉爲今偃師縣劉亭，浹日即至其地，當不出百里外。山西洪洞距偃師絕遠，且地已屬晉。決當爲僖十一年揚、拒、泉、皋之揚，而非山西之揚侯國也。」〔註186〕顧氏從常理出發，一日之間，絕不可能從河南偃師渡河，而至山西平陽，《路史》釋揚在山西平陽，顯誤，顧氏以成周附近所謂揚、拒、泉、皋之揚當之，庶幾可符地理情實。

顧氏地理考辨諸條，除了對既往史籍記載率多徵引外，亦復參考當時諸家之說，尤以高士奇《春秋地名考略》爲代表。如卷七之二「祭」條〔註187〕、卷七之三「櫟」條〔註188〕、卷七之四「鵲岸」條〔註189〕等皆全引高說入表，又間有暗用高說而未能注明者，如卷七之四「又遷於容城」條：「（容城）在今南陽府葉縣西。應劭以漢華容縣爲許所遷之容城，非也。定四年，許遷於容城，後二年鄭即滅許，《傳》云：因楚敗也。漢華容爲今荊州府監利縣，在郢都之側，鄭豈能至此？」〔註190〕又「容城當即在葉縣西，蓋葉在楚方城之外，故鄭得因楚之敗乘機取之，應劭以爲即漢之華容。案：華容城在今荊州府之監利縣，逼近郢都，此時昭王新復國，鄭師豈能至此？」〔註191〕今檢高士奇《春秋地名考略》卷十二「又遷於容城」條：「定四年，許遷於容城。臣謹按：應劭曰：容城即漢之華容城，今爲監利縣，非也。哀六年，鄭遊速帥師滅許，以許男斯歸，《左傳》云：『因楚敗也』，此時昭王新復國，華容近在

〔註185〕楊守敬、熊會貞《水經注疏》，江蘇古籍出版社 1989 年版 1999 年第二次印刷本，第 2661 頁。
〔註186〕《春秋大事表》，第 711～712 頁。
〔註187〕《春秋大事表》，第 750～751 頁。
〔註188〕《春秋大事表》，第 817～818 頁。
〔註189〕《春秋大事表》，第 851～852 頁。
〔註190〕《春秋大事表》，第 876～877 頁。
〔註191〕《春秋大事表・春秋列國地形口號》，第 1024 頁。

國都之側，鄭亦豈能至此？或曰容城即在葉縣西，差爲近理耳。」〔註192〕二者所辨所據，雷同如此，聯繫上文所引，頗疑顧氏於此條考辨乃襲高說，而未能標明也。〔註193〕

　　高氏於同名異地之處多有考辨，然亦復有誤，顧氏頗能駁正之。如卷六下「費與費有別」條：「隱元年，費伯帥師城郎，高氏曰：今魯大夫費庈父之食邑，讀如字，與季氏費邑讀曰秘者，有別，今兗州府魚臺縣西南有費亭。僖元年，公賜季友汶陽之田及費，此季氏之私邑也，今沂州府費縣西南七十里有費城。高氏《地名考》既以魚臺之費亭爲費庈父食邑，非季氏之費，而於費縣注云：初爲懿公子費伯食邑，及僖元年賜季友遂爲季氏邑。前後自相違反。」〔註194〕高說前後失照，顧氏予以點明，二費誠非一地〔註195〕，不可混淆也。又卷七之二「柯」條：「杜注：魏郡內黃縣東北有柯城。《後漢志》內黃有柯城，在今河南彰德府內黃縣境。莊十三年，公會齊侯，盟於柯，乃齊阿邑，在今山東兗州府陽谷縣東北五十里，曰阿城鎮。本兩國地，高氏《地名考》混爲一，謂地相接者，非是。」〔註196〕高氏亦復混爲一地，顯誤。其最著之謬，則爲釋滑之誤，卷七之四「春秋之時滑非今滑縣論」：「高江村駁正地理處，多體會《傳》文而知其道里之遠近，說多當理。獨於僖二十年鄭人入滑，謂非緱氏之滑，而反有取於熊過之說，以爲大名之滑縣。此大謬！所謂過求而失之也。滑縣在春秋時，止稱漕邑，無滑之名，漢魏爲白馬縣，至隋開皇十六年始改曰滑州。聞有前代之地名而後世因之者矣，未聞有後世之改革而前代可假用之者也。此其不可者一也。」顧氏首先從地名沿革的角度，指明高氏所指大名之滑，隋

〔註192〕高士奇《春秋地名考略》，《春秋戰國史研究文獻叢刊》第 3 冊影印清康熙間錢塘高氏刊本，國家圖書館出版社 2009 年版，第 570 頁。

〔註193〕顧棟高釋地諸條，暗用高士奇《春秋地名考略》之說而不加標明者甚多，此不一一羅列。據《春秋大事表・凡例二十條》：「近來地甲諸書，首推景范氏《方輿紀要》、高江村《春秋地名考》及《皇輿表》，皆用之」（第 26 頁）。則顧說或雜用諸家成說而不加注明，然由此而難辨孰爲彼此也。

〔註194〕《春秋大事表》，第 699 頁。

〔註195〕江永《春秋地理考實》隱公元年「費」：條「《傳》：費伯帥師城郎。《彙纂》：魯大夫費庈父之食邑，讀如字……今魚臺縣西南有費亭。今按：費伯者費庈父也，見隱二年。郎亦在魚臺縣，故知此費爲其食邑。陸德明《釋文》音秘，非也。季氏之費，見僖元年。」（《春秋戰國史研究文獻叢刊》第 4 冊影印清道光九年學海堂刊《皇清經解》本，國家圖書館出版社 2009 年版，第 6 頁）。

〔註196〕《春秋大事表》，第 782 頁。

時方有滑名，春秋時爲漕邑，高氏不辨沿革，其誤甚明。顧氏又云：「漕本爲衛下邑，所謂白馬，與北岸黎陽止隔一河，衛舊都在黎陽之廢衛縣，爲狄人所逐，渡河野處，去其國都不遠。若先有滑國在焉，戴公安得廬之，而齊桓又安得驅滑之眾庶而更以封衛乎？若謂既爲滑，又以封衛，則衛爲鵲巢鳩居，而滑爲鳥鼠同穴，必無之事也。」此從當時情勢出發而言，若滑在漕邑，衛必不能盡趨其國而遷焉。高氏顯然意識到了這一點，而曲爲之辨：「又江村云：戴公野處漕邑，與齊桓城楚丘封衛，皆在滑境，滑蓋衛都邑所在，故鄭人極力爭之而終不得。」顧氏駁之云：「自古無與人爭國都之理，以戰國秦之強，圍趙邯鄲已爲異事，在春秋時尚無此等。且使滑爲衛都邑，則滑已滅於衛矣。安得更謂之滑屬於列國，而上煩周天子之命乎？」顧氏針鋒相對，力辨高說之非。不僅如此，顧氏還尋繹高氏致誤之由，「原江村所以疑滑非緱氏之滑者，以《傳》云：滑人聽命，師還又即衛。謂滑必鄭、衛交境之地，而緱氏遠在河南，非衛所及。」然高說似是而實非，「似又不必如此拘泥，齊、晉與國，幾半天下，即如魯之邾、莒，亦不必十分逼近。考秦人滅滑《傳》，秦師過周北門，次及滑，鄭商人弦高遇之滑，與鄭鄰近自不必言。而衛之儀封亦在河南，與滑非絕遠，不必以此爲疑也。又按：莊三年，公次於滑，杜注：鄭地，在陳留襄邑縣西北。此本《後漢志》之說，今睢州西北之滑亭是也，與緱氏之滑自別。蓋彼是滑國，此是滑地，謂滑有二則可，高江村謂滑有三，而以滑縣之滑當其一，則非也。」〔註 197〕顧氏以《傳》證《傳》，詳辨滑、衛地非絕遠，是也。復又總述春秋所謂「滑」者，一爲地名，在襄邑；一爲國名，在緱氏；高氏三滑之說不可信也。

此外，顧氏於顧炎武、顧祖禹釋地之說亦多有駁正。如駁顧炎武，「韓原，晉地，爲今陝西同州府之韓城縣。僖十五年，韓之戰，晉惠公曰：寇深矣，若之何？近代顧亭林先生謂韓城在河外，無寇深之理，疑當在河東，或欲以河北縣之韓亭當之。非也。晉跨有河西之地，直抵白翟故墟，魏得之爲河西上郡，孔氏曰：河西同、丹二州，丹州今延安府宜城縣，上郡爲延安以北，延安東去黃河界四百五十里，質諸寇深之言吻合，不必以韓城爲疑也。」〔註

〔註197〕此段引文皆見《春秋大事表》，第 888～889 頁。
〔註198〕《春秋大事表·春秋列國地形口號》，第 999 頁。

198）今檢《括地志》：「韓原在同州韓城縣西南十八里」〔註199〕，又《今本竹書紀年》：「（周平王）十四年晉人滅韓」〔註200〕，時爲晉文侯二十四年，今人在河西韓城梁帶村發現周代大墓多座，據考古測定其墓葬年代恰與古韓國時期相吻合〔註201〕，顧棟高「秦疆域論」云：「惠公之世，韓之戰，曰：寇深矣，若之何。可見晉之幅員廣遠，斗入陝西內地，不始於文公時」〔註202〕，顧炎武不明河西亦爲晉地，爲求合契「寇深矣」之文，而轉將韓地定於河東、河北，甚非。又駁顧祖禹，「襄十七年，衛孫蒯田於曹隧，飲馬於重丘，毀其瓶，重丘人閉門而詢之，衛伐曹取重丘，杜注：曹邑。在今曹州府曹縣東北五十里。又襄二十五年，諸侯同盟於重丘，杜注：齊地。在今東昌府東南五十里，跨荏平縣界。兩國分注甚明，景范氏《方輿紀要》以襄十七年衛所取之重丘即注東昌府，謂爲曹北竟之邊邑，襄二十五年同盟於重丘即此，混而一之，殊誤！」〔註203〕重丘有二，分屬齊、曹，杜注已明言，本無疑問〔註204〕，顧祖禹合二爲一，誤甚。顧祖禹復不知魯有兩平陽，亦誤合爲一，顧棟高駁之云：「魯有兩平陽，一爲東平陽，是魯本有之邑，宣八年城平陽是也，杜注：泰山有平陽縣。今山東泰安府新泰縣西有東平陽城，晉羊祜爲平陽人，奏立新泰縣，今仍之。一爲南平陽，向本邾邑，魯取之，哀二十七年，越使後庸來聘，令魯還邾，公與之盟於平陽是也，杜注云：西半陽。『西』字當作『南』。《孔疏》：高平南有平陽縣，今兗州府鄒縣西三十里有南平陽城，後屬齊，《孟子》一戰勝齊，遂有南陽，即此。景范氏於兩平陽下俱引《左傳》盟越後庸事，高江村《地名考》刪一存一，遂以宣八年之平陽下注云：案哀二十七年公及越後庸盟於平陽，即此。兩地混而爲一矣。景范、江村俱精於地里而不免於此，此千慮之一失也。」〔註205〕

　　其駁前說，亦復有誤。如於《漢書‧地理志》，顧棟高有詩云：「衛邑原

〔註199〕賀次君《括地志輯校》，中華書局1980年版，第30頁。

〔註200〕方詩銘、王修齡《古本竹書紀年輯證》附王國維《今本竹書紀年疏證》，上海古籍出版社1981年版，第262頁。

〔註201〕參看《陝西韓城梁帶村兩周遺址》，《中國文物報》，2005年12月28日。

〔註202〕《春秋大事表》，第541頁。

〔註203〕《春秋大事表‧春秋列國地形口號》，第1024頁。

〔註204〕顧炎武《日知錄集釋》卷四「地名」條：「襄公十七年，衛孫蒯田於曹隧，飲馬於重丘，杜注：曹邑。二十五年，同盟於重丘，杜注：齊地。是二重丘，爲二國地也。」（上海古籍出版社1985年影印本，第371～372頁）。

〔註205〕《春秋大事表‧春秋列國地形口號》，第1023頁。

來兩楚丘，開皇並置本《春秋》。班書謬列從成武，滑縣漫同己氏州。」小注詳考：「《穀梁》於兩楚丘皆言衛邑，而不明其處，至隋開皇十六年同時置兩楚丘縣〔註206〕，一在漢己氏縣，以戎伐凡伯之楚丘爲名。己氏，春秋時爲戎州，在今山東曹州府曹縣東南四十里。一在漢白馬縣，即齊桓公所封者，在今河南衛輝府滑縣東六十里。截然甚明，班固《地理志》於山陽郡成武縣下注云：有楚丘亭，齊桓公所城，遷衛文公於此。則以滑縣混同曹縣，大謬。」〔註207〕楚丘之辨由來已久，而漢晉時本無楚丘兩存之說，後世流傳，異說漸起，遂成定論。焦循《毛詩地理釋》羅列文獻，排比眾說，致誤之源、沿訛之流，犁然可見。〔註208〕顧氏不知其繆，反辨云：「其一（楚丘）爲僖四年衛遷於楚丘〔註209〕，在滑縣東六十里，於漢爲白馬縣。杜注《春秋》無明文，而《毛詩》《傳》、鄭箋、《孔疏》及《水經注》言之甚晰。毛《定之方中》《傳》云：虛，漕虛也，楚丘有堂邑。鄭箋云：自河以東，夾於濟水，文公登漕之虛，以望楚丘。《孔疏》則云：楚丘，西有河，東有濟，故曰夾於濟水。《水經注》曰：白馬濟有白馬城，衛文公東徙，渡河都之。其不得混於成武，彰彰明矣。」〔註210〕《毛傳》、鄭箋皆未言楚丘爲何地，至於《水經注》，卷八云：「河水分濟於定陶東北……北逕元氏縣故城西，又北逕景山東，《衛詩》所謂『景山與京』者也，毛公曰：『景山，大山』也，又北逕楚丘城西，《郡國志》曰：成武縣在楚丘亭〔註211〕，杜預云：楚丘在成武縣西南，衛懿公爲狄所滅，衛文公東徙渡河，野處曹邑，齊桓公城楚丘以遷之，故《春秋》稱：邢遷如歸……即《詩》所謂：『升彼墟矣，以望楚矣，望楚與堂，景山與京』。故鄭玄言觀其旁邑及山川也。」其說正與《漢書·地理志》同。而白馬所都，實爲曹地，豈能與楚丘相混，顧氏引書顧此失彼，不可信據。

〔註206〕顧氏此言不確，據《隋書·地理志》：「開皇四年又置己氏，六年改曰楚丘」，則開皇六年改己氏爲楚丘，非開皇十六年置楚丘。

〔註207〕《春秋大事表·春秋列國地形口號》，第1023頁。

〔註208〕焦循未刊手稿本《毛詩地理釋》卷一「楚堂」條，可參看本書第三章《毛詩地理釋》節。

〔註209〕據《春秋經》、《傳》，衛遷楚丘，當在僖公二年，非僖公四年。又《春秋大事表》卷四《衛疆域表》明言「僖二年遷楚丘」，第530頁，則顧氏此處顯誤。

〔註210〕《春秋大事表》卷七之四「春秋兩楚丘辨」，第889頁。

〔註211〕今傳世本《續漢書·郡國志》濟陰郡成武縣無楚丘亭之載，王先謙《詩三家義集疏》謂此《郡國志》係《地理志》之誤（中華書局1987年版，第240頁），或是。

　　顧棟高考辨春秋地理，除了依據文獻材料外，還四處走訪，以親歷目驗佐證己說，實爲一種科學客觀的研究精神。其謂：「余嘗往來京師，親至兗州魚臺縣，訪隱公觀魚處，詢之土人，云：距曲阜不二百里」〔註212〕，「余嘗往來京師，至嘉祥縣有絃歌臺，此地與齊界相接，去費縣尙遠，（程）啓生以爲費縣非所當備齊之處，此說是也」〔註213〕，此爲尋訪古地。又云：「余嘗適汴梁，取道鳳陽，由歸德以西，歷春秋吳、楚戰爭地，及杞、宋、衛之郊，慨然思曰：周室棋布列侯，各有分地，豈無意哉？」〔註214〕此爲縱觀地理形勢。又言：「余經歷七省，到處訪求《春秋》地理」〔註215〕、「余親歷鄱陽湖，方深曉其地理」〔註216〕，皆可見顧氏跋山涉水、不避勞倦之精神。

　　顧氏既嫻熟文獻，亦能親身走訪，其考辨春秋地理，率多發覆，堪稱精審。然顧氏亦有自相矛盾之處，如其謂：「杞始封雍丘，爲今河南開封府之杞縣。入春秋未幾，即遷東國，東國即淳于，爲淳于公故地，在今山東青州府安丘縣東北，而雍丘爲宋有，淳于去雍丘絕遠，不知杞以何年並淳于之地，又不知宋以何道取雍丘，此等俱不見於《經》、《傳》。」〔註217〕而卷七之二「淳于」條又謂：「然隱三年州未亡，莒人所取之牟婁已在東土，與淳于爲鄰。杞本弱小，不應立國雍丘而遙屬小邑於千數百里之外。則知春秋之前，杞早居於東土矣。女叔齊曰：杞，夏餘也，而即東夷。邾、莒以東，皆爲東夷。」〔註218〕前者云「入春秋未幾，即遷東國」，後者云「則知春秋之前，杞早居於東土矣」，未知孰是。江永《春秋地理考實》隱公四年「杞」條：「今按：《史記索隱》云：周封杞居雍邱，至春秋時杞已遷東國，故隱四年，莒人伐杞，取牟婁，牟婁者，東邑也。據此，則春秋之前，已遷青州而近莒也矣。青州去雍邱甚遠，杞得國於此，或由周王改封之，《疏》謂：雍邱、淳于，郡別而竟連者，大誤。」〔註219〕杞於此前確非徒都淳于，但已東遷至於近莒之地則無

〔註212〕《春秋大事表》卷四「魯疆域論」，第507頁。
〔註213〕《春秋大事表》卷六下「魯有兩武城」，第695頁。
〔註214〕《春秋大事表》卷四「宋疆域論」，第529頁。
〔註215〕《春秋大事表・春秋列國地形口號》，第997頁。
〔註216〕《春秋大事表・春秋列國地形口號》，第1008頁。
〔註217〕《春秋大事表・春秋列國地形口號》，第1003頁。
〔註218〕《春秋大事表》，第795～796頁。
〔註219〕《春秋地理考實》，第12頁。

可疑〔註 220〕，江氏言之詳矣，今人據考古成果推斷杞人在春秋前已東遷〔註221〕，於此合，故當從顧氏後說爲是。顧棟高並非不知其書有前後矛盾之處，其曰：「此論猶仍舊說，以豫章即南昌，其實豫章非南昌也」〔註 222〕，「此論猶仍《史記》舊說，謂越滅吳後棄江淮以北，此說非也。當從《吳越春秋》、《越絕》諸書，越徙都琅琊爲是。」〔註 223〕爲何「知錯不改」呢，顧氏解釋道：「余嘗再四推究，知後說爲精當不可易。然前說相沿已久，不容遽革，致啓後人妄作之弊，今於表及序文內仍以前說爲據。」〔註 224〕如此解說，令人難以接受，所謂「白璧微瑕」者，此之謂乎！

第四節　沈欽韓《春秋左氏傳地名補注》

據潘錫爵跋語，沈欽韓所作《左傳補注》十二卷、《左傳地名補注》十二卷初無刊本，「（潘氏）假之顧孝廉瑞清，屬胡君家董、余弟錫誥分任影鈔，其□缺者略加校補，藏諸家塾。」〔註 225〕直至清光緒年間，《左傳地名補注》一書方先後見錄於《功順堂叢書》及《清經解續編》，稍後又被收入《叢書集成初編》，至此而廣爲流行。

是書以《春秋左傳》年紀爲序，對《經》、《傳》所涉地名進行了較爲簡要的注釋。總體上看，沈氏重釋輕考，意在注明所謂今地所在，其判方定位的主要依據爲《水經注》、《一統志》以及《讀史方輿紀要》。與此同時，亦廣泛參考了輿地常見文獻，如《左傳》杜注、《漢書·地理志》、《續漢書·郡國志》、《水經注》、《元和郡縣志》等等，而考辨之處主要集中於駁斥前說，此爲是書之特點。

沈氏「嘗謂《左氏》親承聖訓，博驗寶書，依《經》立《傳》，而《公》、

〔註 220〕范士齡《左傳釋地》卷一「牟婁」條言：「《索隱》曰：春秋時杞國已遷東國，雖未知的都何所，要隱四年，伐杞取牟婁；桓二年，七月杞侯來朝，九月伐杞入之；與今之莒州及曲阜縣相鄰也可知」（《續修四庫全書》第 125 冊影印中國科學院圖書館藏清道光六年刻本，第 261 頁）。范氏所言杞地近莒，甚合當時情勢也。

〔註 221〕詳參曲英傑《先秦都城復原研究》，黑龍江人民出版社 1991 年版，第 333 頁。

〔註 222〕《春秋大事表》卷四「吳疆域論」，第 545 頁。

〔註 223〕《春秋大事表》卷四「越疆域論」，第 548 頁。

〔註 224〕《春秋大事表·凡例》，第 27～28 頁。

〔註 225〕《清經解續編》，第 3024 頁。

《穀》家攻之，欲顯復晦。杜氏注出，雖得列學官，然多入以邪說，陰敗禮教，其蠹《左傳》也，逾於明功，爲《左傳補注》十二卷、《左傳地理補注》十二卷」〔註226〕，則《左傳補注》、《左傳地名補注》之作皆爲釐正杜注而發，杜注實爲沈氏駁正之重點。如卷一「楚丘」條：「杜預云：楚丘，衛地。非也。此爲曹楚丘，《水經注》亦誤以成武之楚丘爲衛文公所居……按《漢志》云：山陽郡成武縣有楚丘亭，齊桓公所城，遷衛於此。其誤實始於班氏也。」〔註227〕沈氏以爲魯隱公七年戎伐凡伯於楚丘，本爲曹之楚丘，在濟陰成武，而衛地另有楚丘，因僖公二年有城楚丘以封衛侯之事，故杜預合二爲一，顧炎武亦辨曰：「《春秋》隱公七年，戎伐凡伯於楚丘以歸。杜氏曰：楚丘，衛地，在濟陰成武縣西南。夫濟陰之成武，此曹地也，而言衛，非也。蓋爲僖公二年城楚丘同名而誤。按：衛國之封，本在汲郡朝歌，懿公爲狄所滅，渡河而東，立戴公，以廬於曹，杜氏曰；曹，衛下邑。《詩》所謂『思須與漕』，廬者，無城郭之稱，而非曹國之曹也。僖公二年〔註228〕，城楚丘。杜氏曰：楚丘，衛邑。《詩》所謂『作於楚宮』，而非戎伐凡伯之楚丘也。但曰衛邑而不詳其地，然必在今滑縣、開州之間，滑在河東，故唐人有魏、滑分河之錄矣。

〔註226〕《清史列傳·儒林傳》，中華書局 1987 年版，第 5603 頁。又沈欽韓《春秋左氏傳補注序》謂：「有杜預者起，綺紈之家，習篡殺之俗，無王肅之才學而慕其鑿空，乃絕智決防以肆其猖狂無籍之說，是其於左氏如蟹之敗漆，蠅之污白，而左氏之義埋沒於鳴沙礁石中，而杜預之妖焰，爲雞爲狗，且蓬蓬於垣次矣……奈何杜預以周利之徒，憒不知禮文者，蹶然爲之解，儼然行於世，害人心，滅天理，爲左氏之巨蠹，後生曾不之察，騰杜預之義，而播左氏之疵……注疏之謬，逐條糾駁，各見於卷，則左氏之沉冤稍白，杜預之醜狀悉彰，其麼麼蠢類，橫蟻左氏，殆不足辨……」《續修四庫全書》第 125 冊，第 1～2 頁。且不論杜預注《左》水平到底如何，沈氏如此橫加詬詈，遣辭粗鄙，實貶低杜氏太過，而大失學者風範。顧棟高《春秋大事表·春秋列國地形口號》云：「土地稱名歷代更，征南注左最分明」（中華書局 1993 年版，第 998 頁），又《春秋大事表·春秋左傳杜注正訛表》謂：「杜氏之最精且博者，莫如作《長曆》以正《春秋》之失閏，作《土地名》以考列國之地理，其學誠絕出古今」（第 2567 頁）。閻若璩《尚書古文疏證》卷六云：「左氏之作，杜氏之注，皆精於地理」（上海古籍出版社 1987 年影印清乾隆十年眷西堂本，第 708 頁）。《春秋左傳注疏》卷二十四《考證》齊召南云：「杜注於地理，考校極精。」（《景印文淵閣四庫全書》第 143 冊，第 527 頁）。可見清人於杜氏《春秋》地理學自有公論。
〔註227〕《春秋左氏傳地名補注》，《叢書集成初編》第 3048 冊，第 6～7 頁，下文所引皆爲此本。
〔註228〕原作「僖公三年」，顯誤，今據文淵閣《四庫全書》本《日知錄》改正。

《水經注》乃曰：楚丘在成武西南，即衛文公所徙，誤矣。彼曹國之地，齊桓安得取之而封衛乎？以曹名同，楚丘之名又同，遂附為一地爾。」〔註229〕沈氏雖辨極簡易，未能詳考史事，卻能尋波討源，指出杜說之據、致誤之由，此可備一說〔註230〕。又卷二「城聚而處之」條：「聚謂其所居之鄉聚，非邑名也……《前漢（書）‧平帝紀》張晏曰：聚邑落名也。《後漢書‧劉平傳》注：小於鄉曰聚。杜預於地理遇不可曉者，輒臆斷曰某邑某地，其誤多矣。」〔註231〕據莊公二十五年《傳》：「晉士蔿使群公子盡殺游氏之族，乃城聚而處之」。杜注：「聚，晉邑」。沈氏所辨甚是，蓋聚為通名，非專名，今檢《漢書‧地理志》、《續漢書‧郡國志》稱某聚者夥矣，如下虒聚、劉聚、陽人聚、彭澤聚、梧中聚、鄔聚、廣成聚、鄩聚等等，杜注所謂晉邑，未了地名稱謂通則，確為臆斷。〔註232〕又卷三「瑕呂飴甥」條：「杜預云：姓瑕呂，名飴甥。按：瑕當為其采邑，晉見有瑕城，呂甥誅後地空，使詹嘉處之，《傳》於下皆言呂郤，明瑕非姓。」〔註233〕杜氏不知瑕本為邑名，遂致此誤，沈氏駁之是也。沈氏亦非一味駁正杜說之誤，也能間或徵引文獻以證成其說，如卷一「使賴人」條：「按：杜預所指乃今德安府隨州北四十里之歷山，山下有歷鄉。《水經注‧溠水篇》溠水分為二水，一水西逕歷鄉南，亦云賴鄉，故賴國也，有神農社。此與杜說合。」〔註234〕

除了補正杜注地理之誤，沈氏於前說舊論，亦多有辯駁。如駁賈逵之說，如卷一「於濮」條：「《索隱》：賈逵曰：濮，陳地。按：濮水首受河，又受汴，汴亦受河，東北至鉅野入濟，則濮在曹、衛之間，賈言陳地，非也。據《地理志》陳留封丘縣濮水受濟，當言陳留水。按：《水經注》：濮水一出封丘縣者，首受濟，別出酸棗縣者，首受河……今黃河遷絕，濮水絕流，賈、杜言陳地水，謬矣。」〔註235〕考濮水所經地域，誠如小司馬之說在曹、衛之間，

〔註229〕《日知錄集釋》卷三十一「楚丘」條，上海古籍出版社 1985 年影印本，第2367～2368 頁。
〔註230〕焦循以為二楚丘皆在濟陰成武，詳本書第一章「焦循《毛詩地理釋》」節。
〔註231〕《春秋左氏傳地名補注》，第 24 頁。
〔註232〕楊伯峻以為：「聚固可為鄉落之通名，但以此《傳》文觀之，仍宜解為都邑之專名」（《春秋左傳注》，中華書局 1990 年版，第 232 頁），不知楊氏所謂「宜解為都邑之專名」根據何在，實乃臆斷，難以信從。
〔註233〕《春秋左氏傳地名補注》，第 37～38 頁。
〔註234〕《春秋左氏傳地名補注》，第 16 頁。
〔註235〕《春秋左氏傳地名補注》，第 4～5 頁。

相去陳地甚遠，沈氏細析濮水雙流，皆未逕陳地，賈、杜確誤也。又卷三「虢仲虢叔」條：「賈逵云：虢仲封東虢，制是也；虢叔封西虢，虢公是也。韋昭注《鄭語》同。按：隱元年，《傳》明云：虢叔死於制，則虢叔爲東虢矣。《通典》：虢仲國今陝州平陸縣。《元和志》：虢有三，北虢，今陝州平陸縣；東虢，今滎陽縣；西虢，在今鳳翔扶風縣。《方輿紀要》：上陽城在陝州城東南，又虢城在鳳翔府城南三十五里，周文王弟虢仲初封此，是爲西虢，平王東遷始徙於上陽，爲北虢，或曰非也，蓋虢仲之采邑，支子所封。欽韓按：《秦本紀》武公十一年滅小虢，當《春秋》莊公之世。則虢仲之封本在上陽，云隨平王東遷者，非也。《元和志》：鳳翔府虢縣，周文王弟虢叔所封，是曰西虢。然虢叔封在滎陽，爲鄭所滅，雍地之虢，非虢叔也，謂支子所封者當是。」〔註236〕三虢之辨，由來已久，沈辨雖簡，但所言均爲切要，今人將傳世文獻與考古挖掘相結合，認爲「虢仲封北（南）虢，北虢、南虢實屬一國，在今三門峽 平陸一帶。虢叔封東虢，在今河南滎陽縣西一帶。」〔註237〕與沈說相近，賈逵以爲虢仲封東虢，確非也。

駁京相璠，如卷三「北至於無棣」條：「《通典》：滄州鹽山縣，春秋時無棣邑。《水經注》：清河又東北，無棣溝出焉，東逕南皮縣故城，南逕樂陵郡西，東北逕鹽山入海，蓋四履之所也，京相璠曰：舊說無棣在遼西孤竹縣，然管仲以責楚，無棣在此，方之爲近。按：陝東之伯盡主東北境諸侯，非謂齊分封之地也，在遼西者得之，今永平府。」〔註238〕京相璠不知管仲所謂四至乃齊爲主持之境，非分封之境，故將北至之無棣定位於滄州近邑，轉不如沈說貼合史實也。

駁《博物記》，如卷三「次雎之社」條：「《續志》注引《博物記》：臨沂縣東界次雎，有大叢社，民謂之食人之社，即次雎之社。《一統志》云：在沂州府蘭山縣東北。按：《水經》：雎水入泗，謂之雎口。不至沂州也，恐傳說之誤。《方輿紀要》：雎水至宿遷縣東南而合泗水，亦曰雎口，亦曰小河口。則次雎社當在徐州府境。」〔註239〕沈氏所辨甚是，雎水流逕今河南、安徽、江蘇三省境內，於宿遷入泗水，不至山東臨沂也。

〔註236〕《春秋左氏傳地名補注》，第35頁。
〔註237〕參看梁寧森《關於虢國歷史的幾個問題》，《河南大學學報‧社科版》2003年第一期。
〔註238〕《春秋左氏傳地名補注》，第34頁。
〔註239〕《春秋左氏傳地名補注》，第39頁。

清人經解地理考據研究

駁劉昭說，如卷二「戍葵丘」條：「《水經注》：系水又西，逕葵丘北。《元和志》：葵丘在青州臨淄縣西北二十里。按：京相璠疑此爲近，雜引汾陰葵丘及山陽西北葵城。然考《續志》河內郡山陽縣葵城〔註240〕，劉昭云：蔡叔所封。《水經注》引作『鄈城』，又引《汲郡古文》：梁惠成王元年，趙、韓伐我葵，即此城。則此葵字誤爲蔡，劉昭不學，因以封上蔡之蔡當之也。」〔註241〕今檢百衲本《史記·魏世家》「公孫頎自宋入趙」條《索隱》引《紀年》：「武侯元年，封公子緩，趙侯種、韓懿侯伐我，取蔡……」，今人范祥雍據《水經注》、《路史》以爲《索隱》引作「蔡」，乃字之誤〔註242〕，劉昭不知此爲葵地，而誤以蔡國當之，沈氏所駁是也。又卷五「處瑕以守桃林之塞」條：「《續志》：河東解縣有瑕城，劉昭引前年入瑕《傳》，又於猗氏縣下引此年詹嘉處瑕《傳》，云在縣東北〔註243〕。皆非也。《水經注》：河水又東菑水注之，西北逕曲沃縣城南，《春秋》文公十三年，晉侯使詹嘉守桃林之塞，處此以備秦，時以曲沃之官守之，故曲沃之名遂爲積古之傳。按：僖三十年《傳》：許君焦、瑕，杜預亦云：河外五城之二邑；《史記·魏世家》：襄王五年，秦圍我焦、曲沃；《汲郡紀年》：惠王後六年，秦歸我焦、曲沃。《傳》以焦、瑕變稱，而後此以焦、曲沃變稱，則曲沃即瑕之變名，皆在弘農陝縣，於晉爲河外，而解與猗氏之瑕非秦所侵及詹嘉所處，明矣。」〔註244〕沈氏此條所辨甚爲精彩，極爲精當地將《水經注》、《史記》、《竹書紀年》等文獻連綴排比，以證河外曲沃有瑕地之名，文簡而義明，此爲其通篇考證所僅見。焦、瑕之辨由來已久，顧炎武以爲胡、瑕音通，則瑕在河外弘農湖縣〔註245〕；江永則以爲焦在河外，瑕在河內，許君焦、瑕，包舉大河內外之地〔註246〕；楊守敬亦以爲：瑕在河內，杜注見改竄，原文當爲「（焦瑕）河內外之二邑」〔註247〕；均不如沈說透徹，劉昭注及所引《地道記》皆誤，當以瑕地在河外爲宜。顧棟高《春秋大事表》

〔註240〕「葵城」今諸本《續志》皆作「蔡城」。
〔註241〕《春秋左氏傳地名補注》，第20頁。
〔註242〕范祥雍《古本竹書紀年輯校訂補》，上海人民出版社1957年版，第55頁。
〔註243〕今檢《續漢書·郡國志》河東郡猗氏縣劉昭注：「《地道記》曰：《左傳》文十三年『詹嘉處瑕』，在縣東北。」則此非劉昭言，乃轉引《地道記》也。
〔註244〕《春秋左氏傳地名補注》，第56～57頁。
〔註245〕《日知錄集釋》卷三十一「瑕」條，第2336～2338頁。
〔註246〕《春秋地理考實》，《春秋戰國史研究文獻叢刊》第4冊影印道光九年學海堂刊《皇清經解》本，國家圖書館出版社2009年版，第68～69頁。
〔註247〕《水經注疏》，江蘇古籍出版社1989年版1999年第二次印刷本，第590～591頁。

亦據《戰國策》以陝州西南二十里之曲沃城爲故瑕，以《晉地道記》所謂猗氏之瑕乃《左傳》成公六年珣瑕之瑕，舊說誤混二瑕爲一地，是也。〔註248〕

　　駁《水經注》，卷九「辭以無山與之萊柞」條：「《水經注》：泰無萊、柞，並山名，郡縣取目焉，《左傳》曰：與之無山及萊柞，是也，應劭《十三州記》曰：太山萊蕪縣，魯之萊柞邑。按：此《傳》文義爲順，《水經注》誤記也。」〔註249〕《左傳》昭公七年：「辭以無山，與之萊、柞」，杜注：「萊、柞，二山名」。殿本《水經注》卷二十六案語云：「案：《左傳》：季孫以桃邑與孟氏易成，還杞，謝息辭以無山，與之萊、柞。是言成有山，今桃乃無山耳。此誤引。」〔註250〕參考《傳》文及杜注，酈道元實未了原意，或爲誤記而生妄解也。

　　駁《元和志》，卷三「於夷儀」條：「《元和志》：故邢國，今邢州城內西南隅小城是也，夷儀故城，今龍崗縣界夷儀故城是也，在縣西一百四十里。愚按：邢之遷以違狄難也，今其所遷，仍在順德府邢臺縣境，未遠於狄，豈便爲安？此夷儀實近齊、衛之郊，《一統志》：夷儀城，聊城縣西南十二里。」〔註251〕沈氏從分析當時情勢出發，得出邢避狄其地必遠的結論，眞合乎史實之見也。又卷四「取王官」條：「《水經注》：涑水又西，逕王官城北。《元和志》：王官故城在同州澄城縣西北，又云：王官故城在河中府虞鄉縣南二里，又云：在絳州聞喜縣十五里。按虞鄉、聞喜地相連，《水經注》云在今聞喜縣，秦伯已濟河，不當在同州。」〔註252〕據《左傳》文公三年：「秦伯伐晉，濟河焚舟，取王官及郊。」則秦伯確已濟河，澄城既在河西，自非此年王官之地所在，沈氏所駁甚是。又文淵閣《四庫全書》本《元和郡縣志考證》「聞喜縣王官故城」條云：「案：此與虞鄉縣王官故城，各引《左傳》證之，雖異文而實一，王官據此在聞喜縣南十五里，則前所云在虞鄉縣南二里者，其誤益明。」〔註253〕今人賀次君《元和郡縣志校勘記》云：「今按：據《水經‧涑水注》及《括地志》，王官故城應在猗氏縣南二里，於聞喜則是西南，此『南』上脫『西』字耳。」〔註254〕則可補沈氏未竟之辨。

〔註248〕顧棟高《春秋大事表》卷六下，第 695 頁，又卷七之三「瑕」條，第 808 頁。
〔註249〕《春秋左氏傳地名補注》，第 102 頁。
〔註250〕《四部叢刊》初編影印本，商務印書館線裝本。
〔註251〕《春秋左氏傳地名補注》，第 31 頁。
〔註252〕《春秋左氏傳地名補注》，第 50 頁。
〔註253〕《景印文淵閣四庫全書》第 468 冊，第 300 頁。
〔註254〕《元和郡縣圖志》，中華書局 1983 年版，第 353 頁。

　　此外，清代學者之說，沈氏頗多採納，亦間有駁正。如駁顧棟高說，卷八「託於木門」條：「《寰宇記》：古木門城在滄州清池縣西北四十六里，衛侯弟鱄託於木門，蓋此城也。《大事表》謂在河間府城西北三里。參考諸書，皆云在滄州城西北三里，顧棟高誤也。然晉時地未至渤海，《穀梁傳》云：織絢邯鄲，木門當在邯鄲之間。」〔註255〕依據文獻，木門所在確爲滄州，顧說誠誤，但沈氏並未到此即止，而是進一步根據史實提出疑問，再結合《穀梁傳》記載合理推斷此年木門所在，可謂有識矣。又駁齊召南說，卷九「宣汾洮」條：「《一統志》：管涔山在寧武府寧武縣西南六十里，跨五寨、靜樂二縣界，汾水發源於此。《續漢志》：河東聞喜縣有洮水。《水經注》：涑水至周陽與洮水合，水源東出清野山。《一統志》：洮水源出絳州絳縣橫嶺山煙莊谷，入聞喜縣界，與陳村峪水合。按：陳村峪即涑水也。齊召南據《水經注》以洮水即涑水，非也。」〔註256〕洮水自爲洮水，涑水自爲涑水，二水雖合不可逕視而爲一，齊說顯誤。

　　縱觀全書，沈氏所考多爲浮光掠影，又思路不清，徵引雜糅〔註257〕，遊辭隱爍，淺析即止，難見辨極精微之例，且其駁正率多疏誤。如誤駁杜注，卷一「取车婁」條：「《一統志》：牟城在青州府壽光縣東北二十里，婁鄉城在諸城縣西南四十里。《索隱》云：春秋時杞已遷東國，故车婁爲杞之別邑。按：杜預以爲杞即都淳于。然州公之國尚未亡，杞何由得都？僖十四年，杞爲淮夷所病，乃遷緣陵，則齊之東境。淮夷在徐方，若杞先都淳于，無由爲淮夷所病。蓋杞此時尚在雍丘，此莒人伐杞，乃紀之誤。《孔疏》謂淳于、雍丘地別而境連，此尤孟浪不知方員者矣。」〔註258〕今檢《春秋》隱四年：「莒人伐杞，取车婁」，杜注：「杞國，本都陳留雍丘縣。推尋事蹟，桓六年，淳于公亡國，杞似並之，遷都淳于。僖十四年，又遷緣陵，襄二十九年，晉人城杞之淳于，杞又遷都淳于。车婁，杞邑，城陽諸縣東北有婁鄉。」杜預明言桓六年淳于公亡，杞方遷都淳于，非謂隱四年即都淳于，沈氏所疑非所是。又

〔註255〕《春秋左氏傳地名補注》，第91頁。
〔註256〕《春秋左氏傳地名補注》，第96頁。
〔註257〕如《春秋左氏傳地名補注》卷五「城諸及鄆」條：「《水經注》：京相璠曰：琅邪故幕縣南四十里員亭，故魯鄆邑，非也」（第56頁）。此句引文讀之難曉，不知所云，翻檢原書《水經注》卷二十五：「京相璠曰：琅邪姑幕縣南四十里員亭，故魯鄆邑，世變其字，非也。」沈氏爲何省去「世變其字」數字而使原文晦澀如此，且琅邪郡無故幕縣，當作姑幕，沈氏顯誤。
〔註258〕《春秋左氏傳地名補注》，第4頁。

沈氏以爲杞既未遷淳于，則仍都雍丘，既在陳留，與莒嫌遠，故以《經》文莒人伐杞爲誤，此種推理，實黯於史事。顧棟高《春秋大事表·春秋列國都邑表》卷七之二「淳于」條：「然隱三年州未亡，莒人所取之牟婁已在東土，與淳于爲鄰。杞本弱小，不應立國雍丘，而遙屬小邑於千數百里之外。則知春秋之前，杞早居於東土矣。女叔齊曰：『杞，夏餘也，而即東夷』，邾、莒以東皆爲東夷。」〔註259〕又江永《春秋地理考實》隱公四年「杞」條：「今按：《史記索隱》云：周封杞居雍邱，至春秋時杞已遷東國，故隱四年，莒人伐杞，取牟婁，牟婁者，東邑也。據此，則春秋之前，已遷青州而近莒也矣。青州去雍邱甚遠，杞得國於此，或由周王改封之，《疏》謂雍邱、淳于郡別而竟連者，大誤。」〔註260〕杞於此前雖非徙都淳于，但已東遷徙於近莒之地則無可疑，顧氏、江氏言之詳矣，今人據考古成果推斷杞人在春秋前已東遷〔註261〕，於此合。沈氏雖於此史事頗多蒙昧，而其謂孔穎達「孟浪不知方員」，則是。又如卷一「至於廩延」條：「《一統志》：酸棗故城，在衛輝府延津縣北十五里。按：《水經注》：河水又東，逕滑臺城北，城即故鄭廩延也。據文，廩延即今滑縣，唐之滑州，漢晉爲白馬縣。杜預謂酸棗縣之延津，非也。」〔註262〕沈氏僅據《水經注》以駁杜注，難爲定讞。楊守敬曰：「《左傳》隱元年：至於廩延。杜注：鄭邑，陳留酸棗縣，北有延津。《方輿紀要》、《一統志》直云：鄭廩延邑，亦曰酸棗，則是鄭地，在今延津縣。若滑臺，近衛之漕邑。《通典》滑州，春秋時屬衛。《元和志》、《寰宇記》春秋爲衛國，則是衛地，非鄭地。且注下文明言衛之平陽亭在廩延南，安得鄭之廩延邑在平陽北乎？如謂此有延津，以廩延得名，何以酸棗之地，在上流百餘里，已有延津之目乎？酈言滑臺即廩延，未審。乃《文選·陽給事誄序》注引《東郡圖經》：滑臺城即鄭之廩延。全用酈說，失於不考。沈欽韓反申酈駁杜，尤疏。」〔註263〕若如酈道元所言，廩延在滑臺，已入衛地，共叔段何能而有，楊氏所駁甚是，杜說不誤，沈說實謬。

　　又誤駁《一統志》之說，卷一「邴人」條：「《水經注》：瓠河之北有邴都

〔註259〕《春秋大事表》，第795～796頁。

〔註260〕《春秋地理考實》，《春秋戰國史研究文獻叢刊》第4冊，第12頁。

〔註261〕詳參曲英傑《先秦都城復原研究》，黑龍江人民出版社1991年版，第333頁。

〔註262〕《春秋左氏傳地名補注》，第2頁。

〔註263〕《水經注疏》，第412～413頁，原文點作「杜注，鄭邑，陳留酸棗縣北有延津」，頗致歧義，既爲鄭邑，何稱延津？實未了杜意，今改。

城，隱五年，郕侵衛，京相璠曰：東郡廩丘縣南三十里有郕都故城。按：《漢志》郕都作城都，不云郕國，《一統志》：成縣故城在兗州府寧陽縣北，本周時郕國。然《統志》依仿杜氏剛父縣西南之文，剛父即亢父，漢屬東平國，在濟寧州。在寧陽東北者，乃孟氏邑，非郕國。《統志》所引成縣，乃泰山郡之肥成縣，《續志》誤脫『肥』字，劉昭注因而附會，不知肥成云本國，乃承《前志》應劭云肥子國之文也，傳謬已久矣，詳見《後漢書疏證》。」〔註264〕沈氏以京相璠說郕在廩邱南以駁杜說，今檢《水經注》卷二十四：「淄水又逕郕縣北，漢高帝六年封董渫爲侯國，《春秋》：齊師圍郕，郕人伐齊，飲馬於斯水也。」此淄水所逕之郕正與杜預所謂東平剛父之郕合，又徐文靖考曰：「按：隱五年，衛師入郕，杜注：郕國也，東平剛父縣西南有郕鄉。莊八年，師及齊師圍郕，郕降於齊師者也。此郕國也。桓六年，公會紀侯於郕，杜注：郕，魯地，在泰山鉅平縣東南。此魯之郕邑，後爲孟氏邑者也，何得混之？」〔註265〕徐氏所辨甚析，蓋郕國者在寧陽東北，魯之郕邑則在鉅平東南，地非遠隔，而實有別，京相璠所謂廩邱之郕，不知何據，沈氏未加詳辨遽以爲是，遂以寧陽之郕爲魯邑，顯誤。又謂《一統志》所引成縣爲西漢泰山肥成縣，而《一統志》明言成縣故城在兗州府寧陽縣北，爲西漢泰山郡剛縣南，與肥如相隔近百里，沈氏合爲一地，誤甚。

又誤駁《讀史方輿紀要》，卷一「於濼」條：「《水經注》：濼水出歷城縣故城西南，泉源上奮，水涌若輪，《春秋》桓公十八年，公會齊侯於濼，是也，北爲大明湖。《方輿紀要》：小清河在濟南府城北，即濼水也。按：《水道提綱》：趵突泉水出濟南府西南，自城之西北，來會大清河，小清河出章丘縣東南分水嶺東麓。不逕歷城，知濼水非小清河也。《曾鞏集·齊州二堂記》云：自渴馬崖以北，至於歷城之西，蓋五十里，而有泉涌出，高或至數尺，曰趵突之泉，泉多溫，泉旁之蔬甲經冬常榮，故又謂之溫泉，其注而北，則謂之濼水，達於清河，以入於海。」〔註266〕沈氏所辨涉及古今水道變遷，甚爲複雜，今檢《山東通志·凡例》：「小清河之爲濟水故道，自宋熙寧以後乃行漯瀆，而後有大小清河之名。歷城以東爲小清河爲古濟，歷城以北爲漯瀆，爲今之大清河。自濟行漯瀆之後，大清之流日盛，小清之流日微而日淤，至明成化間，

〔註264〕《春秋左氏傳地名補注》，第5～6頁。
〔註265〕徐文靖《管城碩記》卷二十二，中華書局1998年版，第405頁。
〔註266〕《春秋左氏傳地名補注》，第18頁。

有言小清發源於濼水者矣。因金劉豫曾導濼東行，而遂謂此劉豫所開也。至今日，則小清河又源於章邱之獺水矣，因獺水見在，奔流橫溢，而小清其首受也。」〔註267〕又傅澤洪《行水金鑒》卷八十二《濟水》：「宋南渡後，劉豫導濼水東行，入濟水故道，爲小清河，仍經高苑縣北至樂安縣入海。」〔註268〕據此，則濼水本在歷城，至南宋初劉豫導濼入濟水故道，即所謂小清河者，至明成化時，濟水故道自濼之上漸爲淤塞，時人遂謂濼爲小清河之源，再至清初水道又塞，自章丘以上不復逕流，故時人又謂章丘之獺水爲小清河之源，故濼水自是濼水，小清河自是小清河，二者之有關聯自劉豫導之始，而本無源流之義。上引顧祖禹《讀史方輿紀要》、齊召南《水道提綱》，及顧棟高謂：「今歷城縣西南有小清河，春秋時謂之濼水，桓十八年公會齊侯於濼，即此，其源即趵突泉」〔註269〕，《一統志》謂：「（小清河）源出歷城縣西，東經章邱、鄒平、長山、新城，入青州府高苑縣」〔註270〕，皆未達一間。沈氏所駁雖是，然所以駁則非，皆不稔古今水道之變而致歧誤也。

　　除了駁正前說，沈氏還進行了一些考辨地理的工作，如梳理水道逕流，卷九「盟於濡上」條：「《水經注》：濡水出故安縣西北窮獨山南谷，於容城縣西北大利亭東南合易水，而注巨馬水。按：此所謂北濡合北易者也。又云：濡水出蒲陰縣西昌安郭南，又東北逕樂城南，東入博水。按：此所謂南濡合南易者也。《方輿紀要》：濡水在保定府完縣西南，《水經注》亦謂之曲逆水，《志》云：今縣北一里有曲逆水繞縣，東南合於祁水，或以爲此即祁水之別源，非故濡水也。此《水經注》之南濡也。又濡水在易州之北，源出州西北三十里窮獨山，東南流支分入城，又東南流入容城縣界，或謂之北易水。此所謂北濡也。按：《寰宇記》：北易水與濡水同出窮獨山。故其名通稱。《寰宇記》又云：濡水在莫州鄚縣西二十里，東合易水，《左傳》：齊人伐北燕，盟於濡上，即此處也。《紀要》：濡水在河間府任丘縣西北二十里，今與易水交流，不復別爲一川。此並北濡，依杜預至鄚縣入易之文也。按：《水經注》於《滱水篇》之濡水云：自下樽水〔註271〕亦兼濡水通稱，昭公七年，齊與燕盟

〔註267〕《景印文淵閣四庫全書》第 539 冊，第 13 頁。

〔註268〕《景印文淵閣四庫全書》第 581 冊，第 323 頁。

〔註269〕《春秋大事表》卷六上，第 624 頁。

〔註270〕《嘉慶重修一統志》卷一百六十二《濟南府一·山川》「小清河」條，中華書局 1986 年影印本第 10 冊，第 7668～7669 頁。

〔註271〕今本《水經注》作「博」。

於濡上，杜預云云。是濡水與滹沱、滱、易，互舉通稱矣。《一統志》：依城河在保定府安州北，即古濡、滱諸水下流也，土俗稱州爲濡上。此並以南濡爲濡上也。但《水經注》之文，敘述不明，方志所載，又隨附各縣，不加區別，故今並舉諸流，略爲詮次，南北各異，使學者勿惑焉。」〔註272〕沈氏詳析《水經注》所述濡水故道所逕，繼而將歷代對濡上所在之濡水的認識梳理爲兩大系統，即以杜預注、《寰宇記》、《讀史方輿紀要》所主之北濡說，與以《水經注》、《一統志》所主之南濡說，雖未能考實此年濡上究屬何水，然其詮次南北濡水，確爲學人辨惑之一助也。

第五節　馬宗璉《春秋左傳補注》

《春秋左傳補注》三卷，馬宗璉撰，與惠棟《春秋左傳補注》同名，其書宗旨乃師惠棟《補注》之義，而承其遺緒：「東吳惠先生棟，遵四代之家學，廣搜賈、服、京君之注，援引秦漢子書爲證，繼先儒之絕學，爲左氏之功臣。余服膺廿載，於惠君《補注》間有遺漏，復妄參末議焉。」〔註273〕故是書多引古注，斟酌審訂，以補杜氏《集解》，而尤以釋地一端爲重，茲舉其要，以見其考據之得失。

春秋古地年紀久遠，文獻記載多有闕失，故往往難以尋覓其地所在。此外，亦有文獻記載互有牴牾者，令後世學者無所適從，或持此說，或執彼說，以彌縫其間，往往適得其反，難爲定讞。而地名遷移，則是考證《春秋》地理疑竇的重要鑰匙〔註274〕，若能運用得當，問題自然迎刃而解。馬氏則頗閑此法，如卷一「閔二年《經》齊人遷陽」條：「《漢志》東海郡都陽縣，應劭注云：齊人遷陽是。城陽國陽都縣，應劭注云：齊人遷陽，故陽國是。惠棟云：一國兩屬，未詳孰是。璉案：城陽陽都縣，應劭已明言此故陽國，是爲陽之舊都。其後齊人遷之，是自城陽陽都遷於東海都陽。故應劭注都陽〔註275〕爲齊人所遷，酈元《水經注》亦以陽都爲陽故國，齊人利其地而遷之。與應

〔註272〕《春秋左氏傳地名補注》，第100～101頁。
〔註273〕馬宗璉《春秋左傳補注》卷一，第9958頁。本篇所引《春秋左傳補注》皆爲《清經解》本，下同。
〔註274〕錢穆先生明確提出研治古史地理的三大原則：地名原始，地名遷移，地名沿革，具體敘述可參看《史記地名考·自序》（《錢賓四先生全集》第34冊，第8～9頁）。
〔註275〕「應劭注都陽」原作「應劭注都」，顯誤，據上下文補之。

說同。」〔註276〕從表面上看，應劭在兩地都注「齊人所遷」，確實很矛盾，應說似必有一誤，惠棟便簡單以「未詳孰是」爲解，實欠深入分析，馬氏則將地名看作一個動態變化的過程，以史事發展的先後，分別援引應說爲證，疑竇一旦渙然冰釋，陽國所遷之跡亦爲其拈出，所解可謂精湛。

馬氏亦能細繹史事，博考詳徵，以辨古地所在。如卷三「君若待於曲棘」條：「《正義》言：從齊向魯，必不遠涉宋地，曲棘涉上曲棘而誤。甚善。惟以棘爲子山封邑，即西安戟里亭，恐非。魯與齊交界在汶上，成三年秋，叔孫僑如率師疆汶陽之田，圍棘，棘鄉在濟北蛇邱縣，疑此爲齊侯所待之地，下文齊師圍成，成亦在泰山鉅平縣東南，與濟北蛇邱相近，劉昭謂後漢濟北國乃兼併泰山郡所置，是棘鄉近成之證。」〔註277〕齊君欲納魯昭公，其時昭公處鄆，爲魯地，齊君所待自不當遠在宋境，孔穎達所言甚是，而以近齊都臨淄之西安棘地當之，亦非。馬氏詳度先後史事，而定其地爲蛇邱之棘，甚是。據《左傳》昭公二十六年，子猶謂齊侯：「君若待於曲棘，使群臣從魯君以卜焉，若可，師有濟也，君而繼之……」，蛇邱在汶水之北，所謂「汶陽之田」，正合「若可師有濟也」之說，所濟即渡汶水，與時處西鄆之昭公相會，而後納其入都。棘地所處與史事深相合契，馬氏此考可謂深得以史辨地之法。

馬氏復能廣搜文獻，以證成前人未定之說。如卷三「晉車千乘在中牟」條：「《論語》：佛肸以中牟畔，孔安國注云：佛肸，晉大夫趙簡子之邑宰。即此中牟也。《漢志》河南郡中牟，顏注：趙獻侯自耿徙此。〔註278〕《史記·趙世家》：獻侯即位治中牟，臣瓚曰：中牟在春秋之時，是鄭之疆內，及三卿分晉，則在魏之邦土，趙界自漳水以北，不及此，《春秋傳》曰：衛侯如晉，過中牟，按：中牟非衛適晉之次也，《汲郡古文》曰：齊師伐趙東鄙圍中牟，此中牟不在趙之東，按：中牟當漯水之北。《水經·渠水注》漯作濕。《索隱》曰：此趙中牟，在河北。《正義》曰：蕩陰縣西五十八里有牟山，蓋中牟邑在此山側。瑃案：《管子·中匡篇》云：築五鹿、中牟、鄴，以衛諸夏。鄴、五鹿在元城，《郡國志》鄴與元城俱屬魏郡，中牟與五鹿、鄴相近，故張守節以蕩陰牟山當之。《韓非·外儲篇》：晉平公問趙武曰：中牟，三國之股肱，邯

〔註276〕《春秋左傳補注》，《清經解》，第9961～9962頁。

〔註277〕《春秋左傳補注》，《清經解》，第9989頁。

〔註278〕今檢《漢志》河南郡中牟縣，班固自注云：有圃田邑，趙獻侯自耿徙此。則此非顏注，馬氏疏甚。

鄲之肩髀。是中牟在邯鄲左右之證。酈元《漳水注》拘於趙以中牟易魏之說，以爲趙之南界極於浮水，非直屬漳。於《左傳》地勢不合，元凱尙疑滎陽中牟迴遠，酈元可謂寡識矣。」〔註279〕此年杜注云：今滎陽有中牟縣迴遠，疑非也。孔穎達亦謂河南、河北各有中牟，此河北之中牟，故杜預有疑。班固謂河南中牟爲趙獻侯所徙，已誤，臣瓚、張守節所辨甚是，馬氏復從諸子文獻中檢出新證，可謂錦上添花，趙、魏各有中牟，不可相混。酈道元執班說爲據，彌縫其間，實不可從。

對於前說，馬氏多擇善而從，且能正其謬誤。如駁劉昭說，卷一「十四年《傳》伐東郊取牛首」條：「司馬彪《郡國志》魯國有牛首亭，劉昭補注云：宋伐鄭取牛首。即此。案：鄭地，不得至魯國，此劉昭謬注。酈元曰：沙水又東南逕牛首鄉東南，魯溝水出焉，亦謂之宋溝，又逕陳留縣故城南，溝水上承沙河而西南流逕牛首亭，南與百尺陂水合。是牛首地在陳留縣界之證。」〔註280〕宋伐鄭東郊自不得在魯地，此顯而易見也，魯地之牛首亭自是一地，劉昭望文生義，牽合爲一，誤甚。馬氏又援引《水經注》考訂鄭之牛首在陳留，是也。又如卷二「七年《經》同盟於馬陵」條：「《郡國志》河東平陽，劉昭案：杜注云馬陵衛地，平陽東南地名馬陵，又說在魏郡元城。今本杜注不言平陽衛地，不至河東也。劉昭一地兩注，無所適從，遠遜元凱之精當矣。」〔註281〕今檢此年杜注：「馬陵，衛地，陽平元城縣東南有地名馬陵。」則杜預確乎未言馬陵在平陽，劉昭或誤以「陽平」爲「平陽」，故有所謂「平陽東南地名馬陵」之說，顯誤。元城縣東漢時屬魏郡，故劉昭於《續漢書·郡國志》魏郡元城縣又引杜預馬陵之說爲補注。又據《晉書·地理志》元城屬陽平郡，《宋書·州郡志》：「元城，漢舊縣，晉屬陽平。」又《魏書·地形志》：「元城，二漢屬（魏尹），晉屬陽平。」則西晉時元城縣移屬陽平郡，故《左傳》僖公二十三年、《春秋》成公七年、《春秋》定公七年，杜注陽平郡皆有元城縣，劉昭誤認「陽平」爲「平陽」，不解「平陽元城」之義，故於《續漢志》河東郡平陽下又引杜預馬陵之說爲補注，並交代「又說在魏郡元城」，所謂一地兩注之謬，職此之由乎。

水道所逕爲自然地理，疆域沿革爲政治地理，清人率多致力於後者之考

〔註279〕《春秋左傳補注》，《清經解》，第 9992 頁。
〔註280〕《春秋左傳補注》，《清經解》，第 9959 頁。
〔註281〕《春秋左傳補注》，《清經解》，第 9972 頁。

證，於前者則明顯研究不足。除了考定古地，馬氏亦對《春秋》地理中的古水道詳加推求，以釋讀史之疑，如卷一「卅年《經》公及齊侯遇於魯濟」條：「案：《水經·濟水注》：濟水又北逕微鄉東，又北逕清亭東，又北過穀城縣西，又北逕周首亭西。魯濟蓋在微鄉、清亭之間，微鄉即莊廿八年冬所築郿也，《公羊傳》作『微』。清即公及宋公遇於清是也。此皆魯地，濟水所經，故謂之魯濟。若過穀城，則謂之齊濟，穀即小穀，與周首亭、王子成父敗榮如處，皆齊濟所經。又案：《郡國志》濟北國齊地為多，是魯濟又在濟水以南。」〔註282〕於此「魯濟」，杜注曰：「濟水歷齊、魯界，在齊界為齊濟，在魯界為魯濟。」太過簡單，不知確指。馬氏精熟《水經注》，詳繹濟水流逕，以辨魯齊之分野，甚為明晰，庶幾可補杜注之粗疏也。又卷三「宣汾洮」條：「惠定宇據《水經注》涑水一名洮水，證洮水即涑水。案：酈元明言涑水出河東聞喜縣東山，洮水源東出清野山，世人以為青襄山，至周陽合於涑水，始謂洮水為涑水。是洮、涑二水源流各異，未合涑水，為洮水；既合涑水，乃統謂之涑水；《郡國志》聞喜有洮水，又有涑水，最為明晰。」〔註283〕馬氏所辨甚晰，洮、涑各有所源，雖終歸合流，然不可謂之一水也。

　　馬氏考辨之得，其大體可由上文見之。然其所據所引，間有訛誤，如卷一「十年《經》公敗宋師於乘邱」條：「應劭《地理風俗記》曰：濟陰乘氏縣，故宋乘邱邑，《漢志》泰山郡乘氏縣，顏籀注：公敗宋師，即此地。璉案：魯師自雩門竊出以敗宋師，雩門魯城門，則敗宋師必在魯之近郊。《括地志》云：乘邱在瑕邱縣西北。《水經·泗水注》：泗水西南逕魯縣北，又西過瑕邱縣東。瑕邱與魯縣接界，則乘邱為魯近郊地，故元凱直斷為魯地。濟陰乘氏，應劭、張華、酈元雖皆言為《春秋》之乘邱，非魯近郊，故未有言魯敗宋師於此，小顏注不足據。惠棟反據此以駁元凱魯地之非，亦誤。《禮記正義》亦云：乘邱，魯地。」〔註284〕馬氏謂「泰山郡乘氏縣」，今檢《漢書·地理志》，泰山郡有乘丘縣無乘氏縣，乘氏縣屬濟陰郡，此處引文顯誤。又《漢書·地理志》濟陰郡乘氏縣，顏注引應劭曰：「《春秋》敗宋師於乘丘」，是也。馬氏謂「未有言敗宋師於此」，又誤。是書此類錯謬舉不勝舉，如卷一「六年《傳》改蒐於董」條謂：「元凱注改蒐於董在汾陰，劉昭復於《郡國志》汾陰補注引之」

〔註282〕《春秋左傳補注》，《清經解》，第9961頁。
〔註283〕《春秋左傳補注》，《清經解》，第9981頁。
〔註284〕《春秋左傳補注》，《清經解》，第9960頁。

〔註285〕，此爲馬氏想當然之說，今檢《續漢書・郡國志》河東臨汾有董亭，劉昭注引《左傳》云云，而非繫於汾陰。又卷三「八年《經》秋蒐於紅」條謂劉昭《郡國志》補注「於沛國紅縣引《地記》」〔註286〕，今檢《續漢書・郡國志》沛國有虹縣無紅縣，劉昭所引爲《地道記》非《地記》。卷三「六年《經》城郜瑕」條：「案：《郡國志》負邱屬山陽」〔註287〕，今檢《續漢書・郡國志》山陽郡有瑕丘縣無負邱縣，馬氏顯誤。

此外，又有釋地無據者，如卷一「六年《傳》納諸鄂」條：「《郡國志》河南絳邑〔註288〕有翼城，《詩譜》言：晉穆侯遷都於絳，暨孫孝侯改絳爲翼，翼爲晉之舊都。酈元《汾水注》詳言之，惟鄂地未詳。《世本》云：唐叔虞居鄂，宋忠曰：鄂今在大夏。〔註289〕案：大夏在晉陽縣，唐叔始封之地，《史記・晉世家》：晉哀侯九年，曲沃武公伐晉侯於汾旁，虜哀侯。是鄂地在汾旁之證，計其地，去晉故絳都亦不甚遠，故鄂侯之子仍號爲翼侯，亦鄂近翼城之證。」〔註290〕馬氏此段推論全無道理，哀侯於近汾處被俘與鄂地有何關係，「鄂地在汾旁之證」何從談起？汾水流域遼闊，何見其必近絳都？據《左傳》隱公五年：「曲沃叛王，秋，王命虢公伐曲沃，而立哀侯於翼」，六年「（翼）嘉父逆晉侯於隨，納諸鄂，晉人謂之鄂侯」，則晉侯之子哀侯仍都翼，乃王命，翌年晉侯方見納於鄂，號鄂侯，哀侯與晉侯所處之鄂本無聯繫，且若論稱號，先有翼侯後有鄂侯，馬氏所謂「鄂近翼城之證」，甚無謂也。錢穆先生據《括地志》、《隋書・地理志》以爲鄂地近山西鄉寧縣〔註291〕，近是。又如同名異地是清人經學地理考據重點探討的問題，其中多有顯而易見者，馬氏亦有討論。如卷一「齊桓公遷邢於夷儀」條：「《漢志》：河內郡平皋縣，應劭曰：邢侯自襄國徙此，當齊桓公時衛人伐邢，邢遷於夷儀，其地屬晉，號曰邢丘，以其在河之皋處，勢平夷故曰平皋。瓚注云：《春秋》：狄人伐邢，邢遷夷儀，不至此，今襄國西有夷儀城，去襄國一百餘里，平皋是邢丘，非國也。璉案：《郡

〔註285〕《春秋左傳補注》，《清經解》，第9967頁。
〔註286〕《春秋左傳補注》，《清經解》，第9983頁。
〔註287〕《春秋左傳補注》，《清經解》，第9993頁。
〔註288〕據《續漢書・郡國志》河東郡絳邑縣有翼城，此作「河南絳邑」，顯誤。
〔註289〕《春秋左傳注疏》卷三《考證》錄齊召南曰：「按：鄂地，杜注闕所在，《史記集解》引《世本》曰：唐叔居鄂，宋忠曰：鄂地，今在大夏。」（《景印文淵閣四庫全書》第143冊，第108頁）。
〔註290〕《春秋左傳補注》，《清經解》，第9958頁。
〔註291〕錢穆《史記地名考》，《錢賓四先生全集》第34冊，第492頁。

國志》河內平皋有邢邱,故邢國,周公子所封。是平皋之邢邱,本邢國也,此非齊桓公所遷之邢。《郡國志》東郡聊城有夷儀聚,計邢國所都,亦只在聊城百里之內,臣瓚謂在襄國西,是也。若平皋邢丘乃衛所滅,復入於晉,師古曰:晉侯送女於邢丘,即此。」〔註 292〕。《左傳》宣公六年:「秋,赤狄伐晉,圍懷及邢丘」,杜注:「邢丘,今河內平皋縣」。此《春秋經》、《傳》首見之「邢丘」,明屬晉有,與姬姓之邢國本無涉。又《春秋》僖公二十五年:「春王正月,丙午,衛侯燬滅邢」,《左傳》:「正月,丙午,衛侯燬滅邢,同姓也」,經文杜注:「衛、邢同姬姓,惡其親親相滅,故稱名罪之。」此為衛所滅之同姓邢國,僖公元年,其遷夷儀,當如臣瓚所云在襄國西之夷儀城。應劭或因「邢丘」有「邢」字,而誤以其為邢侯所遷之夷儀,實誤。臣瓚已明云平皋之邢丘非國也,而馬氏仍從《郡國志》誤說而謂「平皋之邢邱本邢國也」,真不識名同實異之甚者也。

　　有所駁是而所辨非者,如卷一「其弟以千畝之戰生」條:「顧亭林曰:千畝當依《趙世家》周宣王伐戎及千畝,《括地志》所謂在晉州岳陽縣北九十里是也。閻百詩辨之曰:千畝乃周之籍田,離鎬京應不甚遠,《括地志》所言太遠。璉案:《郡國志》太原介休有千畝聚,劉昭言:晉為千畝之戰在縣南,《括地志》謂:晉千畝在岳陽,甚當。是戰乃晉勝敵,非若周宣之戰乃敵勝周,百詩誤以為周宣千畝之戰,證其宜在籍田,非是。」〔註 293〕今檢百衲本《史記・周本紀》:「宣王不修籍於千畝……三十九年,戰於千畝,王師敗績於姜氏之戎。」《史記正義》引應劭曰:「古者天子耕籍田千畝,為天下先。」前一千畝顯非地名,為耕籍之田,當近鎬京;後一千畝方為周宣王伐戎之地,閻氏混淆二千畝為一地,而謂《括地志》岳陽之說為太遠,其誤甚明。馬氏遂謂:「(晉千畝之戰)是戰乃晉勝敵,非若周宣之戰,乃敵勝周」以駁閻說,甚無理據,兩戰之地皆當在介休之千畝,且據《史記・晉世家》:「(穆侯)十年伐千畝有功」,雖謂有功,未見其必勝敵也,馬氏以勝敵與否區別二戰,亦誤。

　　有所駁、所辨皆非者,如卷二「四年《經》多城郿」條:「《釋例》以此為西郿,非是。此為莒、魯所爭之東郿,《郡國志》琅邪東莞有郿亭。璉案:郿近費,故為季氏邑,《漢五行志》:成公五年秋,大水,董仲舒、劉向以為

〔註 292〕《春秋左傳補注》,《清經解》,第 9962 頁。
〔註 293〕《春秋左傳補注》,《清經解》,第 9959 頁。

時成幼弱，政在大夫，前此一年再用師，明年復城鄆，以強私家。師古注：
鄆，季氏邑。是也。」〔註294〕成四年魯所城爲西鄆，向無疑問，今揆諸地望，
季氏費邑在今山東費縣北，東莞之鄆在山東沂水縣北，兩地相距甚遠，若如
馬氏所謂「鄆近費」以觀春秋地理，無處不可謂相近也，又兩地中隔防、密、
鄆陵、郠等諸邑，季氏何能並占數邑、兼而有之？果若佔地如此之廣，季氏
儼然爲一方之諸侯也。又《左傳》成公九年：「楚遂入鄆，莒無備故也」，此
時東鄆仍爲莒國所有，直至昭公元年：「季武子伐莒取鄆」，東鄆方歸魯有。
顧棟高云：「沂水縣治西北四十里有古鄆城，爲魯之東鄆，莒、魯所爭者。文
十二年，季孫行父帥師城諸及鄆，此時鄆蓋屬魯。後入於莒，成九年楚子重
圍莒，莒潰，楚遂入鄆，即此鄆也。至昭元年，季孫宿伐莒取鄆，自是鄆常
爲魯有矣」〔註295〕，成公四年此東鄆方屬莒，季氏何能取而城之？董仲舒治
公羊，率以《春秋》大義釋經，而《公羊傳》於成公四年「城鄆」及五年「大
水」皆無《傳》文以發明其義，董、劉之說無《傳》可承，且其所謂「以強
私家」，亦不可證明此鄆必在東，而非鄆城之西鄆。馬氏於東鄆史地大段不甚
了了，所言誤甚。

第六節　王夫之《春秋稗疏》

　　《春秋稗疏》二卷，王夫之撰，《四庫全書》、《清經解續編》皆收錄此書，
四庫館臣云：「夫之有《周易稗疏》別著錄，是編論《春秋》書法及曆象、典
制之類僅十之一，而考證地理者十之九」〔註296〕，據此，則是書於探研《春
秋》地理甚多著力也〔註297〕。

　　王氏精於辨理，其於經學地理考證亦承此風，如卷一「扈」條：「杜云：

〔註294〕《春秋左傳補注》，《清經解》，第9972頁。
〔註295〕顧棟高《春秋大事表》卷六之上，中華書局1993年版，第627頁。
〔註296〕《春秋稗疏提要》，《景印文淵閣四庫全書》第174冊，第341頁。
〔註297〕據今人單周堯統計，《春秋稗疏》共計122條，其中地理類71條，名物類18
　　　　條，書法類14條，典制類10條，天文曆法類9條，故考證地理者占全書過
　　　　半而已，非如提要所言「居十之九」，詳氏撰《王夫之春秋稗疏研究·序》（上
　　　　海古籍出版社2010年版，第2頁）。然提要謂王夫之於《春秋》地理多有措
　　　　意，則大抵不誤也。又《王夫之春秋稗疏研究》，港人招祥麒撰，是書於王夫
　　　　之《春秋稗疏》所載考證逐條細繹，旁徵博引，以明其旨，然多津津於清人
　　　　諸說之徵引，於王氏地理考證之誤，率多從之，鮮能揭發，少匡補糾謬之功，
　　　　有助訛傳訛之嫌。

扈，鄭地，在滎陽卷縣西北。卷縣，今原武，此文、宣二公時晉會諸侯之扈，去齊且千里，去魯亦遠，齊、魯接壤之國，會盟以講姻好，非有事於西方，何爲遠涉千里以結盟？地固有名同而實異者，足知此扈非滎陽之扈，《傳》稱夏有觀扈，其地在今東昌之觀城，鄰於衛而爲齊、魯之西界，孫氏曰：扈，齊地〔註298〕。得之。」〔註299〕《春秋》莊公二十三年：「（夏）公及齊侯遇於穀……十有二月甲寅，公會齊侯盟於扈」，杜注：「扈，鄭地，在滎陽卷縣西北」。王夫之依據地理情勢，指出齊、魯會盟不當遠赴鄭滎陽之扈，其辨是也。考本年之夏，齊、魯遇於穀，此穀在今山東東阿，爲齊地，則冬之會盟，亦當在齊魯之境，王夫之以爲在觀扈，雖文獻無徵，然於理爲順，今人亦有從之者。〔註300〕又卷一「江黃貫」條：「江國，杜解在汝南安陽縣。《東坡圖》在蘄州界，汝南地接黃陂蘄州，而國以江名，必近江水，蘄州東濱大江，有故江夏城，於漢晉或屬汝南，《東坡圖》非無據已。黃，嬴姓國，杜云在弋陽縣，今光州也，地接黃梅，黃之爲州名，肇於此。貫，杜氏以爲字誤，云是蒙縣西北之蕡城。按：蒙縣之有蕡城，他無所考，獨聞杜說。漢有蕡縣，自屬鉅鹿，蕡侯，呂之國也。貫之非蕡，三《傳》無異，《穀梁》《釋文》音古亂反，明非音世之蕡。按：《史記‧田齊世家》齊伐衛取毌丘，《索隱》曰：毌同貫，古國名，衛邑。蓋今東昌之冠縣，毌、貫、冠音義相通，地與陽谷近，江、黃北來受盟於齊，自應至齊、衛之境，不當屈齊、宋南來，杜於此破文以伸已說，非是。」〔註301〕《春秋》僖公二年：「秋九月，齊侯、宋公、江人、黃人盟於貫」，杜注：「貫，宋地，梁國蒙縣西北有蕡城，蕡與貫字相似」。王夫之以爲西漢鉅鹿郡有蕡縣，遠在河北，顯非會盟之地，又引陸德明《釋文》證此貫無蕡音，以駁杜預貫、蕡相通之說，所辨是也。然杜預云貫爲宋地則不誤，王氏所引《史記》田齊伐衛乃齊宣公四十九年事，所取毌丘爲戰國之衛邑，非春秋之衛邑，春秋時貫地昵近宋都與衛中隔曹國，衛何得有之，王氏謂會盟之貫爲「齊、衛之境」，誤矣。

王夫之推求地理，雖辨之以理，然率多舛誤，不可信據。如卷一「向」

〔註298〕此指宋孫復《春秋尊王發微》卷三之說。
〔註299〕《春秋稗疏》，《清經解續編》，第44頁。
〔註300〕楊伯峻《春秋左傳注》云：「扈，杜注以鄭地之扈當之，恐相距太遠，此扈當是齊地，疑在今山東省觀城廢縣境。說本王夫之《稗疏》。」（中華書局1990年修訂版，第225頁）。
〔註301〕《春秋稗疏》，《清經解續編》，第45～46頁。

條：「杜解：譙國龍亢縣有亢城〔註302〕。龍亢地在今懷遠縣境，《漢書》沛郡有向縣，注云：故姜姓國，炎帝後。地近蕭縣，言譙國龍亢者，晉併入龍亢，爲譙王國邑也。《後漢書》注云：《地道記》曰：《左傳》隱二年『入向』，城在龍亢縣東南。而闞駰《十三州志》曰：軹縣南山西曲有故向城，即周向國也，《傳》曰向姜不安於莒而歸者也。今按：軹縣之向，邑也，非國也。《傳》所謂王以蘇忿生田向與鄭，注云：在軹縣西，地名向上者也，且其地去莒千里而遙，莒以小國偏師，安能越齊、魯、宋、鄭而入其國都，則班書爲是，闞說非也。地之以向名者不一，軹縣有向矣；扶溝亦有向，會吳之向也；長葛有向，襄十一年諸侯師於向者也；皆如字。唯此龍亢之向國，音式亮反，顏師古注云然。」〔註303〕《春秋》隱公二年：「莒人入向」，此條乃辨此「向」地所在，杜預云在龍亢，《漢書·地理志》沛郡向縣，班固自注云：「故國，《春秋》『莒人入向』，姜姓，炎帝後」，王氏首先解釋了此二說實指一地，續而又引出闞駰向在軹縣之見，兩說相歧，定有錯謬，王氏通過從「莒人入向」的史事入手，分析如莒這樣的小國難以橫跨諸侯廣域，遠赴軹縣以滅向，故以懷遠龍亢之向爲是，從而認定班固、杜預無誤。最後，又從同名異地的視角出發，對《春秋》諸向，進行了高度簡練的區分，如此首尾完具的考辨，點滴不漏。然而，案諸地圖，莒國在今山東莒縣，去懷遠之向，直線距離在七百里以上，若以王氏之思路，莒人何能遠赴如此之遠而滅他國，真可疑也。

江永以爲：「《傳》：莒子娶於向，向姜不安莒而歸，莒人入向，以姜氏還。向國當近莒，考向地在山東者二：宣四年，杜注：東海承縣東南有向城。于欽《齊乘》謂向城鎮在沂州西南一百里，當爲一地，此一向也。《寰宇記》莒州南七十里有向城，此又一向也。二地不知孰爲向國，以近莒言之，則《寰宇志》爲是。蓋莒入向後，遂有其地。至宣四年，魯又伐莒，取向也。若龍亢之向，去莒甚遠。襄十四年，諸國大夫會吳於向，當是此向耳。」〔註304〕驗核地勢，江說是也，《中國歷史地圖集·春秋圖組》未繪懷遠之向，而於莒縣下七十里處繪有向國，則其所見與江氏同也。

〔註302〕檢《春秋》隱公二年，杜注：「譙國龍亢縣東南有向城」，此處之「亢城」顯爲「向城」之訛。《船山全書》第5冊《春秋稗疏》正作「向城」（嶽麓書社1993年版，第21頁）。

〔註303〕《春秋稗疏》，《清經解續編》，第42頁。

〔註304〕江永《春秋地理考實》隱公二年「向」條，《春秋戰國史研究文獻叢刊》第4冊影印清道光九年學海堂刊《皇清經解》本，國家圖書館出版社2009年版，第10頁。

　　誤讀文獻，辨析疏忽，則爲王氏之通病。如卷一「防」條：「邑名有地相近而名同者，考證之所以難也。會防之防，在漢華縣屬泰山郡，其地當在齊、魯之間，故文姜會齊侯亦於此。取防之防，杜云：在高平昌邑縣西南，與成武東南之郜城，同在魯西，而爲宋地。魯既取之於宋，莊二十九年，因城之，爲臧氏食邑，觀臧紇自防奔邾，則其爲昌邑之防，在魯西南可見矣。」〔註305〕《春秋》隱公九年：「冬公會齊侯於防」，杜注：「防，魯地，在琅琊華縣東南」；十年：「六月壬戌，公敗宋師於菅，辛未取郜，辛巳取防」，杜注：「高平昌邑縣西南有西防城」。此例王夫之實爲杜作解人也，齊、魯相會，自然當在齊、魯交境處，則會防在華縣，無疑。宋在魯西南，魯取宋地，此防在昌邑亦無疑。而王氏謂此西防即臧氏食邑則大誤，郜在魯西，地近西防，誠然也，然臧紇所奔乃邾非郜，邾在魯東，《左傳》襄公二十三年：「季孫怒，命攻臧氏。乙亥，臧紇斬鹿門之關以出奔邾……臧孫如防」，據杜注鹿門爲「魯南城東門」，臧紇斬魯鹿門出，先至邾，又從邾返防，若此防爲西防，則臧紇不當先至魯東之邾，再由邾折返，由西南遠赴西防，地理、史事皆不可通，案諸地圖，一目了然，其誤明矣。王氏不考地勢，且誤「邾」爲「郜」，又誤臧紇「自邾如防」爲「自防奔邾」，錯謬迭出，舛訛甚矣。《春秋左傳注疏卷三十二考證》云：「近齊之防，即隱九年會齊侯者也；又一近宋，隱十年伐宋取防者也。近齊之防爲臧氏邑，後武仲自邾如防以求立後，即此防也」〔註306〕，高士奇《春秋地名考略》卷二「防」條：「魯有三防：華縣之防，所謂東防也，莊二十二年『及齊高徯盟於防』，二十九年『城諸及防』，又襄十二年『城防』，皆此邑也，爲臧氏食邑，故十七年『齊高厚圍臧紇於防』，二十三年『臧紇自邾如防』……昌邑之防，宋防也，既爲魯有，欲別於臧氏之防，故謂之西防……僖十四年『季姬及鄫子遇於防』，此季姬召鄫子至魯，蓋魯國之防山也」〔註307〕，又顧棟高《春秋大事表》卷六下「魯有三防」條：「隱九年，公會齊侯於防，此東防也，本魯地，在今沂州府之費縣，世爲臧氏食邑。襄二十三年，臧紇自邾如防，即此」〔註308〕，諸人皆無異說，王氏獨出新見，大謬不然也。

〔註305〕《春秋稗疏》，《清經解續編》，第43頁。
〔註306〕《景印文淵閣四庫全書》第144冊，第91頁。
〔註307〕高士奇《春秋地名考略》，《春秋戰國史研究文獻叢刊》第3冊影印清康熙間
　　　　錢塘高氏刊本，國家圖書館出版社2009年版，第78～79頁。
〔註308〕顧棟高《春秋大事表》，中華書局1993版，第689～690頁。

　　王氏復不識故邑所在，雖考之甚勤，難得確解。如卷一「會於郕」條：「《左氏》、《公羊》皆作『成』，胡氏獨從《穀梁》作『郕』。按：郕，國也。莊八年，齊、魯圍之；文十二年，郕伯來奔；其國在濟南西北，齊、衛之間，杜氏所謂東平剛父縣西南郕鄉也。成，則魯邑也，在漢泰山郡鉅平縣，後爲孟氏之食邑，在齊之南，故曰：『無成，則齊人必至於北門』，紀會魯以謀齊難，自就魯以謀，安敢越齊而西會於濟北哉？且地以國者，其國亦與，郕近齊而微弱，亦豈敢爲紀主以亢齊？《穀梁》成傍加邑，自傳寫之訛耳。」〔註309〕今檢《中國歷史地圖集・西晉圖組》東平郡剛平縣與泰山郡巨平縣二地實兩相接界，直線距離五十多里，《中國歷史地圖集・春秋圖組》剛平之郕與鉅平之成〔註310〕二地亦然，二地同在齊、魯之間，濟南正南，且去魯甚近，高士奇云：「魯成邑在寧陽東北九十里，蓋亦以近郕而得名」〔註311〕，是也，此外更無所謂郕地。王氏皎皎辨之，卻不知剛平所在，謂之地處「濟南西北」，眞乃令人失笑也〔註312〕。又卷一「公次於滑」條：「《左傳》作『滑』，二《傳》作『郎』。滑，杜云：鄭地，在陳留襄邑縣西北。蓋今大名之滑縣。言次，則公帥師以往，紀在魯東南，今欲救紀而其君輕去國都，帥師以西，次於曹、鄭之間，獨不畏齊之乘虛以致難於魯乎？如云約鄭，鄭之東向紀也，亦不北逕於滑。唯郎則按《後漢書》注在山陽高平縣，今兗州之金鄉也，既不出魯封內，又爲鄭、紀之孔道，固宜以二《傳》爲正。」〔註313〕王夫之以爲紀在魯國東南，不知何據也？今檢《國語・齊語》述齊桓公時齊國之封疆云：「地南至鮰陰，西至於濟，北至於河，東至於紀酅」〔註314〕，則紀國地交齊境矣，《中國歷史地圖集・春秋圖組》繪紀國於齊都之側，今人謂「紀國處於齊都臨淄之東南，相距不過百餘里」〔註315〕，是也。故紀國當在魯之東北，絕非東南也，王氏大謬也。按照王氏思路，若魯師次郎，郎在魯之西南，而欲救

〔註309〕《春秋稗疏》，《清經解續編》，第 43 頁。

〔註310〕《地圖集》繪作「郕」。

〔註311〕高士奇《春秋地名考略》卷十三「郕」條，《春秋戰國史研究文獻叢刊》第 3
　　　　冊，第 596 頁。

〔註312〕招祥麒《王夫之春秋稗疏研究》於此條謂「王夫之深諳地理與歷史情勢……
　　　　王氏之見，情理俱恰，庶幾可無議者」（第 97 頁），不異於一種諷刺。

〔註313〕《春秋稗疏》，《清經解續編》，第 44 頁。

〔註314〕《國語》，上海古籍出版社 1998 年版，第 241 頁。

〔註315〕楊伯駿《春秋左傳注》，第 161 頁。

魯東北之紀，不啻於南轅北轍乎？且《左傳》明謂：「公次於滑，將會鄭伯，謀紀故也」，滑爲鄭邑，公欲會鄭伯於鄭地，何爲不妥？王氏不知紀地所在，而必欲以《公羊》、《穀梁》爲是，豈非強詞奪理！

　　王氏又誤信前說，致其考辨多有訛誤，如卷一「垂」條：「《左傳》云：遇於犬邱，杜解：犬邱，垂也，地有兩名。則杜既知垂之即犬邱矣，而又曰：濟陰句陽縣東有垂亭，豈不自相背戾邪？犬邱，於漢爲敬邱，《漢書》注云：明帝更名太邱，應劭曰：《春秋》遇於犬邱在此。《水經注》云：睢水側有犬邱，王莽改曰敬邱〔註316〕。縣屬沛郡，而句陽縣屬濟陰，一臨睢水，爲宋地；一近濟水，爲衛地；《傳》稱：宋公以幣請先見，修主道也，則垂爲宋地，審矣。」〔註317〕此例王氏先對杜注進行了駁斥，單讀其文，未了其義，《春秋》隱公八年：「春，宋公、衛侯遇於垂」，杜注：「垂，衛地，濟陰句陽縣東北有垂亭」，同年《左傳》：「宋公以幣請於衛，請先相見，衛侯許之，故遇於犬丘」，杜注：「犬丘，垂也，地有兩名。」從這兩段引文來看，杜預釋垂地在濟陰句陽，垂地即犬丘，其中並無扞格難通之處。王氏又引出應劭說，以明其旨，檢王先謙《漢書補注·地理志》沛郡敬丘縣條：「（顏注）應劭曰：《春秋》『遇於犬丘』，明帝更名犬丘。補注：汪士鐸曰：卜『犬』，當作『大』」〔註318〕，而傳世宋元諸本《漢書·地理志》皆作「更名大丘」〔註319〕，又《永樂大典》卷一萬一千一百三十六錄《水經注·睢水》云：「睢水又東，逕大丘縣故城北，《地理志》曰：故敬丘也，漢武帝元朔三年，封魯恭王子節侯劉政侯國，漢明帝更從今名」〔註320〕，《續漢書·郡國志》沛國有太丘無犬丘，宋巾箱本《春

〔註316〕今檢遍檢《水經注》無「王莽改曰敬丘」之語，敬丘本爲西漢縣名，王莽篡漢建新，如何又改爲敬丘，此乃邏輯不通之甚者，譚其驤《新莽職方考》云：「沛郡舊領縣三十七，龍亢、谷陽……敬丘……仍舊名」（《長水集》上冊，人民出版社 1987 年版，第 57～58 頁），則王夫之此說之謬，明矣。

〔註317〕《春秋稗疏》，《清經解續編》，第 43 頁。

〔註318〕王先謙《漢書補注》，書目文獻出版社 1995 年影印本，第 703 頁。

〔註319〕此處所謂宋元諸本《漢書》，乃指：《中華再造善本叢書》影印國家圖書館藏北宋刻遞修本《漢書》，《仁壽本二十六史》影印南宋福唐郡庠重刊北宋淳化監本《漢書》，《中華再造善本叢書》影印北京大學藏宋慶元元年建安劉元起刻本《漢書》，《中華再造善本叢書》影印國家圖書館藏宋蔡琪家塾刻本《漢書》，《中華再造善本叢書》影印國家圖書館藏嘉定十七年白鷺洲書院刻本《漢書》，《中華再造善本叢書》影印國家圖書館藏元大德九年太平路儒學刻明成化正德遞修本《漢書》。

〔註320〕《永樂大典》本《水經注》，廣陵古籍刻印社 1998 年影印本，第 435～436 頁。

秋經傳集解》隱公元年陸德明《釋文》云：「⊕音泰，舊太字皆作大」。大、太相通，則後漢所改當作「大丘」即太丘，應劭望文生義，誤認「大丘」為「犬丘」，遂附會《春秋》「遇於犬丘」於西漢敬丘，王夫之以訛傳訛，豈可信據？高士奇謂應說似誤，是也〔註321〕。又《永樂大典》卷一萬一千一百三十六錄《水經注・瓠子水》卷二十四：「瓠瀆又東，（逕）垂亭北，《春秋》隱公八年：宋公、衛侯遇於犬丘，《經》書『垂』也，京相璠曰：今濟陰句陽縣小城陽東五里有故垂亭者也。」〔註322〕則西晉時人京相璠、北魏酈道元對杜預犬丘為垂在句陽之說，本無異議。再以地理位置辨之，王夫之所謂宋地之犬丘即西漢敬丘、東漢大丘，在宋都商丘東南，而衛國卻在宋之西北，宋、衛相遇，豈有使衛侯長途跋涉越過宋都，再遠赴其境之東南而相會之理？而句陽之犬丘正在宋、衛之間，且去衛都遠較宋都為近，宋公敬齊侯致平美意，擺出積極主動的態度，遠赴衛地，故有《左傳》所載宋公以幣「請先相見」之事，若從王說，則宋公以逸待勞，衛侯反是舟車勞頓，其與史事絕計難合，審矣。王氏於古地道里遠近茫昧若此，宜其生造誤說也。

　　王氏某些錯誤甚至到了令人難以理解的地步，如卷一「艾」條：「杜解云：（泰）山牟縣有艾山，而桑欽《水經》文：沂水出泰山蓋縣艾山，南過琅邪臨沂。臨沂，今沂州也，酈道元說地近莒之浮來，《後漢郡國志》琅邪臨沂縣注：隱六年『盟於艾』，杜預曰：縣東南有艾山，又與《左傳》解云『牟縣』者異……艾山自在琅邪之蓋，杜云泰山者，非也。」〔註323〕檢《春秋》隱公六年：「夏五月辛酉，公會齊侯盟於艾」，杜注：「泰山牟縣東南有艾山」。王夫之於杜注、桑欽《水經》之間，用「而」字相隔，明示二說為兩地，前者為牟縣之艾，後者為蓋縣之艾，然檢諸地圖，兩縣縣境恰恰接壤，牟縣之東南恰為蓋縣之西北，楊守敬云：「《左氏釋例》：水名內，沂出蓋縣艾山，與《經》合。又《經》隱六年注：牟縣東南有艾山。《隋志》：嬴縣有艾山。《括地志》：艾山在博城縣南百六十里。《寰宇記》：艾山一名臨樂山，在新泰縣東北三十里。蓋俱與蓋縣地相接也。」〔註324〕則杜注牟

〔註321〕高士奇《春秋地名考略》卷七「垂」條，《春秋戰國史研究文獻叢刊》第 3 冊，第 312 頁。
〔註322〕《永樂大典》本《水經注》，第 440 頁。
〔註323〕《春秋稗疏》，《清經解續編》，第 43 頁。
〔註324〕楊守敬、熊會貞《水經注疏》，江蘇古籍出版社 1989 年版 1999 年第二次印刷本，第 2158 頁。

縣說、桑欽蓋縣說,實同指一山,確然無疑也。王氏又引《續漢志》劉昭補注所錄杜預說,以爲與「《左傳》解云牟縣者」異。揆度王氏引用劉昭注所謂杜注之用意,在於藉此證明杜預於艾山所在另有一說,即在琅邪臨沂縣,並以此作爲牟縣說之異者。然而,杜注云云乃劉昭抹去屬縣係其於臨沂之下,造成了杜預有艾山在臨沂之說的假象,清人對此已有懷疑,王先謙《後漢書集解》引惠棟云:「案:杜氏注云泰山牟縣東南有艾山,不云在臨沂」〔註325〕,豈能作爲杜預有艾山在臨沂之依據?在雙重誤解的基礎上,王氏得出了艾山在琅邪蓋縣的奇論,並判定杜說艾山在泰山牟縣爲非,荒唐可笑,莫此爲甚。且王氏云「《左傳》解云牟縣者」,今遍檢《左傳》未見任何艾山在牟縣之解,杜注明明繫於《春秋》經文,王氏大謬。此辨舛誤頻出,不知王船山爲何昏聵錯亂如此,令人深爲費解也。

第七節　程廷祚《春秋地名辨異》

《春秋地名辨異》爲程廷祚《春秋識小錄》三種之一〔註326〕,共三卷,上卷列舉並辨析了《春秋》與《左傳》中一地多名的現象,中卷、下卷的研究對象則是同名異地現象,後附《晉書地理志證今》。

程氏此作主要價值是在文獻記載和前人研究的基礎上進行綜合歸類,再分條排比,以一種簡潔直觀的形式對《春秋經》、《傳》所涉地名加以辨別。程氏考辨《春秋》地理最爲主要的文獻依據是杜注,如卷上一地二名「蔑、姑蔑」條:「隱元年,公及邾儀父盟於蔑。魯地,杜曰:蔑,姑蔑也。定十二年,國人追之,敗諸姑蔑。」〔註327〕又卷上一地三名「闕塞、闕外、伊闕」條:「昭二十六年,晉師納王,使女寬守闕塞,杜曰:洛陽西南伊闕口也。定六年,鄭伐周闕外。定八年,晉士鞅會成桓公侵鄭,報伊闕也。」〔註328〕又卷中二地一名「燕」條:「〔國名〕隱五年,衛人以燕師伐鄭,杜曰:南燕國,今東郡燕縣。在今河南胙城縣。〔又國名〕莊三十年,齊人伐山戎,以其病燕故也。襄二十八年,北燕伯與諸侯同朝於晉,杜曰:燕國,今薊縣。即今順

〔註325〕 王先謙《後漢書集解》,中華書局1984年影印本,第1236頁。
〔註326〕 另外兩種爲《春秋職官考略》和《左傳人名辨異》。本處所引皆爲《叢書集成初編》第3047冊排印本《春秋地名辨異》,中華書局1985年版。
〔註327〕 《春秋地名辨異》,第1頁。
〔註328〕 《春秋地名辨異》,第13頁。

天府之薊城也。」〔註329〕杜預號稱「武庫」，深諳於輿地之學，其所作《春秋經傳集解》及《春秋釋例·土地名》均為中國地理學史上最為寶貴的文獻資料，也是後人研究和定位古邑的重要憑藉。程氏取資杜注，以為憑據，是無可厚非的。然而，杜注地理亦非全是，若一味盲從，不加辯證，便會以訛傳訛、層累誤讀。故程氏在徵引杜注時，偶而亦加辨析，如卷中二地一名「楚邱」條：「〔曹地〕隱七年，戎伐凡伯於楚邱。襄十年，宋公享晉侯於楚邱。按：曹縣東南四十里有楚邱城，此曹之楚邱也。杜云：衛地，《漢志》、《水經注》以為即衛文公所遷，俱誤。〔衛地〕僖二年，諸侯城楚邱而封衛焉。《通典》：滑州衛南縣，衛文公遷楚即此。」〔註330〕雖稱不上是細緻考證，但也能駁正眾家誤說，於程氏可謂難能可貴。又卷中二地一名「潁」條：「〔水名〕宣十年，楚子伐鄭，晉士會救鄭，逐楚師於潁北。後屢見《傳》。〔周地〕昭九年，晉人帥陰戎伐潁。昭元年，天王使劉定公勞趙孟於潁。杜以潁水釋之。按：趙孟時方自鄭歸晉，而劉子勞之於途，其路疑不得至陽城之潁水，況下文即云館於洛汭，雒汭距潁水甚遠〔註331〕，是潁為周畿內之邑，蓋即陰戎所伐者也，杜解似誤。」〔註332〕程氏從歷史事件具體發生地點推斷潁地所在，以駁杜注，庶幾尚合考辨之義。然此種認真對待杜注的做法，在程作通篇中為絕無僅有之例。

在絕大多數情況下，程氏唯以杜注為是，不復詳考。如卷上一地二名「穀、小穀」條：「莊七年，夫人姜氏會齊侯於穀。齊地，其後屢見《經》、《傳》。杜曰：濟北穀城縣。下同。莊三十二年，城小穀。按：范甯以小穀為魯地，今仍從杜說。」〔註333〕既然范甯有異說，不知程氏為何不加辯證的說「仍從杜說」，可見缺乏起碼的嚴謹研究精神，實際上江永對此已有深入辨析。《春秋地理考實》莊公三十二年「小穀」條：「《經》：城小穀。《傳》：為管仲也。杜注：小穀，齊邑。濟北穀城縣城中有管仲井。《穀梁傳》范甯注：小穀，魯邑。《彙纂》：程氏迥曰：齊地別有穀在濟北，有管仲井，非小穀也。今按：齊之穀，今為東阿縣，見莊七年，夫人姜氏會齊侯於穀；又莊二十三年，公

〔註329〕《春秋地名辨異》，第 18 頁。
〔註330〕《春秋地名辨異》，第 19 頁。
〔註331〕「遠」原作「達」，據文淵閣《四庫全書》本《春秋識小錄》卷五（《景印文淵閣四庫全書》第 181 冊，第 64 頁）改。
〔註332〕《春秋地名辨異》，第 29 頁。
〔註333〕《春秋地名辨異》，第 4 頁。

及齊侯遇於穀；僖二十八年，公以楚師伐齊取穀；文十七年，公及齊侯盟於穀；成五年，叔孫僑如會晉荀首於穀；哀二十七年《傳》：齊師違穀七里；皆齊穀。若此年小穀，自是魯地，曲阜西北有故小穀城，項羽嘗為魯公，漢高帝以魯公禮葬項王穀城，是也。昭十一年，楚申無宇〔註334〕曰齊桓公城穀而置管仲，趙氏鵬飛曰：此年偶有城小穀之事，左氏遂取無宇之言合之，杜氏因以小穀為穀城。其說是。」〔註335〕此為左氏作《傳》誤解《經》文，因而牽合昭公十一年齊置穀城之事，杜預依《傳》作注，實非。范甯以為魯地之穀，是也。又同卷一地二名「二屈、屈」條：「莊二十八年，蒲與二屈，君之疆也。二屈，晉地，杜曰：二當為北。又云：夷吾居屈」〔註336〕檢本年杜注：「二屈，今平陽北屈縣，或云二當作北。」程氏直書「杜曰：二當為北」，似有篡改古注之嫌，此說非是。據《春秋地理考實》莊公二十八年「二屈」條：「《傳》：蒲與二屈，君之疆也。杜注：二屈今平陽北屈縣，或云二當為北。《彙纂》：今平陽府吉州東北二十一里有北屈故城。今按：吉州在平陽府西二百七十里，今直隸山西。北屈一縣，不得言二屈。韋昭云：屈有南、北，今河東有北屈。則是時復有南屈，《水經注》引《汲郡古文》曰：翟章救鄭，次於南屈，應劭曰：有南，故加北。」〔註337〕北屈、南屈分載於籍，顯為兩地。杜注釋地，類此之誤甚多，程氏因循舊說，不加深思，遂使謬誤流傳，貽害深遠。這種情況在清人春秋地理類考證中是屢見不鮮的，也在一定程度上反映了其時學界的浮躁風氣。

除了對杜注及前人說法不加辨析、徑以為據之外，在很多條目中，程氏甚至沒有任何說明文字，僅引《經》、《傳》文字列於其下，毫無學術性可言。〔註338〕然若仔細披檢「惜墨如金」的按語，亦偶有精彩之見。如卷中二地一名「繹」

〔註334〕原作「楚申無字」，顯誤，今改之。
〔註335〕《春秋地理考實》，《春秋戰國史研究文獻叢刊》第4冊影印道光九年學海堂刊《皇清經解》本，國家圖書館出版社2009年版，第45頁。
〔註336〕《春秋地名辨異》，第5頁。
〔註337〕《春秋地理考實》，《春秋戰國史研究文獻叢刊》第4冊，第43頁。
〔註338〕同被收入《叢書集成初編》之沈淑《春秋左傳分國土地名》，徑將《春秋經》、《傳》所涉古邑，按照出現次序羅列於各國之下，下附雙行小注，全抄杜注，間及《孔疏》，這樣的工作僅僅是技術性資料處理，也無任何學術性可言，況且類似辦法已經在高士奇《春秋地名考略》中實踐了，可謂重複勞動，難符著述之旨。《中國地名學源流》將此列入《清人地名研究著作目錄·春秋類》（湖南人民出版社2002年版，第362頁），極不妥當。

條:「〔邾地〕文十三年，邾文公卜遷於繹。〔又邾地〕宣十年，魯伐邾，取繹。孔穎達曰：繹，邾之都，蓋別有繹邑，因山爲名，近在邾都之旁，魯所取者，非邾之都也。按：孔說是矣。然《經》言『取』，不惟取其地。宣十年之取繹，蓋取邾都之人以歸也，哀七年《傳》云：負瑕故有繹，豈得謂負瑕中又有繹邑乎？」〔註339〕高士奇《春秋地名考略》卷十二「遷於繹」條:「宣十年，公孫歸父帥師伐邾，取繹。《公羊》作『蘱』。必非取其國都，當是取其別邑耳。」〔註340〕與程氏所見同，而程氏卻能更進一步結合哀公七年《傳》文，逆推宣公十年魯不僅取邾之繹邑，更徙其民於負瑕，可謂善解經義也。

　　值得一提的時，程氏還將杜預《春秋經傳集解》中所存地名悉數輯出，按照《晉書·地理志》所載政區次序錄爲一編，諸郡各縣之下又列其時所謂「今地」所在，頗便學人。然而，從學術利用角度，尚有諸多欠缺，比如不明其所用《集解》底本，不明此份地志所載郡縣政區之標準年代，地名收錄不全、間有遺留等等。筆者亦曾有意於斯，取《四部叢刊》所收宋本《集解》爲底本，重加輯錄，各明出處，又考其政區年代爲太康元年，草爲一篇，以爲學界參考。〔註341〕

第八節　丁壽徵《春秋異地同名考》

　　《春秋異地同名考》，丁壽徵撰，是篇專就《春秋》中的異地同名現象加以討論，這在清人經學地理研究中是頗爲少見的。光緒年間，王錫祺將其編入《小方壺齋輿地叢書》，遂得以刊佈流傳。王氏在是篇之末，言及收入此作的理由時說:「此卷詳覈精當，雖不能與百詩之《四書釋地》、申者〔註342〕之《地理韻編》相頡頏，然較之程氏《春秋地名辨異》、沈氏《春秋左傳土地名》，蓋有過之無不及矣。」〔註343〕然細繹此書，王氏所言似諛美太過，寔非事實。

〔註339〕《春秋地名辨異》，第 27 頁。
〔註340〕高士奇《春秋地名考略》，《春秋戰國史研究文獻叢刊》第 3 冊影印清康熙間
　　　　錢塘高氏刊本，國家圖書館出版社 2009 年版，第 547～548 頁。
〔註341〕詳參拙作《杜預〈春秋經傳集解〉所存太康元年地志輯考》(《古典文獻研究》
　　　　第十二輯，鳳凰出版社 2010 年版)，又收入拙作《漢唐地理志考校》(新世界
　　　　出版社 2012 年版)。
〔註342〕此似指李兆洛，字申者，作「申者」似爲手民之誤，李氏曾編撰《歷代地理
　　　　志韻編今釋》。
〔註343〕《春秋異地同名考》，《春秋戰國史研究文獻叢刊》第 4 冊影印《小方壺齋叢
　　　　書》本，國家圖書館出版社 2009 年版，第 209 頁。下文所引皆爲此本。

是篇本不分卷，篇幅甚短，所言皆述，與王氏所較諸書絕非可比。其撰寫體例，以條目形式，共討論了三十六個存在「異地同名」現象的《春秋》地名。其基本編寫方法主要是在參考杜預《春秋經傳集解》和前人研究成果的基礎上，分類綜合，魚次排比，以成條目。是篇徵引杜注最多，這在清人經學地理研究是最爲常見的手法。丁氏徵引杜注，主要是借之認定此地爲何國之城邑。如「三邱輿」條：「一，成元年，戰於鞍，入自邱輿〔註344〕，杜注：齊邑……一，成三年，鄭師禦晉，敗諸邱輿，杜注：鄭地。一，哀十四年，阮氏葬諸邱輿，杜注：泰山南城縣西北有輿城，此魯地。」〔註345〕又如「三唐」條：「一，隱元年，公及戎盟於唐，杜注：魯地……一，昭十二年，齊高偃納北蔡伯欵於唐，杜注：蔡別邑〔註346〕……一，昭二十三年，尹辛敗劉師於唐，杜注：周地。」〔註347〕亦有依照杜預《春秋釋例》認定一國數地同名之例，如「魯有東鄆西鄆」條：「一，文十二年，城諸及鄆。《釋例‧土地名》云：此東鄆。莒、魯所爭者，城陽姑幕縣南有員亭，或曰鄆，即員也……一，成十六年，公待於鄆。《釋例‧土地名》云：此西鄆。昭公所出居者，東郡廩邱縣東有鄆城。」〔註348〕然而丁氏並未一以杜說爲是，亦間有辯駁。如「三莘」條：「一，桓十六年，使盜待諸莘，杜注：衛地。今東口府莘縣北有莘門亭故城。成二年，師從齊師於莘。即此。杜更以爲齊地。非是。」〔註349〕與此同時，丁氏還徵引了《漢書‧地理志》、《水經注》等文獻以爲補充，如「三向」條：「一，隱二年，莒人入向，杜注：譙國龍亢縣東南有向城……《漢書‧地理志》：沛郡有向縣。班固自注云：故國……一，襄十一年，諸侯伐鄭師於向，杜注：向，地名，在潁州長社縣東北……《水經注》：康溝水首受洧水於長社縣東，又東北，徑向岡西，即鄭之向鄉也。」〔註350〕

此外，丁氏還大量參考了清代學者的研究成果，其中尤以顧亭林說、

〔註344〕齊晉鞍之戰在成公二年，此言元年，不知丁氏本誤，或係王氏編選移鈔而致誤。
〔註345〕《春秋異地同名考》，《春秋戰國史研究文獻叢刊》第4冊，第201頁。
〔註346〕據《春秋》昭公十二年：「春，齊高偃帥師納北燕伯於陽。」杜注「陽即唐，燕別邑。」故此處所言率多舛誤，不知丁氏本誤，或係王氏編選移鈔而致誤。
〔註347〕《春秋異地同名考》，《春秋戰國史研究文獻叢刊》第4冊，第204頁。
〔註348〕《春秋異地同名考》，《春秋戰國史研究文獻叢刊》第4冊，第202頁。
〔註349〕《春秋異地同名考》，《春秋戰國史研究文獻叢刊》第4冊，第204頁。
〔註350〕《春秋異地同名考》，《春秋戰國史研究文獻叢刊》第4冊，第205～206頁。

顧棟高《春秋大事表》、顧祖禹《讀史方輿紀要》、高士奇《春秋地名考略》為多。如「五盂」條：「一，定公八年，劉子伐盂。杜無注，亭林云：周之盂也。《大事表》云：今河南懷慶府河內縣西北。」〔註351〕丁氏開篇數條：三邱輿、二鄢陵、二棫林、二重邱、二姑篾、五盂、二州國，其說皆本於顧炎武《日知錄》卷四「地名」條。清人張尙瑗《三傳折諸》卷首下「地名同」條指出「亭林先生之說尙未備」，又列出數條：三南陽、二太原、二亳、二廬、二肥、二武城、二中牟、二犬丘、二鄂、二匡、二訾婁、二大陸、二防、二邿、二巫山、二向、二葵丘、二龜、二柯、二高唐、二楚邱、三鄅等。〔註352〕其中頗有本篇未有涉及者，丁氏似未能參考張說。對前人之說，丁氏亦有考辨，並非完全依從。如「二柯」條：「一，襄十九年，叔孫豹會晉士匄於柯，杜注：魏郡內黃縣東北有柯城。《後漢志》：內黃有柯城。今河南彰德府內黃縣境。此衛地。高士奇以此與莊十三年之柯混為一。誤。」〔註353〕

通觀全篇，丁氏既未能博採眾長、網羅舊義，又不能仰山鑄銅、獨造新說，所以此篇很難談得上有多少學術價值，故王氏所謂「有過之無不及」之評顯為溢美之詞。且丁氏此篇錯誤間出，上文已出注說明。此外，尙有多處未注所引為何人之作，所下結論不著依據所本，甚至因抄書而導致了新的錯誤。如「魯有三防」條：「一，隱九年，公會齊侯於防，杜注：在琅琊華縣東南。此東防，本魯地。襄二十三年，臧紇自邾如防。即此。今山東沂州府費縣東北六十里。一，隱十年，敗宋師於菅，辛巳，取防。此西防，本宋地而魯取之者。今山東兗州府金鄉縣西北。杜注：高平昌邑縣西南有西防城。一，僖十四年，季姬及鄫子過於防。此魯國之防，孔子父母合葬於防，即此，今曲阜縣東二十里。」〔註354〕表面上看丁氏採用「據今辨古」的方法進行了考證，但實際上此處大段抄錄了顧棟高《春秋大事表》中的內容。《春秋大事表》卷六下「魯有三防」條：「隱九年，公會齊侯於防。此東防也，本魯地，在今沂州府之費縣，世為臧氏食邑。襄二十三年，臧紇自邾如防。即此。隱十年，

〔註351〕《春秋異地同名考》，《春秋戰國史研究文獻叢刊》第 4 冊，第 201 頁。
〔註352〕張氏此書收入文淵閣《四庫全書》春秋類（《景印文淵閣四庫全書》第 177 冊），可參看。
〔註353〕《春秋異地同名考》，《春秋戰國史研究文獻叢刊》第 4 冊，第 207 頁。此句所謂《後漢志》當作《續漢志》。
〔註354〕《春秋異地同名考》，《春秋戰國史研究文獻叢刊》第 4 冊，第 202 頁。

敗宋師於菅，辛巳，取防。此西防也，爲魯取宋地，在今兗州府之金鄉縣，
欲別於臧氏之防，故謂之西防。僖十四年，季姬及鄫子遇於防。此魯國之防
山也，在曲阜縣東二十里，孔子父母合葬於防。即此。」〔註355〕可見丁氏幾
乎完全抄錄了顧說。而據《嘉慶重修一統志》卷一百六十五《兗州府一・山
川》「防山」條：「在曲阜縣東三十里……《春秋》僖公十四年，季姬及鄫子
遇於防。」〔註356〕則魯防似當在曲阜縣東三十里而非二十里，丁氏顯承顧說
之誤。〔註357〕又據《清史稿・地理志八》「濟寧直隸州」條：「明，兗州屬州。
雍正二年，直隸……八年，仍降屬兗州。乾隆四十一年，復……領縣三：金
鄉、嘉祥、魚臺。」又本州「金鄉條」：「明，屬兗州。乾隆四十五年，來隸。」
〔註358〕顧棟高著《大事表》卷六下在乾隆十三年〔註359〕，故其時有兗州府金
鄉縣，而丁壽徵嘉慶時人〔註360〕，此時金鄉已屬濟寧州，丁氏謂「今兗州府
之金鄉縣」，其誤甚明，實乃照舊抄錄、不明沿革而新造之誤。乾隆時人江永
所撰《春秋地理考實》隱公六年「艾」條，引康熙年間清臣編撰《欽定春秋

〔註355〕《春秋大事表》，中華書局 1993 版，第 689～690 頁。《春秋大事表・春秋列
　　　　國地形犬牙交錯表》卷六下附有《列國地名考異》專門討論《春秋經》、《傳》
　　　　所見同名異地及異地同名各例，丁氏所引多見於此。
〔註356〕中華書局 1986 年影印本第 10 冊，第 7829～7830 頁。
〔註357〕今檢高士奇《春秋地名考略》卷二「防」條：「隱九年，公會齊侯於防，杜注：
　　　　魯地，在瑯琊華縣東南；十年，敗宋師於菅，辛巳取防，杜注：高平昌邑縣
　　　　西南有西防城。臣謹按：魯有三防：華縣之防，所謂東防也，莊二十二年，
　　　　及齊高傒盟於防；二十九年，城諸及防；又襄十二年，城防；皆此邑也，爲
　　　　臧氏食邑。故十七年，齊高厚圍臧紇於防，二十三年，臧紇自邾如防。漢華
　　　　縣，屬泰山郡，後漢併入費縣，晉復置屬瑯琊郡，後廢。今費縣西北六十里
　　　　有華城。昌邑之防，宋防也，既爲魯有，欲別於臧氏之防，故謂之西防。王
　　　　莽末，佼疆爲西防賊帥，後附劉永，永敗於睢陽，疆奔保西防，即此。章懷
　　　　太子曰：西防在單縣北四十里。昌邑，漢縣，武帝以封子髆，王賀廢，國除
　　　　爲山陽郡，晉爲高平國，皆治昌邑，劉宋移高平國治高平縣，省昌邑入金鄉，
　　　　今金鄉縣西北四十里有昌邑城。僖十四年，季姬及鄫子遇於防，此季姬召鄫
　　　　子至魯，蓋魯國之防山也，孔子父母合葬於防，即此，今防山在曲阜縣東二
　　　　十里。」（《春秋地名考略》，《春秋戰國史研究文獻叢刊》第 3 冊影印清康熙
　　　　間錢塘高氏刊本，國家圖書館出版社 2009 年版，第 78～79 頁）。則顧氏三防
　　　　之說似本高氏，而謂防山在曲阜縣東二十里，亦承其誤。
〔註358〕《二十五史》第 9 冊影印民國十六年初刊本（關內本），浙江古籍出版社 1998
　　　　年版，第 303 頁。
〔註359〕《春秋大事表》，《春秋戰國史研究文獻叢刊》第 4 冊，第 702 頁。
〔註360〕此據江慶柏考證，《清代人物生卒年表》，第 4 頁，人民文學出版社 2005 年版。

傳說彙纂》:「今在山東青州府蒙陰縣西北」，隨後江永加以按語:「今按:蒙陰，今屬沂州府」〔註361〕，允稱嚴謹。相較之下，丁氏不了政區沿革，明矣。

第九節　范士齡《左傳釋地》

《左傳釋地》，寶應范士齡撰，范氏自道體例云:「書分三卷，首繪圖式，某地係古某國，某國係今某地，某地與今某地接壤，山川古蹟，名宦人物，鑿鑿耳食者間附其末。」〔註362〕據此，則其所重在釋而非考據，且兼述關乎古邑之山川、人物，細讀其書，確乎如此。

具體而言，《釋地》以《春秋》諸公次第為序，所釋多國名、邑名以及古地、川瀆之名，通覽全編，釋解簡潔，其甚者僅注其為何地，如卷一「濮」:「陳地」，「菅」:「宋邑」，「越」:「近垂地」，「稷」:「宋地」等等。稍詳者，亦惟述其近今何地，如卷一「郎」:「魯邑，山東魚臺縣東北郎城，魚臺即魯棠邑」，「京」:「河南滎陽縣東南京縣故城」，「唐」:「魯地，山東魚臺縣東」等等。諸如此類，故稱得上考辨文字者，可謂寥寥。其稍著者，如卷一「棠」條:「魯地，山東魚臺縣有觀魚臺。按:在宋、魯之界，《春秋》棠邑有三:伍員子尚為棠君，在六合縣;齊棠公之妻闇氏為在即墨縣，《孟子》:棠邑，闇氏為萊邑，《後漢志》北海即墨縣棠鄉，齊靈公十五年，滅萊邑，故為齊有，是《孟子》所指之棠邑也。與此別。」〔註363〕又卷一「莘」條:「衛地，山東莘縣北為莘亭故城，歷山北極山東西境。案:《孟子》『有莘之野』，注:國名，未指所在。《元和郡縣志》:故莘城在汴州陳留東北三十五里古莘國地，計其去湯都南莘今商邱縣穀熟鎮，不過四百里，所以湯使可三往聘，若大姒所產之莘國，則在今西安府郃陽縣南二十里，道遙遠矣。」〔註364〕范氏所辨，率皆如此。

其釋地依據，除參考杜注外，主要借鑒了閻若璩《四書釋地》的相關內容。如卷二「洧」條:「河南西華縣境，洧水出潁川陽城山，東南入潁。《史

〔註361〕《春秋戰國史研究文獻叢刊》第 4 冊影印清道光九年學海堂刊《皇清經解》本，國家圖書館出版社 2009 年版，第 15 頁。
〔註362〕范士齡《左傳釋地‧序》，《續修四庫全書》第 125 冊影印中國科學院圖書館藏清道光六年刻本，第 258 頁，以下所引皆據此本。另外，此本率多漫漶不清之處，未知尚有其它刊本否。
〔註363〕《左傳釋地》，《續修四庫全書》第 125 冊，第 261 頁。
〔註364〕《左傳釋地》，《續修四庫全書》第 125 冊，第 264 頁。

記》注引《括地志》以爲古新鄭城南洧與溱合，《水經》亦云。余嘗讀酈道元注，與洧水相鄰者，若丹水、汝水、潁水、溰水、渠水、沙水，皆不載有橋梁，獨洧水一則曰：又東，逕陰阪北，水有梁焉；再則曰：又屈而南流，其水上有梁，謂之桐門橋。見《四書釋地》。」〔註365〕此全襲《四書釋地》「溱洧」條。又卷二「武城」條：「泰山南城在山東費縣西南口武城，即《仲尼弟子列傳》之南武城，曾子所居在費縣西南八十里石門山下。吳未滅，與吳鄰，吳既滅，與越鄰。《史記》加『南』於武城上者，別於魯之北有東武城也。觀《四書釋地》可見。」〔註366〕此襲自《四書釋地》「武城」條。又卷三「句繹」條：「山東鄒縣境，此爲邾子地名，與哀公十四年句繹爲小邾子地名不同，見閻氏《釋地》。」〔註367〕此見《四書釋地・續卷下》「句繹」條。又卷三「嬴」條：「齊地，屬泰山。案：閻百詩《四書釋地》云：嬴縣故城在萊蕪縣西北四十里，汶水之北，去齊都臨淄三百餘里。」〔註368〕此見《四書釋地》「嬴條」。誠如范氏在序中談到，草作此書的目的在於「俾及門弟子展卷知列國廣輪，披圖識九州南北」，所以「拾人牙慧，參己心裁，踳駁之譏，知不免也，著述云乎哉！」〔註369〕范氏並未視其爲著述，誠非謙辭也。

〔註365〕《左傳釋地》，《續修四庫全書》第 125 冊，第 274 頁。
〔註366〕《左傳釋地》，《續修四庫全書》第 125 冊，第 276 頁。
〔註367〕《左傳釋地》，《續修四庫全書》第 125 冊，第 283 頁。
〔註368〕《左傳釋地》，《續修四庫全書》第 125 冊，第 284～285 頁。
〔註369〕《左傳釋地》，《續修四庫全書》第 125 冊，第 258 頁。

第五章　清人《四書》地理考據

第一節　閻若璩《四書釋地》附樊廷枚《四書釋地補》

　　《四書釋地》一卷，並《釋地續》、《又續》、《三續》凡四卷〔註1〕，閻若璩撰，其自道撰述主旨曰：「孟子謂讀其書者當論其世，余則謂並當論其地。苟地之不知而謂能知其人身之所處、心志之所寄焉者，吾不信也。」〔註2〕其將考訂地理視爲學者知人論世不可或缺的前提，可謂獨具隻眼。朱子《四書章句集注》爲場屋圭臬，學子無人不讀，然辨方釋地本非其旨，閻氏對此尤有微詞：「地志之書，宋人漸多傳會，不似唐。所以朱子注《四書》、傳《詩》，每僅云『邑名』、『地名』，不詳其所在……蓋其愼也，然亦畢竟屬討便宜」〔註3〕，故《四書釋地》即著力對《論語》、《孟子》所涉地名進行條辨式考證，內容雖頗爲雜糅，然精義卓見亦往往有之，周中孚《鄭堂讀書記》云：「其考索詳博，辨據以晢，毅然易朱子之所難，可謂卓識，雖才辨縱橫不及毛西河，

〔註1〕本文所據所引《四書釋地》皆爲《清經解》本。文淵閣《四庫全書》錄《四書釋地》一卷、《釋地續》一卷、《又續》上下兩卷、《三續》上中下三卷，凡七卷（《景印文淵閣四庫全書》第 210 冊）。據《釋地又續》「江漢」條：「胡朏明客京師，余時以書求助於朏明。久之，方肯草數條以應，中有余百思所不到者，悉載於此」（《清經解》，第 200 頁），則《又續》闌入胡渭考辨若干，今已難分彼此。又《釋地三續》幾乎未曾涉及地理考證，僅有兩條「禹貢」、「行其無所事也」，均轉述胡渭《禹貢錐指》之說。

〔註2〕《四書釋地》「河河內」條，《清經解》，第 179 頁。

〔註3〕《四書釋地》「石門」條，《清經解》，第 170 頁。

而考據精密，亦非河西之所及也。」〔註4〕而自《釋地續》，「因牽連而及人名凡八十條〔註5〕，後因地理、人名而及物類、訓詁、典制得一百六十三條，謂之《又續》，其它解釋經義者又得一百二十六條，謂之《三續》，總以『釋地』爲名，從其朔也。」〔註6〕

閻氏多能旁搜博取，廣徵文獻，以尋繹古地所在，如「康」條：「《康誥》，《大學》引者四，《孟子》引者二，皆未及康字何義。孔安國《書傳》雖晚出，卻以《康誥》之康爲圻內國名，遠勝鄭康成作諡號解者。嘗證以二事：一，定四年『命以《康誥》而封於殷虛』，當既有誥文，輒有篇名，豈待身後之諡，取以冠其篇乎？一，《史記·衛世家》『康叔卒子康伯代立』，父諡康，子亦諡康，將兩代同一易名之典乎？故《世本》宋忠注曰：封從畿內之康，徙封衛。衛即殷墟，畿內之康不知所在也。初以爲良然，後讀《括地志》云：故康城在許州陽翟縣西北三十五里。陽翟，今禹州，正周畿內地，因再四慨歎，前世之事無不可考者，特學者觀書少而未見耳！」〔註7〕閻氏從文獻記載出發，拈出二則，以駁鄭玄「康」爲諡號之說，信而有據。又自《括地志》考訂康地所在，輔證以宋忠《世本》注所謂「畿內康地」之說，諸證湊泊，隨其所用，展示了閻氏稔熟文獻、運用自如的深厚功力。

由道里遠近以考訂古地，爲閻氏常用之法。如「莘」條：「『耕於有莘之野』《集注》：莘，國名。未指其所在，余謂《元和郡縣志》：故莘城在汴州陳留縣東北三十五里，古莘國地。計其去湯都南亳，不過四百里。所以湯使可三往聘，若太姒所產之莘國，則在今西安府郃陽縣南二十里，道遙遠矣。」〔註8〕從與商都距離之遠近，判斷莘地所在，確爲有效辦法。又「羿有窮之君」條：「朱子注《騷經》『夕歸次於窮石兮』云：窮石，山名，在張掖，即后羿之國。則去夏都三千里遠，在西北天一隅，縱恃其射，豈能及夏？朱子蓋見王逸引《淮南》言弱水出於窮石入於流沙，遂傅會此窮石爲后羿所遷，不知當別有窮石爲國名者，但不可考。《論語集注》『羿有窮之君』與孔安國注同，

〔註4〕周中孚《鄭堂讀書記》卷十三《四書釋地》條，北京圖書館出版社2007年版，第269頁。
〔註5〕閻氏釋地連及地名之由，據《四書釋地又續》「益」條：「余釋地，間釋及人，以人爲地之所生，猶不離母」（《清經解》，第197頁）。
〔註6〕《四書釋地提要》，《景印文淵閣四庫全書》第210冊，第315頁。
〔註7〕《四書釋地續》，《清經解》，第187頁。
〔註8〕《四書釋地》，《清經解》，第171頁。

只渾淪言之，得之矣。窮石即羿國，洪興祖已然。《晉地記》云：河南有窮谷，蓋本有窮氏所遷。」〔註 9〕后羿之國絕不可能遠在河西，此爲常識之見。洪興祖《楚辭補注・離騷》「夕歸次於窮石」句：「補曰：郭璞注《山海經》云：弱水出自窮石。窮石，今之西郡刪丹，蓋其別流之原。《淮南子》注云：窮石，山名，在張掖也。《左傳》曰：后羿自鉏遷於窮石」〔註 10〕，朱子蓋承洪氏而致誤也。

閻氏深通經學，「積學耆古，於漢唐諸儒注疏，類能貫穿鈎穴，口誦如瀾翻」〔註 11〕，故其能在融通諸經的基礎上推斷古地所在，此可謂閻氏釋地之特色。如「南陽」條：「《左傳》：晉於是始啓南陽，杜注在晉，山南河北故曰南陽。余謂即今太行山之南，河內濟源、修武溫縣地。《孟子》『遂有南陽』，趙注：山南曰陽，岱山之南，謂之南陽也。余謂史稱泰山之陽則魯，其陰則齊，南陽屬齊，必齊之地，深插入魯界中者，魯故欲一戰有之，二南陽所指各不同。《公羊傳》：齊桓使高子將南陽之甲，立僖公而城魯，注：南陽，齊下邑。」〔註 12〕閻氏意在推求《孟子》「遂有南陽」之南陽所在，故先辨明此非《左傳》晉地之南陽，以防混淆。繼而從趙注入手，推斷其地在岱山之南，乃「深插入魯界中者」，故「魯故欲一戰有之」，分析極見精彩，又輔證以《公羊》何休注，知此南陽確爲齊地，而非魯地，其時史事之實遂藉此而見發覆。又如「明堂趙注」條：「明堂，趙氏注謂：泰山下明堂，本周天子東巡狩、朝諸侯之處也，齊侵地而得有之。《集注》以『漢時遺址尚在』，易去『齊侵地而得有之』，以合《封禪書》、《郊祀志》，不知趙氏此句特妙也。蓋《左傳》隱八年：鄭伯使宛來歸祊，不祀泰山也，注云：鄭桓公封鄭，有助祭泰山湯沐邑在祊，祊在琅邪國費縣東南，鄭以天子不能復巡守，故欲以祊易於魯，以從魯所宜。計爾時距東遷五十六年，泰山下湯沐邑，鄭尚能世守之，則明堂仍爲周天子所有，齊焉敢侵，不知幾何時而爲齊得。又至宣王時，不復東巡狩者四百四十年矣，人咸遂謂齊毀明堂，無王愈可知。趙氏此一句，不可以觀世變哉？」〔註 13〕閻氏由杜注《左傳》「鄭、魯易祊」而牽連趙注《孟子》

〔註 9〕《四書釋地》，《清經解》，第 179 頁。
〔註 10〕洪興祖《楚辭補注》，中華書局 2002 重印修訂版，第 32 頁。
〔註 11〕程崟《四書釋地序》，《續修四庫全書》第 170 冊影印清嘉慶二十一年梅陽海涵堂刻本《四書釋地補》，第 1～2 頁。
〔註 12〕《四書釋地》，《清經解》，第 171 頁。
〔註 13〕《四書釋地續》，《清經解》，第 193～194 頁。

「問毀明堂」，趙注之「齊侵地而得有之」內蘊皆由杜注之「鄭以天子不能復巡狩」而得申發，經注互證，相得益彰，閻氏可謂眞通經學之人乎。

以親歷目驗定是非，反映出閻氏客觀嚴謹的研究精神，這一實事求是的科學態度在是書中多有體現。如「東山」條：「《集注》：東山，蓋魯城東之高山。蓋，疑辭，朱子生平足未至曲阜，故作此言。其實曲阜縣東二十里有防山，孔子父母合葬處，《世家》所謂防山在魯東，絕不高也。」〔註14〕又「溫泉」條：「曲阜亦有溫泉，但在縣南七里，流入於沂，非沂水有溫泉也。朱子只緣足未親至，傅會爲一。」〔註15〕閻氏所駁朱子所注地理訛誤，均以實地考察爲據，甚是。於水脈所逕，閻氏往往尋波討源，以驗故說之誤。如「淮」條：「吾家自高高祖，由晉之汾水遷楚之淮水，所以二水之源及流，皆曾窮歷之。因怪蔡氏《書傳》於『導淮自桐柏』引《水經》云：淮水出南陽平氏縣胎簪山，禹只自桐柏導之。按：胎簪山在今桐柏縣西北三十里，去縣東一里之桐柏山，三十里餘耳，禹當日豈惜此三十里之勞乎？又『導渭自鳥鼠同穴』引酈道元云：渭水出南谷山，在鳥鼠山西北，禹只自鳥鼠同穴導之。按：南谷山在今渭源縣西二十五里，鳥鼠同穴山則在縣西二十里，剛少五里，禹豈惜此五里之勞也者？道破眞堪噴飯！此非酈注本文，蔡增出耳。〔註16〕余嘗譬蔡氏宛如今童子作小題時文，翻剔字眼以爲新，曾何當於經學！」〔註17〕蔡沈篡改文獻，以作新說，閻氏糾之，一點即破，所駁甚是。閻氏還將文獻與目驗相結合，從而坐實考證，如「虞虢」條：「虞、虢二國，杜注：虞國在河東大陽縣。余謂山西之平陸縣也。虢，西虢國，宏農陝縣東南有虢城，余謂河南之陝州也。名雖二省，而界相連。莫妙於裴駰引賈逵注曰：虞在晉南，虢在虞南。一言之下而形勢瞭然，爾時爲晉，獻公十九年，正都於絳，絳在太平縣之南、絳州之北，土人至今呼故晉城，遺址宛然。余嘗往觀，因怪杜長於地志之學者，於莊二十六年『士蒍城絳』注：絳，今平陽絳邑縣；成六年『不如新田』又注：新田，今平陽絳邑縣。竟爲一地乎，果爲一地，不應將遷新田之時，名獻公所都曰故絳矣。新田，《括地志》在絳州曲沃縣南二里，

〔註14〕 《四書釋地》，《清經解》，第 172 頁。
〔註15〕 《四書釋地》，《清經解》，第 173 頁。
〔註16〕 《水經注》卷三十經文：「淮水出南陽平氏縣胎簪山，東北過桐柏山」，又《水經注》卷十七：「渭水出首陽縣首陽山渭首亭南谷山，在鳥鼠山西北」，據此，蔡沈增篡古籍，明矣。
〔註17〕 《四書釋地續》，《清經解》，第 192 頁。

余亦往，土呼王官城，距故晉城五十里。曾告之黃儀子鴻，子鴻曰：於書亦有徵乎？余曰：《明一統志》平陽府『古蹟』載：晉城在太平縣南二十五里，晉士蒍所築，獻公都焉者。余蓋不獨以目驗而知之矣。」〔註18〕閻氏親身走訪，晉城遺址與王官遺址自爲兩地，又輔以文獻之證，杜預含糊二地均注一縣，其疏闊明矣。清人汪之昌在閻說基礎上，進一步考辨云：「此年注本不誤，誤在莊二十六年之注。然則平陽絳邑縣，自是新田改名之絳。所謂故絳之絳，杜尚未審所在。案：《漢書·地理志》河東郡絳縣注：縣西有絳邑城，即翼也。《水經·澮水注》：案《詩譜》言晉穆侯遷都於絳，暨孫孝侯，改絳爲翼，翼爲晉之舊都也。後獻公北廣其城方二里，又命之爲絳……《左傳》莊二十六年云云，據《水經注》引《詩譜》文，則晉舊都之絳，孝侯嘗改名翼，而獻公覆命爲絳，其稱故者或以斯。」〔註19〕汪氏所補甚明也。

　　閻氏往往超出考訂地理的範疇，而是通過釋地以助解經，如「石門」條：「地有鑿然指實有助於經學不小者，『子路宿於石門』是也。或曰：石門，齊地，隱公三年齊、鄭會處即此。非也。讀《太平寰宇記》：古魯城凡有七門，次南第二門名『石門』，案：《論語》『子路宿於石門』注云：魯城外門〔註20〕。蓋郭門也。」石門既爲魯城郭門，閻氏遂據此而有種種推斷：「因悟孔子轍環四方久，使子路歸魯，視其家。甫抵城而門已闔，只得宿於外之郭門，次日晨興，伺門入。掌啓門者訝其太蚤，曰：汝何從來乎？若城門既大啓後，往來如織，爲得盡執人而問之？此可想見一。『自孔氏』言自孔氏處來也，夫不曰『孔某』而曰『孔氏』，以孔子爲魯城中人，舉其氏輒可識，不必如答長沮之問爲孔某，此可想見二。『是知其不可而爲之者與』分明是孔子正棲棲皇皇曆聘於外，若已息駕乎洙泗之上，不必作是語，此可想見三。總從『魯郭門』

〔註18〕《四書釋地》，《清經解》，第175頁。

〔註19〕汪之昌《青學齋集》卷九，譚其驤主編《清人文集地理類彙編》第1冊，浙江人民出版社1986年版，第412～413頁。

〔註20〕《寰宇記》注石門爲「魯城門外」，今檢《四部叢刊》初編影印日本正平活字本《論語集解》未見此注。又檢文淵閣《四庫全書》本皇侃《論語集解義疏》卷七：「『子路宿』至『者與』，云『子路宿於石門』者，石門，地名也。子路行住石門宿也。一云：石門者，魯城門外也。」（《景印文淵閣四庫全書》第195冊，第476頁）。而日本京都大學藏鈔本《論語義疏·憲問》：「石門，地名也。子路行住石門宿。／云石門者魯城門外。」四庫本所謂「一云」之「一」，鈔本爲分隔符「／」，然皆不以石門爲門名。又《釋地又續》「石門」條：「《蔡邕傳》釋誨曰『石門守晨』，章懷太子賢引《論語》鄭康成注云：石門，魯城外門也」（《清經解》，第201頁），則此鄭玄注或爲閻說所本。

三字，悟出情蹤，誰謂地理不有助於經學與？」〔註 21〕閻氏所解堪稱精妙，三點推斷層層遞進，闡及精微，揭發內蘊。與此同時，閻氏所申發逐條，亦可反證石門當爲魯門，可謂史、地互證，相得益彰。四庫館臣謂「若璩博極群書，又精於考證，百年以來，自顧炎武以外，罕能與之抗行者。觀是書與《尙書古文疏證》，可以見其大概矣」〔註 22〕，誠非虛譽。

於乏考之地，閻氏則雖辨之而闕疑。如「靈丘」條：「靈丘亦屬齊邊邑，《趙世家》：敬侯二年，敗齊於靈丘；《六國表》：敬侯九年、魏武侯九年、韓文侯九年，因齊喪，共伐之，至靈丘。又《趙世家》：惠文王十四年，樂毅將趙、秦、韓、魏、燕攻齊，取靈丘，明年，燕獨深入，取臨菑。加以蚳鼃去王遠，無以箴王闕，特辭靈丘，請士師，足徵爲邊邑，但實不知其所在。爾時趙別有靈丘，以葬武靈王得名，即今靈丘縣。孝成王以靈丘封黃歇，絳侯擊破陳豨於靈丘，皆其地。注《史記》者以此之靈丘爲齊之靈丘〔註 23〕，無論齊境不得至代北，而敬侯時安得國有靈丘？胡三省注齊靈丘，又以漢清河郡之靈縣當之，抑出臆度，毋寧闕疑。」〔註 24〕閻氏從地名學角度，揭示代地之靈丘乃因趙武靈王葬地而得名，前此史事豈能有此靈丘之稱。又代趙境隔絕遠，裴氏注齊之靈丘在此代北之地，不識甚矣，閻氏所辨允爲卓見，而其乏考闕疑之精神，以可謂難能可貴也。

閻氏所考所駁亦間有訛誤，如「漯滄浪」條：「《集注》：漯，水名。亦不核，當云：漯者，河之枝流也，出東郡東武陽，東北至千乘入海。不然，止云水名，安知非《漢地理志》高唐之漯水乎？《集注》：滄浪，水名。殊非。蓋地名也，當云：武當縣西北四十里，漢水中有洲，名曰滄浪，漢水流經此地，遂得名滄浪之水云。善乎宋葉夢得言，大抵《禹貢》水之正名可以單舉者，若漢、若濟之類是；不可單舉者，則以水足之，若黑水、弱水之類是；非水之正名，而因以爲名，則以水別之，若滄浪之水者是。『滄浪之水』四字成文，未可直曰『滄浪』，似預爲朱子正其□誤者。」〔註 25〕今檢《中國歷史地圖集・秦漢圖組》，閻氏所謂「漯者，河之枝流也，出東郡東武陽，東北至

〔註 21〕　《四書釋地》，《清經解》，第 170 頁。
〔註 22〕　《四書釋地提要》，《景印文淵閣四庫全書》第 210 冊，第 316 頁。
〔註 23〕　《史記・趙世家》「（敬侯）二年敗齊於靈丘」裴駰《集解》云：「《地理志》代郡有靈丘縣」，此處所謂「注《史記》者」似指裴氏。
〔註 24〕　《四書釋地》，《清經解》，第 174 頁。
〔註 25〕　《四書釋地》，《清經解》，第 171 頁。

千乘入海」，且流逕高唐縣南，此水即《漢書・地理志》高唐之漯，閻氏謬分
爲二，實昧於地理之言。又檢宋葉夢得《避暑錄話》卷下：「滄浪，地名，非
水名也……大抵《禹貢》水之正名而不可單舉者，則以水足之，黑水、弱水、
灃水之類是也；非水之正名，而因以爲名，則以水別之，滄浪之水是也」〔註
26〕，與此處閻氏所引多有出入，不知其所據何本，而「滄浪地名」之說，葉
氏已爲先聲矣。

　　閻氏一旦發現己說之誤，也並不諱言，顯出了一個眞正學者的寬廣胸懷：
「余向從元《王氏句解家語》本『顏繇，孔子始教於闕里而受學焉』，證此書
出於王肅，以其有『闕里』字面。及近讀《北史》、宋板王肅注本《七十二弟
子解》曰：『顏由，回父，字季路，孔子始教學於閭里而受學，少孔子六歲』，
乃是『閭』字，非『闕』字〔註27〕，不覺自失悔冤却子雍……嗟乎，學須博，
書須善本，又須參前後之所見，以歸於一定，學者愼無易由言爾！」〔註28〕

　　有鑒於是書所釋非盡爲的論，清嘉慶年間，山陰樊廷枚遂有《四書釋地
補》、《續補》、《又續補》、《三續補》之作。時人汪廷珍爲是書作序云：「山陰
樊生讀其書而善之，又以爲未盡也，乃上衷聖製，旁採群書，益以己見，作
《釋地補》。於閻氏書，或申之，或裨之，或匡之。」〔註29〕樊氏之作，其要
有二，一隨文出校，可謂之注；一另附考辨，可稱爲補。就樊氏所補而言，
所謂申之者，如「武城」條，樊氏補云：「《左傳》稱武城者，一晉地，文八
年，秦人伐晉取武城，是。一楚地，僖六年，蔡穆侯將許僖公以見楚子於武
城；成十六年，鄭子駟從楚子盟於武城；襄九年，秦伐晉，楚子師於武城，

〔註26〕宋葉夢得《避暑錄話》，《全宋筆記》第二編第 10 冊，大象出版社 2006 年版，
　　　　第 317～318 頁。

〔註27〕今檢《四部叢刊》初編影印明翻宋刻本《孔子家語》卷九《弟子解》作「闕
　　　　里」，文淵閣《四庫全書》本《孔子家語》作「閭里」（《景印文淵閣四庫全書》
　　　　第 695 冊，第 87 頁）。《天祿琳琅書目後編》卷五宋版子部《家語》條提要稱：
　　　　「似咸淳年刻」、「明內府秘書」，且有「文淵閣」印（上海古籍出版社 2007
　　　　年版，第 487 頁）。又據《四庫全書總目》，《四庫全書》本《家語》底本爲內
　　　　府藏本，此內府藏本或即爲《天祿琳琅》藏本，則此南宋槧本與閻氏所見宋
　　　　本皆作「閭里」也。又毛奇齡《經問》卷九詳辨「闕里」所由得名（《清經解》，
　　　　第 1260 頁），可與閻氏此說互參，詳見本書第七章「清人經解文字所見地理
　　　　考據」相關部分。

〔註28〕《四書釋地又續》「闕里」條，《清經解》，第 195 頁。

〔註29〕《四書釋地補・序》，《續修四庫全書》第 170 冊影印清嘉慶二十一年梅陽海
　　　　涵堂刻本，第 3 頁。

以爲秦援；是。一魯地，襄十九年，城武城；昭二十三年，公孫鉏欲自武城還；哀八年，拘者道之以伐武城；十一年，冉有以武城人三百爲己徒卒；是。按：此與《論》、《孟》所稱，並南武城，即《後漢志》泰山郡南城。」〔註30〕閻氏辨魯武城，樊氏則通覽《春秋》、《左傳》而將武城悉數輯出，分地部居，一目了然。所謂裨之者，如「平陸」條，樊氏補云：「平陸，屬齊西竟。《史記·封禪書》、《漢書·郊祀志》並云：蚩尤在東平陸監鄉，齊之西竟是。但平陸爲古厥國，中都屬須昌故須句國，非即平陸。《郡國志》東平國須昌，故屬東郡，有致密城，古中都，有陽谷城。《水經注》：汶水又西南，逕東平陸縣故城北，應劭曰：古厥國也，今有厥亭，又西南，逕致密城南，《郡國志》曰：須昌縣有致密城，古中都也，即夫子所宰之邑矣。據此，則東平陸爲厥國，須昌爲中都，其地相近，後省平陸入須昌〔註31〕，始合爲一爾。」〔註32〕閻若璩謂：「（東平陸）漢屬東平國爲古厥國，孔子時爲魯中都邑地」，實有混二爲一之嫌，樊氏援據文獻，細繹二地之別，庶幾可爲閻說之裨益。所謂匡之者，如「漯滄浪」條，樊氏補云：「按：《地理今釋》：漯水本出高唐，至千乘入海，自禹導河，至大任始分，河之一支東北流，首經東武陽至高唐合漯水，自合漯水，則高唐以南、武陽以北之河，皆被以漯名矣。故《漢志》於平原郡高唐注則云『漯水所出』，於東郡東武陽則云『禹治漯水，東北至千乘入海』，疏解漯水源流，固自瞭然。閻氏不以漯屬高唐何與？」〔註33〕閻氏之誤，上文已揭，樊氏匡之甚是。而樊氏於所補之文卻每每稱引乾隆御製詩文，不倫不類，涉嫌諂媚，此種做法在清人經學地理考據著述中也是絕無僅有的特例異類。其時，宋翔鳳又撰《四書釋地辨證》以補是書闕誤，皆可謂閻書之功臣也。道光時，王鎣編《四書地理考》彙聚文獻、綰合眾說，總成十五卷，清人《四書》地理考證至此而蔚然大觀也。〔註34〕

〔註30〕 《四書釋地補》，《續修四庫全書》第 170 冊，第 11 頁。
〔註31〕 今檢《續漢書·郡國志》、《宋書·州郡志》、《魏書·地形志》、《晉書·地理志》、《元和郡縣志》均未見東平陸省入須昌之說，而《宋書·州郡志》云：「《起居注》元嘉十一年以南兗州東平之平陸並范，壽張並朝陽；平原之濟岷晉寧並營城，高唐並荏平；按此五縣元嘉十一年所省。」則至南朝宋元嘉十一年，東平陸方省入范縣，而非須昌。樊氏所云，不知何據。
〔註32〕 《四書釋地補》，《續修四庫全書》第 170 冊，第 22 頁。
〔註33〕 《四書釋地補》，《續修四庫全書》第 170 冊，第 12 頁。
〔註34〕 參看本書《四書釋地辨證》、《四書地理考》兩節。

第二節　宋翔鳳《四書釋地辨證》

　　《四書釋地辨證》上下兩卷，宋翔鳳撰，其謂：「《釋地》其精覈自多，而鼉粗間出，恐彼震乎盛名，不求夫實是，乃爲之辨證」〔註 35〕，故是書專就閻氏《四書釋地》及續作中未稱其意者，拈出而辨證之。雖卷惟上下，而考證頗精，凡五十一條，短者數語即畢，長者連篇累牘，關涉地理雖少，所辨亦有可觀者，臚列於茲，以見其要。

　　宋翔鳳往往依據傳世文獻以駁閻說，《孟子‧梁惠王下》：「昔者，齊景公問於晏子曰：吾欲觀於轉附朝儛，遵海而南，放於琅邪」，閻氏謂：「余曾徧考轉附朝儛二山，杳不知所在」〔註 36〕，宋氏云：「《趙注》云：轉附朝儛皆山名，又言：朝，水名也。僞《疏》〔註 37〕云：顧野王釋云：潹，水名，出南陽，恐誤潹爲儛。此《注》、《疏》以朝、儛爲水名者，是也。《水經》：白水出朝陽縣西，東流過其縣南，注云：王莽更之曰朝陽也爲屬信縣，應劭曰：縣在朝水之陽，今朝水逕其北而不出其南也，蓋邑郭淪移、川渠狀改，故名舊傳遺稱至今也。《水經》又云：潕水出潕陰縣西南〔註 38〕。潕陰，《漢書地理志》作舞陰，與朝陽皆屬南陽郡，潕、潹、舞、儛音同字借耳。漢舞陰在今南陽府泌陽縣西北六十里，朝陽在今鄧州南八十里，錢獻之云：今有刁水在鄧州西原，出內鄉縣南，逕州城南入湍水者，即朝水也。則朝、儛二水皆在南陽，明甚。」〔註 39〕宋氏旁徵博引、鈎輯文獻，朝、儛二水源流遂明，可謂班班可考，閻氏所謂徧考而「杳不所在」，疏闊殊甚。

　　宋氏亦非僅僅停留於文字層面的徵引，而是能深入文獻，細繹其體例，以作辨證。如卷上「雪宮」條：「古人所居，皆可云宮，離宮乃別築宮館以居遊士，非指王宮。孟子之滕，館於上宮，又《燕世家》：昭王爲郭隗築宮，此宮不專謂王宮之證。《史記‧孟荀列傳》云：齊自如淳于髡以下，皆命曰列大

〔註 35〕　宋翔鳳《四書釋地辨證‧敘》，《續修四庫全書》第 170 冊影印清嘉慶二十五年刻浮溪精舍叢書本，第 464 頁。
〔註 36〕　閻若璩《四書釋地》「轉附朝儛」條，《清經解》，第 173 頁。
〔註 37〕　此指題名爲孫奭所撰之《孟子注疏》，自朱子已疑其非，後人多有所辨，詳參余嘉錫《四庫提要辨證》「孟子正義」條（中華書局 1980 年版，第 73～81 頁）。
〔註 38〕　今檢《永樂大典》卷一萬一千一百三十八《水經》經文：「潕水出潕陰縣西北扶予山，東過其縣南。」廣陵古籍刻印社 1998 年影印本《永樂大典》本《水經注》，第 564 頁，其它各本《水經注》皆同，宋氏謂「潕水出潕陰縣西南」，不知所據何本。
〔註 39〕　《四書釋地辨證》卷上「轉附朝儛」條，《清經解》，第 10342 頁。

夫,爲開第康莊之衢,高門大屋尊寵之。孟子游齊,當亦爾矣。《公孫丑》篇:
孟子將朝王,王使人來曰:寡人如就見者也。此必嘗就見故云。然況使孟子
往王所,於文宜云:『孟子見齊宣王於雪宮』,此自作『王見孟子』,若讀爲『從
者見之』之見,頓易全書之例,亦不然矣。」〔註40〕宋氏首在辨清「宮」非
諸侯專屬之辭,實爲館舍之通稱。繼而據《孟子》本文,詳繹先後情勢,又
從全書書寫體例出發,以爲齊宣王乃就孟子所舍之雪宮見之,而非孟子觀見
宣王於其離宮,所辨皆可按據。而閻氏判定雪宮爲齊王離宮的最根本依據爲
《元和志》所載,其謂:「《元和郡縣圖志》:齊雪宮故址在青州臨淄縣,縣即
齊故都,東北六里,《晏子春秋》所謂『齊侯見晏子於雪宮』。然則先孟子,
雪宮又爲晏嬰館舍邪?蓋齊離宮之名,遊觀勝蹟,宣延見孟子於其地,非就
見之謂,益信地理宜究。」〔註41〕對此,宋氏辨云:「《元和郡縣圖志》引《晏
子春秋》『齊侯見晏子於雪宮』,今《晏子春秋》無此文,蓋涉下文有晏子語,
故以《孟子》爲《晏子春秋》爾。」宋氏從文獻學的角度分析,傳世本《晏
子春秋》既無此語,則李吉甫或因下文言及孟子而張冠李戴。焦循《孟子正
義》引翟灝《考異》,亦持此論〔註42〕,似可備一說。閻氏、宋氏所爭雖在釋
地,雪宮究屬王之離宮或爲士之館舍,實爲解經之轄鑰,直接關涉宣王見孟
子亦或孟子見宣王之辨,所見不同,《孟子》此節之經義則迥然違異、大相徑
庭。

　　清人全力治經,閻氏、宋氏皆深通經義,閻氏由解經而釋古地,宋氏亦
仿其法。如《四書釋地》「邦畿千里」條:「《括地志》云:南亳故城在宋州穀
熟縣西南三十五里,即湯所都……亳邑故城在洛州偃師縣西十四里,即盤庚
所遷」〔註43〕。宋氏泛覽文獻,指出閻氏所據之《括地志》此說,實源於皇
甫謐所謂「三亳說」,又拈出《毛詩正義》云:「亳地,在河、洛之間,《書序》
注云:今屬河南偃師,《地理志》河南郡偃師縣有尸鄉,殷湯所都……鄭必以
亳爲尸鄉者,以《地理志》言尸鄉爲殷湯所都,是舊說爲然,故從之也。且
《中候格予命》云:天乙在亳,東觀於洛。若亳在梁國,則居於洛東,不得
東觀於洛也。」則《漢書·地理志》、鄭注、讖緯均持湯都當在偃師之見。宋

〔註40〕　《四書釋地辨證》,《清經解》,第10342頁。
〔註41〕　閻若璩《四書釋地》「雪宮」條,《清經解》,第170頁。
〔註42〕　焦循《孟子正義》卷二,《諸子集成》第1冊,上海書店1986年影印世界書
　　　　　局本,第70頁。
〔註43〕　閻若璩《四書釋地》「邦畿千里」條,《清經解》,第177頁。

氏深信此說〔註44〕，又引經證之：「《般庚》上篇云：天其永我命於茲新邑，紹復先王之大業。先王指湯，是般庚所都與湯非二地。《般庚》下篇云：古我先王將多於前功適於山。此亦指湯之遷亳適於山者，即鄭『三亳』注：『東成皋，南轘轅，西降谷』也，依山地高，則無河圮之患，般庚鑒圮耿之事而復湯舊都，故舉湯都依山，以為驗也。」陳壽祺《三亳辨》網羅眾說，反覆考辨，亦以為當從鄭氏「三亳」之說〔註45〕，宋氏據經以釋地，言之成理，所辨甚晰。周中孚謂其「詳審精密，俱極確當」〔註46〕，是也。而隨文小注又錄吳毓汾說，引申經義，以補其說，其云：「『將多於前功』，謂適於山以前之功也，蓋河圮之事，湯之及身已遇之，湯之始都或在梁國穀熟之亳……及湯十一征而無敵天下，幅員之廣千里，乃遷於偃師之亳，偃師之亳，東成皋，南轘轅，西降谷，湯之定都也，即《詩》云『景命有亳』，故《中候》云：天乙在亳，東觀於洛也。」〔註47〕吳說謂湯先都穀熟，後遷偃師，調和二家，更見融通。蔣廷錫《尚書地理今釋》「亳」條：「皇甫謐主穀熟為湯都，良是不知偃師亦湯都也。張守節《史記正義》曰：湯即位，都南亳，後徙西亳。蓋湯未伐桀居南亳，後自南亳遷西亳，與葛伯為鄰乃居南亳時事。皇甫謐據此以獻疑，固矣。」〔註48〕言簡意賅，已先發此義矣。

第三節　王鎏《四書地理考》

　　《四書地理考》十五卷，王鎏編纂，是書以類分卷，以地別條，各條之下，排比文獻，羅列眾說，末下己案，彙為一編。據沈維鐈序云：「吾友王君亮生，好讀書，工古文，又長考據，著述甚富，先出其《四書地理考》若干卷，梓以問世，舉際於余曰：『閻百詩先生《四書釋地》一編風行海內久矣……

〔註44〕宋氏深信班說，曾云：「翔鳳於地理一事，本無綜覈之能，惟向治經籍，輒據《班志》，以為其書近古，故府圖籍確有參稽。故他書所稱而《志》無可按，概不涉及。」（《四書釋地辨證·答雷竹卿書》，《續修四庫全書》第 170 冊，第 445 頁）。

〔註45〕陳壽祺《左海經辨》卷上，《清人文集地理類彙編》第 1 冊，浙江人民出版社 1986 年版，第 351～355 頁。

〔註46〕周中孚《鄭堂讀書記》卷十三《四書釋地辨證》條，北京圖書館出版社 2007 年版，第 270 頁。

〔註47〕《四書釋地辨證》「邦畿千里」條，《清經解》，第 10344～10345 頁。

〔註48〕蔣廷錫《尚書地理今釋》，《清經解》，第 1543～1544 頁。

識者尚病其疎，蓋考證之功，創始爲艱，必日久而後精也。今爲此書，大指有八：一曰證今，凡地，先標今名也；一曰稽古，凡古說所見，必徵引也；一曰擇雅，凡古書不雅馴者，不載也；一曰削繁，凡引書，刪其冗長也；一曰旁通，因考一地，兼及他義也；一曰折衷，諸說紛淆，定一是也；一曰正訛，舊說有誤，駁正之也；一曰闕疑，無可考訂，不敢臆決也。』」〔註49〕然通觀全篇，摘錄前說居多，所謂稽古、擇雅、旁通、削繁以至旁通皆此類也；而王氏考辨少之又少，折衷、闕疑間而有之，而所謂正訛者則絕少也，故謂之曰考，名不符實，既爲彙釋，當名《集解》也。

王氏考辨雖少，亦偶有精彩之處，如卷一「匡」條：「匡疑在今陳州府扶溝縣……《大事表》曰：文元年，衛孔達侵鄭，取綿訾及匡，杜注：匡在潁川新汲縣東北。本衛地，中屬鄭，今陳州府扶溝縣西有匡城。定六年，公侵鄭取匡，此鄭國之匡也……鎣按：匡有三：一衛邑，一宋邑，一鄭邑。後人以《史記》自匡至蒲，以匡爲衛邑，然果係衛邑，孔子方自衛去，匡人何至不識而圍之耶？」王氏先列出匡地三說，逐一審核。《史記·孔子世家》云：「孔子遂適衛……居十月，去衛，將適陳，過匡……匡人聞之，以爲魯之陽虎，陽虎嘗暴匡人，匡人於是遂止孔子。」匡地若屬衛，則早止孔子，不待其適陳而拘之，衛地之說自可排除。王氏又云：「《史記索隱》以匡爲宋邑，近之。然匡人之圍，由陽虎之侵暴，宋、衛之匡，陽虎何由暴之？雖定六年，不假道於衛；定八年，侵衛；未見其獨暴於匡也。惟定六年，伐鄭取匡，此正陽虎爲政時侵暴於匡之實證。魯雖取匡地，與魯遠，其後必復爲鄭有。扶溝與陳國密邇，孔子或適陳而經此也。」王氏依據史實，推斷宋地之匡亦復不符陽虎侵暴之事，而鄭邑之匡即扶溝之匡恰合之，故其在扶溝當無誤。王氏並未就此結筆，而是又補出二匡，可謂錦上添花也，「《說文》：邼，河東聞喜鄉。是晉亦有匡邑。《廣韻》引《風俗通》云：匡，魯邑，句須爲之宰，其后氏焉。是魯亦別有匡邑也。」〔註50〕

合理運用地名學，於紛紜前說，甄別是非，爲王鎣考辨《四書》地理之一大特色。顧炎武《日知錄》卷三十一「闕里」條云：「《水經注》：孔廟東南五百步有雙石闕，故名闕里。按：《春秋》定公二年：夏五月壬辰，雉門及兩

〔註49〕 沈維鐈《四書地理考·序》，《續修四庫全書》第 170 冊影印浙江省圖書館藏清道光十五年鎣舟園刻本，第 321～322 頁。
〔註50〕 《四書地理考》，《續修四庫全書》第 170 冊，第 330～331 頁。

觀災，多十月，新作雉門及兩觀。注：雉門，公宮之南門；兩觀，闕也。《禮記》：昔者，仲尼與於蠟賓事畢，出遊於觀之上。《史記‧魯世家》：煬公築茅闕門。蓋闕門之下，其里即名闕里，而夫子之宅在焉。亦謂之『闕黨』，《魯論》有『闕黨童子』、《荀子》『仲尼居於闕黨』是也。後人有以居為氏者。《漢書‧儒林傳》：有鄒人闕門慶忌，注云：姓闕門，名慶忌。」〔註51〕王鎣辨云：「顧氏以闕黨為闕里，是矣。以為因茅闕得名，則想當然耳。至所引《水經注》則甚誤，孔廟東、南雙闕，《水經注》明言即靈光之南闕，原文無『故名闕里』四字。又引雉門兩觀，此乃治朝外地，孔子何以得居？且既以為孔廟之雙闕，又以為雉門之雙闕，又以為煬公之茅闕，何闕里取名之無定耶！」王鎣所駁正中要害，今檢《水經注》卷二十五：「孔廟東南五百步有雙石闕，即靈光之南闕，北百餘步即靈光殿」，確無「故名闕里」四字，顧氏有篡改文獻之嫌。又顧氏徵引敘述，邏輯混亂，闕里究竟因何得名，諸說紛紜，不知所從。王氏剝絲抽繭，分辨甚明。而又有踵顧氏者，「朱氏彝尊謂：《世本》煬公徙魯，《竹書》煬公築茅闕門，在康王二十一年，至定哀五百歲矣，且闕以茅名，其取材未必固，其地未必密邇公宮，雉門兩觀未必即其遺址，然闕雖廢，而里即以為名，故孔子得居之，《越絕書》曰：聖人講習學問魯之闕門。以此彌縫顧氏之說，亦臆度也。」朱彝尊既明顧說不固，而曲說為之彌縫，謂孔子所居為煬公茅闕之遺址，然皆無確切依據，王氏稱其為臆度，誠然也。王鎣又引閻若璩之說：「又案：閻氏以闕黨非闕里，故引《兗州府志》謂闕黨泉在滋陽。余謂泗水曾經闕黨，又流入滋陽，後人因以名泉耳。閻氏又引《史晨碑》證闕里以雙闕得名，皆誤，《史晨碑》所言闕觀即孔子廟闕，與靈光之闕何與耶？」〔註52〕閻氏一反顧炎武「闕黨即闕里」之說，其僅據《兗州府志》以為闕黨泉在滋陽，與闕里顯為兩地，王鎣從地名學角度指出闕黨泉乃因泗水流逐闕黨而得名，且《荀子》明謂孔子居闕黨，閻氏之說不可信也。又閻氏既引《水經注》靈光雙闕之說，又引《史晨饗孔廟後碑》「以令口拜口孔子，望見闕觀，式路虔跽」，以為「爾時闕尚存，尚可得其名里之由」〔註53〕。然此為孔廟闕，非廟東五百步靈光殿之雙闕也，閻氏於此又誤也。

〔註51〕《日知錄集釋》，上海古籍出版社1985年影印本，第2347頁。
〔註52〕《四書地理考》卷一「闕黨」條，《續修四庫全書》第170冊，第333～334頁。
〔註53〕閻若璩《四書釋地》卷一「闕里」條，《清經解》，第170頁。

又《墨子‧非攻下》:「湯奉桀眾以克有,屬諸侯於薄」條畢沅云:「《管子‧地數》云:湯有七十里之薄,《周書‧殷祝解》云:湯放桀而復薄,《荀子‧議兵》云:古者湯以薄,武王以滈,《呂氏春秋》云:湯嘗約於郼薄,皆作『薄』。《地理志》云:河南偃師尸鄉,殷湯所都,是,今河南偃師也。《史記集解》云:皇甫謐曰:梁國穀孰爲南亳,即湯都也。《括地志》云:宋州穀孰縣西南三十里,南亳故城,即南亳湯都也。宋州北五十里,大蒙城,爲景亳,湯所盟地,因景山爲名。河南偃師爲西亳,帝嚳及湯所都,盤庚亦從都之。又案:『薄』,惟《孟子》作『亳』,非正字也。亳,京兆杜陵亭,見《說文》。別有亳王號湯,在今陝西三原縣,地各不同。」〔註54〕對此,王鎣駁之云:「畢說非是。『薄』之作『亳』,諸書甚多。《書》已有『三亳阪尹』〔註55〕矣,地名相同者眾,豈必京兆杜陵亭爲亳乎?」王氏拈出《尚書》之例,畢沅所謂「惟《孟子》作『亳』」且「非正字」之說,不攻自破。王氏又曰:「按:《史記‧秦本紀》寧公二年:遣兵伐蕩社,三年,與亳戰,亳王奔戎,遂滅蕩社。《集解》引徐廣曰:蕩音湯,社作杜。《索隱》曰:西戎之君,號曰亳王,蓋成湯之允,其邑曰蕩社,徐廣云:一作湯杜,言湯邑在杜縣之界,故曰湯杜也。《正義》引《括地志》云:雍州三原縣有湯陵,又有湯臺在始平縣西北八里。《集解》又引皇甫謐曰:亳王號湯,西夷之國也。按:西戎之君以成湯之允,而名其國爲亳,則杜陵亭之名亳,正從湯都之名亳而來,何得以後之名亳者,而反謂湯都之定作『薄』不作『亳』乎?」〔註56〕王鎣從亳王得名入手,指出杜陵亭之亳亦由湯都得名,畢沅竟謂『地各不同』,以別於所謂湯都之薄,不識地名源流,可謂舛誤殊甚也。

王書雖集諸說之得,眾家所長,然其擇定亦非盡是,復有謬誤也。如卷二「靈邱」條:「靈邱,疑在今大同府靈邱縣……鎣按:束鹿靈邱,據《地形志》特五邱之一,不足當戰國時地名。應劭之說,臣瓚、《水經注》俱駁之,《日知錄》據《史記》孝成王以靈邱封春申君,謂其必別一靈邱在齊境,而後入趙者。然既屬趙封,無以明其不在代郡也。」《孟子》靈丘所在,前說多歧,趙岐注曰:齊下邑,不明所指,《史記‧趙世家》:「(敬侯)二年敗齊於靈丘」,裴駰《集解》云:「《地理志》代郡有靈丘縣」,爲代北說之嚆矢,而

〔註54〕 畢沅《墨子注》卷五,民國十四年掃葉山房標點本,第12頁。又原文點作「湯奉桀眾,以克有屬諸侯於薄」,文義不通,今從孫詒讓《墨子閒詁》改。
〔註55〕 今檢通行本《尚書‧立政》皆作「三亳阪尹」,此作「版尹」似誤。
〔註56〕 《四書地理考》卷二「亳」條,《續修四庫全書》第170冊,第339頁。

云齊地至代北，此甚悖當時情勢。閻若璩亦云：「爾時趙別有靈丘，以葬武靈王得名，即今靈丘縣。孝成王以靈丘封黃歇，絳侯擊破陳豨於靈丘，皆其地。注《史記》者以此之靈丘爲齊之靈丘，無論齊境不得至代北，而敬侯時安得國有靈丘？」〔註57〕代北靈丘得名既始自趙武靈王，則裴駰云云顯謬也。疑竇至此當明，而劉氏又重翻舊案，代北靈丘得名之說本自應劭，《漢書·地理志》代郡靈丘縣，顏注引應劭曰：「武靈王葬此，因氏焉。」臣瓚曰：「靈丘之號在趙武靈王之前也。」《水經注》卷十一：「應劭曰：趙武靈王葬〔註58〕其東南二十里，故縣氏之，縣，故屬代……（臣瓚注）《地理志》曰：靈丘之號在武靈王之前矣。又按：司馬遷趙敬侯二年敗齊於靈丘，則名不因武靈王事，如漢注。」此即王氏所據「臣瓚、《水經注》俱駁之」，其根本依據是趙武靈王前《史記》已有靈丘地名出現，先秦時代同名異地現象比比皆是，此敗齊之靈丘與《漢書·地理志》代郡之靈丘豈必爲一地？臣瓚、酈道元之說皆不足爲堅據也。且閻氏已稱齊境不得至於代北之地，兩靈丘當判然有別。王氏於此又引查揆所謂齊地可至代北之三證，「春秋齊地北至無棣而已，戰國時則攘奪相尋，燕、趙、中山、齊犬牙交錯，數百里之間，蓋無靜日，而謂齊地安能至代北者，一誤也」，查氏此說浮虛無據，泛泛而談，難以信據，又云：「代郡爲今渾源州、蔚州、易州，兼得保定府以北地……靈邱在廣昌之北，今靈邱屬大同府，而廣昌淶水縣屬易州，皆代郡地也。《通鑑》安王二十二年，齊伐燕，取桑邱，魏、韓、趙伐齊至桑邱，注引《括地志》桑邱故城名敬城，在易州遂城縣。桑邱、靈邱皆燕南地也，齊可有桑邱，獨不可有靈邱乎？所謂齊地不能至代北者，二誤也」，桑邱在今河北保定市北，本燕地，在古燕長城外，齊伐而取之，爲其勢力北向拓展之極，而三晉遂伐之，齊立足於此已艱難備至。而代北靈丘在今山西大同市東南，據《中國歷史地圖集·戰國圖組》其與桑邱所在相距三百多里，中隔中山與趙兩國之境，又有太行巍峨透迤其間，若非飛地遙屬，難爲齊有也，查氏想當然爾，此說牽強可笑，於理無徵，其又謂：「《中山策》中山與燕、趙爲王，齊閉關不通，欲割平邑以賂燕、趙，出兵攻中山。《漢志》平邑屬代郡，則齊又有代郡地，不獨靈丘也，而謂齊地不能至代北者，三誤也。」〔註59〕查氏此說又似是而非也，其時平

〔註57〕《四書釋地》，《清經解》，第 174 頁。
〔註58〕原作「葬」，顯爲「葬」字之訛。
〔註59〕《四書地理考》，《續修四庫全書》第 170 冊，第 336～337 頁。

邑有二，除代北平邑外，尚有齊西之平邑，百衲本《史記‧趙世家》：「（趙惠文王）二十八年，藺相如伐齊，至平邑」，張守節《正義》引《括地志》云：「平邑故城在魏州昌樂縣東北四十里也」，今河南南樂縣，此即齊國之平邑，與趙都邯鄲隔河相望，《戰國策》云「欲割平邑以賂燕、趙」，實賂趙也，南宋姚弘以爲「平邑，燕邑」差失更遠，吳師道亦引《括地志》以正〔註60〕，是也。錢穆先生云：「《正義》說是也，代郡平邑，今山西陽高縣東南，差失遠矣。」〔註61〕查氏只知其一，不知其二，以漢代郡之平邑當戰國齊西之平邑，豈不謬哉！代北平邑既非屬齊，《孟子》靈丘殆非代郡靈丘，明矣。王鎣不識其謬，轉以爲據，豈可信哉。

〔註60〕《戰國策》，上海古籍出版社 1998 年版，第 1174 頁。
〔註61〕錢穆《史記地名考》，《錢賓四先生全集》第 34 冊，第 756 頁。

第六章 清人《說文解字》研究著述所見經學地理考據

第一節 段玉裁《說文解字注》所見經學地理考據

　　東漢許慎編撰的《說文解字》是現存最早的一部字書,「其建首也,立一為耑,方以類聚,物以群分,同牽條屬,共理相貫,雜而不越,據形繫聯,引而申之,以究萬原,畢終於亥」,凡「五百四十部,九千三百五十三文,重一千一百六十三,解說凡十三萬三千四百四十一字」〔註1〕。清人以治小學通經學,而《說文》又為研治小學之首要,故一時學者群起而竭力於是,巍然大觀、號稱百家〔註2〕。金壇段玉裁所撰《說文解字注》,是清人研究《說文》著作中最有代表性的一部。《說文》所及經學地理問題頗多,段氏是書於此多有考辨,今將較有代表性的例子輯出,分類部居、羅列如下。

　　批駁前說,以明己見,是段氏進行經學地理考證的顯著特點。如「邠」字條:「周大王國,在右扶風美陽。從邑分聲。」又「豳」字條:「美陽亭,即豳也。民俗以夜市。有豳山。從山從豩。闕。」通行本《說文》此兩字並列,暗含了邠即豳之義。段氏對此不以為然:「按:此二篆說解可疑。豳者,公劉之國。《史記》云慶節所國,非大王國,疑一。《漢地理志》、《毛詩》箋、《郡國志》皆云:豳在右扶風栒邑,不在美陽,疑二。《地理》、《郡國》二志

〔註1〕 《說文解字‧敘》,《四部叢刊》初編影宋本,商務印書館線裝本。

〔註2〕 丁福保編《說文解字詁林》參考清人《說文》著述凡一百二十多家,詳見是書第1冊《引用書目表》,中華書局1988年版,第133～155頁。

皆云：栒邑有豳鄉。徐廣曰：新平漆縣之東北有豳亭。漢右扶風之漆與栒邑皆是豳域，不得美陽有豳亭，疑三。從山，豩聲，非有關也。而雲從豩，關，疑四。假令許果以豳合邠，當云或邠字，而不言及，疑五。」段氏從史事、地理、本文、體例等方面提出了疑問。實際上間接說明了邠確非豳，並接著闡述了自己的觀點：「蓋古地名作邠，山名作豳，而地名因於山名。」邠為地名，當在漢右扶風美陽縣地，豳為山名，在漢右扶風栒邑，而其地遂因山名而得地名，故豳亦指其地。段氏又對之所以出現邠、豳併合的原因作出了推測：「許氏原書當是豳、岐本在山部，而後人移之，並古、今字為一字。抑或許書之變例有然，未能定也。」最後又追溯邠、豳通用的歷史：「經典多作『豳』，惟《孟子》作『邠』。唐開元十三年始改豳州為邠州。見《通典》、《元和郡縣志》。郭忠恕云：因似幽而易誤也。」〔註3〕此例段氏並未從正面進行考辨，而是設五問、揭矛盾，從批駁原說的角度，揭明了邠和豳的正確關係。與此考辨方法類似的又如「鄑」字條：「紀邑也。」段氏依據《說文》本文尋覓出文獻出處：「《春秋經》莊三十年：齊人降鄑。《公羊》、《穀梁》皆曰：鄑，紀之遺邑也。劉歆、賈逵依之。許說同。杜云：紀，附庸國，東平無鹽縣東北有鄑城。距紀太遠，非許意也。」段氏從地理實際情況與經典所載不同，推論出杜注必誤，在此基礎上，段氏先定紀地，再尋鄑地，最終指出了鄑地所在：「古紀國在今山東青州府壽光縣西南三十里紀城，鄑邑當附近，即昭十九年《左傳》之紀鄑也。紀鄑者，本紀國之鄑邑，猶《齊語》紀鄑謂本紀國之鄑邑也。《公》、《穀》云『鄑，紀之遺邑』，與《左傳》云『紀鄑』合。杜云：紀鄑在東海贛榆。是也。莊三十年之鄑即此。杜分為兩地，非。今江蘇海州贛榆縣縣北七十五里有故紀鄑城。亦曰紀城。」〔註4〕

考辨同名異地現象，也是段氏用力所在。如「鄆」字條：「河內沁水鄉。從邑軍聲。魯有鄆地。」許慎所謂「魯有鄆地」頗為含糊，春秋鄆地有二，且均為魯地，段氏結合《左傳》杜注，努力將此二地離析清楚：「文公十二年、成公九年、襄公十二年、昭公元年之鄆，杜云：莒別邑，在城陽姑幕縣。此在魯東者也。成公十六年之鄆，杜云：魯西邑，在東郡廩丘。此在魯西境者也。東鄆當在今山東青州府諸城縣。西鄆在今山東曹州府鄆城縣，有鄆城故城。」〔註5〕雖非長篇考證，但段氏簡潔明晰的指出了東鄆、西鄆之分，可見

〔註3〕《說文解字注》，上海古籍出版社1981年影印經韻樓藏版，第285頁。
〔註4〕《說文解字注》，第297頁。
〔註5〕《說文解字注》，第288頁。

其對經學地理之熟悉。又「郢」字條：「故楚都。在南郡江陵北十里。」段氏出按語：「楚有二郢，所都曰郢，別邑曰郊郢。」續而又詳列理由：「《左傳》：鬭廉曰：君次於郊郢，以禦四邑，杜曰：郊郢，楚地。此必非郢都也。故前《志》曰：江陵縣，故楚郢都。又曰：郢縣，楚別邑故郢。劃然二縣。『故郢』二字，正『故郊郢』之奪誤也。許君於他邑不言距今縣方向里數，獨此云在南郡江陵北十里。詳之者，以見非漢郢縣之郢也。《水經注》：江水又東，逕江陵縣故城南。謂楚都也。又東逕郢城南，子囊遺言所城。可知也，謂楚別邑也。」〔註6〕段氏所列四條理由，其一《左傳》有郊郢之記載，其二《漢書‧地理志》分載江陵縣故郢都、郢縣別邑郢；其三許慎《說文》詳言距江陵道里以示與漢郢縣之別，其四又引《水經注》佐證確有二郢。言之鑿鑿，可謂定讞。又「郳」字條：「齊地。從邑兒聲。《春秋傳》曰：齊高厚定郳田。」段氏自許慎所引《左傳》入手，對郳地進行考辨：「《左傳》襄六年：齊侯滅萊，遷萊於郳，高厚、崔杼定其田。杜云：遷萊子於郳國。《正義》云：郳即小邾。小邾附屬於齊，故滅萊國而遷其君於小邾。」據《正義》郳即小邾，然而又頗有矛盾：「按：《世本》云：邾顏居邾，肥徙郳。宋仲子注：邾顏別封小子肥於郳，爲小邾子。《左傳》曰：魯擊柝，聞於邾。小邾者，邾所別封。則其地亦在邾魯，不當爲齊地。今鄒縣有故邾城，滕縣東南有郳城，皆魯地。且郳之稱小邾久矣，不應又忽呼爲郳也。」段氏從地理位置出發，指出小邾本近魯地，不當遠屬齊，是也，如此則齊、魯各有郳，小邾爲魯之郳而非齊之郳，《正義》之誤，顯而易見。段氏進一步分析到：「許意郳是齊地，非小邾國。凡地名同實異者，不可枚數，如許書邾非鄒國，是其例也。據《傳》云：遷萊於郳，高厚、崔杼定其田。蓋定其與萊君之田，以郳田與之也。」〔註7〕誠如段氏所言，凡地名同實異的現象很多，而在經學地理中尤其如此，情況極爲複雜，考辨的難度很大，此段所舉三例可謂於精微細密之處發現問題，堪稱發覆探微。

　　段氏亦對異名同地的問題進行了探討。如「囗」字條：「周公所誅囗國。在魯。」段氏云：「《玉篇》作『周公所誅叛國商奄』，是也。奄、囗二字，周時並行，今則『奄』行而『囗』廢矣。」則奄、囗通用。又奄、商奄相通：「單呼曰『奄』，累呼曰『商奄』。《書》序、《孟子》、《左傳》皆云『奄』，如『踐

〔註6〕《說文解字注》，第 292 頁。
〔註7〕《說文解字注》，第 298～299 頁。

奄』，『歸自奄』，『伐奄』，昭元年『周有徐奄』，是也。《左傳》又云『商奄』，如昭九年，『蒲姑商奄，吾東土也』；定四年，『因商奄之民，命以伯禽，而封於少暭之虛』，是也。」又商奄、商蓋相通：「大部（此指《說文》部首中之『大』部——筆者按）曰：奄，覆也。《爾雅》：弇，蓋也。故『商奄』亦呼『商蓋』。《墨子》曰：周公旦非關叔，辭三公，東處於商蓋。《韓非子》曰：周公旦將攻商蓋。辛公甲曰：不如服眾小以劫大，乃攻九夷，而商蓋服矣。商蓋即商奄也。」段氏運用了文獻互證的方法，說明了一□而有數名：奄、商奄、商蓋。在對地名問題深入討論後，段氏又考辨了奄地所在：「奄在淮北，近魯，故許云『在魯』。鄭注《書》序云：奄在淮夷之北，注《多方》云：奄在淮夷旁，是也。祝鮀說因商奄之民封魯者，杜云或迸散在魯是也。今山東兗州府曲阜縣縣城東二里有奄城，云故奄國，即《括地志》之奄里〔註8〕。此可證迸散在魯之說。」則奄人本在淮北，後因遷移而至魯，乃用舊名稱新地〔註9〕，非本在魯地也。而「商奄」又有別義：「《豳風》：四國是皇。《毛傳》云：四國，管、蔡、商、奄也。商謂武庚，則此《傳》商、奄為二。」〔註10〕於此可見段氏考辨之精密，立說之嚴謹。又如「浙」字條：「江水東至會稽山陰為浙江。」段氏云：「今浙江省紹興府山陰縣是其地。今俗皆謂錢唐江為浙江，不知錢唐江，《地理志》、《水經》皆謂之漸江。江至會稽山陰，古曰浙江。《說文》『浙』、『漸』二篆分舉劃然。後人乃以浙名冒漸，蓋由二水相合，如《吳越春秋》越王至浙江之上，《史記》楚威王盡取故吳地至浙江，始皇至錢唐臨浙江皆謂是也。」〔註11〕此段文字雖稍簡略，然亦將浙、漸二江之別分劃清楚，可謂言簡意賅。

　　段氏亦對《春秋》古地所在進行了一些考辨工作。如「郳」字條：「蔡邑也。從邑臭聲。《春秋傳》曰：郳陽人女奔之。」在考證郳地所在之前，段氏先追溯了蔡國先後三遷的史實：「《地理志》：汝南郡有新蔡、上蔡二縣，沛郡有下蔡縣。上蔡縣，故蔡國，周武王弟叔度所封，度放，成王封其子胡，十

〔註8〕今海外新發現《括地志》殘卷正為記載曲阜史事之部分，其中確乎涉及商奄，雖文字寥寥，然亦復珍貴，詳參《東京大學史料編纂所藏〈括地志〉殘卷》，影印件收入《域外漢籍研究集刊》第二輯（中華書局，2006年版）。

〔註9〕錢穆先生《史記地名考·自序》稱此種現象為「地名遷徙」（《錢賓四先生全集》第34冊，第8～9頁）。可參看拙作《再述錢賓四先生的歷史地理學》，香港《人文》，第137期，2005年五月。

〔註10〕《說文解字注》，第296～297頁。

〔註11〕《說文解字注》，第518頁。

八世徙新蔡。新蔡縣，蔡平侯自蔡徙此，後二世徙下蔡。下蔡縣，故州來國，爲楚所滅，吳取之，至夫差遷昭侯於此。後四世侯齊，竟爲楚所滅。按：杜預說同。」接著簡要描述了三蔡位置：「上蔡、新蔡、下蔡，漢時用以名縣，非周時有此名也。上蔡、新蔡，漢時同在汝南郡，今二縣皆屬汝寧府，相距不遠。若下蔡則距上蔡、新蔡遠矣。」有了對蔡國封地先後變遷的瞭解，段氏遂結合史實考訂出郹地所在：「昭十九年《左傳》云：楚子之在蔡也，郹陽封人之女奔之，生大子建。平王爲蔡公時，蔡方滅，尙未遷新蔡。則郹陽當在上蔡矣。」據《史記・管蔡世家》：「楚滅蔡三歲，楚公子棄疾弒其君靈王代立，爲平王。平王乃求蔡景侯少子廬，立之，是爲平侯。」此即所謂「平王爲蔡公」，其時蔡國尙未遷往新蔡。郹陽之女奔楚子，當在此前，故郹陽當在上蔡。經過此番考證，似乎問題已經解決，然而段氏繼續追索：「《左傳》又云：齊侯、衛侯次於垂葭，實郹氏。則衛地，非蔡地也。按：許當云：郹陽，蔡邑也。以別於衛之郹氏。」〔註 12〕則另有一郹，在衛地，而別於蔡地之郹，段氏進而指出許氏之疏漏，將此問題完滿解決，可謂窮盡究極，堪稱卓越。

然段注亦有頗値商榷者，如「郣」字條：「郣地。」段氏據徐鍇《說文繫傳》改爲「郣地」：「此從鍇本。鉉作『郣海地』，非是。郣，是復舉字之未刪者，地，謂有地名郣也。今其地未聞。蓋春秋時齊地也。」既其地未聞，如何得知其爲春秋齊地？段氏並未言明，不知何據。段氏又云：「若漢二《志》之勃海郡，今直隸河間、天津二府地。其謂之勃海者，師古曰：在勃海之濱，因以爲名也。水部澥下曰：勃澥，海之別也。《漢書》《子虛賦音義》曰：勃澥，海別枝也。勃澥，《史記・河渠書》謂之勃海。今靜海縣之海，與山東遼東接境者，即勃澥。司馬相如賦所以自琅邪觀成山，射之罘而浮勃澥。始皇所以並勃海以東，過黃腄，窮成山，登之罘，而南登琅邪也。《齊都賦》注曰：海旁曰勃，斷水曰澥。勃與郣似可通。然勃海郡、勃澥，字皆不作郣。假令勃海郡字可作郣，則許當云郣海郡也，而不曰地。」〔註 13〕既勃與郣似可通，爲何勃海郡、勃澥，字皆不作郣？既「郣地」可錯訛爲「郣海地」，爲何「郣海郡」不可錯訛爲「郣海地」？段氏強解文獻，彌縫之際顯然，前人謂其好改《說文》以從己見，殆不誣也。

〔註 12〕《說文解字注》，第 292 頁。
〔註 13〕《說文解字注》，第 299 頁。

第二節　其它清人《說文解字》研究著述所見經學
　　　　地理考據

　　除了段注以外，清人《說文》研究著作中頗有涉及經學地理考據者，雖不可謂之大觀，亦間有識見，近人丁福保輯有《說文解字詁林》，網羅《說文》名家於一編，茲檢諸此書，擇其關乎經學地理考據著例數條，迻錄如下，可概見其餘。

　　有考述古地通名之例，如「邑」字條，王筠《說文句讀》曰：「案邑之名，古大而今小。《書》曰：率割夏邑。是桀都也。《殷武》曰：商邑翼翼。《毛傳》曰：京師也。《多士》曰：今朕作大邑於茲洛。是周初猶沿夏商之名也。《周禮》：四井爲邑。則大小不嫌同名也。至於春秋，則《左氏》曰：凡邑有宗廟，先君之主曰都，無曰邑。與子雅邑，與子尾邑，豎牛取東鄙三十邑以與南遺，則皆聚落之稱矣。故列國自稱敝邑，以爲謙也。」〔註14〕王氏立足於經典文獻，從時間更迭的角度，對「邑」字義的前後變化進行了的梳理，扼要明瞭。

　　有考辨易淆古地之例，如「郟」字條：「周封黃帝之後於郟也。從邑夾聲，讀若薊，上谷有郟縣。」王鳴盛《蛾術編》附迮鶴壽校語：「案：封於郟者，黃帝後也。封於燕者，召公奭也。《樂記》稱武王封黃帝之後於薊。《水經注》云：㶟水東北逕薊縣故城南，武王封堯後於薊，今城內西北隅有薊邱，因邱以名邑。『堯後』當作『黃帝後』。《史記·燕世家》：召公奭與周同姓，武王封之於北燕。魏王泰《括地志》云：燕山在幽州漁陽縣東南六十里。徐才《宗國都城記》云：武王封召公奭於燕，地在燕山之野，故國取名焉。觀此，則郟以薊邱得名，燕以燕山得名，二國毫不相涉，故張守節謂燕、薊二國俱武王所立，因薊丘、燕山爲名，其地足自立國。薊微燕盛，乃並薊居之。」〔註15〕迮氏依據文獻記載，從初封所屬切入，明辨薊、燕二地之別，又簡要解釋了後世相混的原因，言簡意賅。

　　有考證名近地異之例，如「鄏」字條，承培元《說文引經證例》云：「今河南府城西北有河南故城，故城西有郟鄏陌，或謂之郟山，北二里曰邙山，綿亙數縣與郟山連。昭二十二年，季王田北山，即邙山，亦即郟山也。郟以

<hr>

〔註14〕《說文解字詁林》第 7 冊，中華書局 1988 年版，第 6539 頁。
〔註15〕《說文解字詁林》第 7 冊，第 6565 頁。

山名爲地名也。晉文公定襄王於郟，郟即王城地。同部郟，潁川縣，則爲楚地，在河南汝州郟縣。昭元年，黑肱城郟，十九（年），季子瑕城郟，是也。與郟鄏不同地。」〔註16〕承氏由指明郟鄏陌所在而牽連郟城，又由此辨明有二郟之別，一爲河南王城之郟鄏，一爲河南汝州之郟，誠是。

有考訂異名同地之例，如「邵」字條，《說文句讀》：「左襄二十三年《傳》：齊侯伐晉，戍郫邵，杜云：取晉邑而守之。又文六年《傳》：殺諸郫。《博物志》引作『郫邵』，云：河東垣縣有郫邵之阨。案：殺一人，不能在兩地，而張華作郫邵者，今本作郫。《郡國志》河東垣縣有邵亭。今絳州垣曲縣東有邵城。後魏之邵郡，後周之邵州，皆即此。然則此地本二名，而亦單呼郫，單呼邵。許君後漢人，故單謂之邵，與《後漢書》〔註17〕同也，且專屬之晉。則周『召』本不作『邵』，而以垣曲邵城爲分陝之所者，誣也。」〔註18〕王氏引經據典，指出郫、邵、郫邵，乃一地三名，均指河東垣曲之邵城，在此基礎上又進一步說明，周召分陝乃在弘農單縣，與此「邵」乃判然兩地。分別顯然，言之鑿鑿。

有考究古地所在之例，如「鄛」字條：「南陽棗陽鄉」，邵瑛《說文解字群經正字》：「許所云云，未考其地。而《春秋》有巢國，文十二年，楚人圍巢，杜注：巢，吳楚間小國，廬江六縣東北有居巢城。按：居巢，漢縣，《地理志》屬廬江郡。應劭注引：楚人圍巢，巢國也，是也。字亦作鄛。《項籍傳》云：居鄛人范增。《史記・項羽紀》同。師古注：居鄛，縣名。並引《地理志》及《春秋書》〔註19〕。《索隱》又云：是故巢國，夏桀所奔。則居巢古作居鄛，而凡巢國，古原作鄛也。從此類推，左成七年《傳》：吳始伐楚、伐巢；十七年《傳》：舒庸以楚師之敗，道吳人圍巢；襄二十五年《傳》：吳子諸樊伐楚，門於巢；三十一年《傳》：巢隕諸樊；昭四年《傳》：薳啓疆城巢；五年《傳》：楚使沈尹射待命於巢……此類並當作鄛也。」〔註20〕此例邵氏旁徵博引，首

〔註16〕《說文解字詁林》第 7 冊，第 6602～6603 頁。

〔註17〕當作《續漢書》，《後漢書》無志，南朝梁劉昭取司馬彪《續漢書》八志以補之。

〔註18〕《說文解字詁林》第 7 冊，第 6614 頁。

〔註19〕今檢《漢書・陳勝項籍傳》「居鄛人范增」條，顏師古注引晉灼曰：「鄛，音巢絕之鄛。」又曰：「居鄛，縣名也，《地理志》屬廬江郡。鄛音巢，字亦作巢。本春秋時巢國。」未見引及《春秋書》，不知邵氏所據《漢書》爲何本，似誤。

〔註20〕《說文解字詁林》第 7 冊，第 6650 頁。

求古巢國所在，續而詳證古時「巢」、「鄛」本爲一字，巢地既在廬江，鄛自當在此，許愼云南陽棗陽爲鄛地，非也。

　　清人治《說文》，雖兼及地理，往往以述代考，如朱駿聲《說文通訓定聲·孚部弟六》「劉」條辨名同地異，其云：「左桓十一年《傳》（當作隱公十一年《傳》，此年爲周桓王八年，朱氏或因之而訛——筆者按）：王取鄔、劉、蔿、邘之田於鄭。（劉邑）在河南河南府偃師縣，初成王封王季子於此，其後以邑爲氏，世爲周卿士，此姬姓之劉也。又左昭廿九年《傳》：有陶唐氏既衰，其後有劉累。按：堯裔封於劉，在今直隸保定府唐縣，其後以國爲氏，此祁姓之劉也。又《左》襄十五年：及向戌盟於劉。此魯地之近城者也。」〔註21〕又如《豫部弟九》「靃」條云：「《爾雅·釋山》：霍山爲南嶽。《廣雅·釋山》：天柱謂之霍山。《周禮·職方氏》：冀州其山鎮曰霍山。此三霍同名而異實。《爾雅》之霍即衡山別名，在今湖南衡州府衡山縣，古之南嶽也。《廣雅》之霍即天柱山，漢武帝移祀南嶽於此，在今安徽六安州霍山縣也。《職方》之霍即《禹貢》岳陽，亦名霍太山，在今山西平陽府岳陽縣。」〔註22〕此兩例，朱氏皆明辨異同，將三劉、三霍分別離析，然朱氏未能一一詳引所據文獻，故稍乏嚴謹考據之風。

〔註21〕　《說文通訓定聲》，武漢古籍書店 1983 年影印臨嘯閣本，第 238 頁。
〔註22〕　《說文通訓定聲》，第 457 頁。

第七章　清人經解文字所見地理考據

　　經學文獻涉及地理者可謂比比皆是，特別是《毛詩》、《春秋》、《四書》等，故《清經解》正續編近四百種清人經解作品中，可視爲地理考據著述者佔了不小的比例，這從本書上文所列各章便不難看出。此外，還有相當一部分經學地理考證零散的分佈在其它經解著述中，本章即就此部分內容稍加評述〔註1〕。

　　清人掌經既久、涵泳浸淫，於本經多能融通條貫、前後相照，於諸經亦能旁涉綜參、博洽互證，此點在清人進行經學地理考據時多有體現。

　　其以本經相證者，如顧炎武《左傳杜解補正》卷一「城小穀爲管仲也」條：「小穀不係齊，疑《左氏》誤。范甯解《穀梁傳》曰：小穀，魯邑。《春秋發微》曰：曲阜西北有故小穀城。按：《史記》：漢高帝以魯公禮葬項王，穀城當即此地。杜解以此小穀爲齊邑，濟北穀城縣城中有管仲井。劉昭《郡國志》〔註2〕、酈道元《水經注》皆同。按：《春秋》有言『穀』不言『小』者：莊二十三年，公及齊侯遇於穀；僖二十六年，公以楚師伐齊，取穀，文十七年，公及齊侯盟於穀；成五年，叔孫僑如會晉荀首於穀；四書穀，而一書小穀，別於穀也。又昭十一年《傳》曰：齊桓公城穀而置管仲焉，至於今賴之，則知《春秋》四書之穀及管仲所封在濟北穀城，而此之小穀自爲魯邑爾。況其時齊桓始霸，管仲之功尚未見於天下，豈遽勤諸侯以城

〔註1〕兩《經解》中也全部或是節取地收錄了一部分清人學術筆記，其中也包含了大量地理考據，這部分內容將在本章附錄「清人學術筆記所見經學地理考據」中加以討論，此處不贅。
〔註2〕《續漢書‧郡國志》爲西晉司馬彪所撰，南朝梁劉昭補注，非劉昭所撰也。

其私邑哉?」〔註3〕《春秋》莊公三十二年云:「春,城小穀」,杜注:「小穀,齊邑,濟北穀城縣城中有管仲。大都以名通者,則不係國。」杜注云云,乃據《傳》文而言,本年《傳》文云:「春,城小穀,為管仲也」,而顧炎武則認為《經》書小穀不係齊,故疑《左氏》誤,其基本依據是范甯《春秋穀梁注》以及孫復《春秋發微》。此外,顧氏更從《春秋》本經出發,詳細梳理了穀與小穀在全經出現的情況,得出《春秋》「四書穀,而一書小穀,別於穀也」,「《春秋》四書之穀及管仲所封在濟北穀城,而此之小穀自為魯邑爾」的結論,從文獻的角度證明了穀與小穀確實有別,當各屬齊魯。江永亦云:「《經》:城小穀。《傳》:為管仲也。杜注:小穀,齊邑。濟北穀城縣城中有管仲井。《穀梁傳》范甯注:小穀,魯邑。《彙纂》:程氏迥曰:齊地別有穀在濟北,有管仲井,非小穀也。今按:齊之穀,今為東阿縣,見莊七年,夫人姜氏會齊侯於穀;又莊二十三年,公及齊侯遇於穀;僖二十八年,公以楚師伐齊,取穀;文十七年,公及齊侯盟於穀;成五年,叔孫僑如會晉荀首於穀;哀二十七年《傳》:齊師違穀七里;皆齊穀。若此年小穀,自是魯地,曲阜西北有故小穀城,項羽嘗為魯公,漢高帝以魯公禮葬項王穀城,是也。昭十一年,楚申無宇〔註4〕曰:齊桓公城穀而置管仲,趙氏鵬飛曰:此年偶有城小穀之事,《左傳》遂取無宇之言合之,杜氏因以小穀為穀城,其說是。」〔註5〕顧、江二人可謂不謀而合,江氏雖後出,然補出《春秋》莊七年夫人姜氏會齊侯於穀,顧氏所謂《春秋》「四書穀,而一書小穀」,誤矣。阮元《十三經注疏校勘記·左傳校勘記》卷九「小穀」條又深究此疑,曰:「『春,城小穀,為管仲也』,顧炎武《日知錄》據范甯《穀梁解》以小穀為魯邑,而疑《左氏》之誤,孫志祖云:《春秋》之言穀者,除炎武所引外,尚有:宣十四年,公孫歸父會齊侯於穀;襄十九年,晉士匄侵齊至穀;又成十七年《傳》:齊國殺慶克以穀叛;則齊地之名穀而不名小穀,灼然矣。小穀應屬魯邑,《左氏》不應謬誤若此,後讀《公羊疏》云:二《傳》作小穀,與《左氏》異。始悟《左氏經》本作『城穀』,此與申無宇所言齊桓公城穀而實管仲焉語正合,故杜注以為齊邑,又引濟北穀

〔註3〕顧炎武《左傳杜解補正》,《清經解》,第2~3頁。
〔註4〕原作「楚申無字」,顯誤,今改之。
〔註5〕江永《春秋地理考實》莊公三十二年「小谷」條,《春秋戰國史研究文獻叢刊》第4冊影印清道光九年學海堂刊《皇清經解》本,國家圖書館出版社2009年版,第45頁。

城縣中有管仲井以實之，今《經》、《傳》及注俱作『小穀』者，乃後人據二《傳》之文而誤加之《左氏》也。惜杜氏手定本已亡，無從是正。」〔註6〕阮校引孫志祖語以補顧氏所列《春秋》諸穀之不足，甚是。又從《公羊疏》所言逆推唐時《左氏》作「穀」而非「小穀」，本不誤。此乃以他經證本經，諸經以互證之法，阮校寥寥數語，其考據之效果甚或超過顧氏、江氏所辨也。

又如陳啓源《毛詩稽古編》卷十一云：「《六月》詩所言地名凡五：焦穫也、鎬也、方也、涇陽也、大原也。毛、鄭縣無注釋，惟焦穫，則《疏》引《爾雅》耳。鄭訓涇陽為涇水之北，涇水北，非一地，初不以秦漢之涇陽縣當之也。鎬方，無可考，直以為北方地名而已。惟大原之名，見《禹貢》及《左傳》，彰彰有據，而《注》、《疏》皆無一語及之，良以《六月》之大原非《禹貢》、《左傳》之大原也。《朱傳》始以今大原府陽曲縣釋之。案：《出車》詩，南仲既平玁狁，即伐西戎，則二寇定相接壤，玁狁自是西北之狄，其遁亦應向西北而去，吉甫安得反東行逐之，至今山西之陽曲哉？《通義》駁其誤，允矣。或又謂大原即唐原州，今平涼府固原州及涇州地，後魏始置，其命名或取《詩》『大原』。源謂：此近之矣，而亦無確據。後魏去周宣千餘載，即使因《詩》取名，亦屬臆說，況未必然也。毛、鄭去古不遠，大原果屬高平，漢高平即後魏原州，後魏猶有傳聞，漢世豈反不知而不取以證《詩》乎？案：雍州之地，多以原得名見於《詩》、《書》者：《禹貢》曰『原隰底績』；《公劉》曰『度其隰原』，又曰『於胥斯原』，又曰『復降在原』，又曰『瞻彼溥原』；《皇矣》曰『度其鮮原』；《緜》曰『周原膴膴』；《吉日》曰『瞻彼中原』；皆雍地也。《六月》之大原，其諸原之類與，定在雍州北境，但必欲確指為何地，則穿鑿之見耳。」〔註7〕陳氏在駁斥前說後，旁徵博引，將《詩》、《書》所見諸「原」悉數輯出，以為「原」為通名，非專指，不可穿鑿妄斷，其識見可謂通達。又惠周惕《詩說》卷三云：「或曰：節南山舊謂終南山，終南似宜在岐周地，不應在東都也。曰：《詩》言南山屢矣，五在《雅》，二在《風》，在風者，《召南》、《齊風》是也，以南山為終南，則《齊風》亦言終南邪？且《秦風》『終南何有』，則終南自有名稱，何不直指而改言南山也？又《詩》曰『我徂東山』、曰『陟彼北山』、曰『北山有楊』，何以不言東山、北山為何名也？

〔註6〕阮元《十三經注疏校勘記・左傳校勘記》，《清經解》，第7494頁。
〔註7〕陳啓源《毛詩稽古編》，《清經解》，第683～684頁。

－195－

意《詩》言南山，猶門言東門、國言南國之類，凡在南者皆可曰南山也，何必指爲終南乎！」〔註8〕周氏在通觀《毛詩》的基礎上，指出《詩》言南山「五在《雅》，二在《風》」，而《齊風》亦有南山，此南山必非終南，故以南山爲終南，誤矣。周氏又從側面辨云，《毛詩》多有「東山」、「北山」者，皆非專指某山，故「凡在南者皆可曰南山也」，《毛詩》所謂南山者非專指終南山也。周說甚是，其與陳氏皆能融通全經，詳辨地理通名與專名之別，爲正確釋解諸經所涉地名提供了重要參考。

其以諸經互證者，如孔廣森《經學巵言》卷六「齊侯衛侯盟於沙」條：「『沙』，《傳》文作『瑣』，《公羊》經文作『沙澤』；成十二年，公會齊侯、衛侯於瑣澤，《公羊經》亦作『沙澤』。然則，瑣即瑣澤，《公羊》曰『沙』，《左氏》曰『瑣』，齊、魯聲讀之異。今此《左氏經》亦作『沙』，與《傳》不合，寫誤也。杜於此云地在陽平元城，於瑣澤下注云地闕，是未考沙、瑣、沙澤、瑣澤同是一地耳。」〔註9〕孔氏將《左氏》、《公羊》《經》、《傳》所見「瑣」、「沙」彙聚一處，其音近可通，一目了然也。清人不但深曉諸經互證之法，還能對諸經同名異地之例深究詳析、考求異同，如李黼平《毛詩紬義》卷十三云：「(《何人斯》)《序》：蘇公刺暴公也，暴公爲卿士而譖蘇公焉，故蘇公作是詩以絕之。箋云（原注：今本誤作《傳》）：暴也，蘇也，皆畿內國名。《正義》曰：遍檢書傳未聞畿外有暴國，今暴公爲卿士，明畿內，故曰皆畿內國名。孔不言暴在何地，《春秋》文八年，公子遂會雒戎，盟於暴，杜注云：鄭地。而不言地之所在。按：《左氏傳》云：晉人以扈之盟來討，冬，襄仲會晉趙孟盟於衡雍，報扈之盟也，遂會伊雒之戎，書曰『公子遂』，珍之也。《經》上言公子遂會晉趙盾盟於衡雍，下言盟於暴，《傳》言會伊雒之戎，而不言於暴，《傳》殆以暴即衡雍也。說《詩》者或以此暴爲暴公之國，謂幽王時鄭尙在西都，此地是東都畿內之邑。然以蘇國例之，蘇國名，而地乃爲溫，暴亦國名，而地未必即在暴，此孔所以不引與？」〔註10〕李氏通觀二經，細索注疏，指出《毛詩》、《春秋》二暴之異，一爲暴國，在畿內；一爲暴地，在鄭地；可謂明辨秋毫也。

由解經進而釋地，亦爲清人考證經學地理之方法。如陳啓源《毛詩稽古

〔註 8〕惠周惕《詩說》，《清經解》，第 1354 頁。
〔註 9〕孔廣森《經學巵言》，《清經解》，第 6026 頁。
〔註10〕李黼平《毛詩紬義》，《清經解》，第 10437 頁。

編》卷十一：「以《詩》之文勢合之今之地理，涇陽其即焦穫乎？焦穫取近京邑，獫狁犯周，當至是而止。《詩》數獫狁之惡，故先言焦穫，見其縱兵深入，迫處內地，繼又追本其始，自遠而來，故言鎬與方，紀其外侵所經也；言涇陽，紀其內侵所極也。以其初至，故曰至，以其久居而不去，故曰整居，初至則泛言涇水之陽，久居則實指其地名，立詞之常也。涇水經流千六百里，水北非一地，焦穫亦在其北耳。總之，焦穫、涇陽皆舉近而言，鎬與方皆舉遠而言。箋云：鎬也、方也，皆北方地名，獫狁之來，由遠而近。詩人據目前所見，自應先舉其近，後舉其由遠而近之路也。《孔疏》云：鎬方雖在焦穫之下，不必先焦穫乃侵鎬方，蓋亦同。」〔註11〕《毛詩・六月》有云：「獫狁匪茹，整居焦穫，侵鎬及方，至於涇陽」，陳氏細繹此詩，深辨其文法用字之義，遂在揭明詩義的同時，也對焦穫所在提出了合理的推斷。《爾雅・釋地》：「周有焦護」，郭璞注：「今扶風池陽縣瓠中是也」〔註12〕，王應麟《詩地理考》卷三「焦穫」條引《寰宇記》：「焦穫藪，在京兆府涇陽縣北外十數里，亦名瓠口」〔註13〕。則陳氏所釋，文獻可徵也。

　　清人解經釋地，多能探求史事，深析原委，從而考辨古地，史地互證。如毛奇齡《春秋毛氏傳》卷三十一「秋劉子單子以王猛入於王城」條云：「按：王城即郟鄏，武王遷九鼎於此，周公營以為都者，其地在河南。《經》又書：天王入於成周，即下都，周公營以遷殷頑民者，其地在洛陽。自平王東遷，歷十二王而至景王，皆居王城，未嘗居成周也。惟敬王以子朝之亂，其徒黨多踞王城，因徙居成周，《經》二十六年入成周，是也。其時以王城在成周之西，而敬王、子朝並立稱王，故萇弘以地震之故告劉文公，謂西王受震，東王必克，蓋亦就二王言之，並無有以王城為西周，成周為東周者。至顯王二年，韓、趙分周為二國，名東、西周，於是始有東、西二周之名。故曰：春秋以前，稱西周者，豐、鎬也，稱東周者，郟鄏也；戰國以後，稱西周者，王城也，稱東周者，成周也。」作為地理概念的西周、東周在不同時代所指各不相同，此點在既往文獻中並未得到特別說明，毛奇齡在綜合文獻記載、細繹史實的基礎上，將二周前後變遷原原本本的揭示出來，經過毛氏此番梳

〔註11〕陳啟源《毛詩稽古編》，《清經解》，第684頁。
〔註12〕《四部叢刊》初編影宋本，商務印書館線裝本。
〔註13〕《詩地理考》，日本京都中文出版社1977年影印元至正刊本《合璧本玉海》附，第3939頁。

理，問題豁然明朗，但其中尚存未能明辨者，錢穆先生云：「河南、洛陽，漢二縣名，東西相距四十里。河南，古郟鄏地，是爲王城。洛陽，古成周城，是爲下都。蓋武王克商，定鼎於郟鄏。至成王卜澗水東、瀍水西，而宅洛邑，王城是也；又於瀍水東卜之，亦吉，遷殷頑民居之，則下都是也。平王東遷，居王城。至敬王與子朝爭立，出奔，晉定公使魏舒率諸侯之大夫會於狄泉，城成周居王。時子朝在王城，故萇弘云：『西王天棄之，東王必大克。』蓋以成周在王城東故也……敬王既遷成周，而王城其後遂名河南。至考王，封其弟桓公於河南，以續周公之官職。至孫惠公，乃封少子於鞏，號東周惠公；蓋以鞏別於河南而爲東、西也。其後鞏入於韓，遂以雒陽與河南爲東、西周。王赧立，東、西周分理，又徙都西周，則舊王城，即河南也。平王以前，以雒邑與豐、鎬爲東、西，故雒邑稱東都，亦稱王城；敬王以下，以洛陽與河南分東、西，故洛陽稱下都，又稱成周；考王以下，則王城爲西周，而鞏與雒陽爲東周。」〔註14〕此篇長文既可證毛說之不誣，又可補毛說之未逮，東、西周之辨，至此塵埃落定也。毛奇齡在前說基礎上，又進一步指出：「今《公羊》忽曰：王城者，西周也，其言入何？篡也。詳其意，謂成周本京師地，周東遷舊居也，王猛欲以王城篡京師，故《經》不書西周而書王城，恐二京師也。是既以平王東遷世居成周，反以王城爲篡居，已屬夢夢，且此時從未有東、西周之名，即周桓居王城，皆稱河南桓公，並無稱西周公者。其稱西周，自韓、趙分國始，而《公羊》及之，則意公羊本戰國後人，習見赧王以前世居成周，妄疑春秋諸王皆以成周爲王居，並不知東、西二名實起於戰國之末，遂名王城曰西周，且以王城爲篡居之地，此皆秦漢人所言，得毋《公羊》、《穀梁》正秦漢間人乎？如是，而欲與《春秋》策書爭是非，得乎？」〔註15〕《公羊》以西周釋王城，正露出其不明春秋地理的馬腳，毛氏獨具慧眼，能於細密之處見微知著，以地理推斷經學史之大是大非，得出《春秋公羊傳》爲秦漢後起之說的結論，地理、經學至此而相通互證，毛奇齡可謂考據家之楷模也。

　　又如洪亮吉《春秋左傳詁》卷二云：「《地理志》南陽郡：隨，有厲鄉，故厲國也。師古曰：厲，讀曰賴。杜本此。按：厲鄉在今隨州北，今名厲山

〔註14〕　錢穆《史記地名考》卷七「東西周」條，《錢賓四先生全集》第 34 冊，第 305 ～306 頁。

〔註15〕　毛奇齡《春秋毛氏傳》，《清經解》，第 1155～1156 頁。

店。《太平寰宇記》：厲山在隨縣北一百里。又引《荆州記》曰：隨地有厲鄉村，有厲山，下有一穴，是神農所生穴也，神農號厲山氏，蓋即以此。賴為楚與國，當以在此者為是。惟司馬彪《郡國志》於汝南郡褒信侯國下云：有賴亭，故國。今考後漢褒信即前漢鄍縣，屬潁川郡，春秋時為楚召陵邑，非賴國地。且桓十三年，楚屈瑕伐羅，楚子使賴人追之，羅又在賴國西北，故就近使追。若汝南之褒信，則去羅益遠，非事實矣。明褒信雖有賴亭，實非賴國，彪說誤也。」〔註16〕洪氏由分析史實入手，精闢的指出若如司馬彪之說，賴在汝南褒信，與羅國相距甚遠，則楚人絕無使賴人追擊羅人西北之理，故其說不可從，當從《漢書‧地理志》也。

　　於時人似是而非之說，清人並不輕信盲從，而能深入考辨，以駁其謬，此以洪亮吉駁惠棟「柤在宋地」說為著例。《春秋》襄公十年：「春，公會晉侯、宋公、衞侯、曹伯、莒子、邾子、滕子、薛伯、杞伯、小邾子、齊世子光，會吳於柤」，杜注：「柤，楚地」，洪亮吉《春秋左傳詁》卷三云：「《水經注》『柤』作『鄌』。按：《說文》：鄌，沛國縣。《漢書‧地理志》作『酇』，應劭曰音嵯，師古曰：此縣本為鄌，應音是也，中古以來，借酇字為之耳，皆讀為鄌。今考：鄌，春秋時為楚地，昭四年，吳伐楚人入棘，杜注：鄌縣東北有棘亭，是也。哀六年《經》：叔還會吳於柤，亦是此地。蓋是地近吳，故皆就近會之耳。」洪氏首先通過文獻轉相徵引考定柤、鄌、酇三字可通，又由鄌有棘亭，此棘為楚地，則鄌為楚地，故可推證柤為楚地，此與杜注合。然後再引出另一說：「惠士奇云：柤乃宋地，非楚地，晉、楚方爭，而與諸侯會於其地，必無是理。」惠說依據當時情勢以為晉、楚相爭，諸侯與吳所會之柤定非楚地，此說頗有道理，邵晉涵亦持此理以為柤不當在楚〔註17〕。洪氏又引云：「惠棟又引京相璠曰：柤，宋地，今彭城偪陽縣西北有泪水溝〔註18〕，去偪陽八十里。司馬彪《郡國志》云：彭城傅陽縣有泪水〔註19〕。」惠

〔註16〕　洪亮吉《春秋左傳詁》卷二僖公十五年「秋七月齊師曹師伐厲」條，中華書局1987年版，第54頁。
〔註17〕　邵晉涵《南江札記》卷一，《清人考訂筆記七種》，中華書局2004年影印本，第38頁。
〔註18〕　今檢《永樂大典》卷一萬一千一百三十七錄《水經注‧沭水》：「《春秋》襄公十年《經》書：公與晉及諸侯會吳於柤，京相璠曰：宋地，今鼓城偪陽縣西北有柤水溝，去偪陽八十里。」（廣陵古籍刻印社1998年影印《永樂大典》本《水經注》，第475頁）。「泪水溝」則當作「柤水溝」，洪氏誤。
〔註19〕　今檢《續漢志》彭城國傅陽縣有柤水，洪氏引作泪水，誤。

棟又引前說以證己見，似乎柤在宋地之說，確不可疑，阮校即深信其說〔註20〕。然洪氏駁之曰：「今按：京相璠《土地名》蓋因下《傳》偪陽生文，故以柤水當之，究不若酇縣爲得其實也。至云『晉楚方爭，不當與諸侯會其地』，定四年《傳》：劉文公合諸侯於召陵，謀伐楚也。謀伐楚國，尚會於其地，則此會更何嫌乎？尤可證者，柤會之前，先會於鍾離，鍾離即楚地，則惠說又不待辯矣。又按：昭六年《傳》：鄭伯勞楚公子棄疾於柤，當亦此地。鄭畏楚強，又知當取道於鄭，故出境勞之耳。杜注云：鄭地。蓋亦約略之詞，惟此年《經》下注云『楚地』，則較京相璠說爲得耳。道元亦云：柤水出自楚之柤地。亦一證也。」〔註21〕洪氏據定公四年謀伐楚國仍會楚之召陵爲例，以證諸侯會於楚地本無違當日情實，此辨正中惠說之要害，洪氏又引酈道元說以爲輔證，惠說之誤，明矣。焦循《春秋左傳補疏》卷四「柤」條又作長篇考辨，可視爲洪說之補充，今迻錄於此：「循按《釋例地名》：楚地有柤；《穀梁傳》注亦云：柤，楚地；《續漢郡國志》彭城國傅陽，有柤水；《水經注·沭水》篇云：沭水故瀆，自下堰東南逕司吾城東，又東南歷柤口城中，柤水出於楚之柤地，《春秋》襄公十年《經》書：公與晉及諸侯會吳於柤，京相璠曰：宋地，今彭城偪陽縣西北有柤水溝，去偪陽八十里，東南流逕偪陽縣故城東北，西南亂於沂而注於沭，謂之柤口。酈氏雖引京相璠宋地之說，而仍明稱柤水出楚之柤地，則是地在沂、泗兩水之間。然杜但云『楚地』，而不指所在者，此《傳》云：三月癸丑，齊高厚相太子光以先會諸侯於鍾離，夏四月戊午，會於柤。鍾離，成十五年諸侯之大夫會吳之地，杜云：鍾離，楚邑，淮南縣。何以知其爲楚邑也，昭四年，吳伐楚入棘、櫟、麻，楚箴尹宜咎城鍾離；二十四年，吳人踵楚而邊人不備，遂滅巢及鍾離而還。鍾離在淮南，爲今鳳陽府地，先會於此，次會於柤，遂滅偪陽。然則柤近鍾離，未必在沛、嶧之間，故《釋例》云：或曰彭城傅陽縣西北有柤水溝，魯國薛縣西南有柤亭，譙國攢縣治戲鄉，皆去鍾離五百餘里，非諸侯六日載會所至也。或曰：

〔註20〕 阮元《十三經注疏校勘記·左傳校勘記》卷二十一「柤」條云：「柤，楚地，淳熙本『柤』誤『相』，惠棟云：柤是宋地，非楚地也。晉、楚方爭而與諸侯會於其地，必無是理也。案：京相璠云：柤，宋地，今彭城偪陽縣西北有柤水溝，去偪陽八十里，東南流逕偪陽縣故城東北，又南亂於沂而注於沭，謂之柤口城。此云楚地，乃轉寫之誤，或以昭六年注『柤鄭地』當之，其說更非」，《清經解》，第7570頁。

〔註21〕 洪亮吉《春秋左傳詁》，第116頁。

汝南安城縣西南有鍾離亭，西平縣北有粗亭，去偪陽近千里，又非自會九日之所能滅國，皆非也。此辨甚精，可知杜不言粗所在之意，而必以爲楚地者，此《傳》云會於粗，會吳子壽夢也，可見五年會於戚，非會吳子，但會吳大夫壽越耳。吳使壽越如晉，辭不會於雞澤之故，雞澤之會在襄三年，迎吳子於淮上，不至。蓋雞澤爲晉地，吳不欲遠就於晉，故不至此。時壽越之來，未必不微示此意，故晉使魯、衛之大夫孟獻子、孫文子，往會吳於善道，善道在今盱眙，爲吳地，而壽越亦遂同盟於戚。戚稱吳人，謂壽越也，鍾離、善道、粗稱吳，謂吳子也。鍾離、善道皆大夫與會，粗則諸侯與會，故《傳》特標之云：會吳子壽夢也。在吳子，不欲來會於雞澤，在晉侯，亦不可往會於善道，故仍用鍾離故事，會於楚地。是時諸侯必先至鍾離，以俟吳子至粗，而往會。觀其越六日而會粗，又越九日而滅偪陽，則粗當在鍾離、偪陽之間，近於善道，而吳不必渡淮。故書曰自會吳，既就吳以親吳，而實在楚地，使楚知其事，此一會地也，謀略存焉。惠徵士據京相璠宋地之說，謂晉、楚分爭而與諸侯會於其地，必無是理。顧成十五年士燮且會吳於鍾離，明年即有鄢陵之戰，獨非相爭之時乎？況悼公之復霸也！粗之後，襄十三年，吳遂至向而會，其時吳以楚難來告，故肯北至鄭地，而與諸侯會也。」〔註22〕焦循從時局出發，深析諸侯之會選址於楚地的種種原因，既有南方吳國與北方晉國外交策略之需要，又有向楚國傳遞某種信息之考慮，可謂鞭闢入裏，深中其情。此外又列出成公十五年之例以駁惠說，與洪氏考辨深相契合，經由洪、焦二氏之反覆論證，粗爲楚地，蓋爲定讞矣。

　　清初顧炎武提出經學即理學，要明理學先通經學，而欲通經又必以深究文字音韻訓詁所謂小學者爲津梁，故一輩學人又轉而矻矻於文字音韻之研尋，尤以所謂皖派爲代表，乾嘉學術之中堅備於此也。小學既精，進而藉此以考證，也是清人考辨經學文獻中所涉地理問題的重要手段。首當其衝者，考辨地名字形也。如段玉裁辨「滎陽」，王念孫《讀書雜志・漢書第一》「滎陽」條云：「陳平、灌嬰將十萬守滎陽，宋祁曰：『滎』，舊本作『熒』；又《高后紀》灌嬰至滎陽，宋祁曰：景德本『滎』作『熒』。念孫案：作『熒』者，是也。凡《史記》、《漢書》中熒陽字作『滎』者，皆後人所改，唯此二條作『熒』，乃舊本之僅存者，而子京未能訂正也。段氏若膺《古文尚書撰異》曰：考熒澤字，古從火不從水，《周官經》『其川熒雒』，《逸周書》同，《詩・定之方中》鄭箋：『及

狄人戰於熒澤』，《春秋左氏傳》閔公二年：『及狄人戰於熒澤』，宣十二年：『及熒澤』，杜預後序云：即《左傳》所謂熒澤也，《爾雅注》圃田在熒陽，《釋文》凡六熒字，皆從火，隱元年注：『虢國，今熒陽縣』，《釋文》云：本或作『滎』，非，尤爲此字起例。《玉篇·焱部》熒字下云：『亦熒陽縣』，《漢韓勑後碑》：『河南熒陽』，《劉寬碑陰》：『河南熒陽』，《鄭烈碑》『熒陽將封人也』，字皆從火，而唐盧藏用撰書《紀信碑》：『嘗以百萬之兵困高祖於熒陽』，字正從火，至今明畫，《隋書·王劭傳》上表言符命曰：『龍鬥於熒陽者，熒字三火〔註23〕，明火德之盛也』，然則熒澤、熒陽古無從水者。《尙書·禹貢》『熒波既豬』，唐石經及諸本從水，《釋文》亦同者，《崇文總目》云宋開寶中，詔以德明所釋，乃《古文尙書》與唐明皇所定《今文駁異》，令太子中舍陳鄂刪定其文，改從隸書。蓋今文自曉者多，故音切彌省，然則衛包庸妄，改熒作滎，而陳鄂和之，所當訂正者也。至於經典《史記》、《漢書》、《水經注》『熒』字多作『滎』，蓋天寶以前確知熒陽、熒澤不當從水，而其後淺人以爲水名，不當從火，遂爾紛紛改竄，然善本亦時有存者。又曰：《說文》水部滎字下曰：滎濘，絕小水也，從水熒省聲；濘字下曰：滎濘也，從水寧聲。閻氏《潛邱箚記》以『絕小水』爲《爾雅》『正絕流曰亂』之絕，與《禹貢》『沇泆爲滎』相發明，其穿鑿傅會，由不知《禹貢》字本作『熒』故爾。中斷曰絕，絕者窮也，故引伸爲極至之用。絕小水者，極小水也。正絕字下正絕流曰亂者，中斷之意也，字同而義別矣。至熒澤則非小水之名，與此言絕小水者無涉。」〔註24〕據王念孫所引，可知段氏此辨純用文獻排比之法，將其目力所及，網羅殆盡，一一詳呈，一目了然，然字形傳承，所歷久遠，熒陽、滎陽本或可通，段氏強作解人，未免失之武斷〔註25〕。又如馮登府《石經考異》卷二「有干有年於茲洛石經洛作雒上茲洛同」

〔註23〕「熒」正字寫作「熒」，故有此處所謂「熒字三火」之説。

〔註24〕王念孫《讀書雜志》，江蘇古籍出版社 1985 年版，第 181～182 頁。

〔註25〕段氏以天寶爲界，斷定此前「熒陽、熒澤不當從水」，然若論東周，出土印陶滎字寫作「𡸓」，上從火下從水（牛濟普《滎陽印陶考》，《中原文物》1984 年第二期）；若論漢代，亦有滎陽，居延漢簡 131.18 簡寫有「滎陽」二字（《居延漢簡·圖版之部》，中央研究院歷史語言研究所 1957 年版，第 91 頁）；若論唐代，仍有滎陽，敦煌殘卷英藏 S.2071 抄陸法言《切韻》，其卷三錄：「熒，光明」，「滎，小水」（《唐五代韻書輯存》，中華書局 1983 年版，第 90 頁），又德藏吐魯番寫本殘卷抄《文選·曹大家北徵賦》有「滎陽」二字（《敦煌吐魯番本文選》，中華書局 2000 年版，第 24 頁），據此，天寶前後「滎陽」所見殊多，段若膺可謂武斷之甚者也。

條：「案：《漢書‧地理志》注引魚豢《魏略》云：後漢都洛陽，以火德，爲水
剋，故改洛爲雒。《石經》洛字皆作雒，與邦作國，皆爲避而改。段氏玉裁信
洪氏漢人不以避諱改經之說，疑伏生經文本作雒。非也。考洛水名，是本字，
雒借字也。《說文》於『洛』字云：出左馮翊歸德北夷畍中，東南入渭；於『雒』
字云：鵋䳢也，不箸水名。知洛水有二源，只作洛，作雒者假借字，古雒、洛
本通，見《文選‧江賦》『書經始於洛汭』注，漢碑中如《孔和碑》『奏雒陽宮』，
《韓勅碑》『河南雒陽』，《史晨奏銘》『鉤河擿雒』，此皆假雒爲洛。漢《袁良
碑》『隱居河洛』仍作『洛』，《禹貢》『洛』字《史記》並作『雒』，伏生《大
傳》《洛誥》亦作『雒』，疑漢時本如此，魏略之說亦未盡非也。」〔註26〕洛、
雒紛爭由來已久，馮氏從文字學角度，以爲凡稱水者，本字當爲洛，而借字爲
雒，馮氏所引諸碑可證，可備一說也。段玉裁則在翻檢大量文獻的基礎上，通
過縝密排比、精心梳理，得出洛爲雍州之川、雒爲豫州之川的結論〔註27〕，似
可補馮說之不足。

其次，則援據音韻，以聲通相證而釋地也。如顧炎武《左傳杜解補正》
卷二：「上年晉人、秦人戰於河曲，注云：在河東蒲坂縣南。秦師夜遁，復侵
晉入瑕，則瑕必在河外。僖三十年注曰：焦、瑕，晉河外五城之二邑。《水經》：
河水又東逕湖縣故城北，注云：《晉書地道記》、《太康記》並言胡縣，漢武帝
改作湖，其北有林焉，名曰桃林。古瑕、胡二字通用，《禮記》引《詩》：『心
乎愛矣，瑕不謂矣』，鄭注云：瑕之言胡也。瑕、胡音同，故《記》因其字。
瑕轉爲胡，又改爲湖，今爲閿鄉縣，治瑕邑，即桃林之塞，而道元以爲郇瑕
之地，誤矣。」〔註28〕顧氏博通諸經，由《禮記》鄭注而知「瑕」、「胡」音
通，又據《水經注》所引文獻而知「胡」、「湖」相通，故得出「瑕」與「湖」
通的結論，從而推導出《春秋》「瑕」地即爲西漢湖縣。江永於此說則提出異
議，考定「瑕」在河內〔註29〕，沈欽韓又駁之，復以爲「瑕」確在河外，同
時修正了顧說，認爲「瑕」在河外之曲沃即弘農陝縣〔註30〕。顧說雖非定論，

〔註26〕馮登府《石經考異》，《清經解》，第 10964 頁。
〔註27〕段玉裁《伊雒字古不作洛考》，《清人文集地理類彙編》第 1 冊，浙江人民出
　　　　版社 1986 年版，第 403～406 頁。又參本書「清人文集所見經學地理考據」
　　　　相關部分。
〔註28〕顧炎武《左傳杜解補正》，《清經解》，第 7 頁。
〔註29〕江永《春秋地理考實》，《春秋戰國史研究文獻叢刊》第 4 冊，第 68～69 頁。
〔註30〕沈欽韓《春秋左氏傳地名補注》卷五「處瑕以守桃林之塞」條，《叢書集成初
　　　　編》第 3048 冊，第 56～57 頁。詳參本書江永《春秋地理考實》一節。

但這樣的考辨思路仍可謂非常精彩，由音辨字，由字定名，由名釋地，不失為有傚之方法。又如惠棟辨「厲」、「賴」為一國，其云：「桓十三年《傳》云：『楚子使賴人追之』，杜注與此略同。昭四年《經》云：『楚伐吳，遂滅賴』，《公羊傳》於此年『賴』作『厲』，《釋文》云：厲如字，又音賴。《公羊傳》十五年，《釋文》云：厲，舊音賴，則知厲與賴本一國，古音通，故或作『厲』，或作『賴』也。」〔註31〕《春秋》僖公十五年：「秋七月，齊師、曹師伐厲」，杜注：「厲，楚與國，義陽隨縣北有厲鄉」；又《左傳》桓十三年云：「楚子使賴人追之」，杜注：「賴國在義陽隨縣」。據此，惠棟以為「厲」、「賴」相通，又引《公羊》、《釋文》所注之音，以證二字音同，則「厲」、「賴」可通，遂為定讞。惠氏所辨其法與顧氏相近，而其所證亦為異字同地，故聯列於此。

再次，清人往往能通過識字辨音以駁前說釋地之誤，如陳啓源《毛詩稽古編》卷十三：「《節南山》，近世趙凡夫以『節』字為『卪』字之訛，『卪』，子結切，此有理也。卪省作卩，卩又訛作節耳。《說文》『卪』字注云：陬隅高山之卩也。與《毛傳》高峻義，元不相背。《釋文》云：節，在切反，又如字，又音截。凡三音，其如字乃卪之音也。後儒專讀為截音，《詩詁》遂以池陽巀薛山當之，誤矣。漢池陽縣為今涇陽縣，在西安府北五十里，而巀薛山又在縣北七十里。古鄗京在今咸陽縣西南，咸陽縣在今西安府西北五十里。《詩》言南山明是鄗京之南，安得遠指池陽北之巀薛耶？黃公紹信其說而錄之於《韻會》，何弗考也！又《禮記》引此《詩》，朱子《章句》訓為截然高大，亦誤。截，斷也，與高大何關？況節音截非訓截也。」〔註32〕陳氏在釐正「節」字音源的基礎上以為：前人讀節為截，遂附會節南山為巀薛山，實不可信也。又從地理方位入手，言之鑿鑿的指出《詩》之南山與漢陽之巀薛山，方位正反、南轅北轍，故又反證「節」非僅「截」音。陳氏輾轉考辨，兩相證明，音韻學之運用，至此而臻於極致矣。

最後，清人復能由辨音釋地，進而梳理異字，考訂文獻。如《春秋》魯隱公十年：「宋人、蔡人、衛人伐戴」，杜注：「戴國，今陳留外黃縣東南有戴城。」洪亮吉《春秋左傳詁》卷一云：「《公》、《穀》皆作『載』，《釋文》此亦作『伐載』，音再。」詁：「按：《說文》『戴』字注云：戴，故國，在陳留，

〔註31〕此據洪亮吉《春秋左傳詁》卷二僖公十五年「秋七月，齊師、曹師伐厲」條按語所引惠棟說，第54～55頁。

〔註32〕陳啓源《毛詩稽古編》，《清經解》，第697頁。

從邑□聲。杜本此。《地理志》云：梁國甾縣，故戴國。應劭曰：章帝改曰考城。古者甾、載聲相近，故鄭康成《詩》箋讀『俶載』爲『熾甾』。是其音大同，故漢於戴國立甾縣。《漢書・五行志》引作『戴』，師古曰：戴國，今外黃縣東南戴城是也，讀者多誤爲『載』，故隋室置載州焉。」〔註33〕洪氏由杜注所本，追溯至《說文》「甾」字，明其爲「□」聲，則「戴」國即「甾」地也。又據《漢書・地理志》指明漢「甾」縣即爲古「戴」國，而「甾」與「載」聲通，「戴」與「載」形近，故「戴」遂訛作「載」，《公羊》、《穀梁》及《釋文》皆誤也。洪氏此辨理據俱足，甚爲精彩。

　　古邑地名與地理位置本爲一體兩面之事，清人思辨萬千，精鶩八極，甚至能從深究地名入手以考訂其地所在，毛奇齡辨「闕里」便爲一例。《經說》卷九云：「或問：『《家語》：顏繇字季路，少孔子六歲，孔子始教於闕里而受學焉。朱元晦引此入《集注》，無『於闕里』三字，此必脫誤。而淮安閻潛丘獨謂此元晦精於地理處，孔子生時無闕里之名，『闕里』二字僅見之《漢書・梅福傳》，前此無有，惟《水經注》孔廟東南五百步有雙石闕，即靈光之南闕，是必當時宮闕多毀而靈光獨存，因以爲名〔註34〕。其說何如？』」閻若璩以爲闕里乃因漢魯靈光殿之遺蹟雙闕而得名，爲後起之名，《孔子家語》所謂「於闕里」者爲衍文。對此，毛氏先從文獻所見「闕里」入手進行探討：「曰：魯有兩闕里：一在鄹邑昌平鄉，孔子生處，《史世家・正義》引《輿地志》云：鄹城西界闕里有尼丘山，此生處也；一在曲阜縣，孔子所居之地，《括地志》：兗州曲阜縣魯城西南三里有闕里，中有孔子宅，伍輯之《從征記》云：闕里背洙面泗，此孔子所居地也。雖夫子居闕里，不必所生皆闕里，鄹城闕里明係好事附會者，且其書皆後人所作，深不足據。然亦惟古有是名，故記載雜及，必非梅福書中一語能使漢後學人皆哄然稱名，爭相附會如是矣。況附會兩處，必非魯恭王一殿能兩及矣。」毛氏否定了闕里在鄹城之說，又通過進一步考辨坐實闕里當在魯城，其云：「若以爲古無是名，則《家語》明有證據，劉向《新序》云：孔子在州里居於闕黨，闕黨之子弟化之。此與闕里教學語同，而以闕里爲闕黨，闕里者，闕黨之里也，人不識《家語》『闕里』，亦不識《論語》『闕黨』乎？《周禮》『五家爲鄰』，亦作『比』，故稱『比鄰』，『五鄰爲里』，亦作閭，故稱『里閭』，『四里爲族』，『五族爲黨』，黨與族相近，

〔註33〕洪亮吉《春秋左傳詁》，第 10 頁。
〔註34〕閻若璩此說，可參《四書釋地》「闕里」條，《清經解》，第 170 頁。

故稱『族黨』，此在《食貨志》、《白虎通》諸書皆同，即《論語》亦有『鄰』、『里』、『鄉』、『黨』語。而比次相屬，則鄰屬之里，里屬之族黨，闕黨總該五百家，而夫子所居，只在闕里二十五家之中，而里門有師，謂之閭師，夫子幼時，或即爲里門之師而教授焉。故漢《越絕書》亦云：孔子教學魯之闕門，而《史記世家》有煬公築茅闕門語，舊注謂築第於闕門即闕里門，而治別第於其傍。若是宮闕門，則雉門兩觀、象魏儼然，定無容再治他第，可知也。至於梅福上書謂仲尼之廟不出闕里，則自當指舊里名言，豈有以漢時諸王新名之闕而可以表孔子廟者？且漢改郡縣名，未聞並里黨之名而亦改之也。若謂雙闕以靈光得名，則更不然。王延壽《靈光賦》並未言以雙闕名里，即其云『崇墉岡連』、『朱闕嶽立』，所謂『巋然獨存』者，亦合殿宇爲言，必不如酈元後魏只見雙闕，況後漢《東海王彊傳》謂彊以魯城宮室靈光壯麗，故詔之都魯，而延壽以叔師之子親見其制度，以記其盛，故賦中鋪張極其完備，豈西漢梅子真上書時，便宮室毀壞獨存雙闕而遂以闕名里乎？謬矣！」〔註35〕毛氏從地名學角度出發，深入辨析了闕里命名之由，從而不但證實了闕里所指即闕黨之里，又駁斥了闕里爲後起之名的看法。繼此，毛氏又從史實角度分析，指出梅福所見之靈光殿不可能獨見雙闕，其宏偉壯麗由王延壽《魯靈光殿賦》即可知，故闕里得名與靈光殿之雙闕毫無關係，閻氏之說不攻自破。不過，閻若璩後來又據所見善本《家語》修正了自己的看法，認爲「闕里」當作「闒里」〔註36〕，此與毛氏之說雖異而實同也。

除了對古邑地理位置進行探討，清人還就春秋城制進行了相關研究。如城郭之辨，臧琳《經義雜記》卷四云：「《晉書・段灼傳》云：臣聞天時不如地利，地利不如人和，三里之城，五里之郭，圜圍而攻之，有不剋者，此天時不如地利。城非不高，池非不深，穀非不多，兵非不利，委而去之，此地利不如人和。然古之王者，非不先推恩德、結固人心，人心苟和，雖三里之城，五里之郭，不可攻也；人心不和，雖金城湯池，不能守也。案：此本《孟子》，今《公孫丑下》作『三里之城，七里之郭』，疑誤也。郭爲外城，猶槨爲外棺，開廣二里，已不爲狹，若城三里而郭七里，是外城反過倍於內城矣。外城既有七里，內城又當不止三里，段兩言『五里之郭』，必非誤。」〔註37〕

〔註35〕 毛奇齡《經問》，《清經解》，第 1260～1261 頁。
〔註36〕 閻若璩《四書釋地又續》「闕里」條，《清經解》，第 195 頁。又可參看本書第
　　　　五章第一節「閻若璩《四書釋地》附樊廷枚《四書釋地補》」相關部分。
〔註37〕 臧琳《經義雜記》，《清經解》，第 1411 頁。

臧氏從《晉書》所載入手，以駁傳世本《孟子》所謂「三里之城，七里之郭」之誤，又從常理角度說明城郭相距不可能遠距若此，以爲當從段說，其辨甚有理據也。焦循《孟子正義》卷四全引臧說，又補曰：「按：《戰國策·齊策》貂勃云：三里之城，五里之郭，田單又云：五里之城，七里之郭，皆指即墨而言其城郭之小。七里、五里，固未可拘也。」〔註38〕焦氏所補，亦可佐證城郭之間正差二里也，《孟子》原文作「三里之城，七里之郭」必誤，臧氏所辨是也。毛奇齡《經說》卷九又曰：「郭者，廓落在城外，本《釋名》文，雖古無『郭無城』語，然曰『在城外』，則無城矣。《春秋》襄十五年，季孫宿叔孫豹城成郛，郛者，郭也。是時齊屢圍成，城之者，備齊難也。然亦惟郭無城，故城之，且亦惟郭不宜有城，故一城而簡書記之。不特此也，襄十九年，城西郛，亦以連歲齊見伐，故城，然此是國城，非邑城也。向使郭當有城，則魯亦大國，豈有周公以來歷五百餘年而始城者？又且止城西郛，則其東南北三面始終無城，可知也。大抵城外之郭，止一郭門而無城。如定八年，公侵齊，攻廩丘之郛，主人焚沖，或濡馬褐以救之，遂毀郛。夫攻郛而主人得焚我戰車，則無城可知。以馬褐濡水救車而得以爇郛，則但廓然一郭門可知。宋人陳祥道誤讀《春秋》城中城文，不解中城是邑名，妄謂中城是城，外城是郭，故有是言，要是誤耳。」〔註39〕毛氏詳徵《春秋》，反覆辨析，旨在說明春秋時諸城之郭有郭門而無完整的牆體環繞，而城則有之。經臧、毛二氏之考辨，春秋城郭之制可得而知也。

　　清人既能憑據文獻深辨地理，又能反足以行、逆而用之，由考證地理而釐訂文獻，是爲清人經學地理考據的又一成就。如陳啓源《毛詩稽古編》卷五：「鄭《詩譜》引《國語》史伯之言曰：鄢、蔽、補、丹、依、疇、歷、華，皆君之土也，又曰：右洛左濟，前華後河。《疏》引韋昭注云：華，華國。今《國語》疇作㵰，音柔，和田也。兩華字及韋注華國皆作莘。疇、㵰音義俱近，或屬通用。《史記》注引亦作㵰。至華、莘音義各別，因字形相似，遂致互異，兩書必有一誤矣。案：《史記·鄭世家》注，虞翻、司馬禎引《國語》皆作『歷、華』，與《詩譜》同，《水經注》引華君之土也，以證華城，謂《史記》秦拔魏華陽，即此，又云司馬彪注謂華陽亭名，嵇叔夜傳《廣陵散》於

〔註38〕焦循《孟子正義》，《諸子集成》第1冊，上海書店1986年影印世界書局本，第149頁。
〔註39〕毛奇齡《經問》，《清經解》，第1264頁。

此。虞，三國人，酈元，魏人，司馬，唐人，所見《國語》皆作『華』，則《詩譜》不誤矣。又案：宋庠《國語補音》『歷、華』無音，反獨標『前莘』字音：所巾反，《玉海》引《詩譜》及《水經注》皆作『華』，引《國語》『前華後河』作『莘』，意《國語》兩『華』字，宋世尚一『華』一『莘』，後則俱變爲『莘』，其誤固有漸乎。要之，前華、前莘，猶屬兩可，『歷、華』之是『華』，非『莘』，斷無可疑也。又案『歷、華』在八邑內，又云皆君之土，則鄭邑也，『前華』與河、濟、洛並列，則鄭境所距，非鄭地也，兩華定是兩地，韋注所云華國本指『前華』之華，《水經注》引『歷、華』而係以韋注，是誤合兩華爲一，疏矣〔註40〕。又案《玉海》引《郡縣記》故莘城在汴州陳留縣東北三十五里，古莘國，以證《國語》之前莘後河，《一統記》開封府鄭州有莘城云即十邑中之莘，此皆後人之傅會。」〔註41〕陳氏詳徵歷代文獻，以證《詩譜》引《國語》所謂「歷、華」之華者，正爲司馬彪所謂密縣之華陽亭，而非韋昭所謂華國者，而陳氏所見諸本《國語》作「歷、莘」，顯非也。又若此華爲莘，則其地渺不可稽，非若華之有地可尋也，董增齡云：「按：莘爲西虢邑，即丹朱降神之地，安得移屬東虢乎？」〔註42〕所疑是也。今檢日本早稻田大學圖書館風陵文庫藏文化七年秦鼎校《國語定本·附宋庠國語補音》卷十六，正作「歷、華」，其頂欄校語云：「『華』，舊作『莘』，《札記》：《困學紀聞》、《鄭世家注》作『華』。《水經注》：黃水逕華城西，史伯曰華君之土也，韋昭曰華國名，秦白起攻魏拔華陽，司馬彪曰華陽在密縣，《括地志》華陽縣在鄭州管城縣南，《詩譜》小司馬引亦皆作『華』。」所見正與陳氏同，又《士里居黃氏叢書》本《國語》乃黃丕烈據天聖明道本《國語》爲底本影鈔重雕，亦作「歷華」，且黃氏自謂：「其中字體前後有歧，不改畫一，闕文壞字，亦均仍舊，無所添足，以懲妄也」〔註43〕，則作「莘」字者必誤無疑。

〔註40〕 黃丕烈《校刊明道本〈韋氏解國語〉札記》卷第十六「華」條引夏文燾曰：「《水經·洧水》篇注：史伯謂鄭桓公曰：華，君之土也，韋昭曰：華，國名矣。善長以前華之解，移入上華下，非誤也，正以前華即八邑之華耳，與韋意同，又可知北魏時本作『華』矣」，夏氏以爲兩華爲一，正文所引陳說已駁之，而其謂北魏時作「華」，實有見地，可爲陳說之又一書證也，《士里居黃氏叢書》，嘉慶庚申吳門黃氏讀未見書齋刊本。

〔註41〕 陳啓源《毛詩稽古編》，《清經解》，第 643 頁。

〔註42〕 《國語正義》卷十六，巴蜀書社 1985 年影印清光緒庚辰章氏式訓堂刻本，第 1039 頁。

〔註43〕 黃丕烈《校刊明道本〈韋氏解國語〉札記·序》，《士里居黃氏叢書》。

附一　清人學術筆記所見經學地理考據

　　清人學術筆記是清代學術最重要的組成部分〔註44〕，清人全力治經，筆記考辨所及以此爲重〔註45〕，而古經又多涉地理問題，故探討清人經學地理考據成就，此正爲不可或缺之一端。茲取其考據精審、堪稱代表者，分門別述，平亭得失，以見其考辨思路與學術價值。

　　學術筆記在形式上雖然帶有一定的隨筆性質，但其所體現出的學術精神卻通常是嚴肅甚至是較眞的，清人往往能對看似已成定論的觀點深入思考從而提出補充意見。如「丹陽」之辨，《漢書‧地理志》丹揚郡有丹楊縣，班固自注云：「楚之先熊繹所封，十八世文王徙郢」。對此，杭世駿以爲班固大誤，其《訂訛類編‧續編》卷下「丹陽」條云：「《地理志》丹陽下云：楚之先熊繹所封，十八世文王徙郢。此誤。按《史記‧楚世家》：成王封熊繹於楚，居丹陽。徐廣曰：在南郡枝江縣。《水經注》曰：丹陽城據山跨阜，周八里二百八十步，東北兩面悉臨絕澗，西帶亭下溪，南枕大江，嶮峭壁立，信天固也。楚熊繹始封丹陽之所都也。《地理志》以爲吳子之丹陽，尋吳、楚悠隔，纜縷荊山，無容遠在吳境。非也。《山海經》：丹山在丹陽南。郭璞注：今建平郡丹陽城，秭歸縣東七里。」〔註46〕杭氏詳列徐廣、酈道元、郭璞諸說，則熊繹始封當在湖北枝江、秭歸之間，其不在江南之域，顯然也。此甚明之事，班氏又何以致誤？杭氏又分析到：「兩漢丹陽郡治宛陵，而丹陽縣則今建康也。晉移郡治於建康，而元帝又徙都焉。於是以建康守爲丹陽尹。至唐天寶初，始以京口爲丹陽郡，而以曲阿爲丹陽縣。然則今潤之丹陽，正非漢丹陽之故治也。丹陽凡有數處，不可不知，楚鬻熊始封丹陽，則在今歸州秭歸縣，後楚文王徙都江陵府枝江縣，亦曰丹陽；漢於宛陵置丹陽郡，隋于丹州置丹陽郡，唐於京口置丹陽郡，其地不一。而《西漢志》乃以曲阿之丹陽爲楚封，誤矣。」〔註47〕據杭氏之說，丹陽實有數地，班氏或因不識同名異地而致誤。

〔註44〕　徐德明《清人學術筆記提要‧前言》，學苑出版社2004年版，第2頁。
〔註45〕　本文所涉所謂清人學術筆記，大要不出徐德明《清人學術筆記提要》所舉250
　　　　　種清人筆記之範圍，同時參考張舜徽《清人筆記條辨》所及諸種。又學海堂
　　　　　《皇清經解》亦收入學術筆記若干，如顧炎武《日知錄》、閻若璩《潛丘劄記》、
　　　　　臧庸《拜經日記》等等，但因其多節取與經義相關者，故非全書收入，今均
　　　　　於此處述及，而清人《經解》一章不再討論。
〔註46〕　杭世駿《訂訛類編‧續編》，中華書局2006年版，第339～340頁。
〔註47〕　杭世駿《訂訛類編》卷五「丹陽有數處」條，第186頁。

錢大昕《地名考異》又將史載先秦所謂丹陽者逐一輯錄：「《楚世家》：熊繹居丹陽。徐廣曰：在南郡枝江縣。《正義》云：潁容云《傳例》云楚居丹陽，今枝江縣故城是。《括地志》云：歸州巴東縣東南四里歸故城，楚子熊繹之始國也。《輿地志》云秭歸縣東有丹陽城，周迴八里，熊繹始封也。」「《史記·楚世家》：楚懷王十七年春，與秦戰丹陽。《索隱》云：此丹陽在漢中。劉昭云：南郡枝江縣有丹陽聚，即秦破楚處。」「杜氏《通典》：周成王封楚熊繹，初都丹陽，今巴東郡秭歸縣東南故城是也。後移枝江，亦曰丹陽。」「《史記·秦始皇本紀》：三十七年過丹陽。《正義》引《括地志》云：丹陽郡故在潤州江寧縣東南五里。」「《通典》：潤州丹陽縣，古雲陽也。秦始皇改曰曲阿，漢因之。大唐天寶初，改爲丹陽。漢丹陽郡所領丹陽縣，非今縣也。」〔註48〕據錢氏所列，丹陽確有吳、楚二地之分，熊繹始封當在楚地而非吳地。

至此，班固之誤似爲定讞。然而，清人又有異議者，王鳴盛《十七史商榷》卷二十「丹楊」條云：「『丹楊，楚之先熊繹所封，十八世，文王徙郢』，郢即南郡江陵縣，江陵即今縣湖北荊州府治，說已見前，而丹楊則爲今太平府當塗縣之南境，地與寧國府連界處也。據乾隆十八年寧國知府宋敩所修《寧國府志》，似當有本。《晉書·陶回傳》：『蘇峻之亂，回請早出兵守江口，峻將至，回覆謂庾亮曰：濬知石頭有重戍，不敢直下，必向小丹楊南道步來，宜伏兵要之。亮不從，峻果由小丹楊經秣陵。』此小丹楊疑即當塗南境地名，漢武帝以此改郡名爲丹楊郡。《史記·楚世家》云：『成王封熊繹於楚，居丹楊。』即此是矣。乃徐廣注則云：『在南郡枝江縣。』《山海經》丹山在丹陽南，郭璞注云：『今建平郡丹陽城秭歸縣東七里。』《水經》酈道元注云：『丹陽城，據山跨阜，周八里二百八十步，東北悉臨絕澗，南枕大江，嶮峭壁立。楚熊繹始封丹陽之所都也。《地理志》以爲吳之丹楊。尋吳、楚悠隔緬縷，荊山無容遠在吳境，非也。』於是，沈括《夢溪筆談》、王楙《野客叢書》、王應麟《詩地理考》及《通鑑地理通釋》皆主此，據晉人及北魏人說，不信班氏，畢竟班氏是，後儒皆未必然。《左傳》：『篳路藍縷，以啓山林』，宣十二年文，指若敖、蚡冒言；又『僻在荊山，篳路藍縷，跋涉山林』，昭十二年文，則指熊繹言；酈引此駁班，似也，但楚境大矣，即使藍縷啓山在荊州，而熊繹始封何妨在揚州丹楊乎？周成王時吳尚微甚，其地狹小，僻在蘇、松一隅，

〔註48〕錢大昕《地名考異》，《嘉定錢大昕全集》第4冊，江蘇古籍出版社1997年版，第16～17頁。

何知丹楊郡之丹楊必吳境非楚境乎？《志》末總論一段以丹楊爲吳分，此班氏就晚周之吳境言之耳，其實丹楊未必吳始封即得也。《後書·王郎傳》有丹陽，李賢亦云在秭歸，蓋名同地異。」〔註49〕王氏引《晉書》、《寧國府志》以爲當塗有丹楊，春秋時爲楚之境內，熊繹始封即在此地。王先謙是之，又補充云：「王說是也。陳宣帝詔云：龍山南指，牛渚北臨，邇熊繹之遺封，對全琮之舊壘。即本《班志》爲文。《吳錄》載張紘言於孫權曰：秣陵，楚武王所置，名爲金陵。是春秋之初江南猶爲楚境，慶封在朱方今之丹徒，以距楚疆不遠，靈王故能伐而取之。伍子胥潛行入吳，乞食投金於溧陽境內，則溧陽在平王時爲吳邊邑，可見江南乃楚國累世經營之地，始封在此，未必定非。」〔註50〕王先謙所云意在說明江南爲楚境，而未能考證熊繹始封在此也。今據《史記》原文，熊繹始封在丹陽，後徙郢。郢在江陵，若丹陽在當塗，兩地相隔直線距離千里以上，楚究竟因何原由而從東向西作此千里之徙，而通常意見認爲楚從西徙東，乃畏秦國之逼，春秋之初，吳、越皆弱，楚何畏之有？一旦將此說落實到地理上，則將漏洞百出也。然則，熊繹始封之丹陽在秭歸，亦非定論。錢穆先生引《史記》以析「丹陽」所在云：「秦惠文十三，擊楚丹陽，又攻楚漢中，取地六百里（《秦本紀》）。（同年）韓宣惠二十一，韓與秦共攻楚，敗楚將屈丐于丹陽（《韓世家》）。（同年）楚懷十七，與秦戰丹陽，秦遂取漢中之郡（《楚世家》）。殺屈匄，遂取丹陽、漢中之地（《張儀傳》）。秦大破楚師于丹、淅，遂取楚之漢中之地（《屈原傳》）。《索隱》：此丹陽在漢中（《楚世家》），故楚都，在今均州也（《韓世家》）。丹、淅，二水，謂于丹水之北，淅水之南。皆爲縣名。在弘農，所謂丹陽、淅是也（《屈原傳》）。案：河南內鄉縣有丹水，此丹陽即丹水之陽。《索隱》說是也。楚先世封丹陽即在此，故曰：闢在荊山，篳路藍縷，以處草莽。《漢志》以丹陽郡丹陽說之，大誤。」〔註51〕錢穆從文獻所載戰國史實出發，以證楚之丹陽實近漢中，又從丹陽得名入手分析其義當指丹水之北，故得出熊繹始封在河南內鄉丹、淅二水之域，言之鑿鑿，誠可信也。清人雖最終未能考定丹陽所在，然其不以成說爲是的探究精神依然是值得肯定的。

　　考辨地名用字讀音，是清人明訓詁通古經之治學思路的延續，這在學術

〔註49〕王鳴盛《十七史商榷》，上海書店2005年版，第142頁。
〔註50〕王先謙《漢書補注》，書目文獻出版社1995年影印本，第741頁。
〔註51〕錢穆《史記地名考》，《錢賓四先生全集》第34冊，第531～532頁。

筆記中多有反映。如王念孫辨「揚」字，其云：「『牽牛婺女揚州』，又《地理志》揚州藪、揚州川、揚州山，又《晁錯傳》『南攻揚粵』，景祐本『揚』字並作『楊』。念孫案：景祐本，是也。凡楊州字古皆從木，不從手。遍檢汪本，如《何武傳》之遷『楊州大守』，《儒林傳》之『楊州牧』，《南粵傳》之『略定楊粵』，《王莽傳》之『荊楊之民』，『大將軍楊州牧』，其字皆作『楊』，與景祐本同。若他篇，則景祐本亦有作『揚』者，至明監本則全書皆作『揚』矣。案《藝文類聚·州部》、《初學記·州郡部》、《太平御覽·州郡部三》引《尚書》、《周官》、《爾雅》，『楊州』字皆從木。宋本《爾雅》『江南曰楊州』字亦從木，宋本《史記·天官書》『牽牛婺女楊州』，及《夏本紀》『淮海維楊州』，《楚世家》『伐庸楊粵』，《三王世家》『楊州保疆』，《蔡澤傳》『南收楊越』，《南越傳》『略定楊越』，其字亦從木。《佩觿》云：楊，柳也，亦州名。又云：按《禹貢》『淮海惟楊州』，《正義》云：江南其氣燥勁，厥性輕揚，則非當從木。據此，則郭氏所見本尙從木也。唐許嵩《建康實錄》引《春秋元命苞》云：地多赤楊，因取名焉。其說雖不足爲據，然亦可見楊州字之本從木矣。《夢溪筆談·雜誌篇》亦云：楊州宜楊，荊州宜荊。自張參《五經文字》以從木者爲非，而唐石經遂定從手旁。《廣韻》揚，舉也，又州名。亦踵張氏之誤。」王氏首先廣呈眾本，從版本文獻的角度證明故當作「楊州」。繼此，又從李巡古注中尋覓出蛛絲馬蹟，其云：「《禹貢正義》引李巡《爾雅注》云：兩河間，其氣清，厥性相近，故曰冀，冀，近也；濟河間，其氣專質，厥性信謹，故曰兗，兗，信也；淮海間，其氣寬舒，厥性安徐，故曰徐，徐，舒也；江南，其氣燥勁，厥性輕揚，故曰楊，楊，揚也；荊州，其氣燥剛，厥性強梁，故曰荊，荊，強也；河南，其氣著密，厥性安舒，故曰豫，豫，舒也；河西，其氣蔽壅，厥性急凶，故曰雍，雍，壅也。冀近，兗信，徐舒，楊揚，荊強，豫舒，雍壅，皆同聲而異字，後人徒以厥性輕揚之語，遂謂楊州字當從手旁，不知以揚釋楊，猶以壅釋雍也。若改楊州爲揚州，則亦將改雍州爲壅州乎？楊州字既改爲揚，則『楊揚也』之文不可通，故又改爲揚輕也，以彌縫其闕，不知李釋九州，皆取同聲之字爲訓，輕與揚不同聲也。」王氏細繹李巡九州之解，尋找出其用字語法，以此反證當作「楊州」。最後，王氏運用金石證字的辦法，再次證明當作「楊州」，「今書傳中楊州字皆改從手旁，唯漢魏碑從木，人不能改，故至今尙存。《酸棗令劉熊碑》『出省楊土』，《郃陽令曹全碑》『兗豫荊楊』，『魏公鄉上尊號奏領楊州刺史』，其字皆從木。《隸釋》所載《冀

州刺史王純碑》『出使楊州』，《荆州刺史度尙碑》『楊賊畔於□□』，《車騎將軍馮緄碑》『督使徐楊二州』，此碑今本訛作『揚』，依萬曆本改，《大尉陳球碑》『陸梁荆楊』《陳球後碑》『剝落荆楊』，《無極山碑》『楊越之椿□條蕩』，《巴郡太守張納碑》『楊州寇賊』，其字亦皆從木。王獻之《進書訣帖》『乞食楊州市上』，其字亦從木。足正唐以後歷代相沿之誤。」〔註52〕此例王氏綜合利用了傳世文獻、古注義例以及金石碑刻等眾多材料，網羅條列，輾轉考辨，古字作楊州，遂爲定讞。非楊州之楊作「楊」，古丹楊之楊亦當作「楊」，《武昌蓮溪寺東吳墓清理簡報》〔註53〕，提到一九五六年十二月於武昌蓮溪寺出土兩枚吳鉛券，其一釋文曰：「永安五年七月辛丑□十二月王（按：當作壬）子丹楊石城者……校尉彭盧五十九居沙羡縣界以……今歲吉安」，又據《安徽馬鞍山東吳朱然墓發掘簡報》〔註54〕所公佈朱然墓出土名刺，文曰：「丹楊朱然再拜　問起居　故鄣字義封」和「謁」：「□節右軍師左大司馬當陽侯丹楊朱然再拜」，則東吳時確作「丹楊」。又《西晉志磚》文曰：「居丹楊江寧賴鄉齊平里」〔註55〕，則西晉時作「丹楊」，《東晉王興之夫婦墓誌》〔註56〕文曰：「咸康六年十月十八日卒」以七年七月廿六日葬於」丹楊建康之白石」，則東晉時作「丹楊」。又唐寫本卷子《任彥生王文憲集序》（法藏 p.2542）有文曰：「永明元年進號衛將軍，二年以本官領丹楊尹……三年解刋楊尹」〔註57〕，則宋以前仍作「丹楊」。宋刊本《三國志》均作「丹楊郡」。則東吳鉛券、西晉磚志、東晉墓誌、唐前寫本、宋刊本皆作「丹楊」。此與王氏之辨揚州，可桴鼓相應也。

　　清人於古經經義往往矻矻尋索、不懈探求，此點在學術筆記中展露無遺，特別是對古經所涉地理問題，清人多有考述。如《禹貢》「梁岐」之辨，沈彤《尙書小疏》卷一「治梁及岐」條云：「梁岐，二孔謂皆雍州山，而近日胡朏明《禹貢錐指》力主其說，是大不然。禹奠高山，以別州境，豈有冠以冀州，而承以治雍之事乎？蔡氏謂梁岐皆冀州山，而以梁爲呂梁，在今離石縣東北，

〔註52〕王念孫《讀書雜志・漢書第五》「揚」，江蘇古籍出版社 1985 年版，第 234～235 頁。
〔註53〕《考古》，1959 年第四期。
〔註54〕《文物》，1986 年第三期。
〔註55〕姚遷、古兵《六朝藝術》，文物出版社 1981 年版，圖版二三六。
〔註56〕《六朝藝術》，圖版三〇三。
〔註57〕饒宗頤《敦煌吐魯番本文選》，中華書局 2000 年版，第 68 頁。

岐爲狐岐，在今汾州介休縣，其說是也。但以二山爲河水所經，治之以開河道，則離石去河一百五十餘里，介休去河三百三十餘里，誠有如《錐指》之所駁耳。然朱子謂龍門至今橫石斷流，水自上而下，其勢誠可畏，向未經鑿治時，龍門正道不甚泄，故一派西滾入關陝，一派東滾往河東，爲患最甚，則呂梁、狐岐去河雖遠，而河水東滾而來，嘗爲受患之地。故壺口事畢，即及之。此正所謂疏洩其積潦，以爲耕作，地潯畎澮，距川之功也。壺口既載，則河水無逆流橫出之患。而呂梁、狐岐之間，水土漸平，然嚮之積潦與小水之併入爲患者，未盡去也。故即疏洩之，使近河二三百里皆安定，然後可施功於汾水矣。《錐指》謂使二山果爲此《經》之梁岐，則當在太原役中，不得與壺口連舉，蓋亦思之不審爾。既載壺口，自西南而東北，則狐岐爲近，而先治梁者，以呂梁洪勢險助，積潦爲害，尤當急也。」〔註58〕沈氏不能辨大河何以至呂梁、狐岐之疑，故強作解說也。清人朱鶴齡說岐山亦以蔡說爲是，四庫館臣所作《禹貢長箋提要》駁曰：「（朱氏）皆有所見，惟解治梁及岐，力主狐岐爲冀州之境，則於理未合。蓋岐實雍地，當時水之所壅，於雍爲甚，故治冀必先治雍，而後壺口可得而疏。《孔傳》所云：壺口在冀州，岐在雍州，從東循山，治水而西。此語最爲明晰。鶴齡所以反其說者，殆以冀州之中不當及雍地，不知冀爲天子之都，何所不包。古人文字原未嘗拘泥，如荆州云『江漢朝宗於海』，荆固無海，亦不過推江漢所歸言之耳。即此可以爲例，又何必斤斤致疑乎。」〔註59〕所駁是也。而于鬯又欲調停二說，其謂：「梁岐二山有冀、雍二州之聚訟。《傳》云：梁岐在雍州，蔡傳云：梁岐皆冀州山，梁山，呂梁山也，在今石州離石縣東北，岐山，在今汾州介休縣狐岐之山。蔡氏本晁說之說，見王天與《尚書纂傳》引。鬯竊謂二說各有得失，梁山當用蔡義，岐山當用《傳》義。蓋梁山在冀州，故於冀州言『治梁』；岐山在雍州，故於冀州言『及岐』。及者，自此以及彼之謂也。著一『及』字，既不嫌雍州之山而見於冀州矣。猶荆州言『江漢朝宗於海』，海，揚州海也，著一『於』字，亦不嫌揚州之海而見於荆州矣。下文云：『導岍以岐，至於荆山』，言雍州山也。則岐在雍州之證，其言岐而不言梁，亦未始非梁不在雍州之證也。且呂梁爲禹施功之處，見於《尸子》、《呂氏春秋》等書，豈宜不載於《禹貢》？《禹貢》無呂梁，則梁即呂梁矣。呂、梁二字雙聲，故可省呂而單曰梁也，

〔註58〕 沈彤《尚書小疏》，《清經解》，第 2514～2515 頁。
〔註59〕 《禹貢長箋提要》，《景印文淵閣四庫全書》第 67 冊，第 2 頁。

其在宋石州離石縣，則在今爲山西汾州府永寧州地。今州城北二十里有離石山，一名呂梁，洪亮吉《乾隆志》即引《呂氏·愛類論》『龍門未闢、呂梁未鑿，河出孟門之上』以證。幾見古書言禹治水有及狐岐者乎？亦足以定之矣。胡渭《禹貢錐指》力主《傳》而議蔡，沈彤《尚書小疏》又力主蔡而議胡，皆未審也。及至徐文靖《禹貢會箋》於梁轉從《傳》，於岐轉從蔡，不太顛乎。或謂以梁屬冀，以岐屬雍，論文法及字之義則然，如地勢隔太遠何？曰：此即所云河出孟門之上者，一派東滾至冀之梁，一派西滾直趨雍之岐，故治梁必及岐，而一役始告竣，正其勢然也。」〔註60〕於氏長篇考述，僅以文法字義爲說，彌縫之跡甚爲明顯，實際上至始至終都沒有解決胡渭所提疑問，最後還是援引沈彤所解，草草自圓其說，難以讓人信服。沈氏、朱氏以及於氏諸人之所以未能弄清「治梁及岐」之經義，主要是因爲對《禹貢》「冀州既載壺口治梁及岐既修太原至於岳陽」整句缺乏通盤考慮和理解，待到宋翔鳳詳辨太原所在之後，則「治梁及岐」的疑問便豁然開釋了。

　　宋翔鳳《過庭錄》卷四「太原」條以犖犖長篇考辨先秦太原所在，其云：「案：太原見《詩》、《書》、《春秋》、《國語》，並與秦置太原郡不同處。《禹貢》：『冀州既載，壺口治梁及岐，既修太原，至於岳陽，覃懷底績，至於衡漳』，案：當讀冀州既載絕句，壺口絕句，治梁及岐既修太原絕句〔註61〕。梁、岐、太原皆雍州地，壺口、岳陽、覃懷、衡漳皆冀州地。《孔傳》所謂『壺口在冀，梁、岐在雍州，從東循山治水而西』，是也。其謂『高平曰太原，今以爲郡名，岳、太岳，在太原西南』，此說非也。《漢地理志》：壺口在河東北屈縣東南。爲今山西平陽府吉州治。又云：梁山在左馮翊夏陽縣西北。爲今陝西同州府韓城縣，縣西北九十里有梁山，在山西吉州西一百餘里。又云：岐

山在右扶風美陽縣西北。爲今陝西鳳翔府岐山縣治，東北十里，即太王所邑，在韓城西南三百餘里，皆從壺口循山西行。至太原，更當在梁、岐之西。」《孔傳》以爲「既修太原」之太原即爲後世之山西太原，宋氏非之。首先，宋氏從《禹貢》上下文出發，依據《漢書‧地理志》指出，壺口以下之梁山、岐山均在陝西，且漸行漸西，故太原亦當在岐山之西，而非折回山西也。此爲論據一。宋氏又曰：「《水經‧汾水注》引《春秋說題辭》云：高平曰太原，原、端也，平而有度。又引《尙書大傳》曰：東原底平，大而高平者，謂之太原。案：此則凡高平之地，皆得蒙太原之稱，不必以春秋之晉陽、秦置爲太原郡、今爲太原府者當之也。《禹貢》之太原，當即《漢志》安定郡高平縣等處，爲今甘肅平涼府固原等州，在陝西岐山縣西北三百餘里，漢縣稱高平，正取高平曰太原之義。」宋氏又從太原命名原理出發，依據文獻所載，指出太原爲通名，非專指後世山西之太原也，此爲論據二。全祖望《經史答問》卷三「太原」條亦云：「周之畿內自有太原，故宣王料民於太原。若以晉之太原當之，則踰河而東，以料民於藩國，有是理乎？《爾雅》：『廣平曰原』，《公羊傳》：『上平曰原』，《尙書大傳》曰：『大而高平者，謂之太原。』蓋太原字義，原不必有定在。《春秋說題辭》：『高平曰太原』，斯平涼一帶，所以亦有太原之名。」〔註62〕全說與宋氏合。宋氏又結合地望、地勢，得出《禹貢》之太原當在西漢高平縣地的結論。戴震所見與宋說亦同，《毛鄭詩考正》卷二「焦穫」條曰：「焦穫、鎬方在太原、涇陽之間。王師逐之至太原，後仍軍於鎬，平定然後歸也。涇陽，漢安定郡朝那、涇陽之地，今平涼府平涼縣；大原，即安定郡高平，今平涼府固原州〔註63〕。後儒不審地形，以晉陽之大原、

〔註62〕 全祖望《經史答問》，收入《全祖望集彙校集注》，上海古籍出版社 2000 年版，第 1904 頁。

〔註63〕 李黼平《毛詩紬義》卷十一云：「至於大原，《傳》言逐出之而已。說大原者，或以爲漢大原郡，今山西之陽曲也。近儒謂玁狁西北來侵，不應逐之東出，其言是也。或以爲漢高平縣，今甘肅之固原州也。然漢高平後魏改置曰平高，唐始爲原州，無大原之名，猶非的證。毛、鄭不言大原所在，以《經》自有明文，不煩立說也。《經》言『薄伐玁狁，至於大原』，言吉甫追奔逐北，遠至大原之地。下《經》云『來歸自鎬』則大原即鎬之別名。鎬、方文連，方爲朔方，鎬其九原乎？《水經‧河水篇》云：河水又東逕九原縣故城南，酈注曰秦始皇置九原郡治此，漢武帝元朔二年更名五原也，王莽之獲降郡成平縣矣，西北接對一城，蓋五原縣之故城也，王莽之塡河亭也。《史記‧衛將軍傳》：元朔二年收河南地，使蘇建築朔方城，武帝《詔》引《詩》『薄伐玁狁，至於大原』，『出車彭彭，城彼朔方』，漢初已以九原爲即大原，故改置五原郡

池陽之弧中牽合誤證。」〔註64〕太原所在既明，宋氏遂據此以解《經》文，「蓋治梁、岐，修太原，則壺口以西之功既畢，又從壺口東治岳陽。《經》文『治梁及岐既修太原』事繫壺口之下，故不嫌以雍州之地入於冀州也。《禹貢》九州所舉山川，皆先地後績，惟梁、岐、太原則先績後地，明此三地皆不在冀州，而施功不可不及，所重在績，故先績後地也。」《經》文既明，宋氏復從解經角度，援據「太岳」所在，以證此「太原」非今山西之太原，其曰：「鄭注云：岳陽，太岳之南，於《地理志》太原，今以爲郡名。此說誤同《孔傳》。鄭注又云：岳，太岳，在河東故彘縣東，名霍太山。案：漢彘縣在今山西霍州直隸州，太岳在州東三十里，正在吉州東三百里。吉州，壺口所在，雷首在吉州南三百里，爲漢河東郡蒲反縣治，即今山西蒲州府永濟縣治，即下文『導岍及岐，至於荊山』，『壺口雷首，至於太岳』是也。蓋先岐，後壺口，後太岳。太岳之導，正從壺口來，與冀州之文適合。若以修太原後即至於岳陽爲文，不特以今平涼之太原爲窎遠，不合地理，即以漢太原郡、今山西太原府當之，亦不應舍壺口而遠溯七八百里之晉陽也。故知『至於岳陽』之文，語意上承壺口記之，始與導山《經》文密合，而於地理亦無不順矣。」宋氏貫通《禹貢》，將前後《經》文連綴考慮，揭明唯太原在甘肅方合《禹貢》經文，這無疑大大加強了其論證的說服力。至此，宋氏從《禹貢》本經出發，詳列三層論據，以證《禹貢》之太原在甘肅平涼，而非今山西太原，所言所辨均有理據。繼此，宋氏又考辨《毛詩》太原所在，「《小雅六月》：『玁狁匪

於此，與朔方郡東西分立。《元和志》口：敬本古城在中受降城北四十里，鄭虔《軍錄》曰：時人以張仁願河外築三城自古未有，敬本城周一萬八百七十二步，壞塹深峻，亦古之堅守。賈耽《古今述》曰：以地理求之，前代九原郡城也。今陜西榆林府北塞外廢勝州西南有漢稒陽縣故城，五原東部都尉治也。《漢志》云稒陽縣北出石門障得光祿城。乃古入匈奴大路，吉甫之逐玁狁，實出於此。若然，九原即大原，大原即鎬，《史記‧匈奴傳》：秦通直道，自九原至雲陽，張守節《正義》引《括地志》云：自九原至雲陽千八百里，而劉向云：鎬去長安千里者，秦郡寬大至四十四縣，若自九原南界計之，亦僅可千里，或劉向言千里，舉其大率言也。」（《清經解》，第 10425 頁）。李氏此說之核心在於，將西漢朔方郡之方與《毛詩》「鎬方」之方等同，再據「鎬方」與太原之聯繫，以證古太原與西漢朔方郡毗陵，即西漢之九原郡，然若如李說，其地遠在河套黃河之北，距離西周關中核心區太過遙遠，揆諸形勢，顯非史實，此方非彼方，李氏可謂望文生義耳，宋翔鳳於此有詳辨，詳正文所引。《中國歷史地圖集‧先秦圖組》將太原繪於今甘肅平涼區域，所見與宋翔鳳、戴震合，是也。

〔註64〕戴震《毛鄭詩考正》，《清經解》，第 4597 頁。

茹，整居焦穫。侵鎬及方，至於涇陽』。又云『薄伐玁狁，至於太原』，《毛傳》：焦穫，周地，接於玁狁者。箋云：鎬也，方也，皆北方地名，玁狁處周之焦穫，來侵至涇水之北。又《出車》『王命南仲，往城於方』，《毛傳》：方，朔方，近玁狁之國也。又『天子命我，城彼朔方。赫赫南仲，玁狁於襄』，《毛傳》：朔方，北方也。《六月》《正義》云：毛不解鎬、方之文，而《出車》《傳》云『朔方近玁狁之國』，鎬、方文連，則《傳》意鎬亦北方地，王肅以爲鎬京故王基，駁曰：據下章云『來歸自鎬，我行永久』，言吉甫自鎬來歸，猶《春秋》『公至自晉』、『公至自楚』，亦從晉、楚歸來也，故劉向曰：千里之鎬猶以爲遠，鎬去京師千里，長安、洛陽代爲帝都，而濟陰有長安鄉、漢有洛陽縣，此皆與京師同名者也，孫毓亦以箋義爲長……又案：《漢志》安定郡涇陽开頭山在西，《禹貢》涇水所出，涇陽故城在今平涼府城西四十里，涇水今出固原州西南山，東南流逕平涼府城北，知朔方、涇陽之所在，則鎬與之相近，而非鎬京可知。太原爲漢之高平而非晉陽，亦可知。」宋氏詳引《毛傳》、鄭箋以及孔穎達《正義》，以明《毛詩》之太原亦非山西太原，乃近涇陽之地，仍在甘肅平涼一圍，是也。「顧亭林云：計周人之御玁狁，必在涇、原之間，若晉陽之太原在大河之東，距周京千五百里，豈有寇從西來，兵從東出者乎？故曰『天子命我，城彼朔方』，而《國語》宣王料民於太原，亦以其地近邊，而爲禦戎之備，必不料之於晉國也。又《漢書》賈涓之言秦地北不過太原，漢武帝始開朔方郡，故秦但有隴西、北地、上郡而止。若晉陽之太原，則其外有雁門、雲中、九原，不得言不過，則亦是平涼而非晉陽也。案：顧氏此言甚確，然又以《禹貢》、《春秋》之太原爲在晉陽，亦誤。《春秋》昭元年《經》『晉荀吳帥師敗狄於太原』，《公羊》、《穀梁》經並同。《公羊傳》云：此大鹵也，曷爲謂之大原？地、物，從中國；邑、人，名從主人；原者何？上平曰原，下平曰陸。《穀梁傳》云：中國曰大原，夷狄曰大鹵。《春秋左氏》經文大原作大鹵。《說文》：鹵，西方鹹地，從西省，象鹽形，安定有鹵縣，東方謂之^原，西方謂之鹵。以安定有鹵縣證之，知《春秋》大鹵亦在安定。中國以爲大原者，蓋禹所主名，故著於《禹貢》也。春秋時，涇、原之間久爲戎狄所據，荀吳興師遠伐，敗之於其地，故《公羊》云：地從中國，名從主人。以狄爲主人，知非晉陽，晉陽自爲晉地，狄安得爲主人。況《春秋》書『晉趙鞅入於晉陽以叛』，如地從中國，自當書曰『敗狄於晉陽』，並不得云大原也。」宋氏深通《春秋》三傳之學，由《公羊》所謂「地從中國」以證：《春

秋》太原若爲今山西太原，當書「晉陽」，而非「太原」，所辨甚是也。然太原又與大鹵互通，而大鹵據《說文》恰在安定，即甘肅平涼也，前後諸說合若符契。李慈銘評曰：「至《春秋》昭元年之文，《左氏經》作大鹵，《傳》作大原，大鹵者，今甘肅之固原直隸州，舊屬平涼府，《漢志》之安定郡鹵縣也，此當從宋氏翔鳳《過庭錄》之說，鍾氏文烝《穀梁補注》駁之，非。」〔註65〕李評是也。宋翔鳳並未就此止步，又辨子產所謂太原所在，「要以晉陽爲大原，實於子產之言。昭元年《左傳》：子產謂叔向曰『臺駘能業其官，宣汾、洮，障大澤，以處大原，帝用嘉之，封諸汾川』。不過謂能治汾、洮之水，以處高平之地，大原與大澤對文，俱不可實以地名。《上林賦》言『布濩閎澤，延曼大原』，與子產語正同。大原亦非地名，後人見汾、洮出晉陽，遂謂春秋時以晉陽爲大原，眾喙同聲，莫能改矣。《漢志》太原郡秦莊襄王三年置，蓋即取子產之言以名之，不可以當《詩》、《書》、《春秋》、《國語》之太原也。」〔註66〕此太原乃地名通稱，非專指山西太原，宋氏引漢賦以證，所辨是也。此例之中，宋翔鳳於《禹貢》、《毛詩》、《春秋》所謂太原者一一詳考，以辨其在甘肅平涼，非爲今山西太原。非精通經學且熟稔地理，不能明證之也。

　　除了考辨經學文獻中的古地故邑外，清人於行政區劃制度之沿革也多有討論，其著例則爲顧炎武詳考「郡縣」源流也。其云：「《漢書‧地理志》言：『秦併兼四海，以爲周制微弱，終爲諸侯所喪，故不立尺土之封，分天下爲郡縣，蕩滅前聖之苗裔，靡有孑遺。』後之文人祖述其說，以爲廢封建，立郡縣，皆始皇之所爲也。以余觀之，殆不然。」顧氏先立起誤說之鵠的，遂挽弓以射之，「《左傳》僖公三十三年，晉襄公以再命命先茅之縣賞胥臣；宣公十一年，楚子縣陳；十二年，鄭伯逆楚子之辭曰：『使改事君夷於九縣』，注：楚滅諸小國，爲九縣；十五年，晉侯賞士伯以瓜衍之縣；成公六年，韓獻子曰：『成師以出，而敗楚之二縣』；襄公二十六年，蔡聲子曰：『晉人將與之縣，以比叔向』；三十年，絳縣人或年長矣；昭公二年，二宣了曰：『晉之別縣，不惟州』；五年，薳啓彊曰：『韓賦七邑，皆成縣也』，注：成縣，賦百乘也，又曰：『因其十家九縣，其餘四十縣』；十年，叔向曰：『陳人聽命，而遂縣之』；二十八年，晉分祁氏之田以爲七縣，分羊舌氏之田以爲三縣；哀公

〔註65〕李慈銘《越縵堂讀書記》經部春秋類「春秋」條，光緒癸未九月初一記，上海書店 2000 年版，第 82 頁。
〔註66〕宋翔鳳《過庭錄》，中華書局 1986 年版，第 76～79 頁。

十七年,子穀曰:『彭仲爽,申俘也,文王以爲令尹,實縣申息』。《晏子春秋》:昔我先君桓公,予管仲狐與穀其縣十七。《說苑》:景公令吏致千家之縣一於晏子。《戰國策》:智過言於智伯曰『破趙則封二子者各萬家之縣一』。《史記·秦本紀》:武公十年,伐邽冀戎,初縣之。十一年,初縣杜、鄭。《吳世家》:王餘祭三年,予慶封朱方之縣。則當春秋之世,滅人之國者,固已爲縣矣。」顧氏比事羅列,以證春秋時諸國互爭,其見滅者多置縣也,則秦始分郡縣之說,不攻自破〔註67〕。繼此,顧氏又追溯縣字之字源,「按昭二十九年《傳》:蔡墨言劉累遷於魯縣,則夏后氏已有縣之名。《周禮·小司徒》:四甸爲縣。《遂人》:五鄙爲縣。《縣士》注:距王城三百里以外至四百里曰縣,亦作寰。《國語》:管子制齊,三鄉爲寰,寰有寰帥。十寰爲屬,屬有大夫。顏師古曰:古書縣邑字皆作『寰』,以『縣』爲縣掛字,後人轉用爲州縣字,其縣掛之縣又加『心』以別之也。」據此,寰爲縣之本字,則縣之所起,又不限於春秋也。顧炎武既已揭明縣制,遂辨郡制:「《史記》:吳王發九郡兵伐齊。范蠡對楚王曰:楚南塞厲門而郡江東。甘茂謂秦王曰:宜陽,大縣,名曰縣,其實郡也。春申君言於楚王曰:淮北地邊齊,其事急,請以爲郡便。《匈奴傳》言趙武靈王置雲中、雁門、代郡,燕置上谷、漁陽、右北平、遼西、遼東郡,以拒胡。又言魏有河西、上郡,以與戎界邊。則當七國之世,而固已有郡矣。哀公二年《傳》:趙簡子誓曰『克敵者,上大夫受縣,下大夫受郡』。杜氏注引《周書·作雒篇》:千里百縣,縣有四郡。古時縣大而郡小。《說文》:周制,天子地方千里,分爲百縣,縣有四郡,至秦初置三十六郡,以監其縣。今按:《史記》吳王及春申君之事,則郡之統縣固不始於秦也。」據顧氏所引,郡之所起亦遠早於嬴秦,且其時春秋時郡爲縣之四鄙,與後世迥異也。顧氏又從郡縣管理者的角度,再引文獻以明其實,「吳起爲西河守,馮亭爲上黨守,李伯爲代郡守,西門豹爲鄴令,荀況爲蘭陵令,城渾說楚新城令,衛有蒲守,韓有南陽假守,魏有安邑令。蘇代曰:請以三萬戶之都封太守,千戶封縣令。趙封馮亭,亦云。而齊威王朝諸縣令長七十二人。則六國之未入於秦,而固已先爲守令長矣。」春秋戰國郡守縣令多見文獻,亦可證郡縣之制起源甚早,「故史言樂毅下齊七十餘城,皆爲郡縣。而齊愍王遺楚懷王書曰:四國爭事

〔註67〕 班固所云:「分天下爲郡縣」,其著力之處當在「天下」二字,普天之下,莫非郡縣,當以嬴秦一統爲權輿,此殆爲始皇帝絕大之功績,顧氏此處所駁乃因後世之人誤讀班說,而不可因之而遂謂孟堅非是也。

秦，則楚爲郡縣矣。張儀說燕昭王曰：今時趙之於秦，猶郡縣也。安得謂至始皇而始罷侯置守邪？《傳》稱：禹會諸侯，執玉帛者萬國，至周武王僅千八百國，春秋時見於《經》、《傳》者百四十餘國，又並而爲十二諸侯，又並而爲七國，此固其勢之所必至。秦雖欲復古之制，一一而封之，亦有所不能。而謂罷侯置守之始於秦，則儒生不通古今之見也。」〔註 68〕顧氏在充分利用先秦以來文獻記載的基礎上，通過逐一揭示先秦時代有縣、有郡、有守令長，最終言之鑿鑿的證明了郡縣之制絕非起於始皇〔註 69〕，秦始皇所謂廢封建行郡縣，乃是在國家根本制度的層面，確定了郡縣制爲立國規模，並在統治全域範圍之首次推廣也。

　　清人筆記所考經學地理多有的論，已如上文所述，然訛謬之處，亦或難免。清初大儒閻若璩以考辨精審著稱，所撰《潛丘箚記》所錄諸條中有相當部分涉及經學地理。如其辨千畝所在，「顧氏《肇域記》：《左傳》桓二年其弟以千畝之戰生，杜注以爲西河介休縣南有地名千畝，非也，穆侯時晉境不得至介休，當以《趙世家》注引《括地志》岳陽縣北九十里有千畝原爲是。余謂當日千畝之戰，或在岳陽，或在介休，誠不敢定，但謂晉境不得至介休，則有辨。《晉世家》叔虞封於唐，方百里，其子燮改曰晉，曾孫成侯徙曲沃，八世孫穆侯徙絳，不言何代徙都翼，昭侯元年，封叔父成師於曲沃，曲沃邑大於所都翼，則徙翼當在昭侯前、穆侯徙絳之後中間可知。入春秋，六年，晉逆翼侯納諸鄂，謂之鄂侯，鄂，《索隱》曰：今在大夏，大夏者，吾鄉太原縣也。又後十三年，曲沃滅翼，王立哀侯之弟緡於晉，晉亦太原縣，太原至翼城六百五十里，中道必由介休，當日盡屬晉，方得兩侯分立，《肇域記》非是。余於是獨歎晉啓封百里，逮成侯時何啻五倍，王綱不振，兼國侵小，不待入春秋而已然矣，可不懼哉。又按：《周語》宣王即位，不藉千畝，虢文公諫王，弗聽。此千畝乃周之籍田，離鎬京應不甚遠，末云：三十九年戰於千畝，工師敗績於姜氏之戎。《左傳》繫此事，絕有深意。蓋自元年至今，將四十載，天子既不躬耕，百姓又不敢耕，竟久成爲鹵不毛之地，惟堪作戰場，

〔註 68〕顧炎武《日知錄集釋》卷二十二「郡縣」條，上海古籍出版社 1985 年影印本，第 1643～1647 頁。有關古代郡縣方面的問題，可參看周振鶴《中國地方行政制度史》（上海人民出版社，2005 年版）相關部分。

〔註 69〕關於郡縣起源及其相關問題，可參看今人周振鶴《縣制起源三階段說》，收入《周振鶴自選集》，廣西師範大學出版社 1999 年版。李曉傑《中國行政區劃通史·先秦卷》引言、第二章，復旦大學出版社 2009 年版。

故王及戎戰於此。因悟《趙世家》周宣王時伐戎及千畝戰奄父脫王，正此地。《括地志》以晉州岳陽縣北千畝原當之，不應去鎬京如是其遠，殆非也。噫！安得盡舉《經》、《傳》、子、史注地理誤者一一釐正之哉。」〔註70〕閻氏此辨，旁徵博引，馳騁橫絕，以駁顧氏之說，頗有自得之意也，然細繹之，則疑竇叢生也，閻氏謂大夏爲太原縣不知所據，錢穆先生據《括地志》、《隋書・地理志》以爲鄂地近山西鄉寧縣〔註71〕，近是。故鄂至翼城，中道不必由介休，當日何能必盡屬晉。又《史記・周本紀》：「宣王不修籍於千畝……三十九年，戰於千畝，王氏敗績於姜氏之戎。」前千畝，《史記正義》引應劭云：「古者天子耕籍田千畝，爲天下先」，則此千畝顯非地名，爲耕籍之田，清華大學入藏戰國竹簡《繫年》第一章簡一、二云：「昔周武王監觀商王之不恭上帝，禋祀不寅，乃作帝籍，以登祀上帝天神，名之曰千畝」〔註72〕，整理者引《國語》注「天子田籍千畝，諸侯百畝」、《北堂書鈔》錄賈逵云「籍田，千畝也」，則千畝非地名，至明也。後一千畝方爲周宣王伐戎之地，閻氏混淆二千畝爲一地，而謂「天子既不躬耕，百姓又不敢耕，竟久成爲鹵不毛之地」，眞彌縫之際荒唐不擇之語也，且執此遽斷《括地志》岳陽之說爲太遠，允非的論也，則閻氏於地理或大段不甚了了，其竟謂「安得盡舉《經》、《傳》、子、史注地理誤者一一釐正之哉」，眞有癡人說夢之嫌！

附二　清人文集所見經學地理考據

　　清人文集規模宏巨，據今人不完全統計大概有四萬多種〔註73〕，「清人的地理研究成果，除了作者另有專著或少數著作中收集比較集中外，其它文章大多散見於詩文集中」〔註74〕，其中有相當一部分內容是對經學地理

〔註70〕《清經解》，第256頁。
〔註71〕錢穆《史記地名考》，《錢賓四先生全集》第34冊，第492頁。
〔註72〕清華大學出土文獻研究與保護中心編・李學勤主編：《清華大學藏戰國竹簡（貳）》，中西書局2011年版，下冊第136頁。
〔註73〕李靈年、楊忠主編《清人別集總目》（安徽教育出版社2000年出版），共收錄清人詩文集條目四萬多種。柯愈春撰《清人詩文集總目提要》（北京古籍出版社2002年版），收錄清人詩文集亦爲四萬多種。清史工程項目《清代詩文集彙編・序言》（上海古籍出版社2010年版）也提到「現存四萬餘種清人詩文集」。據此，可知清人文集大概規模。
〔註74〕譚其驤《清人文集地理類彙編・前言》，《清人文集地理類彙編》第1冊，浙江人民出版社1986年版，第3頁。其實，譚說稍欠全面，除清人文集外，清

進行考據研究的。在此，有選擇的舉引著例，以見其考據成就和論辨思路。

經學地理中存在的同名異地現象是清人文集最爲關注的問題，如三亳、鬼方等先秦地名，清人在其文集中不遺餘力、長篇累牘的對其進行了深入的探討。而從考據角度而言，最具代表性的例子之一，當是「武城」之辨。據《史記・仲尼弟子傳》載：曾參，南武城人；澹臺滅明，武城人。范士齡《左傳釋地》卷二「武城」條據此云：「泰山南城在山東費縣西南口武城，即《仲尼弟子列傳》之南武城，曾子所居在費縣西南八十里石門山下，吳未滅，與吳鄰，吳既滅，與越鄰。《史記》加『南』於武城上者，別於魯之北有東武城也。觀《四書釋地》可見。」〔註75〕而胡賡善《武城志疑》則以爲魯有兩武城：一是《論語》所見之南武城，在費縣；一是《孟子》所見之北武城，其地不詳。〔註76〕問題至此，已然紛紜，胡元玉遂撰《武城考》一文以辨其非，首先胡氏列舉誤說云：「《史記・弟子列傳》云：曾參，南武城人。澹臺滅明，武城人。《正義》云：《地理志》定襄有武城，清河有武城，故此云南武城。《大戴禮・衛將軍文子篇》注云：曾參，魯南武城人。澹臺滅明，魯東武城人。即本《史記》。而於滅明下增東字，蓋以《史記》之南武城、武城爲兩地也。後人承襲其說，莫不謂魯有兩武城，子游所宰者爲東武城，曾子所居者爲南武城。」隨後胡氏從正面駁之曰：「今考魯止一武城，曾子所居，子游所宰，非有兩地也。《陽貨篇》：子之武城。孔注：子游爲武城宰。鄭注：武城，魯之下邑。是子之所之，即子游之所宰，澹臺滅明即此邑人也。《太平御覽》一百六十引《論語》此文注云：武城，今在費縣。《說苑・尊賢篇》有魯人攻鄪，曾子辭於鄪君之事，與《孟子》曾子居武城事相類，魯蓋即越字之訛。《國策》甘茂亦言曾子處鄪。《後漢書・王符傳》：南城之冢。注云：南城山（山字衍文也），曾子父所葬，在今沂州費縣西南，則曾子所居，與子游所宰，同一武城又明矣。」胡氏通過徵引文獻以證，子游所宰之武城在費縣，而曾子所居之武城亦在費縣，二者名地皆一，並無南北武城之說。「又考春秋及戰國地名，武城者凡六：僖六年《傳》：蔡穆侯將許僖公以見楚子於武城。注：楚地，在

人經解、學術筆記中尚存有大量地理研究成果，本書第七章及附一即對清人經解、學術筆記中有關於經學地理的考據內容進行了探討，可參看。
〔註75〕范士齡《左傳釋地》，《續修四庫全書》第 125 冊影印中國科學院圖書館藏清道光六年刻本，第 276 頁。
〔註76〕胡賡善《新城伯子文集》卷二，《清人文集地理類彙編》第 1 冊，第 425～426 頁。

－223－

南陽宛縣北。此一武城也，今在南陽府北，亦名武延城，俗呼西成者即是。《一統志》信陽州東北二十五里有武城，江永以爲即定四年《傳》武城黑之邑，此又一武城也，皆楚地也。《漢志》馮翊有武城，師古云：即《左氏傳》所云秦伐晉取武城者也。此又一武城也，當在今同州府境，晉地也。《趙策》：趙王封孟嘗君以武城。注云：屬清河，即下東武城。按：下文云：秦攻趙，章君無復軍殺將之功，而封以東武城。此又一武城也，春秋時屬衛，戰國時屬趙，今尚爲武城縣，屬臨清州。《漢志》定襄郡有武城，此又一武城也，今朔平府平魯縣西北塞外歸化城東南有漢武城故城，當即其地，皆趙地也。」胡氏遍列先秦其它五處「武城」，以辨魯有東武城之謬，「趙人因趙有兩武城，因名在清河者爲東武城，乃就趙地言之，非因魯有南武城而云然也。若魯，則僅有一武城而已。而《漢志》自馮翊之武城、清河之東武城、定襄之武城外，亦不聞復有武城。」東武城在清河屬趙地，其所得名乃因趙有兩武城，爲示區別，而與魯地無涉也。繼此，胡氏又證先秦並無南武城之名，「不僅南武城之名不見於《漢志》也，惟費與南成均屬東海郡，據《王符傳》及注觀之，則魯之武城，在漢改名南成，故《漢志》無之。後漢改屬泰山郡，《續漢志》、宋、齊、隋《志》皆作南城。城、成，通假字也。《左傳》哀十四年《傳》注：泰山南城縣西北有輿城。《續漢志》引《左傳》襄十九年城武城，注亦作南城縣。（今本杜注作泰山南武城縣，誤）唯《晉志》作南武城，然考之列傳中，亦但有南城，無南武城。此必因泰山郡又有南武陽，相涉誤衍。《水經注》二十二引京相璠曰：今泰山南武城縣，有澹臺子羽冢，縣人也。此『武』字必傳寫人沿《晉志》之誤妄增之，與襄十九年杜注同矣。參互考校，曾子、子羽既是同邑人，隋以前又無南武城，則《史記》『南』字、《大戴記》注之『南』字、『東』字，皆非其舊可知。蓋後人據誤本《晉志》增《史記》，而加之未盡，滅明下尙作武城。後又據誤本《史記》，疑魯有兩武城，因及妄增『東』字於滅明下也。豈知東武城固趙地，非魯地哉！」《史記》曾子爲南武城人之說，實際上是問題的關鍵，汪之昌亦云：「諸家之說魯武城者，於費縣則毫無異詞，在嘉祥者未能確指所在。且原其創爲二武城之說，不過因《史記》南武城之文，解者謂清河有東武城，故加南以別之。自據漢人之稱，初非《經》、《傳》之舊，何可以斷魯邦屬邑哉！」〔註77〕胡氏採擷諸書、羅列

〔註77〕 汪之昌《青學齋集》卷九《武城考》，《清人文集地理類彙編》第 1 冊，第 429 頁。

眾證，確鑿無疑的指出《史記》「南武城」之「南」字乃後人妄加，所辨甚是，顯示出極為深厚的文獻功底，既無南武城之名，何來南武城之地，後人篡改文獻〔註78〕，遂致疑寶久存，晦暗不明。古地之不明，又以訛傳訛，「至嘉祥縣之南武城，乃因其縣有南武山，山上有阿城，土人亦名為南武城，後之淺人不知城名由山得，誤以為即《晉志》之南武城，於是或附會為曾子所居，偽為曾子祠墓；或附會為子游所宰，立絃歌鄉之名；其謬妄更不足置辨矣。」〔註79〕此例胡氏緣正面證其是，從反面駁其非，正反相照、破立相承，謂之考辨同名異地問題之範例，不為過也。

　　顧棟高《春秋大事表》又引程啟生說，從當時情勢出發，以為魯有兩武城，一在費縣，一在嘉祥，「襄十九年城武城，懼齊也。杜注：太山南武城縣。故城在今沂州府費縣西南九十里，程啟生以為在濟寧州嘉祥縣界。昭二十三年，邾人城翼，還自離姑，武城人塞其前；哀八年，吳伐我，道險從武城；程啟生以為此武城乃費縣之武城也。費縣乃魯與邾、吳相接界，非所當備齊之處。襄十九年之武城宜在嘉祥，杜注並而為一，似誤……余嘗往來京師，至嘉祥縣有絃歌臺，此地與齊界相接，去費縣尚遠，啟生以為費縣非所當備齊之處，此說是也。」〔註80〕程氏的核心觀點是若武城在費縣則去齊甚遠，非備齊之處，不合史實，顧棟高又以實地考察的方式證成此說。今檢《春秋》襄公十九年：「冬，葬齊靈公，城西郭，叔孫豹會晉士匄於柯，城武城」，杜注：「（西郭）魯西郭」。《左傳》：「城西郭，懼齊也。齊及晉平，盟於大隧。故穆叔會范宣子於柯……穆叔歸曰『齊尤未也，不可以不懼』，乃城武城。」程、顧二氏皆以為備齊於齊魯接界之處，今據《經》、《傳》，魯城曲阜西郭，亦因備齊，難道曲阜亦為齊魯接界之處乎？又叔孫豹所言，乃對當時情勢之判斷，故其城武城雖與備齊有關，非必然於齊魯界上尋一小邑，城之以防齊也，其築武城，實為戒備邾、莒而為，以免於陷入南北夾攻、腹背受敵之困境也。明人熊過《春秋明志錄》卷九「城武城」條云：「今費縣西七十里濱運河，古泰山西武城地。或曰懼齊、或曰備莒。城近莒，明年有鄫之盟，意者

〔註78〕 今人后曉榮以為：「因有別於當時位於北邊的清河之東武城，亦稱南武城」（《戰國政區地理》，文物出版社2013年版，第194頁），可備一說。

〔註79〕 胡元玉《璧沼集》卷三，《清人文集地理類彙編》第1冊，第430～432頁。

〔註80〕 顧棟高《春秋大事表》「魯有兩武城條」，中華書局1993年版，第694～695頁。

備莒是乎。」〔註81〕又明人姜寶《春秋事義全考》卷十一「城武城」條亦曰：「其地近莒，城之所以備莒也。」〔註82〕所見均是也，程、顧二氏之說，似是而非也。

上古用字重音不重形，這便造成很多相近相似之地名，此與同名異地現象類似而有別。清人治經，先通訓詁，故小學功底深厚，以此考辨經學地理亦多有收穫。如汪之昌《青學齋集》卷九「陽孤、陽狐、陽壺」之辨〔註83〕，汪氏先引出文獻所載之三地名：陽孤，「《通鑑·周紀》：安王元年，秦伐魏陽孤」；陽狐，「《史記·六國年表》汲古閣本作陽狐，《魏世家》亦作陽狐」；陽壺，「《水經·河水篇》：清水又東南徑陽壺城東。酈善長注：即垣縣之壺丘亭，晉遷宋五大夫所居也」。陽孤、陽狐、陽壺三地字音俱近，其所指究竟有何區別頗值探討。首先，汪氏著力考辨陽壺與陽狐的關係，「案：《春秋》襄元年《左氏傳》：晉人以宋五大夫在彭城者歸，置諸瓠丘。杜預注：瓠丘，晉地，河東東垣縣東南有壺丘……其作瓠、作壺之不同者，案：《豳風》：八月斷壺，《毛傳》：壺，瓠也。蓋取同音為訓。同音通假，《經》、《傳》恆例」，汪氏借助《毛傳》以證瓠、壺乃同音通假之例，又進一步指出凡從瓜壺音之字，均與壺可通，「《易·睽上九》『先張之弧，後說之弧』，《經典釋文》本亦作壺，是從瓜壺音之字，均得通用」，又據文獻證明狐、壺可通，「《禮記·檀弓篇》：自敗於臺駘始也。鄭君注：臺當為壺字之誤也。《春秋傳》作狐駘。狐駘可作壺駘，與陽狐之或作陽壺，同是地名，尤堪引證。」經過這一系列旁徵博引，狐、壺音同可通，陽狐與陽壺本為一地，已無可疑。繼此，汪氏對陽狐、陽孤的關係也做了探討：「若狐與孤，雖同以從瓜得聲，而《經》、《傳》罕見通假，一從犬，一從子，偏旁相似，故混淆更易。然則作陽孤者，特形近致誤，非若陽壺之可通用也。」汪氏認為狐、孤通假，文獻無徵，狐或因形近而訛作孤，陽孤不得視之為陽壺也，至此三地之關係始見說明。汪氏在此例中依託文獻記載，在最大程度上尋繹出各字關係的蛛絲馬蹟，將利用音韻學知識進行地理考辨的手法發揮得淋漓盡致。《水經注疏》卷四「清水又東南，逕陽壺城東」條，熊會貞云：「《史記·六國表》、《魏世家》作陽狐。《通鑑》周安

〔註81〕 熊過《春秋明志錄》，《景印文淵閣四庫全書》第 168 冊，第 236 頁。
〔註82〕 姜寶《春秋事義全考》，《景印文淵閣四庫全書》第 169 冊，第 370 頁。
〔註83〕 汪之昌《青學齋集》卷十三《陽孤陽狐陽壺辨略》，《清人文集地理類彙編》第 1 冊，第 414～415 頁。

王元年作陽狐，孤爲狐之誤。《魏書·裴慶孫傳》作陽胡，狐、胡與壺並音同。」〔註84〕熊氏所見與汪氏合，且又補充「陽胡」之名，可謂相得而益彰也。

　　對於一些含混已久、聚訟紛紜的地名用字問題，清人也嘗試在文集中進行較爲深入的討論，爲最終確定孰是孰非，提供了有利的依據。如「洛」、「雒」之辨，馮登府通過分析石經碑刻，以爲前者是本字，後者是借字〔註85〕，汪之昌所見亦然〔註86〕。而段玉裁卻認爲二者各有專指，本爲異流，別屬兩州，其《伊雒字古不作洛考》一文就此問題進行了長篇考辨，「今學者作伊雒字皆作洛，久無有知其非者矣，古豫州之水作雒字，雍州之水作洛字，載於經典者畫然。漢四百年未嘗淆溷，至魏而始亂之。《魏志》：黃初元年，幸洛陽。裴注引《魏略》曰：詔以漢火行也，火忌水，故洛去水而加隹，魏於行次爲土，土，水之牡也，水得土而乃流，土得水而柔，故除隹加水，變雒爲洛。此黃初元年改雒字之始。曹丕欲改隹從水，而先以漢去水加隹爲辭，竟若漢以前本作伊洛，而漢始改之者。漢果忌水，則國號漢者將何說乎？即如顏籀云光武以後始改，光武又何以不改漢而改洛乎？」段氏首先提出問題，其時學者皆以爲雒陽之雒，古作洛，又追根溯源，指出此說實自曹丕篡漢始。曹氏以爲漢以前作洛陽，漢以火德而去隹，然段氏以爲此說人謬也，因爲兩漢國號仍爲漢，若因火德盡改水旁，國號亦當改也，以此駁之，正中其的。隨後，段氏又羅列了文獻所見洛、雒二字的具體情況：「考之六經，《詩》曰：瞻彼洛矣，《毛傳》曰：洛，宗周溉浸水也。此即《周禮》之雍州『其浸渭、洛』，與伊雒了不相涉也。《周頌·序》曰：『周公既成雒邑』，其字《釋文》尚作雒也。《周易》曰：『河出圖，雒出書』。王肅本未嘗誤也；王弼作洛，正魏人用魏字也。《春秋經》文公八年『雒戎』，三《經》皆作雒。《左氏傳》曰：遂會伊雒之戎；曰：楚子伐陸渾之戎，遂至於雒；曰：揚拒泉皋伊雒之戎，同伐京師；曰：武王克商，遷九鼎於雒邑；曰：天王使劉定公勞趙孟於潁，館於雒汭；曰：晉侯使屠蒯如周，請有事於雒與三塗，使祭史先用牲於雒；曰：司馬起豐析與狄戎，以臨上雒。八字皆作雒，不作洛。其在《周禮·職方》：雍州其浸渭、洛，豫州其川熒、雒。《逸周書·職方解》、《漢地理志》

〔註84〕楊守敬、熊會貞《水經注疏》，江蘇古籍出版社1989年版1999年第二次印刷本，第363頁。
〔註85〕馮登府《石經考異》，《清經解》，第10964頁。
〔註86〕汪之昌《青學齋集》卷二《伊雒字古不作洛解》，《清人文集地理類彙編》第1冊，第407～408頁。

述職方，皆用《周禮》之文，二字皆分別皎然。而《淮南鴻烈·墜形訓》曰：洛出獵山。高注：獵山在北地西北夷中，洛東南流入渭，《詩》『瞻彼洛矣，維水泱泱』是也。雒出熊耳。高注：熊耳在京兆上雒西北。字一作洛，一作雒，亦分別皎然，與《周禮》合。是亦見古二水二字之分矣。」段氏在檢閱大量文獻的基礎上，通過梳理排比，清晰明確的指出：雍州之川作洛，豫州之川作雒，二者「分別皎然」也。問題至此業已明瞭，然而段氏並未就此打住，而是進一步分析了其它相反的情況，「或者謂《尚書·禹貢》洛字五見，《康誥》洛字一見，《召誥》洛字三見，《洛誥》三見，《多士》三見，《書序》再見，此非字本作洛之證耶？」有人據今本《禹貢》所存洛字，提出質疑，段氏就此辨云：「此衛包不學無術，謂雒古字，洛今字，以今改古也。而其謬戾實自陸德明、顏籀始，陸氏於《周易》、《周禮》皆作洛，而『洛出書』《音義》乃用『漢家以火德王，故從各、隹』之語；《周頌》《音義》雖作『雒音洛』，而亦云『後漢都洛陽，為水德克火，故改為各旁隹』，是誤謂周時本作伊洛，而其於《尚書》之本作雒作洛，未可知也。師古則又有甚焉者，其注《地理志》也，於河南郡雒陽下云：魚豢云：漢火行，忌水，故洛去水而加隹。如魚氏說，則光武以後改為雒字也。於是乃知班氏《地理志》二字本不亂，師古乃擅改《志》中《禹貢》之文。何以知班氏本不亂也？上雒下曰：《禹貢》雒水出冢領山，東北至鞏入河。穀城下曰：《禹貢》瀍水出暜亭北，東南入雒。盧氏下曰：伊水出，東北入雒。黽池下曰：穀水出穀陽谷，東北至穀城入雒。丹水下曰：丹水出上雒冢領山。新安下曰：《禹貢》澗水在東，南入雒。此豫州之雒也。歸德下曰：洛水出北蠻夷中，入河。懷德下曰：洛水東南入渭。直路下曰：沮水出東，西入洛。此雍州之洛也。其文明言《禹貢》雒水出冢領山，倘前文稱《禹貢》者皆洛字不作雒字，則此《禹貢》雒水前何所承乎？何以云『考跡《詩》、《書》，推表山川，以綴《禹貢》、《周官》、《春秋》』乎？是可以知小顏信丕之言，謂漢改洛為雒，因謂三代本作洛，取《志》中《禹貢》盡改之以合丕說。然則河南雒陽豈光武始作雒陽，西漢固作洛陽乎？西漢作洛陽，則所作者西漢史也，何必用東漢字乎？曾不思一篇中首尾舛逆之不可讀乎？又何以改《禹貢》之雒為洛，而《職方》不改乎？又何以五雒字改其四，而『伊雒瀍澗』獨不改乎？將毋率意點竄之未能周，使其參差者，與後人以指謫，而聖經之舊幸可思而得歟？衛包之妄改，師古為之先導也，據《隸釋》，石經《尚書》殘碑《多士篇》兩『茲雒』字；太史公書《夏

本紀》述《禹貢》,《周本紀》、《魯世家》述《周書》,字皆作雒;今文《尚書》之不作洛可知也。《周禮・天官・序官》注引《召誥》『大保朝至於雒』,『大保乃以庶殷攻位於雒汭』,古文《尚書》之不作洛可知也。凡六經伊雒之字可考者有如此,師古不信古經、班史,輒用曹、魚之言改之。其它經史如《國語》伊雒之皆爲洛,《史》、《漢》或一篇一簡之內,雒洛錯出,皆寫書者之訛亂,不可枚舉也。」段玉裁言之鑿鑿,一針見血的指出今本《禹貢》在流播傳世的過程中多遭篡改,豫州之雒,據石經《尚書》殘碑、《周禮》所引《尚書》,可知今古文《尚書》皆作雒,今本之誤或以陸德明、顏師古以及衛包等人誤據曹丕詔書而擅改也。對此,段氏以陸德明《釋文》前後矛盾爲據,又採用統計學方法,將《漢書・地理志》所採《禹貢》文獻中涉及洛雒者悉數輯出,證明班固撰寫《漢書》時,二字各指一水,本不相亂也。據此,今傳世文獻二字之混淆,乃後人率意點竄爲之也。最後,段玉裁又增補新證,再次考定二字之別:「夫群言淆亂,必有片言可以折衷者。許叔重《說文解字》洛篆下舉雍州之水,不言豫州之水,豫水果古作洛也,何不用漳篆並舉三漳之例乎?此所謂片言可以折衷者也。」段氏此辨堪稱典範,不但從正面論證了問題,還能對反例進行分析和駁斥,從考據手法上來說,正反兼顧、面面俱到,而其效果則可謂滴水不漏。不僅如此,段氏還將考證所得,運用到判別其它文獻年代的考辨工作中,其云:「若《水經》本有《洛水》、《雒水》二篇,今則《洛水篇》亡,《雒水篇》乃作洛水,東原師說《水經》乃魏人所爲,不誠然與?蓋亦魏人用魏字與?酈注中亦引去水加隹之語,未免爲英雄所欺也。」〔註87〕《四庫全書總目》卷六十九地理類二《水經注》條提要:「又《水經》作者,《唐書》題曰桑欽,然班固嘗引(桑)欽說,與此經文異,(酈)道元注亦引(桑)欽所作《地理志》,不曰《水經》。觀其涪水條中稱『廣漢』已爲『廣魏』,則決非漢時,鍾水條中稱『晉寧』仍曰『魏寧』,則未及晉代。推尋文句,大抵三國時人。」〔註88〕此或即段氏所謂戴東原之說,而胡渭亦以爲桑欽所撰乃《地理志》而非《水經》〔註89〕。今檢《說文解字》卷十一上引桑欽《水經》凡兩處「桑欽云(濕水)出平原高唐」、「桑欽說汶水出泰山萊蕪西南入泲」,傳世本《水經注》經文皆無,故《水經注》經文非桑欽《水

〔註87〕段玉裁《經韻樓集》卷一,上海古籍出版社 2008 年版,第 20～23 頁。
〔註88〕《景印文淵閣四庫全書》第 573 冊,第 13 頁。
〔註89〕胡渭《禹貢錐指略例》,上海古籍出版社 2006 年版,第 6 頁。

經》可知，今本《水經注》經文伊雒之水作洛水，正可證其出曹魏時人之手〔註90〕，段氏觸類旁通，轉相辯證，千百年之疑竇，至此而爲定讞也。

除了關注某些特定的問題，清人文集所見經學地理考據所體現的一些重要方法，也值得拈出一談，加以總結。

依據史事，嚴謹推斷，以匡正舊說，考定古地所在，是清人進行經學地理研究非常重要的手法，這在清人文集中亦有體現。如施彥士考辨春秋時夏汭所在，其《求己堂文集》卷一曰：「《春秋傳》：昭公四年，吳伐楚，入棘、櫟、麻，以報朱方之役，楚沈尹射奔命於夏汭。杜注：漢水曲入江，今夏口也。孔穎達曰：漢水之尾變爲夏水，以多竭夏流，故名夏汭。其地當漢陽府城東大別山下。《荊州記》：漢末謂之夏口，亦曰漢口。先進顧司業震滄，洪編修稚存並從之。」施氏歷引杜注、《孔疏》以至清人諸說，於夏口即漢口之見皆無異議，似無疑問。隨即施氏筆鋒一轉云：「按：棘在今河南省歸德府永城縣南，麻在今江蘇徐州府碭山縣東北麻城集，疆分二省，地實鄰近。惟櫟城或云在新蔡北。總之在楚東邊者是。射爲沈尹，則在今光州固始縣，聞警奔命，乃不趨東北，而反走西南數百里之漢口，何哉？」施氏依據當時形勢，指出若夏汭在漢口，則楚沈尹射所奔方向恰與吳兵所入之楚地南轅北轍，令人難解，「杜注云：吳兵在東北，楚盛兵在東南以絕其後。果爾，則徑趨壽春可也，否則從安慶大江直走江鎮可也，安有寇在東北千餘里，而反走西南境內六七百里以絕之哉？」按照杜預所釋，其地理方位之矛盾立見，其中必有訛誤。施氏又補充說明到：「又昭公五年，楚子以諸侯及東夷伐吳，以報棘、櫟、麻之役，薳射以繁揚之師會於夏汭。夫繁揚在今河南新蔡縣北薳村，射帥其師徑趨東北以入吳地，豈不甚便？而反西南走入本境六七百里之漢口？且會於夏汭，以伐吳也，而反使陳、蔡、許、頓、潁、徐之師舍吳而至漢口，尤非當日軍情。」誠如施氏所言，考之當時情勢，楚軍絕不可能反走漢口以報吳役，據此，夏汭在漢口確爲誤說無疑。夏汭既不在漢口，當在何處？施彥士給出了答案：「竊考《漢志》沛郡城父縣，夏肥水東南至下蔡入淮。《水經注》淮水又北，夏肥水注之。《漢志》九江郡合肥縣注：應劭曰：夏水出城父東南，至此與淮合，故曰合肥。夫仲瑗以夏肥混肥，不能無誤。而夏肥之得稱爲夏水，彰彰矣。然則夏汭乃夏水入淮之處，《漢志》所謂下蔡者也，在

〔註90〕 今人陳橋驛亦以爲《水經注》經文作者當是三國時人，見《酈學新論》（《文史哲》1987 年第五期），是也。

今安徽鳳陽府西少南一百八十里之壽州。本州來國，後屬於楚……當日閒棘、櫟、麻失守，州來危矣，故沈尹射奔命於此，而伐吳之舉，楚子亦因其為東北要地而會諸侯於此。」〔註91〕施氏依據《漢書‧地理志》，輔證以當時史事，言之鑿鑿的指出夏汭當在夏水入淮之處，其辨甚確，俞正燮《夏汭考》即從施說〔註92〕，《中國歷史地圖集‧春秋圖組》便將夏汭繪於下蔡，所見與施氏正合。施氏的具體考證軌跡清晰可見，首先列出古往今來通行之說，繼而擺出史實指出其中之矛盾所在，此步驟甚為關鍵，最後再憑藉深厚的文獻功底，綜合考察，給出一個合理答案，並將之重新置入歷史場景以證明其可信性，從而完成了一例堪稱典範的地理考據。施氏不為前人之見所囿，能夠客觀的從歷史事實出發進行思索考辨，不但揭示了舊說之謬，而且推斷出古地所在，這種實事求是的考據態度代表了清人嚴謹求實的學術精神，是非常值得肯定的。

　　清人考辨經學地理，往往能旁徵博引，在眾多文獻記載中抽繹出有效信息，從而不斷圈劃出諸多地理區域，最終尋找出疊合之交集以匡定古地所在。閻若璩《四書釋地》「莒父中牟」條云：「黃儀子鴻自京師回，告余《論語》地名有必不可考者，莒父也、中牟也。余謂中牟誠不可考」〔註93〕，洪亮吉卻不認同：「（閻百詩）獨於中牟以為真不可考，余竊以為不然」，於是洪氏便對中牟所在展開了一番考辨，「《管子》云築五鹿、中牟、鄴者，三城相接也。五鹿今直隸大名府元城縣，鄴即今河南彰德府安陽縣，是中牟在當時與五鹿、鄴相接矣。」洪氏依據《管子》劃出了與中牟相關的第一個範圍，即近元城、安陽之區域，但稍顯太過廣闊。洪氏又云：「《韓非子‧外儲說》：晉平公問趙武曰：中牟，三國之股肱，邯鄲之肩髀。邯鄲即今直隸廣平府邯鄲縣，是中牟在當時又與邯鄲咫尺矣。臣瓚引《汲郡古文》云：齊師伐趙東鄙，圍中牟。趙時已都邯鄲，是中牟又在趙邯鄲之東矣。」洪氏據《韓非子》、《汲郡古文》又劃下一個範圍，即邯鄲之東。繼之又進一步引證云：「《戰國‧齊策》：昔者趙氏襲衛，魏王身披甲底劍，挑趙索戰，邯鄲之中驁，河山之間亂，衛得是籍也，亦收餘甲而北面殘剛平，墮中牟之郭。是中牟又在衛之北境矣。」洪

〔註91〕施彥士《求己堂文集》，《清人文集地理類彙編》第 1 冊，第 418～419 頁。

〔註92〕俞正燮《癸巳類稿》卷二《夏汭考》曰：「合數文求之，夏汭當在今壽州矣……施君彥士云」，《續修四庫全書》第 1159 冊影印國家圖書館藏清道光十三年求日益齋刻本，第 307 頁。

〔註93〕閻若璩《四書釋地》，《清經解》，第 177 頁。

亮吉據《戰國策》完成了最後一個範圍的圈定，至此便將中牟所在限定在元城、安陽之間，且在邯鄲之東、衛之北境。最終洪亮吉又依據文獻，確定中牟具體位置在湯陰縣附近。「暇日閱《太平寰宇記》：湯水在湯陰縣治北，源出縣西牟山，去縣三十五里。《元豐九域志》亦云：湯陰縣有牟山。即疑中牟當在湯陰縣左近，或以牟山得名。及見《戰國策》舊注云：中牟在相州湯陰縣……張守節《史記正義》亦云：湯陰縣西五十八里有牟山。蓋中牟邑在此山側，蓋益信古今人所見如出一轍，則中牟在今湯陰縣境內無疑也。」此湯陰與此前洪氏所劃定之古中牟所在區域正合：「今湯陰去安陽不五十里，去邯鄲、元城（五鹿城在今元城縣），亦不出一二百里，益信《管子》、《韓非子》所云『相接』、云『肩髀』，無一字妄設也。」〔註 94〕此例考辨堅據文獻，子史並用，手法老練，推斷嚴密，層層遞進，前後照應，堪稱清人經學地理考證最高水準之代表。顧棟高《春秋大事表》卷七之三「中牟」條一從張守節中牟在蕩陰之說，並云「今河南彰德府湯陰縣西有中牟城，在牟山下，正當衛走邯鄲之道。」〔註 95〕與洪說合。

　　清人在進行學術研究時，亦能通過理清文獻傳播源流，梳理學術史脈絡，分析致誤之原，從而對一些疑難問題進行深入考辨，如孫星衍《畢原畢陌考》：「畢原在渭水南，周文王、武王、周公之所葬，今長安縣西南二十八里是也。畢陌在渭水北，秦文王、武王之所葬，即今咸陽之陵。見諸書傳甚明，其誤自宋人始。考渭南之畢，先見於《詩》，《毛傳》云：畢，終南之道名也。其名最古。《史記》云：所謂周公葬我畢，畢在鎬東南杜中。趙岐注《孟子》云：畢，文王墓，近於豐、鎬也。臣瓚注《漢書》云：畢西於豐三十里。裴駰引《皇覽》云：文王、武王、周公冢皆在京兆長安鄗聚東杜中也。終南山、豐水、鄗聚、杜中，皆在渭水南，即知畢原之所在，故《括地志》云：周文王墓、武王墓在雍州萬年縣西南二十八里畢原上也。《元和郡縣志》云：畢原在萬年縣西南二十八里，《書序》云：周公葬於畢是也。萬年即今咸寧縣，是漢、魏、六朝、唐已來，俱以文、武、周公葬在渭水南、無異說也。」孫氏在徵引大量文獻記載的基礎上，證明畢原在渭水之南，爲周文王、周武王及周公葬處，唐前無異說。繼而又循此方法，以辨畢陌：「畢陌在咸陽，是古畢國。

〔註 94〕洪亮吉《卷施閣文甲集》卷七《與孔檢討廣森論中牟書》，《清人文集地理類彙編》第 1 冊，第 410～411 頁。
〔註 95〕顧棟高《春秋大事表》，第 820 頁。

《左氏傳》：畢，文之昭。杜預注云：畢國在長安西北。《書正義》引《晉書地道記》云：畢在杜南，與畢陌別。《元和郡縣志》云：咸陽縣畢原，即縣所理也。《左傳》曰『畢原酆郇，文之昭也』。以此知畢國在咸陽，《郡縣志》特誤名陌爲原。顏師古注《漢書》云：畢陌在長安西北四十里也。按：唐時長安西北四十里地入咸陽，師古當亦謂咸陽之畢國。《秦本紀》云：惠文王葬公陵，悼武王葬永陵。裴駰引徐廣曰：皇甫謐曰：葬畢，今按陵西畢陌。又引《皇覽》曰：秦武王冢在扶風安陵縣西北，畢陌中大冢是也，人以爲周文王冢，非也，周文王冢在杜中。《括地志》云：秦惠文王陵在雍州咸陽縣西北一十四里。秦悼武王陵在雍州咸陽縣西十里，俗名周武王陵，非也。此唐以前皆謂咸陽陵爲秦文王、武王葬處之證。唐咸陽即今縣治，在渭水北，與渭水南之畢原相去甚遠。」據此，則畢陌在渭水之北，爲秦王諸陵所在，唐前亦無異說。經過此番輯錄梳理，先唐文獻所見畢原、畢陌之別，昭然若揭，今人通過考古發掘，證明渭北咸陽所謂「周陵」實爲秦王葬地〔註96〕，從側面印證了孫氏的觀點。孫氏在此主要通過充分佔有文獻，經過系統排比，以得出結論。這也是清人通常採用的考據方法，然而，孫氏並未止步於此，又進一步分析後世記載混淆之因，其云：「原其致誤之由，蓋有五端：一以人地名相同。畢原與畢陌，周文王、武王與秦文、武王易訛也。一以祠爲墓。《地形志》石安有周文王祠，魏石安即今咸陽，後人以歷代祠祀之所在，適得秦陵，因而封殖其處，若陳州府城內之伏羲臺誤爲伏羲陵，丹徒九里鎮之季子墓反以爲季子廟矣。一以求文、武、周公葬處不得。劉向云：文、武、周公葬於畢，皆無丘隴之處。秦始皇開長池，即漢昆明池，正在豐、鎬之間，文、武、周公之陵益以淪陷，則是秦漢以來已無墓祭之處，後人始誤指咸陽之秦陵以當之矣。一以文字傳寫之誤。《長安志》引《三輔故事》曰：文王、武王、周公冢皆葬畢陌南北。考自唐以前無此說，不應出於《三輔故事》，或是宋敏求引『畢原』字誤爲『畢陌』也。周公之墓必附祖父，《括地志》既以文王、武王墓在萬年縣畢原，又以周公墓爲在雍州咸陽縣北十三里畢原上，此必《史記正義》誤引其文，《元和郡縣志》亦承其謬也。」孫氏所析五因，俱有理據，這種不但詳析考辨問題，而且追尋致誤之由的思路，在清人經學地理考據中，並不多見，可以視爲一種近似於現代科學研究的萌芽思想，堪稱亮點。最後，

〔註96〕 詳見《新證據顯示咸陽「周陵」實爲秦王墓誤傳自宋始》一文，刊於《華商報》2008 年 2 月 29 日。

孫氏又嘗試揭示出混淆二畢之源頭，「緣此五誤，考古者傍徨無據。然程大昌《雍錄》猶能辨之。《文獻通考》既云在咸陽，又引《括地志》在萬年云云，則自相矛盾。《尚書》云：三人議，則從二人之言，不得以爲好古之過矣。以秦文王、武王陵爲周文王、武王陵，實始於宋開寶時定祀典。《太平寰宇記》云：咸陽縣，周文王陵、周武王陵皆在縣北一十五里。宋敏求《長安志》因之。然《寰宇記》猶云：畢原在萬年縣西南二十八里，成王葬周公於畢是也。是尚知周公陵在渭南。自明以來，始無復知文、武、周公之葬實在渭水南矣。」〔註97〕據此，樂史《寰宇記》或爲肇誤之始，而宋敏求《長安志》又延謬而傳訛也。

〔註97〕孫星衍《問字堂集》卷三，中華書局 1996 年版，第 70～72 頁。

第八章　清人史部著作所見經學地理考據

第一節　譚澐《國語釋地》

《國語釋地》[註1]三卷，清人譚澐撰，是書專釋《春秋外傳》所涉地名，而偶作考證，考證之法以徵引舊說與辨方析理爲主，雖非辨極精微，然亦間有可探。

同名異地是經學地理最爲常見的現象之一，譚氏於此亦有所得，如辨「千畝有二」，卷上《周語》「戰於千畝」條：「《左氏春秋傳》桓公三年云：其弟以千畝之戰生。顧氏炎武曰：杜謂西河界休縣南有地名千畝，非也。穆侯時，晉境不得至界休。《史記・趙世家》：周宣王伐戎，及千畝戰。《正義》曰：《括地志》云：千畝原在晉州岳陽縣北九十里。[註2]澐案：岳陽縣，今屬山西平陽府，晉穆侯之戰在此地。張守節以證宣王伐戎之戰，則誤矣。姜戎在周之西，豈宣王西伐姜戎而東戰於晉之千畝原乎？蓋周別有千畝在姜戎之地耳。」此條譚氏先引顧氏之說引出千畝有兩說，一在介休，一在岳陽，此兩說實際上都與《左傳》之千畝有關，而以後者爲確，但《國語》所言宣王戰姜戎之千畝卻又另爲一地，不屬河東，此戰之後，宣王料民於太原，此太原地近鎬京，譚氏所謂「在姜戎之地」確有道理。

〔註1〕下文所引皆爲南京大學圖書館藏清光緒己卯味義根齋《新刊味義根齋全書》本《國語釋地》。
〔註2〕見顧炎武《左傳杜解補正》卷一。

又辨「三韓城」，卷上《周語》「八年而隕於韓」條：「韓，晉地，本故國，周平王時，爲晉文侯所滅，後爲桓叔子萬采邑，故晉有大夫韓氏。據《左傳》：秦伯伐晉，涉河而後戰於韓，則韓自在河東。《郡國志》：河東郡河北縣有韓亭。河北，故魏國，故城在解州芮城縣東北七里，其韓亭即秦、晉戰地，故韓國也。今人據《大雅·韓奕》詩有『梁山』，謂同州府韓城縣爲古之韓國，不知今韓城縣在河西，乃古之梁國，至魯僖公十九年始爲秦所滅，非韓也。若《韓奕》之韓自在今直隸順天府固安縣，其所稱『奕奕之梁山』則在今良鄉縣，其國近燕，故云『溥彼韓城，燕師所完』，不得以今之韓城縣爲古韓侯之國，而縣西北九十里之梁山，非詩所稱『奕奕之梁山』也。」譚氏先釋《國語》之韓，依據文獻地在河東，繼而又駁斥了以今之韓城爲古韓國的說法，指出當時此地爲梁國而非韓國，與此同時又辨別《大雅·韓奕》所謂「韓城」遠在直隸，析理甚明。

從音韻學角度，推求古地所在，也是譚氏經常使用的考證方法，如卷中《晉語》「昔夏桀伐有施」條：「此即《汲冢紀年》所謂『帝癸十四年扁帥師伐岷山』者也。今河南府偃師縣東北有施谷，《春秋》昭二十六年，王城人、劉人戰在此地，北有邙山，《紀年》所謂岷山者也。後人以山在洛陽北謂之北邙矣，有施氏國於邙山之野，故《竹書》謂之岷山，《楚辭》注：夏桀伐蒙山之國得妺嬉，岷、蒙皆邙聲之轉也。」此條譚氏將《竹書紀年》相關記載與《國語》引文相聯繫，從而推論有施與岷山之間的互通關係，又據《春秋》引出有施與邙山的關係，最後依據岷、邙爲一聲之轉的音通之理，證明邙山即岷山，也即夏桀伐有施之處，並再以《楚辭》夏桀伐蒙山證明之。可謂前後呼應，考辨完具。又如卷下《鄭語》「又有藪曰雲連徒洲」條：「《元和郡縣志》安州安陸縣：雲夢澤在縣南五十里，雲夢縣：雲夢澤在縣西七里。二縣，今皆屬德安府……徒洲，《地理志》江夏郡有雲杜，縣取此名也，雲夢澤連杜洲，故曰雲杜，故城在安陸府天門縣西縣，西南有堵口即夏水入沔之口，亦取此名，蓋徒、杜、堵三者音近相通耳。」此例譚氏在精熟文獻的前提下，將雲夢與雲杜之間的地理關係揭示出來，又巧妙的運用音近相通的音韻學原則將杜、徒、堵三字聯繫起來，從而較爲合理的解釋了「雲連徒洲」的含義。

細繹地理方位，是清人考據的基本方法之一，譚氏對此也有所運用。如卷下《吳語》「闕爲深溝於商魯之間北屬之沂西屬之濟以會晉公午於黃池」條：「沂水出沂州府蒙陰縣北艾山，南流至徐州府邳州入泗水。『闕深溝，北屬之

沂，西屬之濟』者，謂開黃溝以通濟、泗道，沿黃溝而東入泗，由泗而屬之沂水；溯黃溝而西屬之濟水，黃溝出小黃故縣黃鄉，在今衛輝府封邱縣南，上連濟瀆，下至曹州府定陶縣合菏水，又東北入濟水。夫差引之東南流，至徐州府沛縣入泗水，是溝在魯之西南，宋之東北，故云『商、魯之間』，沂在吳北，故云『北屬之沂』，自吳視封邱之濟，則北而又西矣，故云『西屬之濟』，黃池即黃溝，上源在封邱縣南。」此例譚氏依照地理方位，結合《國語》引文，細緻清晰的解釋黃溝、濟、泗、沂之間的地理關係，可謂一讀了然。然其稱黃溝在魯之西南，宋之東北，則誤。黃溝所出之黃鄉在封丘，已在宋之西南，按照譚說，黃溝東至定陶合菏水，而定陶地望恰在宋之正北，故黃溝當在宋之西北，而非東北。

又如卷下《吳語》「遵汶伐博篯笠相望於艾陵」條：「博，齊汶上邑名，故城在泰安府臺安縣東南三十里。《左傳》哀公十一年：爲郊戰故，公會吳子伐齊，五月，克博，壬申，至於嬴……甲戌，戰於艾陵。嬴城在泰安府萊蕪縣西北四十里。《水經注》云：汶水出原山，在萊蕪縣西南六十許里，又西南逕嬴縣故城南，又云：汶水南逕博縣故城東……屈從其城南西流。然則，吳之伐齊，由魯東北鄙，循汶水東上，克博，又循汶，而東過嬴縣，又東而戰於艾陵。」譚氏由《水經注》載文引入水道視角，將魯、吳進軍路線與故城位置的關係揭示了出來，是將歷史事件與地理考據相結合的成功實例。

杜預《春秋經傳集解》、《春秋釋地》多涉地理，其中不乏謬誤，譚氏結合《國語》所涉及的地理問題，對其進行了一些駁正的工作，如卷中《晉語》「趙簡子使尹鐸爲晉陽」條：「杜氏《釋例》釋晉地云：『隱六年，晉、大鹵、太原、大夏、參墟、晉陽，六名，太原晉陽縣。案：此說本《漢書地理志》：晉陽，故《詩》唐國，周成王滅唐，封弟叔虞。臣瓚糾其失云：所謂唐，今河東永安是也，去晉四百里。師古以瓚說爲是。然永安乃霍叔所封，不得又爲唐叔之國。晉獻公始滅霍，獻公以前永安未嘗屬晉也，則瓚說亦非。惟《括地志》謂：故唐城在絳州翼城縣西二十里，堯裔子所封得之。其地北距晉陽七百餘里，不得與晉陽爲一地。雖春秋之季晉陽亦屬晉，而春秋之初則與晉渺不相涉，即都有時遷，亦遠不相及。而參墟則魏之分野星，不可以爲地名，亦與太原爲趙之分野者不同也。若大夏則所包甚廣，禹都安邑，自平陽以南至河，故畿內地皆大夏，豈止唐叔所封地乎。至太原，則古今通稱，《禹貢》冀州『既修太原』是也，於五服當爲侯服，綏服非畿內地，不得稱大夏矣。

若大鹵，則《春秋》昭公以前太原地，爲白狄所居，狄人名爲大鹵，故昭公元年《春秋》書：晉荀吳帥師敗狄於大鹵也。《公》、《穀》《經》雖作『太原』，然《公羊》云：此大鹵也，曷爲謂之太原？地、物，從中國；邑、人，名從主人。《穀梁》云：中國曰太原，夷狄曰大鹵，號從中國，名從主人。是知中國從《禹貢》以來謂之太原，春秋時爲狄地，狄人稱爲大鹵，故《公羊》云『此大鹵也』，《穀梁》云『夷狄曰大鹵』。若是時太原屬晉，則狄人不得以他人地而強名之爲大鹵矣。自後其地爲晉所奪，則名爲晉陽，亦不曰太原，是知中國曰太原者，謂自古以來中國皆名爲太原，非當時其地屬晉，晉稱其邑爲晉陽，又稱爲太原也。太原晉陽之地，春秋之初未嘗見於《經》、《傳》，其非晉地明矣。晉陽，晉水所出，晉水即汾水別源，源雖近而水盛，下流合汾，故汾水亦得名晉水。《史記》稱唐在河汾之東，方百里，若晉陽則在汾水西矣。是則唐叔之封即翼城之唐城，國之西鄙臨汾水，一名晉水，故燮父改國號晉，非晉陽也。班氏之說，貽誤至今，至顧亭林始正其誤，詳《日知錄》三十一卷，而後儒猶有拘守舊說者，將來必又有因大夏、夏墟，並謂禹都太原不都安邑者矣，故不得不詳爲之辨。」杜預將《左傳》所謂「晉、大鹵、太原、大夏、參墟、晉陽」六地皆釋爲晉陽縣，譚氏以爲非是。其中，「晉」爲古之唐國，《漢書·地理志》以爲古唐國在晉陽，顧炎武《日知錄》卷三十一「唐」條引《括地志》以爲古唐國在翼城縣，北距晉陽有七百多里之遙，故「唐」不在晉陽，即「晉」不在晉陽。又黃汝成《日知錄集釋》引全祖望說：「燮父之改號曰晉，以晉水，則自在太原」，且又據《括地志》所述太原有二，一在翼城，一在晉陽，以爲顧說爲非，仍以班說爲是。譚氏所謂「後儒猶有拘守舊說者」或指全氏，譚氏以汾水亦名晉水，解釋燮父改號爲晉之由，頗有道理。今人任偉通過出土器物研究以及考古勘查報告，以爲古唐國在翼城更加切合歷史實際和考古發現〔註3〕，與顧氏、譚氏結論基本一致。而大夏、參墟亦非晉陽，杜說之誤顯然。

又卷下《鄭語》「董姓鬷夷豢龍」條：「《傳》曰：顓叔安裔子曰董父，擾畜龍以服事帝舜，帝賜之姓曰董，氏曰豢龍，封諸鬷川，鬷夷氏其後也。鬷，國名，今南陽府唐縣南八十里湖陽故城是也。杜元凱注《左傳》，桓十一年『隨、

〔註 3〕 參看任偉著《西周封國考疑》，社會科學文獻出版社 2004 年版，第 96～102頁。馬保春著《晉國歷史地理研究》第三章「叔虞封唐的歷史地理問題」綜合諸家說法亦認爲晉都非太原，而具體在何地，則尚有爭論，有待進一步研究（文物出版社 2007 年版，第 89～92 頁）。

絞、州、蓼』，謂：蓼國，今義陽棘陽縣東南湖陽城。其說非是。《水經》：漳水東南過蓼亭。則蓼國在襄陽府南漳縣界。《地理志》南陽郡湖陽，故廖國。師古注：《左傳》作『飂』字。則湖陽非《左傳》桓十一年之蓼國，乃飂叔安之國也。」此例譚氏先指出「飂」地所在爲湖陽故城，而杜注《左傳》桓公十一年「隨、絞、州、蓼」，亦指爲湖陽故城，譚氏以爲杜說乃誤，因爲《漢書·地理志》載南陽郡湖陽爲故廖國，而顏師古所見《左傳》「廖」作「飂」，則此處所謂「故廖國」，即昭公二十九年之「飂國」，也即《國語》「董姓鬷夷」所處之地，而非桓公十一年之「蓼」。譚氏又據《水經注》指出此「蓼」在南漳，與湖陽中隔襄陽，絕非一地。譚說借顏氏所見古本《左傳》文字爲據，雖稍欠論證力量，亦可備一說。〔註4〕

　　然而，譚氏考辨亦有頗可商榷之處，如卷上《魯語》「文仲聞柳下季之言」條解曰：「柳下，展禽之邑也；季，字也。」「閻氏若璩曰：禽爲魯公族，而食邑在柳下，柳下今不可的知所在，以顏斶言秦攻齊，令有敢去柳下季壟五十步而樵採者，死不赦，證之，古人多葬於食邑，壟所在即邑所在，則柳下者自當在齊之南而魯之北二國接壤處，昔爲魯地，後爲齊有也。見《釋地續》。澐案：《左傳》哀二十七年，《傳》：及留舒違轂七里，鄭康成《詩》箋引作『柳舒』，孔氏曰：留、柳不同，蓋所據書異。惠氏棟曰：裴松之《三國志注》云：古劉、留、聊、柳同用卯字，以從聲故也。〔註5〕今考轂城即今山東泰安府東阿縣治，《水經注》：東阿魚山上有柳舒城。魚山今在縣西北七里，柳舒即柳下也，柳下季壟必在魚山之麓。蓋自漢元光三年，河決瓠子注鉅野，爲河水所蕩滅，故後世莫有知柳下邑所在者矣。」譚氏先據閻氏所考，確定了柳下的大抵方位，又據惠說認定《左傳》之留舒即柳舒，繼而指出柳舒與柳下實爲一地，而柳舒據《水經注》在東阿縣西北，則柳下之方位可知矣，此與閻氏所作推論亦相符合。但是，譚氏作出柳舒即柳下的判斷卻缺乏文獻依據，頗有望文生義之嫌，難爲定讞也。

〔註4〕今人徐少華以爲古稱「蓼國」者有三：「西蓼」、「東蓼」、「舒蓼」，一在河南唐河縣南，一在河南固始縣，一安徽六安市東北，詳氏撰《古蓼國歷史地理考異》一文（《歷史地理》第十四輯），又氏著《周代南土歷史地理與文化》第二章第六節、第三章第七節（武漢大學出版社1994年版）。

〔註5〕今檢惠棟《春秋左傳補注》卷六「及留舒」條：「鄭康成引作『柳舒』，孔氏曰：留、柳不同，蓋所據書異。棟案：裴松之《三國志注》云：古劉、留、聊、柳同用卯字，以從聲故也。」（《清經解》，第2803頁）。則澐案後云云亦爲惠氏之語。

第二節　董增齡《國語正義》

　　《國語正義》二十一卷，董增齡撰，為清人研治《國語》的代表性著作。董氏於《國語》所涉經學地理問題，多有討論，然是書以釋解為主，所謂：「國邑、水道，以《漢地理志》、《後漢郡國志》為主，而參以《水經注》、《元和郡縣志》、杜氏《通典》諸家，並列我朝所定府廳州縣之名，庶覽者瞭然」〔註6〕，而間有考證，下文援例以見之。

　　考辨同名異地，是董氏的主要工作之一，如卷一「而自竄於戎翟之間」條：「案：邰地有二，姜姓之邰邑在琅琊，襄十二年《經》：莒人伐我東鄙，圍臺，杜注：琅琊費縣南有駘亭〔註7〕。哀公時，齊遷景公子於駘，則入齊矣，在今山東沂州費縣境內。稷封之邰國在武功，昭九年《傳》：魏駘芮岐畢吾西土，杜注：駘在始平武功縣所治釐城。后稷受此五國，邰即駘也。武功，隸今陝西乾州。」〔註8〕此條董氏從杜注入手，據其所解地理方位辨別二駘之異。與此相仿，又有卷六「葵丘之會天子使宰孔致胙於桓公」條：「葵丘，宋之葵丘也。僖九年《經》：公會宰周公、齊侯、宋子、衛侯、許男、曹伯於葵丘〔註9〕，杜注：陳留外黃東有葵丘，《釋例》曰：宋地也。若莊八年：連稱、管至父戍葵丘，杜注：臨淄西有地名葵丘。則地屬齊……齡案：《封禪書》《正義》引《括地志》：葵丘在曹州考城縣東南一里五十步郭內〔註10〕，即桓公所會處……其地在今河南衛輝府考城縣東三十里，至於齊之葵丘，即後漢《郡國

〔註6〕　《國語正義·序》，巴蜀書社 1985 年影印清光緒庚辰章氏式訓堂刻本《國語正義》，第 8～9 頁。下文所引皆據此本。

〔註7〕　「駘亭」，今檢《四部叢刊》影印宋刊巾箱本《春秋經傳集解》、國家圖書館藏宋慶元六年紹興府刻宋元遞修本《春秋左傳正義》、日本京都大學人文科學研究所藏元刊本《附釋音春秋左傳注疏》均作「臺亭」，不知董氏所據何本，似誤。

〔註8〕　《國語正義》，第 30 頁。

〔註9〕　今傳世本三傳《春秋》皆作「夏，公會宰周公、齊侯、宋子、衛侯、鄭伯、許男、曹伯於葵丘」，董氏闕「鄭伯」，不知何據。

〔註10〕　據百衲本《史記》卷五《秦本紀》「齊桓公會諸侯於葵丘」條，張守節《正義》引《括地志》云：「葵丘在曹州考城縣東南一里一百五十步郭內，即桓公會處。又青州臨淄縣有葵丘，即《傳》連稱、管至父所戍處。」此為異。賀次君《括地志輯校》引《元和郡縣志》卷十二曹州考城縣「葵丘在縣東南一百五十步」，以為既在「郭內」，不得為「一里」，故本條《括地志》衍「一里」，而《封禪書》《正義》引《括地志》「一里五十步」實為「一百五十步」之訛（中華書局，1980 年版，第 165 頁）。

志》西安之蓬丘亭〔註11〕，在今山東青州府臨淄縣西三十里。」〔註12〕

又卷一「乃料民於大原」條：「《禹貢》『既修大原』，《鄭志》引《地理志》太原今以爲郡名〔註13〕。《班志》、《續漢志》太原郡屬并州。并州，《禹貢》冀州，《春秋》『晉敗狄於大鹵』，三《傳》皆作『太原』〔註14〕，又《左傳》『遷實沈於大夏』，又『唐叔受分器以處參虛』，又『趙鞅入於晉陽以叛』，皆即太原也，然其地在河東，非宣王料民之地。若料民之太原，即《詩》所言『薄伐獫狁，至於太原』，是也。《詩》先言至於涇陽〔註15〕，則太原當鄰涇陽，《後漢書‧靈帝紀》：段頴破先零於涇陽，注：涇陽屬安定郡在原州，《郡縣志》原州平涼縣，本漢涇陽地。周人之御獫狁，必在涇原之間，若河東之太原，則在鎬京東千五百里，豈有寇從西來而兵乃東出邪？料民當亦爲禦戎之備，則料民之太原即今之平涼。《後漢西羌傳》：穆王遷戎於太原，又云：夷王命伐太原之戎，又云：宣王遣兵伐太原之戎不克，皆平涼之太原而非河東之太原也。」〔註16〕董氏援引《毛詩》詩句，將料民之太原與涇陽相關聯，又在確定涇陽所在的基礎上，證明此乃平涼之太原，與河東之太原判然兩地，是也。

又卷二「晉既克楚於鄢」條（韋昭解）晉屬公伐鄭楚人救之戰於鄢：「《史記‧楚世家》《集解》引服虔曰：鄢陵，鄭之東南地。〔註17〕隱元年，鄭伯克段於鄢，杜注：今潁川鄢陵縣。成十六年，晉、楚戰於鄢陵，杜注：鄭地，今屬潁川郡。案：《漢地理志》陳留郡有傿，即克段之鄢。潁川郡有鄢陵〔註

〔註11〕　檢《續漢書‧郡國志》齊國西安縣有「蓬丘里」，無「蓬丘亭」，不知董氏所據何本。
〔註12〕　《國語正義》，第 596～597 頁。
〔註13〕　今檢傳世本《鄭志》未見此段引文，不知董氏所據何本。又南宋刊單疏本《毛詩正義‧唐譜》「其封域在《禹貢》冀州，太行恒山之西，太原太岳之野」條，孔穎達《正義》引《尚書‧禹貢》鄭注：「岳陽縣，太岳之南，於《地理志》太原，今以爲郡名」（人民文學出版社 2012 年影印本，第 75 頁）。
〔註14〕　據宋本《公羊春秋》、《穀梁春秋》（《中華再造善本》北京圖書館出版社 2003 年影印本），昭公元年，《公羊經》作「晉荀吳帥師敗狄於大原」，《傳》作「此大鹵也」；《穀梁經》作「晉荀吳帥師敗狄於大原」，《傳》作「中國曰大原，夷狄曰大鹵」；與董氏所言稍別。
〔註15〕　《毛詩‧小雅‧六月》有云：「侵鎬及方，至於涇陽……薄伐獫狁，至於大原。」
〔註16〕　《國語正義》，第 83～84 頁。
〔註17〕　今檢《史記》卷三十九《晉世家》「楚兵敗於鄢陵」條，裴駰《集解》引服虔云：「鄢陵，鄭之東南地也」。董氏引作《楚世家》，誤。
〔註18〕　《漢書‧地理志》作「傿陵」。

18〕，李奇曰：六國時爲安陵。此晉、楚戰地，雖皆屬鄭，而判然不同，則隱元年杜注誤也。至文七年《傳》『鄢陵』，則又莒地，而與陳留、潁川均無異也〔註19〕。」〔註20〕此條考證，董氏實際上指出了「三鄢」之別：一在潁川，爲晉、楚戰地，《史記集解》、成十六年《傳》杜注，均可爲證。一在陳留，爲鄭伯克段之地，《漢書·地理志》陳留偃縣條顏師古注引應劭曰：鄭伯克段於鄢是也。董氏之見似本此。據隱元年《傳》：「大叔又收貳，以爲己邑，至於廩延」，杜注：「廩延，鄭邑，陳留酸棗縣北，有延津」。則共叔段勢力早已延伸至鄭東北之陳留延津地區，渡大河即至共國。又據《傳》：「公聞其期，曰：可矣。命子封帥車二百乘以伐京，京叛大叔段，段入於鄢，公伐諸鄢。五月辛丑，大叔奔共。」杜注：「共國，今汲郡共縣」。共地正爲延津隔岸之地，故共叔段的逃跑路線是從京地向東北退卻，至於陳留酸棗即延津地區，在此處被鄭伯克敗後，北上渡河，流亡到共縣。揆諸當時情勢，共叔段不可能從京地南下徑穿鄭國核心統治區，抵達潁川鄢陵，再從鄢陵折返北上，長途逃跑，渡河至共，故董氏所言甚是。洪亮吉亦云：「惟應劭之說，最足依據。偃縣，前漢屬陳留，後漢屬梁國，作鄢。陳留郡在春秋時大半屬鄭，且《傳》上云『至於廩延』，杜注：廩延，鄭邑，陳留酸棗縣北，有延津。廩延至鄢既屬順道，又渡河至共亦便，明克段之地爲陳留鄢縣無疑。」〔註21〕又一鄢，則在莒地，此甚分明。

又同卷「羅由季姬」條：「《漢地理志》長沙國羅縣，應劭曰：楚文王徙羅子，自枝江居此。桓十三年《傳》，杜注：羅，熊姓國，在宜城縣西山中，後徙南郡枝江縣。案：今湖北襄陽府宜城縣西二十里有羅川城，乃羅故國。楚遷之枝江，《漢郡國志》：枝江，侯國，本羅國。是也。又自枝江徙長沙，今岳州府平江縣南三十里有羅城，長沙府湘陰縣東六十里亦有羅城，乃接境處也。」〔註22〕董氏此處將羅國歷年遷徙過程展示出來，所經之處皆稱羅城，這實際上揭示出了地名遷移之通則。〔註23〕

〔註19〕揆諸文義，「無異」似作「無與」，或似作「異」。

〔註20〕《國語正義》，第208頁。

〔註21〕洪亮吉《春秋左傳詁》卷一，中華書局1987年版，第2頁。

〔註22〕《國語正義》，第143～144頁。

〔註23〕錢穆先生《史記地名考·自序》曾明確提出了研治古史地理的三大原則：地名原始、地名遷徙、地名沿革（《錢賓四先生全集》第34冊，第8～9頁），可與董氏之見相參證。

　　又卷三「魏獻子合諸侯之大夫於翟泉遂田於大陸焚而死」（韋昭解）大陸
晉藪：「宏嗣指大陸爲晉藪，此據《爾雅》『晉有大陸』也，《爾雅》郭注：今
鉅鹿北廣阿澤。案：定元年《傳》，杜注：《禹貢》大陸在鉅鹿北，嫌絕遠，
疑此田在汲郡吳澤荒蕪之地。杜意以鉅鹿與周相去千有餘里，魏子不應往彼
田獵。補《後漢郡國志》河內修武有茅田注即引『魏獻子田於大陸』，是劉昭
以茅田爲吳澤也。《水經・清水注》：清水又東南流，吳澤陂水注之，上承吳
陂於修武故城西北，修武故寧也，《魏土地記》曰：修武城西二十里〔註24〕有
吳澤水陂，南北二十餘里，東西三十里。酈注與杜注合，在今懷慶府修武縣
北，一名太白陂，即三橋陂也。則此《傳》大陸，非《爾雅》晉藪之大陸也。」
〔註25〕董氏將前人所考加以匯總，明確指出懷慶之大陸與鉅鹿之大陸，實爲
兩地，可謂明晰。又卷十八「處鄖爲楚良臣」條：「《漢書・地理志》江夏郡
竟陵，注：鄖鄉，楚鄖公邑，又江夏郡雲杜，注：應劭曰：若敖取於邧，今邧
亭是也。桓十一年《傳》，杜注：鄖，國名，江夏雲杜東南有鄖城，宣四年《傳》，
杜注又云：邧，國名。則鄖與邧雖同在江夏，而非一地矣。《水經・沔水注》：
巾水又西逕竟陵縣北，西注楊水，謂之巾口水，西有古竟陵大城，古鄖國也，
鄖公辛所治，所謂鄖鄉。《水經》又云：沔水又東南，過雲杜縣。注云：古邧
亭。則鄖非邧矣。鄖，本小國，楚滅爲邑，在今湖北德安府安陸縣境內。」〔註
26〕鄖與邧雖古字相通，而地望不同，董氏結合杜注和《水經注》的相關記載，
明辨二地，是也。

　　又卷十一「梁山崩」注（韋昭解）「梁山晉望也」：「梁山，晉望，《爾雅・
釋山》文，《詩疏》引孫炎《爾雅》注：晉國所望祭，《禹貢》『治梁及岐』，《漢
書・地理志》：（梁山）在左馮翊夏陽縣西北，《晉書・地理志》馮翊郡夏陽縣：
梁山在西北。案：梁山，在今陝西同州府郃陽、韓城二縣境，乃後漢《郡國
志》及《穀梁疏》指爲《韓奕》之『奕奕梁山』〔註27〕，此緣韓國而誤，蓋
晉有韓原，即武王之子所封，而晉滅之以爲邑，《通典》謂在同州韓城縣，此
《左傳》之韓也。王符《潛夫論》曰：昔周宣王時有韓，其國近燕，後遷居

〔註24〕「西二十里」，今檢《永樂大典》卷一萬一千一百三十《水經四》、傳世本《水
　　　　經注》卷九皆作「西北二十里」，不知董氏所據何本。
〔註25〕《國語正義》，第375～376頁。
〔註26〕《國語正義》，第1171～1172頁。
〔註27〕今檢《續漢書・郡國志》左馮翊夏陽「有梁山」，劉昭注曰：「《詩》云『弈弈
　　　　梁山』，在縣西北」。董氏所謂《郡國志》指爲云云，非是。

海中。王肅《詩》注：涿郡方城縣有韓侯城，此《韓奕》之韓也。晉有韓，亦有梁山，因即以涿郡之韓及梁山充之，而不知《韓奕》之梁山近北燕，《水經注》所言高梁水首受漯水於戾陵堰外北有梁山，是也。與夏陽之梁山相去遠矣。」〔註28〕董氏此條先羅列文獻所載，確定晉望梁山在夏陽，又引出《韓奕》之梁山，繼而指出此韓地近北燕，故所謂梁山亦為北燕之梁山，兩梁山相距甚遠，絕非一地，確不可疑。〔註29〕

駁正韋解地理之誤，是董氏的另一項主要工作。如卷一「幽王二年西周三川皆震」條（韋昭解）三川涇渭洛出於岐山也：「涇水，《漢地理志》：出安定涇陽縣开頭山東南，至於京兆陽陵縣入渭。渭水，《漢地理志》：出隴西郡西南鳥鼠山西北南谷山，東至京兆船司空縣入河。洛水，《括地志》：一名漆沮水，源出慶州洛源縣白於山，東南流鄜、丹、同三州，至華陰北，南流入渭。王伯厚《詩考》引《寰宇記》：漆水自耀州同官縣東北界來，經華陰縣合沮水，沮水，《地志》：出北地郡直路縣東，今坊州宜君縣西北境。《寰宇記》：沮水自坊州昇平縣北子午嶺，北下合榆谷慈馬等川，遂為沮水，至耀州華原合漆水，至同州朝邑縣東南入渭。〔註30〕齡謂：漆、沮合流，至同州已與洛會，然後入渭，《寰宇記》不言合洛者，略也……三川所出之山……皆非岐山也。」董氏不僅依據傳世文獻，言之鑿鑿的指出三川所出確非韋昭所解，而且追溯出韋氏錯誤的由來，又從此源頭加以否定，可謂精審允當。「韋解謂『涇、渭、洛出於岐山』，蓋因《淮南本經訓》：江河三川，絕而不流，高注：三川，涇、渭、汧也，出於岐山。又《淮南俶眞訓》亦云：三川涸，注亦謂：涇、渭、汧。不知上文言醢鬼侯之女，菹梅伯之骸，則涇、渭、汧者，商紂時所竭之三川；涇、渭、洛者，周幽時所竭之三川也；三川均非發源岐山，宏嗣尚沿《淮南注》之說耳。」〔註31〕

又卷二「溫之會晉人執衛成公歸之於周」條（韋昭解）溫晉之河陽也：「《水經·河水注》：河水又東，逕河陽縣故城南，服虔、賈逵曰：河陽溫也，班固

〔註28〕《國語正義》，第 869～870 頁。

〔註29〕清人譚澐《國語釋地》對此見解頗似，可參看本章《國語釋地》節。

〔註30〕引自王應麟《詩地理考》卷三「漆沮」條。今傳世本《太平寰宇記》惟有卷三十五關西道坊州中部縣條：「沮水自昇平縣北子午嶺出，俗號子午水。《禹貢》云『漆沮』二水，出馮翊北，即子午水，下合榆谷慈烏等川，遂為漆沮水。」（中華書局 2007 年版，第 740～741 頁）。與此頗異。

〔註31〕《國語正義》，第 88～90 頁。

《漢書‧地理志》、司馬彪、袁山松《郡國志》、《晉太康地道記》、《十三州志》：河陽別縣，非溫邑也。僖二十八年《經》，杜注：河陽，晉地，今河內有河陽縣。亦從《漢地理志》之說，唯范甯《穀梁》解：『溫，河內』〔註32〕，同耳。小諸侯故以一邑言之，尊天子故以廣大言之，是范意以溫屬之河陽。案：古溫縣在今懷慶府溫縣西南三十里，古河陽縣在今懷慶府河內縣西三十里，顯然兩地，《漢地理志》最為近古，亦以溫縣、河陽縣並隸河內，然韋解自本服氏、賈氏之義。」〔註33〕董氏將今地地望與傳世文獻相結合，考證溫與河陽本為兩地，甚為分明。另一例，亦同此法，卷二十「西至於姑篾」（韋昭解）姑篾今太湖是也：「哀十三年《傳》，杜注：姑篾，越地，今東陽太末縣。按：《漢地理志》：會稽太末，穀水東北至錢唐入江。《後漢書郡國志》：太末，《左傳》謂姑篾，初平三年分立新安縣，建安四年孫氏分立豐安縣，二十三年立遂昌縣。《水經‧漸江水》注：浙江又東北流，至錢唐縣穀水入焉，水源西出太末縣，縣是越之西鄙，姑篾之地也。則姑篾為今浙江衢州府龍遊縣境，與太湖相去六百餘里。」〔註34〕

　　此外，董氏對前人誤說，亦多加考辨。如卷一「商之興也檮杌次於丕山」條（韋昭解）大邳山在河東：「《漢書‧溝洫志》大伾下引《尚書》鄭注：在修武、武德之界。張揖、顏師古云：在成皋。《爾雅》：山一成曰伾，山止一成不必指最高之山以當之也。《水經注》：洛水東逕成皋北，又東逕大伾下，又東合汜水。〔註35〕汜水為成皋所屬，而修武故城在今獲嘉縣北，地在城皋之東南，武德故城在今武陟縣，地在成皋之東。」據此，則大伾之在武德、成皋之界，無可懷疑，而「《漢書》臣瓚注、《尚書》偽《孔傳》獨創為大伾在黎陽之說，《括地志》因言大伾山今名黎陽東山，又曰：青壇山在衛州黎陽南七里。」此為新說，頗值懷疑，「果如瓚等及《括地志》所言，則黎陽地近冀而居北，《禹貢》『東過洛汭』之下必云『北至大伾』，何以云『至於大伾』

〔註32〕今檢《春秋穀梁》卷九僖公二十八年《傳》文：「山南為陽，溫，河陽也」。董氏所謂「溫河內」不知何據，且揆諸上下文，當以「溫，河陽」為是。又此乃《穀梁傳》文，與范甯無涉，董氏再誤。

〔註33〕《國語正義》，第161～162頁。

〔註34〕《國語正義》，第1275頁。

〔註35〕今檢《水經注》卷五經文：「（河水）又東過鞏縣北，洛水從縣西北流注之，（河水）又東過成皋縣北，濟水從北來注之……河水又東，逕成皋大伾山下……河水又東，合汜水。」董氏誤讀經文，以為洛水東逕成皋北，又東逕大伾下，又東合汜水，誤甚。

乎？則大伾之在洛汭東，明矣。《地理志》顏注：洛汭，洛入河處，故曰：山在河東。」〔註36〕董氏所駁雖稍欠說服力，但亦有合理之處，據今人考證大伾所在確非黎陽，當在成皋、修武之間。〔註37〕

從以上所列，可以看出是書雖非專究地理，但也頗有見的，其主要的研究方法即將文獻徵引與地望辨析相結合，可謂《國語》地理考釋之功臣。然董氏引文稍欠嚴謹，多滋訛誤，文中小注已一一指明，今再舉一則：卷十「冬襄王避昭叔之難居於鄭地氾」（韋昭解）氾地名：「《周本紀》《正義》引《括地志》：故汎城在許州襄城縣南一里。《水經・河水注》：鄡溪水東流注於氾水，又東逕虎牢城東，漢破司馬欣、曹咎於是水之上⋯⋯」〔註38〕文中所引「東逕虎牢城東」，據《永樂大典》卷一萬一千一百二十八《水經二》、傳世本《水經注》卷五皆作「氾水又北逕虎牢城東」，不知董氏所據何本。其在序中曾經提到：「草茅孤陋，既不獲窺秘府鴻章，廣資聞見；又不獲交四方碩彥，共得切磋」〔註39〕，可知董氏草創此書確屬不易，但就引據通行本文獻而言，這些問題也是理應避免的。

第三節　程恩澤、狄子奇《國策地名考》

《國策地名考》〔註40〕，清人程恩澤、狄子奇合著。是書前列戰國輿地總圖，次以國別為序，各繫以地名考證。考證部分首標地名，後附相關策文及高、鮑、姚、吳四家注，下綴案語。據此書《敘》，大字案語皆為程氏所作，雙行小注則自狄氏，而猶以前者為多，本文所引案語大抵為程氏所作。

縱觀全書，程氏地理考證，專重「同名異地」之辨，可謂此書最大特色，其顯例如卷十九之「棘津」條：「案棘津有七，一在今山東諸城縣，《郡國志》琅邪國西海下引《東觀書》曰：有滕山。《博物記》：太公呂望所出，今有東呂鄉，又釣於棘津，其浦今存。此舊說所本也。今其地有紀里河，一名合河，西崖有臺，方三里，名棘津，相傳太公釣魚處，是也。一在今河南衛輝府延

〔註36〕《國語正義》，第99～100頁。
〔註37〕參見張莉花《〈禹貢〉之「大伾」考》，刊於《新學術》2008年第五期。
〔註38〕《國語正義》，第817頁。
〔註39〕《國語正義》，第9頁。
〔註40〕下文所引《國策地名考》皆為《叢書集成初編》第3050～3054冊據《粵雅堂叢書》排印本。

津縣，故胙城縣。《水經注》：河水經東燕故城北，則有濟水北來注之，河水於是有棘津之名，亦謂之石濟津、故南津，是也。一在今汲縣，《元和志》：黃河西自新安縣界流入，經汲縣南，去縣七里，謂之棘津，《左傳》自南河濟，是也。一在今歸德府永城縣，劉澄之云：譙郡酇縣有棘津亭，呂尙所困處，是也。一在今懷慶府孟縣，服虔云：棘津，猶孟津也，江永以爲荀吳涉處當在此，是也。一在今開封府祥符縣，樂史云：開封縣西南三十里有棘城，即《左傳》棘津，是也。一在今直隸棗強縣，劉昭曰：廣川縣有棘津城，太公呂尙困於此，《史記集解》徐廣注主之，《寰宇記》：冀州棗強縣東北二十七里有棘津故城，即太公賣食及荀吳涉處，是也。」〔註41〕程氏可謂網羅眾說，將七處棘津古地悉數列出，頗見叢集之功。

在此基礎上，程氏進行了大量的考辨。如卷三「曲沃」條：「曲沃有三。《漢志》：河東郡聞喜，故曲沃，此桓叔所封也。後魏太和十一年，改絳邑縣爲曲沃，屬正平郡，此晉新田也。皆非秦邑。秦曲沃，在今河南陝州西南四十里。《水經注》：菑水出常烝之山，西北逕曲沃城南，春秋時晉侯使詹嘉處瑕守桃林之塞，以備秦，時以曲沃之官守此，故名。」〔註42〕程氏據《水經注》指出秦之曲沃在河南，甚是。晉曲沃所在，歷來均有「聞喜」、「曲沃」之爭，今人將考古發掘和傳世文獻相結合，以爲曲沃地名並非一成不變，隨著時間推移，多有變更，桓叔所封，大抵在今曲沃附近，曲沃武公時期，統治中心遷至聞喜境內，但其故地，仍在作爲區域地名的曲沃範圍之內。〔註43〕又卷十五「剛成」條：「《秦策》『蔡澤見逐於趙』章：號爲剛成君。原注：《水經》云：雁門於延水東逕罷成，南澤燕人，疑此即其所邑。〔註44〕案：剛成有三。《水經注》：大寧東有罷城，《史記》：燕人蔡澤謝病歸相，秦號罷城君，世名武罷城。此舊說所本也，在今直隸宣化府保安州西。《郡國志》東郡陽平侯國有岡成亭，劉昭曰：秦封蔡澤爲岡成君，未詳。《水經注》：濕水逕陽不縣之岡成城。在今山東東昌府莘縣西。《寰宇記》：許州東北桐邱城旁有剛城，秦封蔡澤爲剛城君，即此。在今河南陳州府扶溝縣西二十里。三地皆非秦境，以澤爲燕人推之，自以舊注爲是。」〔註45〕卷十七「呂」條：「案：呂有三。

〔註41〕《國策地名考》五，《叢書集成初編》第3054冊，第345～346頁。
〔註42〕《國策地名考》二，《叢書集成初編》第3051冊，第43頁。
〔註43〕馬保春《晉國歷史地理研究》，文物出版社2007年版，第148～154頁。
〔註44〕狄子奇小注引張琦云：此酈注，非經也。
〔註45〕《國策地名考》四，《叢書集成初編》第3053冊，第264頁。

一爲申呂之呂，《潛夫論》：宛西三十里有呂，《水經注》：呂在宛縣，《地理通釋》：故呂城在鄧州南陽縣西四十里。今南陽府城西三十里有呂城，俗名董呂村。一爲呂郤之呂，《左傳》呂郤畏偪，今霍州西三里有呂鄉，西南十里有呂城，或謂呂即陰邑，州東南十五里又有陰地村。一爲呂留之呂，《地理志》楚國有呂縣，今在徐州府城北。」〔註46〕卷二十「葵邱」：「案：葵邱有四，一在今衛輝府考城縣東，《郡國志》：外黃有葵邱聚，齊桓公會此城中，即舊注所本也。一在今青州府臨淄縣西三十里，《左傳》齊侯使連稱、管至父戍葵邱，京相璠曰：在臨淄西五十里。是也。一在今蒲州府萬泉縣東十五里介山之北，胡廣曰：汾陰有葵邱，《水經注》：汾水西逕郯邱北，故漢氏之方澤也。賈逵曰：漢法：三年祭地，汾陰方澤，即葵邱也。《說文》：郯，從邑癸聲，河東臨汾地名。是也。一在今彰德府臨漳縣，《水經注》：《春秋古地名》云：葵邱地名，今鄴西三臺。是也。」〔註47〕卷二十「費」條：「《秦策》『秦武王謂甘茂曰』章：昔者曾子處費，高注：費邑。鮑注：魯邑，屬東海。案：費有四，一在今四川黔江縣，《路史》國名，紀費翳之封，音沸，費仲、費昌國、費州、費水之地是也。一在今河南偃師縣南二十里之緱氏故城，此費滑之費，春秋時已滅，《左傳》殄滅我費滑，是也。一在今濟寧州魚臺縣之費亭，此古費國，戰國時尚存，《孟子》有費惠公，《楚世家》有鄒費郯邳，《呂覽·審勢篇》：以滕、費則勞，以鄒、魯則逸，又云：東海十里小諸侯有滕、費諸國。是也。一在沂州府費縣西北二十里之費縣故城，即魯之費邑，本費庈父采地，後以與季氏，《左傳》：公賜季友汶陽之田及費。是也。此當是魯之費邑。」〔註48〕

從上文所錄可見，對傳世文獻的合理運用，是程氏考辨經學地理的主要方法，其中引據最多的是兩漢《地理志》以及散見於《史記索隱》、《史記正義》中之《括地志》殘文，這從一個側面反映出兩漢《地理志》在推考經學地理方面的文獻價值，《括地志》在釐定故邑古地所在方面的重要作用。如卷七「新城」條：「案：新城有四，俱在今河南省。一在歸德府商邱縣，文十四年，諸侯同盟於新城，《郡國志》梁國穀熟縣有新城，是也。一在開封府密縣，僖六年，諸侯圍新城，《傳》曰實新密，是也。一在許州襄城縣，《括地志》：許州襄城縣，即古新城縣，是也。一在河南府洛陽縣，《地

〔註46〕《國策地名考》五，《叢書集成初編》第 3054 冊，第 302 頁。
〔註47〕《國策地名考》五，《叢書集成初編》第 3054 冊，第 349 頁。
〔註48〕《國策地名考》五，《叢書集成初編》第 3054 冊，第 359～360 頁。

理志》河南郡新城縣，故戎蠻子國，是也。」〔註49〕卷八「長平」條：「案：
長平有二，一是魏地，在今河南陳州府西華縣東南十八里。《地理志》：汝
南郡有長平縣。《括地志》：長平故城在陳州宛邱西六十六里。《通鑑》：始
皇五年，蒙驁伐魏，取長平。是也。一是趙地，在今山西澤州府高平縣西
北二十一里。《郡國志》：上黨郡泫氏縣有長平亭。《括地志》：長平故城在
澤州高平縣西三十一里，即白起敗趙括處。是也。」〔註50〕又如卷九「黎」
條：「黎有四，一在今山西潞安府壺關縣，黎本國也，《郡國志》：上黨郡壺
關有黎亭，故黎國。是。一在今黎城縣，晉所重立之黎國也。《郡國志》：
潞縣東北十八里，故黎國。是。一在今山東曹州府鄆城縣，黎侯寓衛地也，
《地理志》：東郡有黎縣。是。一在今河南衛輝府濬縣，《地理志》：魏郡有
黎陽縣。是。」〔註51〕再如卷十二「傿」條：「案：傿有三，一在今柘城縣
北二十九里，《地理志》陳留郡有傿縣，是也。一在今鄢陵縣西北十八里，
《地理志》潁川郡有傿陵縣，是也。一在今鄢城縣南五里，《地理志》潁川
郡有鄢縣，是也。」〔註52〕卷十二「襄陵」條：「案：襄陵有二，《漢志》：
河東郡有襄陵縣。此晉襄公陵也，在今平陽府襄陵縣東二十五里。又云：
陳留郡有襄邑縣。此宋襄公陵也，在今歸德府睢州四一里。師古曰：圈稱
云：襄邑，宋地，本承匡襄陵鄉也，秦始皇以承匡卑濕，故徙縣於襄陵，
謂之襄邑。是襄邑本名襄陵也。」〔註53〕卷十二「鄆」條：「《韓策》『張丑
之合齊楚講於魏也』章：今公疾攻魏之鄆。原注：《後志》琅邪東莞有鄆亭。
正曰：非魏地，鄆未詳。案：鄆有二，一在今沂水縣東北四十里，《郡國志》
琅邪國東莞有鄆亭，此東鄆也。一在今鄆城縣東十六里，《郡國志》濟陰郡
廩邱，故屬東郡，有鄆城〔註54〕，此西鄆也。《晉太康地記》曰：西鄆在東
平，昭公所居也，東鄆即莒、魯所爭之地。其說至爲明析……此當主西鄆

〔註49〕　《國策地名考》二，《叢書集成初編》第3051冊，第117頁。

〔註50〕　《國策地名考》三，《叢書集成初編》第3052冊，第146頁。

〔註51〕　《國策地名考》三，《叢書集成初編》第3052冊，第160～161頁。

〔註52〕　《國策地名考》四，《叢書集成初編》第3053冊，第210頁。

〔註53〕　《國策地名考》四，《叢書集成初編》第3053冊，第214頁。

〔註54〕　今通行本《續漢書・郡國志》皆作「運城」，檢《水經注》卷二十四：「瓠河
又東逕鄆城南，《春秋左傳》成公十六年，公自沙隨還待於鄆，京相璠曰：《公
羊》作『運』字。今東郡廩丘縣東八十里有故運城，即此城也。」又《左傳》
成公十六年：「九月，晉人執季文子於苕丘，公還待於鄆。」杜預注：「鄆，
魯西邑，東郡廩丘縣東有鄆城。」則「運城」即「鄆城」。

說，舊注非是。」〔註55〕卷十三「濁澤」條：「本策『秦韓戰於濁澤』章，原注：長社濁澤。補曰：解題云：即脩魚之戰。案：濁澤有二，一在今解州西二十里，《括地志》濁水源出蒲州解縣東北平地是也，此魏地。《魏世家》惠王元年，韓趙並兵以伐魏，戰於濁澤。即此。一在今長葛縣西南，《郡國志》潁川郡長社縣有蜀城、蜀津。即濁澤是也，此韓地。《韓世家》宣惠王十六年，秦敗我脩魚，虜得韓將鯁申差於濁澤。即此。《策》云：秦韓戰於濁澤，又云：與韓氏戰於岸門，均與史合，當以長葛爲是。」〔註56〕

　　需要指出的是，程氏所引所據，頗有蹈襲宋人王應麟《通鑑地理通釋》的痕跡。如：卷八「羊腸」條：「案：羊腸有三，一在懷澤間，即太行阪道，蔡澤謂應侯曰：決羊腸之險，塞太行之口。《正義》：太行山阪道，盤紆如羊腸，南屬懷州，北屬澤州。《呂氏春秋》九山之一，是也。一在潞安府壺關縣東南百里，樊余謂楚王曰：韓兼兩上黨以臨趙，即趙羊腸以上危。蘇厲遺趙王書曰：秦以三郡攻王之上黨，羊腸之西，句注之南，非王有已。《地理志》上黨郡壺關縣有羊腸阪，是也。一在太原府西北九十里。吳起曰：夏桀之居，伊闕在南，羊腸在北。《郡國志》：萬根谷山即羊腸阪。《淮南子》注：晉陽西北九十里，有羊腸阪，通河西上郡關。皇甫謐曰：羊腸塞，在龍山。《水經注》：倉山有羊腸阪，在晉陽西北，石磴縈委，若羊腸焉，故倉阪取名矣。〔註57〕《通典》：陽曲縣有乾燭谷，即羊腸阪是也。」〔註58〕檢百衲本《史記》卷四十三《趙世家》「羊腸之西」條《正義》云：「大行山阪道名，南屬懷州，北屬澤州。」無「盤紆如羊腸」句，而《呂氏春秋》卷十三《有始覽第一》「岐山太行羊腸孟門」條注：「羊腸，其山盤紆譬如羊腸」〔註59〕，似誤將高誘注文錯入張守節《正義》。今檢《通鑑地理通釋》卷八「羊腸」條：「蔡澤謂應侯曰：君相秦，坐制諸侯，決羊腸之險，塞太

〔註55〕　《國策地名考》四，《叢書集成初編》第3053冊，第217～218頁。
〔註56〕　《國策地名考》四，《叢書集成初編》第3053冊，第232頁。
〔註57〕　今檢《水經注》卷六：「汾水又南，經汾陽縣故城東。川土寬平，峘山夷水。《地理志》：汾水出汾陽縣北山，西南流者也。漢高帝十一年，封靳強爲侯國，後立屯農，積粟在斯，謂之羊腸倉。山有羊腸阪，在晉陽西北，石磴縈委，若羊腸焉，故倉、阪取名矣。」據此則程氏引作「倉山有羊腸阪」誤甚，原文之山爲汾陽縣北山，程氏將「倉」字屬下與「山」相聯，而訛爲所謂「倉山」，句讀顯誤。
〔註58〕　《國策地名考》三，《叢書集成初編》第3052冊，第134～135頁。
〔註59〕　《四部叢刊》初編影印本，商務印書館線裝本。

行之道。《正義》云：太行山阪道名，南屬懷州，北屬澤州。《呂氏春秋》：九山之一也，盤紆如羊腸。」〔註60〕程氏考證承襲《通釋》明顯，而「盤紆如羊腸」亦非《正義》文也。又卷十「沂」條：「（『蘇子爲趙合從說魏王曰』章：「南有鴻溝、陳、汝，南有許、鄢、昆陽、邵陵、舞陽、新郪；東有淮、潁、沂、黃、煮棗、海鹽、無疎）原注：沂出泰山蓋縣。案：《水經注》：沂水出泰山蓋縣艾山，東南流逕下邳縣北，分爲二，俱入於泗。以今地言之，歷經山東之沂水、蘭山、郯城，江蘇之邳州等處，皆非魏地，豈淮北泗上之邑，魏固有時得之耶？此大沂水也。又有小沂水三：一出武陽冠石山；一出黃孤山，俱入於沂；一即大沂水之分流，由下邳城東屈，從縣南注泗，並見《水經注》。至《論語》曾點所浴之沂，則出尼邱山，西南入泗，亦名小沂水，然與此又別。」〔註61〕今檢《通鑑地理通釋》卷五「沂」條：「出沂州沂水縣艾山，南至下邳西南入泗。《禹貢》徐州淮沂其乂，《職方》青州浸，曾氏曰：徐州水以沂名者，非一。酈道元謂：水出尼丘山，西北逕魯之雲門，亦謂之沂水；水出泰山武陽之冠石山，亦謂之沂水；《禹貢廣記》曰：沂水經下邳縣分爲二水，一水於城北西南入泗，一水經城東屈曲從縣南亦注泗，謂之小沂水。」〔註62〕程氏只是將敘述方法稍加改變，考辨結論幾乎與王氏《通釋》完全一致，謂之承襲，不爲誣矣。

在梳理史實的基礎上，依據地理情實，辨析古地方位，也是程氏常用的方法。如卷一「孟津」條：「案：孟津與孟津縣非一地，孟津縣在河南，漢爲河陰縣，今屬河南府。孟津在河北，漢爲河陽縣，今爲孟縣，屬懷慶府，中隔大河，相距約七十里。孟津與河陽，又非一地，河陽故城在今孟縣西三十五里，孟津在今孟縣南十八里。」〔註63〕「孟津」是古地之名，「孟津縣」是古縣之名，前者是河津渡口，後者是縣級政區，但往往以縣治所在爲名，程氏首先通過漢時屬縣和清時屬縣辨明了二者分居大河南北，絕非一地。繼而指出，孟津又與漢時其所屬之河陽縣治所——河陽故城，分居孟縣之西南，又爲兩地。程氏從地理位置出發，將極易混淆的兩處地名明白劃分，與此同時，對縣級政區內部地理問題也進行了簡單辨析，堪稱

〔註60〕　《通鑑地理通釋》，《叢書集成初編》第 3027 冊，第 124 頁。
〔註61〕　《國策地名考》三，《叢書集成初編》第 3052 冊，第 175～176 頁。
〔註62〕　《通鑑地理通釋》，《叢書集成初編》第 3027 冊，第 65 頁。
〔註63〕　《國策地名考》一，《叢書集成初編》第 3050 冊，第 8 頁。

深諳輿地之學。又如卷五「嬴」條：「……《元和志》：後魏移古嬴縣於萊蕪縣，唐貞觀初，省入博城，長安四年，以廢嬴縣置萊蕪縣。《後漢書》注：嬴故城在博城縣東北。〔註64〕今在泰安府萊蕪縣西北四十里，或云在泰安縣東南五十里。江永曰：各據其地望言之，實一地。此說非也，《左傳》：公會吳子伐齊，五月克博，壬申至於嬴。博即博城縣，在今泰安縣東南三十里，吳、魯伐齊，自南而北，若嬴又在博南二十里，斷無先至博而後至嬴之理。惟嬴在博北，故既克博，復深入，折而東，乃至於嬴，當以魏王泰、章懷太子賢說爲是。」〔註65〕嬴地究竟在博縣南或北，除了文獻中的直接記載外，通過春秋吳、魯伐齊的行進路線可以很清楚的加以辨別。吳魯在南，齊地在北，北伐由南至北，先經博縣，再至嬴縣，據《水經注》卷二十四經文：「汶水出太山萊蕪縣原山，西南過嬴縣故城南，東南過奉高縣北，屈從縣西南流，過博縣西北（注文：……汶水南逕博縣故城東……）」，則博縣確在嬴縣之南，博縣已在泰安縣東南三十里，嬴縣絕不可能反在泰安縣東南五十里，江永所謂「實一地」，顯誤。又卷五「平邑」條：「《中山策》『中山與燕趙爲王』章：（齊）欲割平邑以賂燕、趙……案：平邑有二，《地理志》代郡有平邑縣，在今山西大同府陽高縣西南，此趙之平邑也，《史記》：趙獻侯十三年，城平邑，即此。《括地志》：平邑故城在魏州昌樂縣東北四十里，在今直隸大名府南樂縣東北，此本趙地而齊取之者也，《竹書》：晉烈公五年，齊圍平邑，九年取平邑，即此。此地於漢爲樂昌縣，屬東郡，本與齊不遠，而亦爲燕、趙至齊出入門戶，故欲割以賂之，使出兵攻中山。」〔註66〕程氏此例先據文獻指出平邑有二，一在代郡，隸屬清大同府，一在魏州，隸屬清大名府。繼而指出依據當時戰國情勢，齊國爲了達到聯盟燕、趙以攻中山的目的，欲將平邑割屬燕、趙，故此平邑當爲齊所有，且與燕趙毗鄰。大同之平邑顯然不符此前推斷。清人張琦《戰國策釋地》卷下「平邑」條以爲：「代郡故非魏州之平邑，在今南樂縣東北七里，趙地也，亦非齊所割，所當闕疑。」〔註67〕張氏雖知二平邑之異，然不能辨別究屬何地，以闕疑爲說，顯誤。又卷十二「小黃」條：「決白馬之口，魏無黃、濟陽。

〔註64〕 《後漢書》卷六十二《韓昭傳》「乃以詔爲嬴長」條章懷太子注。
〔註65〕 《國策地名考》二，《叢書集成初編》第 3051 冊，第 80 頁。
〔註66〕 《國策地名考》二，《叢書集成初編》第 3051 冊，第 85 頁。
〔註67〕 《戰國策釋地》，《叢書集成初編》第 3055 冊，第 91 頁。

原注：屬陳留。補曰：按《燕策》決白馬之口，魏無黃、濟陽，《史》作外黃，《正義》云：故黃城在曹州考城縣東，《括地志》：故黃城在魏州冠氏縣南十里，因黃溝爲名，舊注陳留外黃者，非。案：此說殊混。《漢志》陳留郡有小黃縣，《通典》：小黃故城在陳留縣東北，《寰宇記》作東北三十里，亦曰下黃，《五代通錄》：河南有外黃、小黃，故河北有內黃，小黃，爲高齊所廢，其故城今在陳留縣東北。則小黃之在陳留，確鑿可據。史作外黃，本各自成文，無庸牽合，然外黃在今杞縣，地猶相近，故或通借言之。《燕策》所云黃、濟陽即指此，蓋小黃、外黃，均與濟陽密邇也。若冠氏南之黃城，則在今東昌府冠縣，南距濟陽四五百里，斷非決白馬口所能及，秦兵亦斷不能既至平邱，又至黃城，復至濟陽也。吳乃引此以補鮑缺，過矣。」〔註68〕此例程氏從地理方位出發，依據《策》文認爲白馬之口與魏之黃、濟陽的距離自當相近，而吳師道補注所謂黃城在冠氏非在陳留，與白馬河口距離太遠，「斷非決白馬口所能及」，故當從鮑彪陳留之說，甚是。

　　對於傳世舊說，程氏也進行了一些考辨。如卷九「榆中」條：「案：《漢志》金城郡有榆中縣，但此乃秦漢縣名，非戰國之榆中也。《伍被傳》：廣長榆，開朔方，注：長榆在朔方，即《衛青傳》所云『榆溪舊塞』，或謂之榆中。《始皇紀》：西北斥逐匈奴，自榆中並河以東，屬之陰山，以爲三十四縣。《項羽紀》：蒙恬爲秦將，北逐戎人，開榆中地數千里。蘇林曰：在上郡。崔浩云：蒙恬樹榆爲塞也。《水經注》：諸次水出上郡諸次山，東逕榆林塞〔註69〕，又謂之榆林山，即《漢書》所謂『榆谿舊塞』者。《括地志》：榆中，勝州所治榆林縣。《正義》：勝州北河岸。《通典》：勝州榆林郡南，即秦榆林塞。《輿地廣記》：榆林縣東有榆林關。胡三省曰：據衛青取河南地，案『榆林舊塞』正在唐麟、勝二州界，其西接古上郡之境，道元牽合《地志》金城郡之榆中縣，反以蘇林爲誤，非是。合諸說推之，趙之榆中自當在今陝西榆林府榆林縣邊城外。其甘肅金城之榆中故城，則漢縣也。」〔註70〕程氏所辨甚確，《漢書·地理志》所謂金城之榆中自當爲漢縣，在甘肅境。先秦河套之榆中，在內蒙古境，遠不相涉也。否則《始皇紀》所謂「白榆中並河以東，屬之陰山」無著落，錢穆先生以爲：「蒙恬居陽周，屬

〔註68〕《國策地名考》四，《叢書集成初編》第3053冊，第208頁。
〔註69〕原文點作「《水經注》：諸次水出上郡，諸次山東逕榆林塞」，顯誤，今釐正。
〔註70〕《國策地名考》三，《叢書集成初編》第3052冊，第151～152頁。

漢上郡。其關胡地數千里，以河爲竟，樹榆爲塞，在河套南，於漢屬朔方……」〔註71〕，是也。

然而，是書也存在一些問題，可大致概括如下：其一，誤信前說。如卷二「河西」條：「案：河西有二，《秦本紀》：出子二年，庶長改迎靈公之子獻公於河西而立之。《正義》曰：河西者，秦州西縣，秦之舊地，時獻公在西縣，故迎立之。此專指今秦州言，若《策》所云河西，則在今同、華二府之境。秦初起岐雍，未能以河爲界。晉強，遂跨河而有其地。惠公許秦以河外五城，東盡虢略，南及華山，皆河西也。背約敗韓，秦乃征晉河東。則河西入秦，不待言矣。及子圉西質，秦復歸河東，而河西屬秦如故也。」〔註72〕張守節所謂「秦州西縣」遠在今甘肅天水（漢上邽縣）西南，據《史記·秦本紀》：「（秦武公）十年，伐邽、冀戎，初縣之」，則「秦之舊地」不知何謂，錢穆先生以爲先秦「河西」唯有一義，即程氏所謂「今同、華二府之境」，張守節云云大誤，〔註73〕是也。程氏過信唐人所言，未加深考，故有是誤。

其二，妄駁舊說。如卷三「堁津」條：「案：堁津有二地，杜預曰：汲縣南有延津，孔穎達曰：即堁津也。《索隱》：堁津在河北，《正義》：堁當作延，在衛州清淇縣西南二十六里。其地在今河南衛輝府汲縣南，延津縣北，即延津也。《帝王世紀》：白馬縣南有韋城，故豕韋國。《水經注》：白馬津有韋鄉韋城。徐廣曰：東郡白馬有圍津。圍與韋通。顧祖禹曰：戰國時曰堁津。其地在今衛輝府滑縣東南五十里。」〔註74〕堁津爲延津，淵源有自，本無疑問，程氏將白馬之「圍津」亦視作堁津，文獻既不足徵，自然難以取信。

其三，徵引失實。如卷三「煮棗」條：「案：煮棗有二，《地理志》清河郡有棗強縣，晉灼曰：清河有煮棗城。蓋邑於此。應劭曰：在東武城西北五十里。《正義》：煮棗故城，在冀州信都縣東北五十里。《寰宇記》：故城在棗強縣西南十五里，六國時於此煮油棗。此河北之煮棗也，在今直隸冀州棗強縣西南十五里。《郡國志》：濟陰郡冤句縣有煮棗城。《水經注》：北濟水自濟陽縣北，東北逕煮棗城南。《輿地廣記》：興仁府曹州冤亭縣有故煮棗城。此

〔註71〕 《史記地名考》，《錢賓四先生全集》第35冊，第1326～1327頁。
〔註72〕 《國策地名考》一，《叢書集成初編》第3050冊，第32～33頁。
〔註73〕 參看錢穆《史記地名考》（《錢賓四先生全集》第34冊）卷四《禹貢山水名》「河西」條，第152頁；卷八《秦地名》「西垂」條，第348～349頁。
〔註74〕 《國策地名考》二，《叢書集成初編》第3051冊，第45頁。

濟陰之煮棗也，在今山東曹州府菏澤縣西南。」〔註75〕此例，程氏引文頗有
誤，據《元和郡縣志》卷十七冀州「信都縣」條：「煮棗故城在縣東北五十里，
漢煮棗侯國城，六國時於此煮棗油，後魏及齊以爲故事，每煮棗油即於此城。」
〔註76〕又《太平寰宇記》卷六十三冀州「信都縣」條：「煮棗故城在縣東北二
十五里，漢侯國城，六國於此煮棗油，後魏及齊以故事每煮棗油於此城。」〔註
77〕則原引《寰宇記》頗誤，所謂「故城在棗強縣西南十五里」當作「煮棗故
城在縣東北二十五里」，「六國時於此煮油棗」當作「六國時於此煮棗油」。

其四，敘述不明。如卷四「莒」條：「案：齊有二莒，一爲東境邑，《左
傳》：齊侯田於莒，陳桓子請老於莒，是也。一爲故莒國，《地理志》城陽國
有莒縣，《郡國志》琅邪國莒縣，本國，故屬城陽，是也。」〔註78〕據今人研
究，殷之莒在山東費縣，西周之莒在山東膠縣，春秋之莒國疆域展括，北起
昌邑東南，東北起自膠縣以西，南達江蘇贛榆，東至黃海之濱，西達山東沂
水。〔註79〕程氏混淆國、邑，不知疆域與城邑之別，遂有此模糊之辭。

其五，考證不確。如卷六「扞關」條：「案：《地理志》巴郡魚復縣，有
江關，《郡國志》作『扞關』。《華陽國志》：巴、楚相攻伐，故置江關、陽關。
《水經注》：江水東出江關，入南郡界，又自關東逕弱關、扞關，扞關，廩君
浮夷水所置也，弱關在建平秭歸界，昔巴、楚數相攻伐，藉險置關，以相扞
防。《括地志》：陽關，今涪州永安縣治陽關城也。扞關，今硤州巴山縣界，
故扞關也。江關，今夔州魚復縣南二十里，江州南岸對白帝城是。合而考之，
陽關最西，江關次之，弱關又次之，扞關最東，相去各一二百里。在魚復者，
固江關，非扞關也……《郡國志》直改江關爲扞關，而後人宗之，遂無不謂
扞關在魚復，其訛久矣。」〔註80〕程氏於此旁徵博引，斷定扞關不在魚復，
似無疑問。然清人顧觀光以爲：「按：魚復故城，在今奉節縣西十五里，則扞
關當臨大江，故法孝直云：『魚復扞關，臨江據水，實益州禍福之門。』而《史
記》張儀說楚王曰：『秦西有巴蜀，方船積粟，起於汶山，浮江以下，不至十

〔註75〕《國策地名考》二，《叢書集成初編》第 3051 冊，第 46 頁。
〔註76〕《元和郡縣志》，中華書局 1985 年版，第 484 頁。
〔註77〕《太平寰宇記》，中華書局 2007 年版，第 1286 頁。
〔註78〕《國策地名考》二，《叢書集成初編》第 3051 冊，第 71～72 頁。
〔註79〕參看逢振鎬《莒國史略》，收入《中國古都研究》第十六輯，研究出版社 2003
　　　　年版，第 82～94 頁。
〔註80〕《國策地名考》二，《叢書集成初編》第 3051 冊，第 102～103 頁。

日而距扞關。扞關驚，則從境以東盡城守矣，黔中、巫郡，非王之有。』此明謂扞關在巫郡上游也。」〔註81〕若如程氏所言，扞關在最東，屬唐硤州巴山縣，爲楚境重鎮，則黔中、巫郡早入秦地版圖，何得《史記》所謂「扞關驚……黔中、巫郡，非王之有」。又若程氏所言，則法正所說扞關爲「臨江據水，爲益州禍福之門」顯無著落，法正爲漢末三國時人，顯然不會宗《郡國志》之誤而有扞關在魚復之說。《史記》、《三國志》、《續漢書‧郡國志》均早於《水經注》、《括地志》，從文獻角度，亦不當據後駁先，錢穆先生以爲：「扞關以在魚復爲是」〔註82〕，確爲定讞，程氏說誤。又如卷十一「蒲坂」條：「《楚策》『城渾出周』章：蒲坂、平陽，相去百里，（秦人一夜而襲之）而安邑不知，（新城、上梁，相去五百里，秦人一夜而襲之，上梁亦不知也）。張氏琦曰：蒲坂、平陽相去四百五十里，新城、上梁相去百餘里，疑新城句五字，應次『蒲坂句』，傳寫之訛也。案：此以蒲坂在河東，《漢志》河東郡有蒲反縣，應劭曰：秦始皇東巡，見長阪，故加反。孟康曰：本蒲也，晉文公以賂秦，後秦人還蒲，魏人喜曰：蒲反矣，謂秦名之，非也。臣瓚曰：《秦本紀》云以垣爲蒲反，然則本非蒲也。三說俱未析，舜都蒲坂，在唐虞時已有此名，不始於春秋戰國間，若『垣』與『蒲坂』本是兩地，何得相混。然《正義》云：前秦取蒲坂，復以與魏，魏以爲垣，今又取魏垣以爲蒲坂皮氏。其後又歸魏，魏復以爲垣，是當時實屢經更名，並非無因。蓋垣爲今長垣縣，本衛之蒲邑，秦嘗取之，後既歸魏，而又歸秦，故秦人以爲蒲反，而魏仍其故名曰垣，此自爲一地，與舜都全不相涉。《國策》所云蒲坂，蓋即指此。《綱目摭實》云：滑縣東南五十里有平陽城，即《左傳》衛侯飲孔悝酒處，距長垣幾及百里，所謂蒲坂、平陽相去百里者，殆謂是歟？自漢以來，俱列之河東郡，則其名稱之相混久矣。」〔註83〕此例中，《策》文所載蒲坂的位置與其通常認定之方位產生了矛盾，張琦選擇了重組《策》文來昵近方位，而程氏則選擇了考辨方位來驗證文獻。要解決這一矛盾，首先需要確定的此處所謂平陽究爲何地，今檢《楚策》原文爲：「城渾出周，三人偶行，南遊於楚，至於新城。城渾說其令曰：鄭、魏者，楚之軟國，而秦，楚之強敵也。鄭、魏之

〔註81〕今人諸祖耿編撰《戰國策集注彙考》引顧說，江蘇古籍出版社1985年版，第760頁。

〔註82〕《史記地名考》，《錢賓四先生全集》第34冊，第567頁。

〔註83〕《國策地名考》三，《叢書集成初編》第3052冊，第190～191頁。

弱，而楚以上梁應之；宜陽之大也，楚以弱新城圍之。蒲反、平陽相去百里，秦人一夜而襲之，安邑不知。新城、上梁相去五百里，秦人一夜而襲之，上梁亦不知也。今邊邑之所恃者，非江南、泗上也，故楚王何不以新城爲主郡也？」〔註84〕細繹《策》文上下文，城渾是用蒲坂、平陽來打比方，秦人偷襲蒲坂，蒲坂與平陽相距百里，安邑不知；那麼秦人偷襲新城，新城與上梁其間五百里，上梁更不可能有所聞知，故此平陽當即爲安邑周邊某地，而非史籍所載之諸平陽也，否則原文無法讀通。明乎此，則此處蒲坂距安邑亦爲百里左右，則正合河曲之蒲坂，與臨晉關隔河而對，程氏所辨意在彌縫，似是而非也。

其六，列舉未盡。如卷七「鄧」條：「案：（楚地）鄧有三，一在今湖北襄陽府襄陽縣東北二十里，古鄧國也。《漢志》南陽郡鄧縣，故國。《括地志》：故城在襄州安養縣北二十里。是也。一在今河南南陽府鄧州，亦古鄧國地，荀子所謂『鄧林』也，其地多名材，山高水深，舟車輳泊，號爲陸海，即秦穰邑，與襄陽接境。一在今河南許州郾城縣東南三十五里，名鄧襄城，亦曰鄧城，蓋本楚地，昭十三年，蔡公召子干、子晳盟於鄧，杜注：潁川召陵縣凶南有鄧城。《括地志》：故鄧城在豫州郾城縣東三十五里。《正義》曰：在召陵縣西十里。是也。」〔註85〕程氏所列楚地三鄧均是也，然戰國時另有鄧地。檢百衲本《史記・秦本紀》：「（秦昭襄王）十六年，左更錯取軹及鄧」，《正義》引《括地志》：「故鄧城在懷州河陽縣西三十一里」，錢穆先生據此指出此鄧在孟縣西南〔註86〕，是也，可補程氏之闕。又如卷八「馬陵」條：「《燕策》『秦召燕王』章：兵傷於離石，遇敗於馬陵。原注〔註87〕、《索隱》云，並趙地。案：馬陵有五，一在山東濮州東北六十餘里，齊地也。一在直隸元城縣東南十里，魏地也。一在河南長葛縣北三十里，韓地也。一在山西榆社縣西北九十里，則趙地也，《策》所指應在此。又《郡國志》河東郡下陽縣亦有馬陵。」〔註88〕先秦時另有馬陵，《史記・齊太公世家》「晉軍追齊至馬陵」，錢穆先生引《齊乘》：「淄水出益都岳陽山，北逕萊蕪谷。又北逕長峪道，亦曰馬陵，

〔註84〕　《戰國策》，上海古籍出版社 1998 年版，第 493～494 頁。
〔註85〕　《國策地名考》二，《叢書集成初編》第 3051 冊，第 115 頁。
〔註86〕　《史記地名考》，《錢賓四先生全集》第 34 冊，第 578 頁。
〔註87〕　據是書卷一「周」條狄子奇小注：「凡『原注』，皆鮑彪注；凡『正曰』、『補曰』，皆吳師道注。」
〔註88〕　《國策地名考》三，《叢書集成初編》第 3052 冊，第 144 頁。

即郤克追齊侯處」，以爲此馬陵在益都縣西南〔註89〕，是也，亦可補程氏之闕。

第四節 全祖望《七校水經注》所見經學地理考據

　　全氏《七校水經注》舊本久佚，清光緒十四年薛福成於寧波崇實書院重刊爲四十卷，而清人於此本頗多非議，以爲有僞書之嫌，王先謙《合校水經注》隻字不錄。今所輯錄文字均採自《景印文淵閣四庫全書》本趙一清《水經注釋》所引，當可信據。

　　我國地域闊大，地名形同相近的現象本不可避免，由此而導致的地名混淆亦多，全祖望、董祐誠、趙一清於酈注經學地理考證，率皆能細繹同名異地之辨也。如：《水經注》卷四：「汲冢《竹書紀年》曰：晉武公元年〔註90〕，尙一軍，芮人乘京，荀人、董伯皆叛。匪直大荔故芮也，此亦有焉。」全祖望按：「大荔之戎，亦名芮戎，在北地，而芮伯之國在臨晉，其後大荔滅於秦，種落蓋有居於臨晉者，漢人遂合芮戎、芮伯之國而一之，謂臨晉即故大荔，是大謬也。惟善長稍辨之，曰：匪直大荔故芮也，此亦有焉，則二芮了然矣，而讀其注者鮮知之。」〔註91〕此例全氏先辨明芮戎之芮與芮伯之芮明爲兩事，芮戎爲大荔之戎，被秦人擊潰後，其後裔四散逃亡，亦有定居於臨晉之地者，而臨晉本有芮伯之國，與芮戎毫不相干也。又《水經注》卷二十二：「《竹書紀年》：梁惠成王六年四月甲寅，徙邦於大梁，是也。」全氏曰：「少梁，是晉邑，即梁益耳所食采也。《漢志》河南郡梁縣，臣瓚曰：此梁，周之小邑，見於《春秋》，蓋即指楚人侵梁及霍之梁，在戰國爲南梁。蓋大梁在濬儀，少梁在夏陽，南梁在汝水之傍，三梁不可混也。」〔註92〕此辨先秦三梁，明晰簡要。又如《水經注》卷四：「（羊水）東出羊求山，西逕北屈縣故城南。」董祐誠以爲：「《左氏傳》，杜注：北屈縣西南有採桑津。《史記·晉世家》作『齧桑』，《集解》引服虔曰：翟地，《索隱》曰：衛地。按：齧桑有二，晉與翟戰之齧桑，即採桑，在北屈西南，今鄉寧縣西是也。秦張儀與齊、楚相會之齧桑，徐廣謂在梁與彭城之間；漢武帝《瓠子歌》：齧桑浮兮淮泗滿；後漢王梁擊佼彊、蘇茂於楚、沛間，拔大梁、齧桑；皆梁，楚間之齧桑也。《索隱》

〔註89〕《史記地名考》，《錢賓四先生全集》第 35 冊，第 415 頁。
〔註90〕「晉武公」原作「晉武功」，顯誤，徑改。
〔註91〕《水經注釋》卷四錄，《景印文淵閣四庫全書》第 575 冊，第 73 頁。
〔註92〕《水經注釋》卷二十二錄，《景印文淵閣四庫全書》第 575 冊，第 387 頁。

又謂：平陽西南七十里有採桑津，亦因徙治而誤。」〔註93〕董氏此段考證文字由採桑即釁桑，牽連出釁桑有二，其一，因採桑在鄉寧，故釁桑即在鄉寧。其二，則在梁至彭城間，自戰國至兩漢地皆未變。二釁桑顯爲兩地，董氏所言甚是。續而又辨平陽之採桑非原地，乃因徙治而得名，可謂卓識。又《水經注釋》卷五錄《水經注》：「（浮水）故瀆上承大河於頓丘縣而北出，東逕繁陽縣故城南，故應劭曰：縣在繁水之陽，張晏曰：縣有繁淵……《春秋·襄公二十年經》書：公與晉侯、齊侯盟於澶淵，杜預曰：在頓丘縣南，今名繁污，澶淵即繁淵也。」趙一清則以爲：「《春秋》有兩澶淵，《襄二十年》：盟於澶淵，杜預曰：澶淵在頓丘縣南，今名繁汀。此衛地，又近戚田。二十六年《傳》云：會於澶淵，以討衛，疆戚田。此衛之澶淵也。三十年：會於澶淵，宋災故。許愼《說文》：澶淵水在宋，杜預亦云。司馬彪《郡國志》：沛國杼秋，故屬梁，有澶淵聚。則非此繁汀也。」〔註94〕

全氏復能依據史實，以辨地理，如《水經注》卷九：「（沁水）又東過周縣北，縣，故周也。《春秋左傳》：隱公十一年，周以賜鄭公孫段，六國時韓宣子徙居之。」《左傳》「周」作「州」，全氏云：「州，本溫地。蘇忿生畔王，王以賜鄭，而鄭不能有也。晉啓南陽，州入焉，趙氏、郤氏、欒氏遞有之。昭公三年，晉以賜鄭公孫段，七年，復歸之晉。而韓宣子以易原縣於宋樂大心，然其後仍屬晉……《史記》韓宣子晚居州。然則，宣子雖不逮六國時，而未始不居州也。」〔註95〕此例全氏依據史實，歷數州地歸屬淵源，犁然在目，酈道元之誤判然可見，雖非輾轉考辨，然考據之意則蘊藏其中。又《水經注》卷十：「《竹書紀年》：梁惠成王三十年，秦封衛鞅於鄔，改名曰商，即此是也。故王莽改曰秦聚也。」全氏曰：「蕭該誤音『鄔』爲『鄔』，臧矜又誤音爲『鄡』。按：『鄔』，乃太原之邑；『鄡〔註96〕』，乃鉅鹿之邑；並屬趙，秦何由得取其地以封（衛）鞅乎？王莽以『鄔』爲秦聚，固非。道元謂莽以『鄡』爲秦聚，尤繆。蓋析縣之南鄉有鄔亭，道通武關，見《王莽傳》，即鄧奕招降析宰之處，正商於之地，豈鉅鹿之謂乎！」〔註97〕全氏從音變相訛的

〔註93〕　《水經注圖說殘稿》卷三，中華書局 2009 年影印本《水經注圖（外二種）》
　　　　　附錄，第 967 頁。
〔註94〕　《水經注釋》卷五，《景印文淵閣四庫全書》第 575 冊，第 99 頁。
〔註95〕　《水經注釋》卷九錄，《景印文淵閣四庫全書》第 575 冊，第 171 頁。
〔註96〕　「鄡」，原作「鄡」，揆諸上下文，當作「鄡」。
〔註97〕　《水經注釋》卷十錄，《景印文淵閣四庫全書》第 575 冊，第 199 頁。

角度，說明歷經蕭該、臧矜先後誤音改字，故「鄗」，一變爲「鄔」，再變爲
「鄢」。繼而又從地理角度辨析，「鄢」在太原，「鄔」在鉅鹿，兩地均爲趙地，
秦不得封商鞅於趙地，故兩地均非其封土。在此基礎上，全氏提出商鞅所封
當爲南鄉鄔亭，地望契合，誠爲精湛之見。

第五節　趙一清《水經注釋》所見經學地理考據

趙氏究心酈學，盤互既久，始成《水經注釋》四十卷，今人鄭德坤謂其
成就有三：旁引博徵，訂疑辨訛；證以本注，雜採他籍；細校經注，釐正混
淆，可謂集前人之大成者。〔註98〕書稿已成，而趙氏無力刊刻，僅有鈔本流
傳，乾隆三十七年，開《四庫》館，浙江巡撫採進其書，五十一年，畢沅命
梁玉繩兄弟董校付梓，遂得流行書坊。上節已將趙氏考辨同名異地的實例拈
出，現再對趙氏其它方面的考證實例進行簡要的分析。

《水經注釋》卷十三錄《水經注》：「（夷）水出平舒縣，東逕平舒縣之故
城南澤中。《史記》：趙孝成王十九年，以汾門予燕，易平舒。徐廣曰：平舒
在代。」一清按：「《史記·趙世家》：孝成王十九年，趙與燕易土，以龍兌、
汾門、臨樂與燕，燕以葛、武陽、平舒與趙。《正義》曰：《括地志》云：故
葛城又名西河城，在瀛州高陽縣西北五十里。平舒故城在蔚州靈丘縣北九十
三里。」趙氏檢核文獻，尋究出徐廣注釋所本。然而瀛洲與蔚州地隔懸遠，《括
地志》似是而非，「夫既知葛城在高陽，則武陽、平舒必相去不遠。先是惠文
王二十一年，徙漳水武平西，二十七年，徙漳水武平南。《正義》曰：《括地
志》云：武平亭今名渭城，在清州文安縣北七十二里。是時，趙境東逼，故
燕以三邑予之易土，葛城廢縣今安州治，武陽地闕。平舒今大城縣也。」趙
氏根據文獻記載提出平舒在其時大城縣，頗合史實，其又進一步指出：「漢曰
東平舒，屬勃海郡。師古曰：代郡有平舒，故此加東。是也。徐廣既誤證，《括
地志》又因之，均爲非矣。」〔註99〕此平舒即漢時之東平舒，屬勃海郡，而
《括地志》所謂平舒乃漢時代郡之平舒縣，趙氏考辨清晰，誠爲確論，《中國
歷史地圖集·隋唐五代分冊》將平舒繪於大城縣，亦是也。

〔註98〕　參看鄭德坤《〈水經注〉板本考》，收入氏著《中國歷史地理論文集》，聯經出
　　　　版事業公司 1981 年版，第 81 頁。
〔註99〕　《水經注釋》，《景印文淵閣四庫全書》第 575 冊，第 239 頁。

《水經注釋》卷二十一錄《水經注》：「汝水又東南，與龍山水會。水出龍山龍溪，北流際父城縣故城東，昔楚平王大城城父，以居太子建。故杜預曰：即襄城之城父縣也。馮異據之，以降世祖，用報巾車之恩也。」一清按：「城父、父城本是二縣。《漢志》潁川郡父城縣下云：應鄉，故國；沛郡城父縣下云：夏肥水東南至下蔡入淮，莽曰思善。《續志》父城屬潁川，而城父改隸汝南，故特著曰：城父故屬沛。春秋時曰夷，《左氏傳》云：楚遷許於夷，實城父。杜預注曰：此時改城父爲夷，故《傳》實之。又《後漢書・馮異傳》云：潁川父城人也。章懷注云：父城，縣名，故城在今許州葉縣東北，汝州郟城縣有父城，亦或謂之城父。《元和郡縣志》云：父城，故殷時應國。《左傳》：楚大城城父，以居太子建，是也。杜元凱恐後人誤以此城父爲遷許之舊，故云即襄城之城父，明以別於沛郡也。《史記・正義》云潁川父城縣、沛郡城父縣，據郡屬縣，其名自分，斯言最核也。」〔註100〕父城、城父，互爲倒字，極易混淆。趙氏先據《漢書・地理志》釐清漢時父城在潁川，城父在沛郡。又據《元和志》進一步指出《左傳》楚大城城父，爲殷時應國，正爲漢時潁川之父城縣，而非沛郡之城父縣。趙氏於極易致誤之處，細辨原委，可謂精審。

、《水經注釋》卷二十六錄《水經注》：「淄水又北，逕其城東，城臨淄水，故曰臨淄。王莽之齊陵縣也。《爾雅》曰：水出其前左爲營丘。武王以其地封太公望，賜之以四履，都營丘爲齊。或以爲都營陵。《史記》：周成王封師尚父於營丘，東就國，道宿行遲。萊侯與之爭營丘。逆旅之人曰：吾聞時難得而易失，客寢安，殆非就封者也。太公聞之，夜衣而行，至營丘。應劭曰：陵亦丘也。獻公自營丘徙臨淄。〔註101〕余按：營陵城南無水，唯城北有一水，世謂之白狼水，西出丹山，俗謂凡山也，東北流，由《爾雅》出前左之文，不得以爲營丘矣。營丘者，山名也，《詩》所謂『子之營兮，遭我乎猺之間兮』，作者多以丘、陵號同，緣陵又去萊差近，咸言太公所封。考之《春秋經》，書：諸侯城緣陵，《左傳》曰：遷杞也。《毛詩》、鄭注並無營字。瓚以爲非，近之。」一清按：「以營陵爲緣陵，正是瓚說。而道元顧云：瓚以爲非，近之。則瓚別有說，而今亡矣。」〔註102〕楊守敬以爲趙氏理解有誤：「臣瓚以營丘爲臨淄，

〔註100〕《水經注釋》，《景印文淵閣四庫全書》第 575 冊，第 362 頁。
〔註101〕原無「應劭曰」三字，此據楊守敬考證補，參看楊守敬、熊會貞合撰《水經注疏》，江蘇古籍出版社 1989 年版 1999 年第二次印刷本，第 2227～2228 頁。
〔註102〕《水經注釋》，《景印文淵閣四庫全書》第 575 冊，第 455 頁。

以營陵爲緣陵，是不以營陵爲營丘，審矣。此云『瓚以爲非』，乃渾括瓚說，謂瓚以爲營陵非營丘近是耳。趙氏誤會酈意，乃謂瓚別有說而今亡。假如有之，豈非自相矛盾乎？」〔註103〕趙氏於此確乎未能明瞭善長文意，楊說是也。趙氏又按：「《漢志》齊郡臨淄縣分注曰：師尚父所封。應劭曰：齊獻公自營丘徙此。臣瓚曰：臨淄即營丘也。故晏子曰：始爽鳩氏居之，達伯陵居之，太公居之。又曰：先君太公築營之丘，今齊之城中有丘，即營丘也。師古曰：瓚說是也。又北海郡營陵縣分注曰：或曰營丘。應劭曰：師尚父封於營丘，陵亦丘也。臣瓚曰：營丘即臨淄也。營陵，《春秋》謂之緣陵。師古曰：臨淄、營陵皆舊營丘地。」因所討論問題較爲複雜，趙氏在進行具體考辨之前，詳引《漢書・地理志》及顏注相關記載。趙氏首先駁斥應劭營丘即營陵之說〔註104〕，其云：「余謂獻公徙薄姑，都治臨淄。見於《史記・齊世家》，應說遂啓後人之疑，且淄水又不逕營陵。」又對臣瓚所云提出看法：「臣瓚云：臨淄即營丘。誠誤。只緣孟堅以臨淄即太公始封，師古詔附班氏而以瓚說爲是，不知瓚上句證臨淄之爲營丘，下句實營陵之即緣陵，言各有當。臨淄、營陵皆舊營丘地，一語滑突了之。」續而趙氏指出營丘不在臨淄，且推論其得名之由：「然太公始封，宜在北海，《史記》云：營丘邊萊，故萊人與之爭國。《寰宇記》濰州昌樂縣有古營丘城，云：本夏邑，商已前故國，太公所封之處，明其不在臨淄也。迨獻公新造斯邑，猶取故稱，故臨淄亦有營丘之號。」趙氏於此揭明太公所封昵近萊地，爲古營丘之地，實非臨淄可當。又引顧祖禹說，以爲佐證：「《呂氏春秋》：太公封營丘之渚，海阻山高，險固之地。其後五世胡公徙薄姑，六世獻公徙臨淄，蓋自東而西也。又云：顧氏曰：《班志》云臨淄名營丘，此猶晉遷於新田，而仍謂之絳。楚遷於郢，而仍謂之郢。蓋因臨淄城中有小丘而繫以舊名，非即古營丘也。《晉書・載記》慕容德如齊登營丘，即此地。杜氏又謂臨淄後爲營陵。夫《漢志》明言齊郡治臨淄，北海郡治營陵，豈一城乎？」趙氏又加以解釋：「此顧氏謂野王，杜氏則杜佑也。君卿此語，原非大繆。只因應劭有云『陵亦丘也』，故以營丘爲營陵，不知營丘之號可襲，而漢縣之目不可移也。若改作臨淄後稱營丘，則善矣。」〔註105〕綜合趙氏考證，主要觀點是太公所封之營丘不在臨淄，而是古營丘之地，其

〔註103〕《水經注疏》，第 2230 頁。

〔註104〕朱右曾《詩地理徵》「齊風」條詳列六證以爲營陵非營丘，可參看，《清經解續編》，第 5046 頁。

〔註105〕《水經注釋》，《景印文淵閣四庫全書》第 575 冊，第 456 頁。

後因爲地名遷移的原因，而使得臨淄得稱營丘，《漢書‧地理志》遂誤，應劭、臣瓚、顏師古均沿誤，此一問題終得廓清。而楊守敬卻頗不認同：「太公所封，確在臨淄，自胡公由臨淄徙薄姑，獻公又由薄姑還臨淄，讀《史記》自明。《漢志》亦以臨淄爲師尙父所封，而於營陵下云，或曰營丘，存此異說。應劭遂實以太公之封在營陵。自臣瓚之辨，已爲定論。酈氏證明其說，尤爲詳盡。近儒又復紛紛，何耶？」〔註106〕楊氏此言未能詳引文獻爲據，頗有泛論之嫌，難以令人信從。

而趙氏所論亦有謬誤者，如《水經注釋》卷十九錄《水經注》：「鄗水北逕谿靈臺西。」一清按：「谿靈臺，『谿』字誤也。朱氏謀㙔箋云：宋本作『漢靈臺』。竊謂似是而實非也。《御覽》及《長安志》引此文作『清泠臺』，與今本異。宋氏家多古書〔註107〕，未必無據。」趙氏引據文獻，提出了「谿靈臺」地名正誤的疑問。續而詳細引述了有關「周靈臺」與「漢靈臺」的不同說法：「《魏書‧地形志》：京兆郡長安縣，有周靈臺。《方輿紀要》長安縣『靈臺』下引《三輔故事》曰：周靈臺在鄠縣豐水東。鄠縣鄷城下云：《左傳》昭四年：楚椒舉曰：康有鄷宮之朝，杜預曰：鄷宮有靈臺，康王於是朝諸侯。孔穎達曰：豐去長安鄗池二十五里，又曰：靈臺在縣東北，周靈臺也。《志》云：鄷宮又東二十五里即靈囿之地，中有靈臺，《詩》所謂『經始靈臺』者也，《春秋》僖十五年，秦晉戰於韓，獲晉侯以歸，舍諸靈臺，是也。又曰：《三輔故事》曰：漢靈臺在長安故城西北八里，本秦之清臺，漢曰靈臺。郭緣生《述征記》：長安宮中有靈臺，高十五仞。《水經注》：漢靈臺在秦阿房宮南，去明堂三百步，鎬水逕其西，漢平帝元始四年立。」在此基礎上，趙氏總結出兩靈臺既非一名又非一臺，異稱亦異地。「觀此，則豐宮之靈臺爲周，而長安之靈臺爲漢。」從而指出若從朱氏所言宋本，作「鄗水北逕漢靈臺西」，則酈道元行文顯然矛盾，「酈注既於長安城下記漢靈臺矣，於此又云漢靈臺，不幾復與？」所以，不當作「漢靈臺」，當作「清靈臺」，趙氏又輔證以相關文獻，以固其說，「《寰宇記》引《水經注》作『清靈臺』是也。蓋清臺之名，不始於秦，康志賀《述禮統》云：夏爲清臺，商爲神臺，周爲靈臺。毛公《詩傳》

〔註106〕《水經注疏》，第 2230 頁。

〔註107〕宋氏當指宋敏求，編撰《長安志》、《唐大詔令集》、《春明退朝錄》等歷史文獻，趙氏意爲宋敏求家多古書，其撰《長安志》有「清泠臺」當有文獻依據，頗可信據。

－263－

曰：神之清明稱靈，四方而高曰臺。且亦有清、靈合稱者，《史記・封禪書》：
公孫卿曰：黃帝就青靈臺十二日燒也。《黃圖》曰：漢靈臺在長安西北八里。
又周文王靈臺在長安西北四十里，高二十丈，周四百二十步。明有周、漢之
分，呂《圖》亦云：漢舊城外有靈臺，北與未央宮對，此即漢靈臺，與酆宮
之靈臺無涉也。中尉知改『谿』字之誤，而不知『漢』字之亦屬臆說，與事
義大相乖繆者也。《玉海》引《水經注》曰：酆水北徑靈臺西，文王又引水為
辟廱靈沼。此等文句今皆脫失，無惑乎後人之但憑私見也。」〔註108〕此例趙
氏於曲折往復中，證明了酈注原文當作「清靈臺」，雖是一小地名之考據，亦
可見追索窮辨之功也。然而，若以文獻論，檢《中華再造善本叢書》影印宋
殘本《水經注》卷十九，此處正作「鎬水北逕漢靈臺西」〔註109〕，則朱氏不
我欺也，而與趙氏所謂「《水經注》：漢靈臺在秦阿房宮南，去明堂三百步，
鎬水逕其西」，方位正合，何見其不可重複歟？若以地理論，則周靈臺一處，
即所謂酆水所逕之靈臺；漢靈臺一處，即鎬水所逕之靈臺，二者截然分別，
趙氏不信前人校勘成果，武斷新造一所謂「清靈臺」，真所謂「似是而非」者
也！楊守敬《水經注圖》渭水三南五西四圖〔註110〕，細繪二靈臺，傍依酆水
者標注靈臺，是也；傍依鎬水者則標注清泠臺，非也，當作漢靈臺，其《水
經注疏》此處全抄趙氏此段議論〔註111〕，故其所誤當自趙氏，此又所謂以訛
傳訛者也。

第六節　楊守敬、熊會貞《水經注疏》所見經學地理考據

　　《水經注疏》為楊守敬、熊會貞師徒精心合撰之作，據熊會貞《〈水經注
疏〉修改意見》：「每篇首標題作：『宜都楊守敬纂疏門人枝江熊會貞參疏』。

〔註108〕《水經注釋》，《景印文淵閣四庫全書》第 575 冊，第 323 頁。
〔註109〕北京圖書館出版社 2003 年影印本。
〔註110〕楊守敬《水經注圖》，中華書局 2009 年影印本，第 304 頁。
〔註111〕《水經注疏》，第 1566 頁。文中一段點校者錄作：「中尉知改溪字之誤，而不
　　　　知《漢志》之亦屬臆說，與事義大相乖繆者也」，此例趙按通篇不及《漢志》，
　　　　楊氏所錄顯於原文不合，據排印本前言介紹，段熙仲整理所用底本為一九五
　　　　七年科學出版社影印抄本《水經注疏》，今檢此本確作「而不知漢志之亦屬臆
　　　　說」，又檢京都大學藏森鹿三抄本《水經注疏》亦與其同，則楊、熊是書除沿
　　　　襲趙氏之訛，又衍生新誤，可謂誤又疊誤者也。

文先生三分之二，會貞三分之一。」〔註112〕此言雖有熊會貞敬師推尊之意，然翻檢全書楊守敬之按語確乎遠較熊會貞爲多，所以此說應屬實情。《水經注疏》的撰寫工作歷年彌久，熊會貞多易其稿，流傳情況相當複雜。〔註113〕今以通行排印本爲工作本，擇「守敬按」中與經學地理考據相關者錄之，以見其研究成績和考證方法。

同名異地在歷史地名中是較爲普遍的現象，楊守敬在對《水經注》進行研究時，對經學地理中的「同名異地」問題比較關注，進行了大量的考辨，茲以實例說明之。

如《水經注》卷三：「然楡中在金城東五十許里，陰山在朔方東，以此推之，不得在上郡。《漢書音義》蘇林爲是，失也。」對此，楊守敬首先提出自己的觀點「楡中有二」，其云：「其在金城者，秦漢以爲縣，古西羌地也。其在上郡者，《史記・趙世家》，武靈王西略胡地至楡中。《趙策》同。又云：楚扞關至楡中者千五百里。是《漢書》衛青、伍被、韓安國諸《傳》所謂楡塞者，皆指此也。」則金城之楡中，秦漢時爲縣名，與上郡之楡中即秦漢時所謂楡塞者，判然兩地。繼而楊氏又對史籍舊注，進行了批評：「而《史記・始皇本紀》西北逐匈奴，自楡中並河以東，屬之陰山。《集解》引徐廣謂楡中在金城，陰山在五原北。《項羽本紀》蒙恬爲秦將，北逐戎人，開楡中地數千里。《索隱》引服虔云：金城縣所治；蘇林曰：在上郡；崔浩云：蒙恬樹楡爲塞也。兩說並載，已不能決。按《蒙恬傳》北逐戎狄，收河南，渡河，據陽山，居上郡。且築長城，起臨洮，至遼東，未得至金城楡中也。」〔註114〕此例楊氏運用確定方位的辦法，援引《史記・蒙恬列傳》證明蒙恬北逐匈奴的方向是在上郡地區，不可能擴展到金城地區，從而將兩處「楡中」辨別清楚。

又《水經注》卷七：「《傳》曰：向姜不安於莒而歸者矣。」守敬按：「《春秋》之向有三：隱十一年，王與鄭人之向，爲蘇忿生封邑，杜注在軹縣，此周畿內之向也。隱二年，莒人入向，向姜不安於莒而歸，杜注：向，小國也，譙國龍亢縣東南有向城。酈《注》陰溝水載向國，亦引杜注，又引《世本》

〔註112〕《水經注疏》，江蘇古籍出版社1989年版1999年第二次印刷本，第4頁。本文所引楊守敬考證文字、斷句標點皆據是本。
〔註113〕參看陳橋驛三篇相關文章：《排印〈水經注疏〉的說明》、《關於〈水經注疏〉不同版本和來歷的探討》以及《關於〈水經注疏〉定稿本的下落》，均收入排印本《水經注疏》。
〔註114〕《水經注疏》，第254頁。

云：向，姜姓也，此姜姓國之向也。僖二十六年，公會莒子、衛寧速，盟於向，杜注：向，莒地；宣四年，公伐莒，取向，杜注：莒邑；襄二十年，仲孫速會莒人，盟於向，杜無注；《寰宇記》，莒縣南七十五里有向城；又桓十六年，城向，或謂莒地，而魯暫取之，此莒地之向也。」楊氏借助杜預《春秋經傳集解》將先秦時期「向」地有三處的事實揭明，有軹縣之向、龍亢之向以及莒縣之向。在此考證基礎上，楊氏又指出了酈氏原文及全祖望校文的錯誤：「酈氏不於陰溝水向縣故城下言向姜不安於莒，而於此軹縣之向城引之，誠爲混合。全氏不知盟向之向在莒州西，以爲在周畿內，又不知向姜之向在龍亢，而以爲在莒州，〔註115〕皆誤也。」〔註116〕

又《水經注》卷二十二：「史遷所謂走犀首於岑門者也。徐廣曰：潁陰有岑亭，未知是否。」對於酈道元的疑惑，楊氏首先考辨了此岸門所在：「《史記‧魏世家》走犀首岸門，《索隱》引劉氏曰：河東皮氏縣有岸頭亭。考《漢表》岸頭在皮氏。《史記‧衛青傳》張次公封岸頭侯，《索隱》引晉灼云：河東皮氏縣之亭名也。樗里子取曲沃，走犀首於岸門，是岸門必與曲沃近。此岸門在河東皮氏，無可疑者。酈氏未覺《漢表》之岸頭在皮氏，又未檢及晉灼之說，但據徐廣云『潁陰有岸亭』，亦疑地望不合，故云『未知是否』。」此岸門在河東皮氏縣，而徐廣言在潁陰，顯然不合地望，楊氏進而指出，潁陰確別有一岸門：「按：岸門本有二：司馬彪、徐廣、劉昭並云在潁陰，《括地志》，在長社西北十八里，即潁陰地，是潁陰之岸亭，必非無徵。考《韓策》，秦、韓戰於濁澤，原注：長社濁漳。《策》又云秦與韓氏戰於岸門，原注：《後志》潁陰有岸亭。《史記‧韓世家》宣惠王十九年，秦大破我岸門，文本《韓策》，《集解》引徐廣曰：潁陰有岸亭，濁澤既在長社，岸門又爲韓地，是徐廣《音義》本指韓之岸門，與走犀首之岸門無涉。」〔註117〕岸門本有二，只是酈道元錯誤的將徐廣所釋繫於此處，經過楊氏的梳理解釋，其間的疑竇煥然消逝，文獻中常有矛盾的地名記載，不可輕易的指明孰對孰錯，要根據具體所指加以考察，此即爲顯例。

又《水經注》卷二十二：「沙水又東南，逕牛首亭東。《左傳》桓公十四

〔註115〕原文上引「全云：按：《左傳》盟嚮之向，在周圻內，杜所云軹縣者也。向姜之向，地在莒州，善長誤合爲一。」

〔註116〕《水經注疏》，第 633～634 頁。

〔註117〕《水經注疏》，第 1864～1865 頁。

年：宋人與諸侯伐鄭東郊取牛首者也，俗謂之車牛城矣。」守敬按：「《注》敘沙水東南流，先逕牛首鄉，繼逕斗城，方逕牛首亭，亭與鄉非一地。然實亦鄉境。」楊氏先明牛首亭、鄉非一地，可謂細辨入微，續而又徵引諸書，以明牛首古城所在。「《寰宇記》，牛首城在陳留縣西南十一里，《春秋地名考略》：今陳留縣西南牛首鄉，有牛首城，《金史‧地理志》：通許有牛首城，《一統志》：在通許縣西北。」楊氏進行此番考辨，別具用意，此乃陳留之牛首城，而魯地復有牛首亭：「又《續漢志》魯國有牛首亭，乃別一亭。劉《注》亦引《左傳》宋伐鄭取牛首爲證，誤甚。」〔註118〕此段考辨文字雖短，然而思路明晰，既指明了牛首亭、鄉之微別，又揭示了兩牛首亭之大異，楊氏治學之不苟，可概見之。

又《水經注》卷二十五：「京相璠曰：今高平縣西三十里，有故茅鄉城者也。」守敬按：「馬國翰輯《春秋土地名》，失采此條。考《左傳》，僖二十四年，茅，周公之胤，杜注：高平昌邑縣西有茅鄉；哀七年，邾茅，成子以茅叛，注：高平西南有茅鄉亭。《釋例》並同。是茅截然爲二，在昌邑者，周之茅國；在高平者，邾之茅邑。」楊氏仍然以杜注爲依據，揭示出春秋有兩茅鄉，其一西晉時在高平郡昌邑縣西，即今山東金鄉縣西北，爲周胤之茅鄉；其二西晉時在高平郡高平縣西南，即今山東魚臺縣東，爲邾邑；二者相距五十多里，明爲兩地。楊氏續而列舉了後世誤說：「《續漢志》：高平有茅鄉城，即杜說高平之茅鄉亭，劉昭乃引昌邑之茅鄉釋之。《方輿紀要》、《一統志》又謂昌邑之茅國後爲邾邑，成子以茅叛，即此。高士奇、顧棟高、梁履繩說同。竟混高平之茅於昌邑之茅。」接著又追蹤推求其致誤之由：「豈誤認杜注高平西南爲高平郡耶？」西晉時高平郡治所爲昌邑，故若是將哀公七年杜注「高平西南有茅鄉亭」之「高平」誤認爲是高平郡，其治所既在昌邑，則杜意便可理解爲「高平昌邑西南有茅鄉亭」，但此假設不能成立：「然何解於《釋例》明言高平縣？又何解於《續漢志》係茅鄉城於高平縣？且何解於此《注》所稱京相璠高平縣西三十里鑿鑿之言耶？」〔註119〕楊氏援引杜預《春秋釋例》、《續漢志》以及京相璠說，證明將「高平」理解爲「高平郡」是完全錯誤，從而坐實春秋有兩茅鄉，審矣。

又《水經注》卷二十六：「汶水自縣東北逕峿城北。《地理風俗記》：朱虛

〔註118〕《水經注疏》，第 1904 頁。
〔註119〕《水經注疏》，第 2181～2182 頁。

縣東四十里有峿城亭。」楊氏先引沈炳巽說：「邸，諸本作峿，誤。《春秋》莊公元年，齊遷紀邸，杜預曰：邸在朱虛縣東南。《說文》：邸，東海縣，故紀侯之邑。《漢書・地理志》：東海郡有邸鄉縣，《續志》無之。蓋東京廢省，而劉昭《補注》朱虛下，引《左傳》杜注皆作邸。無從山作峿者，是蓋因上峿山而訛，以爲縣名也。」接著楊氏便駁斥了《說文》之誤：「《說文》邸字後即鄔字，此爲故紀侯之邑無疑。但以爲東海縣，則誤。」楊氏意謂邸縣誠爲紀邑，而地非東海，續而又說明其理由，「據《地理風俗記》，後漢省縣入朱虛。前漢朱虛屬琅邪，琅邪有梧成縣，即此。梧、邸通用。至漢東海之邸鄉縣，即《春秋》文七年之邸，爲魯邑。酈氏於《泗水》篇載之，與此無涉。段玉裁、桂馥竟混而一之，沈氏亦失考。」〔註120〕楊氏據應劭《地理風俗記》認定《春秋》邸城於東漢之時屬朱虛，而朱虛前漢時屬琅邪郡，其時琅邪郡有梧成縣，邸與梧通，則邸地即爲此梧成縣，此屬逆推法，琅邪朱虛今在山東臨朐縣東南，而東海邸鄉今在山東泗水縣東南，兩地相距遙遠，絕非一地，故楊氏推定昵近朱虛之梧成縣爲邸地，誠爲卓識，東海邸鄉雖有「邸」名，但確非《春秋》之邸地也。

又《水經注》卷二十八：「（楊）水東入離湖，湖在縣東七十五里，《國語》所謂楚靈王闕爲石郭陂漢以象帝舜者也。湖側有章華臺，臺高十丈，基廣十五丈。」守敬按：「《左傳》昭七年：楚子成章華之臺〔註121〕，杜注：臺今在華容城內。又《續漢志》：城父有章華臺。又《地形志》：汝陽有章華臺。又《方輿紀要》：荊州府東南十五里沙市有章華臺。是章華臺有四。」楊氏首先羅列了文獻所載章華臺所在的四種說法，續而排除了其中兩種：「考《荊州志》沙市之臺，亦曰豫章臺。據《水經注》江水又東得豫章口，或言因楚王豫章臺得名，是沙市之臺本非章華也。《寰宇記》商水下載章華臺，引《春秋後語》：楚襄王二十年，爲秦將白起所逼，北保於陳，更建此臺，是汝陽之臺，非靈王之章華也。靈王之臺，或主城父，或主華容，迄無定論。」通過排除法，楊氏將原先相異的四說縮小爲兩說，接著又詳引俞正燮《癸巳類稿》以明章華臺當在城父，然而考辨並非就此結束，楊氏又提出了臺在華容的證據：「《左

〔註120〕《水經注疏》，第 2259～2260 頁。
〔註121〕排印本原作「楚子臺成章華之臺」，文辭不通，且與《左傳》不符，今檢其整理底本一九五七年科學出版社影印抄本《水經注疏》，此處正作「楚子成章華之臺」，所衍「臺」字爲整理者之誤，明矣，今據底本刪改。

傳釋例》：臺在華容城內，或曰在譙國城父。《傳》曰：楚子成章華之臺，願與諸侯落之。如楚道由鄭，知不在城父。則主華容者亦是也。」既然兩說均有理據，則問題便更加複雜難以解釋了，在此，楊氏進行了大膽的假設：「意者，靈王先建此臺於華容，及後樂乾谿，而築臺亦仍故號乎？」楊氏提出楚靈王先於華容築臺，名以章華之名，其後於乾谿遊樂，即城父，又重新築臺，亦冠以章華之名。楊氏並輔以史實，以證成其說：「觀襄王遷陳，立臺猶襲章臺之名，即其證也。」〔註122〕其後，楚襄王遷徙到陳，於陳又重建章華臺，即襲用故名之例。在此例中，楊氏並沒有迴避矛盾，而是嘗試著又另一種眼光來解釋，充分顯示出其地理考證的卓越水準。

「同名異地」是歷史地理中常見的現象，也是引起地理認知錯誤的重要原因，而「近名異地」同樣如此，同為經學地理考辨的重要內容，楊氏於此亦有發明。

如《水經注》卷二十二：「（八里溝水）又南逕兔氏亭東，又南逕邵亭西。」守敬按：「此邵亭自在扶溝，與後之召陵亭非一地，蓋此亭於八里溝水敘之，彼亭於康溝南水敘之，其中為康溝水，不言逕此亭，亦不言逕彼亭，知兩亭相去頗遠也。」〔註123〕「邵亭」、「召陵亭」兩地名形音俱近，楊氏運用地理區分的辦法，借助水系脈絡和古城地理方位的關係，說明邵亭在八里溝水，召陵亭在康溝南水，中有康溝水間隔，故而兩亭明為兩地，是也。

《水經注》以水系地，以地存古，對於考證經學地理提供了極為重要的文獻依據，楊氏深明其旨，運用多種考證手法對先秦古地方位進行了深入研究，仍舉實例以明之。如《水經注》卷六：「涑川又西南逕瑕城，晉大夫詹嘉之故邑也。」楊氏先辨瑕地所在：「僖三十年，許君焦、瑕，今本杜注：焦、瑕，晉河外五城之二邑，而未實指其地。文十三年，晉侯使詹嘉處瑕以守桃林之塞，杜注：賜其瑕邑，令率眾守桃林以備秦。亦不言瑕邑所在。文十二年，秦侵晉，入瑕，今本《左傳》亦無注。《郡國志》解縣下有瑕城，注引杜注：猗氏縣東北有瑕城，此當是文十二年侵晉入瑕注文。蓋杜預所知者，只河內之瑕，並無河外之瑕。」楊氏據《續漢志》劉昭注引杜預注以補今本之缺，據此杜注則瑕在河內。然僖公三十年杜注明謂「焦、瑕河外五城之二邑」，則瑕在河外，二者顯然矛盾。於是，楊氏以此為切入點，詳證瑕地確在河內。

〔註122〕《水經注疏》，第 2409 頁。
〔註123〕《水經注疏》，第 1906 頁。

「酈氏於『許君焦、瑕』下，引京相璠曰：河東解縣西南五里，有故瑕城。而不引杜氏猗氏東北之說者，是酈氏故以示博採，非不見杜說也。又《郡國志》注引《晉書地道記》曰，《左傳》：文十三年，詹嘉處瑕，在猗氏縣東北。是河內之瑕，京、杜之外，別有典據，而不在河外，審矣。又成六年，晉人謀去故絳，諸大夫皆曰，必居郇瑕氏之地。服虔曰：郇國在解縣東，郇瑕氏之墟也。此尤瑕在河內之鐵證。玩杜注所云，賜其瑕邑，令率眾守桃林，是知令由河內帥眾守河外，若謂瑕亦在河外，不加『令帥眾』三字矣。」楊氏歷舉諸說，以證瑕地確在河內，如此，則僖公三十年杜注必誤，楊氏沿此邏輯作了進一步推理，「因悟杜注『河外五城之二邑』有奪誤。其原文當是『河內外之二邑』，其不注焦、瑕實地者，以焦在河外，別見宣二年之注；瑕在河內，亦別見文十二年之注，故不重出。」楊氏在堅實的考證基礎上作出了大膽的假設，試圖恢復被改竄之前的杜注，接著其嘗試解釋爲何出現改竄，「淺人見僖十五年《左傳》有『賂秦伯河外列城五』之文，遂於此三十年杜注刪『內』字，增『五城』二字，以合《左傳》。又見文十二年杜注『瑕在河內猗氏』，與河外不合，復刪之，證成其誤。」彷彿偵破疑案一般，楊氏對改竄者的心理動機進行了透徹的分析，使得改竄之跡，昭然若揭。續而，楊氏又對清代學者在此疑竇上所犯錯誤，作了回顧。「精覈如顧炎武《日知錄》亦爲所惑，遂以郇瑕之瑕，非詹嘉所處，而於河外求瑕邑之地不可得，乃以湖縣當之，謂瑕、湖通用，附會顯然。徐善《春秋地名考略》、顧棟高《春秋大事表》並以《水經注》河外之曲沃，當詹嘉所處之瑕。不思酈氏言以曲沃之官守之，因有曲沃之名，無瑕邑之目。即以《傳》文核之，亦可知瑕之不在河外。」楊氏又將焦、瑕二地與晉許賂秦地的史實聯繫起來，「僖十五年，賂秦伯河外列城五，東盡虢略〔註124〕，南及華山，內及解梁城。是晉許賂秦河內外之地甚多，而未及焦、瑕者，焦包於五城之中，瑕包於解梁之內也。故燭之武但言『許君焦、瑕，朝濟而夕設版焉』，若焦、瑕皆在河外，燭之武不應遺河內之地。江氏永云，於河外舉焦，河內舉瑕，以二邑該其餘，是也。是焦、瑕河外二邑之說，非惟無明據，於燭之武立言之旨，亦失之矣。」〔註125〕楊氏

〔註124〕排印本原作「東盡號略」，文辭不通，且與《左傳》不符，今檢其整理底本一九五七年科學出版社影印抄本《水經注疏》，此處正作「東盡虢略」，所誤「號」字爲整理者之誤，明矣，今據底本刪改。

〔註125〕《水經注疏》，第590～591頁。

此辨，窮極追索，堪稱文獻史實相結合之範例，然其推測居多，而謂《水經注》河外曲沃無瑕邑之名，尤誤也，沈欽韓考之甚詳〔註126〕，似宜以瑕在河外爲長。

又《水經注》卷十：「（清漳水）又南逕昔陽城。《左傳》昭公十二年：晉荀吳僞會齊師者，假道於鮮虞，遂入昔陽，杜預曰：樂平沾縣東有昔陽城者是也。」爲了將問題考辨清楚，楊氏先長篇引用了劉炫《規杜》，其云：「《左傳正義》引劉炫《規杜》，以爲齊在晉東，僞會齊師，當自晉而東行也。假道鮮虞，遂入昔陽，則昔陽當在鮮虞之東也。今按：樂平沾縣在中山新市西南五百餘里，何當假道於東北之鮮虞，而反入西南之昔陽也？既入昔陽，而別言滅肥，則肥與昔陽不得爲一，安得以昔陽爲肥國之都也？昔陽即是肥都，何以復言鉅鹿下曲陽有肥累之城？疑是肥名取於彼也。肥爲小國，境必不遠，豈肥名取鉅鹿之城，建都於樂平之縣也？十五年，荀吳伐鮮虞，圍鼓，杜云：鼓，白狄之別，鉅鹿下曲陽縣有鼓聚。炫謂肥、鼓並在鉅鹿，昔陽即是鼓都，在鮮虞之東南也。二十二年《傳》云：晉荀吳使師僞羅者，負甲以息於昔陽之門外，遂襲鼓滅之，則昔陽之爲鼓都，斷可知矣。」這段文字中，劉炫涉及到多處《左傳》和杜注，爲便於明瞭劉氏文義，援引如下。《左傳》昭公十二年：「（六月）晉荀吳僞會齊師者，假道於鮮虞，遂入昔陽」，杜注：「鮮虞，白狄別種，在中山新市縣。昔陽，肥國都。樂平沾縣東有昔陽城。」又同年「秋八月，壬午，滅肥，以肥子縣皋歸」，杜注：「肥，白狄也。縣皋，其君名。鉅鹿下曲陽縣西有肥累城。」又《左傳》昭公十五年：「晉荀吳帥師伐鮮虞圍鼓」，杜注：「鼓，白狄之別，鉅鹿下曲陽有鼓聚。」又《左傳》昭公二十二年：「晉荀吳略東陽，使師僞羅者，負甲以息於昔陽之門外，遂襲鼓，滅之」，杜注：「昔陽，故肥子所都。」劉炫的疑問可以歸納爲幾點：第一，鮮虞既在新市縣，荀吳自西向東，由晉至齊，假道於鮮虞而入昔陽，則昔陽必在新市之東，而杜注謂樂平沾縣有昔陽城，樂平沾縣在新市西南，則昔陽即在新市西南，二者顯然矛盾。第二，根據昭公十二年《傳》文，荀吳先入昔陽，後滅肥，則昔陽與肥都必非一地，而杜注卻謂「昔陽，肥國都」，顯然矛盾。第三，假設昔

〔註126〕《春秋左氏傳地名補注》卷五「處瑕以守桃林之塞」條，《叢書集成初編》第3048冊，第56～57頁。

陽確爲肥都，則肥都在新市東，爲何杜注又謂鉅鹿下曲陽有肥累城，肥本非大國，地域狹小，爲何於鉅鹿下曲陽有肥城，又在中山新市東建肥都？第四，據昭公十五年《左傳》杜注，鼓聚亦在鉅鹿下曲陽，則肥累城與鼓聚爲一地，而據昭公二十二年《傳》文，荀吳伏甲昔陽而襲鼓，則昔陽又與鼓聚爲一地，如此，則昔陽、肥城、鼓聚三者皆在下曲陽，此與昔陽在中山新市東顯然矛盾。有此四疑，故楊氏慨歎：「自劉炫《規杜》以後，無不集矢於杜征南者。《書正義》雖爲辨護，亦不得要領。顧亭林疑之，而未下斷語。徐善、顧棟高、全祖望、洪亮吉亦直斥之。顧景范調停之，終無解於沾縣在新市之南，下曲陽在新市之東。」經過深入思考，楊氏詳舉六證以爲杜注有誤文摻入：「余展轉推求，乃知樂平沾縣之昔陽，非杜注也。其證有六。《左傳》昭公十二年：晉荀吳僞會齊師者，假道於鮮虞，遂入昔陽，杜注：鮮虞，白狄別種，在中山新市縣。新市去下曲陽不遠，一證也。杜注：昔陽，肥國都。不云鼓都，二證也。秋八月，滅肥，杜注：肥，白狄也，鉅鹿下曲陽縣西有肥累城。肥累城去沾縣甚遠，三證也。十五年，晉荀吳帥師伐鮮虞[註127]，圍鼓，杜注：鼓，白狄之別，鉅鹿下曲陽有鼓聚。是鼓都爲鼓聚，非昔陽城，四證也。二十二年，荀吳略東陽，杜注：晉之山東邑，魏郡廣平以北。此非下曲陽，不足當之，五證也。使師僞糴者，負甲以息於昔陽之門外，杜注：昔陽，故肥子都。此劉炫誤認昔陽爲鼓都之據，而杜注仍稱故肥子都者，以合十二年注，絕不以爲鼓都，六證也。」楊氏六證主要說明兩個問題，第一，「樂平沾縣東有昔陽城」非杜注。第二，昔陽爲肥都，與鼓都鼓聚無涉。接著楊氏又進一步闡述：「《傳》文『遂入昔陽』之後，即云『八月滅肥』，則昔陽非肥都而何？若是鼓都，不可通矣。其後二十二年滅鼓之役，則肥已滅於十二年，時昔陽已爲晉有，故不妨言師僞糴者負甲以息於昔陽之門外，以其去鼓國不遠，故僞糴使之不疑，若是鼓都在國門外，不可僞矣，其云『故肥子所都』，下一故字，可知非當時肥子所都也。而『滅肥』下注『下曲陽有肥累城』者，此爲滅肥之後，時人所稱名，即劉炫所謂疑是肥名取於彼也，不得其昔陽先爲肥都

〔註127〕排印本原作「晉荀吳帥師代鮮虞」，文辭不通，顯與《左傳》「晉荀吳帥師伐鮮虞」不符，今檢其整理底本一九五七年科學出版社影印抄本《水經注疏》，此處「伐」末筆一撇漫漶不清，故整理者誤認作「代」字，檢京都大學藏森鹿三抄本《水經注疏》正作「伐」字，今據京都本改正。

也。是則昔陽、鼓聚、肥累城，皆在下曲陽，杜已明注之。鮮虞、鼓國、肥國，皆白狄小國，相為比鄰，焉有樂平沾縣昔陽之說自相矛盾乎？」楊氏在抽離了「樂平沾縣東有昔陽城」的誤說後，通過重新梳理《左傳》原文和杜注，清晰的說明了昔陽本為肥都，肥滅後遂有肥累城之稱，而鼓都自為鼓聚，昔陽與鼓聚二者相距不遠，皆在下曲陽地域內，於是劉炫四個疑問都得到了較為合理的解釋。然而楊氏並未就此結束考辨，而是繼續探求，尋覓其致誤之由：「此必由淺人見《圖經》樂平沾縣有昔陽城，遂以續於杜注肥子都下，不知其相違反。幸杜注原文尚未改，使吾得以尋求，知為羼入，亦一快也。征南有靈，亦當驚知己於千古矣。然酈善長於遂入昔陽下，刪去杜注昔陽肥都，以便其昔陽在沾縣之說。劉炫則坐實昔陽為鼓都，二人皆地學大家，尚不能辨此。使征南受誣千載，可歎也。然其致誤之由，始於應劭。《漢志》下曲陽，應劭曰，晉荀吳滅鼓，今鼓聚昔陽亭是也。以鼓聚、昔陽亭合之為一，《十三州志》遂沿其誤。而司馬彪《郡國志》則云，下曲陽有鼓聚，有昔陽亭。分之為二，似亦知鼓聚為鼓國，昔陽亭為肥國者。人知以沾為陽之誤，而不知以昔陽為鼓都之誤；人知昔陽為鼓都可說，而不知遂入昔陽滅肥為鼓都，不可說也。」〔註128〕此例十分複雜，楊氏在經過縝密思考後，大膽提出了原文有誤的假設，並在此假設的基礎上重新連綴串講史實，對既往不可解答的疑竇進行了合理解釋，基本上還是令人信服的。〔註129〕

又《水經注》卷十九：「渭水北有杜郵亭，（去）咸陽十七里。」守敬按：「《國策》：甘羅述武安君之死，去咸陽七里。《史記‧甘羅傳》同。然考《白起傳》，出咸陽西門十里，至杜郵。《漢書‧司馬遷傳》，李奇曰：杜郵，地名，在咸陽西十里。慧琳《弘明集‧音義》引《春秋後語》：杜郵在咸陽西十里。則為十里至確，足證『七』為『十』之誤。疑《注》文本作十。校者見《國策》作七，注七字於旁，後混入正文，合為十七也。」〔註130〕由出土簡帛實物可知，十、七古文字體本不易分別，《國策》之所謂「七里」或即為「十里」

〔註128〕《水經注疏》，第 1004～1005 頁。
〔註129〕洪頤煊亦以為昔陽非鼓都，卻持昔陽非肥都、杜注為誤之見，轉不如楊說可信也。詳洪氏《筠軒文鈔》卷四，譚其驤主編《清人文集地理類彙編》第 1 冊，浙江人民出版社 1986 年版，第 416～417 頁。
〔註130〕《水經注疏》，第 1567 頁。

之訛也。此例楊氏利用文獻羅列的方法，指出杜郵當在咸陽西十里，續而又推論後人見《戰國策》有七里之說而校記於正文，遂混入正文而有十七里之說，解釋頗爲合理，作「十七里」者確誤，而原文究爲「十里」或「七里」似仍有待其它文獻加以證明。

又《水經注》卷三十二：「（決水）北過其縣東，縣，故吳也。」守敬按：「雩婁，在《春秋》爲楚地。昭五年，楚子懼吳，使薳啓疆待命於雩婁。《史記・吳世家・集解》服虔曰：雩婁，楚之東邑。《淮南子》：孫叔敖決期思之陂，灌雩婁之野。亦楚地之確證。然則《左傳》：『侵吳，及雩婁』，師未出楚境，『知吳有備而還』，非謂雩婁爲吳地也，當作『縣，故楚地』。酈氏『故吳』之說，即就《左傳》言也。」〔註131〕此例楊氏徵引文獻，以坐實雩婁乃楚地，而非吳地，續而分析酈道元致誤之因，理據明晰，誠爲的論。顧棟高《春秋大事表》卷七之四「雩婁」條：「《淮南子》：楚相孫叔敖決期思之陂，灌雩婁之野。期思陂即芍陂，今雩婁縣在江南潁州府霍丘縣西南，期思城在河南光州固始縣境，二邑相鄰並也。《水經注》云：雩婁，故吳地。此誤，本《傳》原云：知吳有備而還，是不入吳境也，又爲叔敖陂水所溉，其爲楚地，明矣。《史記》：吳王餘祭十二年，楚伐吳，至雩婁，服虔亦曰：雩婁，楚之東邑。」〔註132〕所辨與楊說略同，而實先發也。

上所枚舉各例，是楊守敬在《水經注》研究中所進行的經學地理考據工作之代表，這些實例反映出了楊氏細緻入微、審愼精覈的考辨作風。楊氏能達到如此高水準的研究水平，得益於其運用了多種考證方法，其中最有代表性的是充分利用《左傳》杜預注，以及酈道元《水經注》所提供的文獻材料，對古地方位逐個細緻的進行考辨和分析，在此基礎上撥開層層迷霧，將古地的本來面貌還原出來，誠爲清人經學地理考據之典範。除此之外，楊氏還綜合運用了其它方法進行考證，細繹如下。

其一：時間錯位法。如《水經注》卷十三：「昔周武王封堯後於薊，今城內西北隅有薊丘。因丘以名邑也，猶魯之曲阜，齊之營丘矣。武王封召公之故國也。」守敬按：「《史記・周本紀》：武王封堯之後於薊，封召公奭於北燕，是分燕、薊爲二國」，此燕、薊兩地之說。「而《樂記》謂武王封黃帝之後於薊，《經典釋文》：黃帝，姬姓，君奭其後也。《漢志》謂：薊，故燕國，召公

〔註131〕《水經注疏》，第 2661 頁。
〔註132〕顧棟高《春秋大事表》，中華書局 1993 年版，第 849～850 頁。

所封，則合爲一矣」，此燕、薊一國之說。楊氏繼而尋覓其因：「《史記・正義》：召公始封，蓋在北平無終縣，以燕山爲名，後漸強盛，乃並薊徙居之。」〔註133〕據此，則召公早年確見封於燕，爾後徙薊，則燕、薊實爲兩地，「《寰宇記》：召公封燕，即今淶水縣，是燕、薊本爲二國之證。酈氏亦明知爲二國，但《注》語措辭失當，遂若堯後、召公同時並居一國者。若云：召公之後，亦國於此，則無弊矣。」〔註134〕若將史事發生時間之先後順序梳理清楚，則矛盾自然而解，楊氏謂酈道元措辭失當，是也。

其二：同水異稱法。《水經注》卷十六「漆水」條，守敬按：「漆、沮本雙聲字，言漆可該沮，言沮可該漆。而《漢志》、《說文》並有漆、沮者，以《尙書》過漆沮在涇東，《漢志》、《說文》之沮水，是涇東之水，故有沮水，而漆水無聞；《詩》之漆沮在涇西，《漢志》、《說文》之漆水，是涇西之水，故有漆水而沮水無聞；是各舉一字之證也。孔穎達、司馬貞、程大昌、王應麟不知此，故紛紛致疑。」〔註135〕楊氏在進行大量研究的基礎上，發現沮漆水實爲一水，而《尙書》、《詩經》各有沮漆，一在涇東，一在涇西，〔註136〕其在不同流域而被冠之以異名，如此解釋，則古籍中的相關牴牾豁然可消，實開考證水文地理之新思路。

其三：實地考察法。《水經注》卷二十八：「案：《地說》言：漢水東行，觸大別之陂，南與江合。則與《尙書》、杜預相符，但今不知所是矣。」楊氏首先進行了學史回顧，歷數諸說：「大別在安豐，班、鄭及京相璠無異說。自杜預始獻疑。《元和志》遂以魯山當大別，後儒皆宗之。近世考《禹貢》者，重理《漢志》，洪亮吉設十四證以申班、鄭，論者服其詳確，而究無解於安豐去漢太遠。」楊氏將文獻之中的疑問，帶入實地考察中進行思考，「余嘗往來光、黃間，見山嶺重疊，綿互數百里，自松子關以南，至黃岡北之大崎山，復高竦入雲，迤灑至陽邏，始橫障汀湄。蓋松子至大崎，古只稱大別，猶言

〔註133〕楊氏所引太過簡略，今檢百衲本《史記》卷四《周本紀》：「封召公奭於燕」，《正義》云：「《都城記》云：周武王封召公奭於燕，地在燕山之野，故國取名焉。按：周封以五等之爵，薊、燕二國，俱武王立，因燕山、薊丘爲名，其地足自立國，薊微燕盛，乃並薊居之，薊名遂絕焉。今幽州薊縣，古燕國也。」

〔註134〕《水經注疏》，第1193頁。

〔註135〕《水經注疏》，第1449頁。

〔註136〕朱右曾《詩地理考》「漆沮」條詳考此事，可參看。《清經解續編》，第5055～5056頁。

大分水嶺。至春秋時，始判爲二別。疑古時漢水自安陸東南趨平衍之地，絕宋河、郳河、澴河，至陽邏南入江。大別即在指顧間。自漢水從安陸南下，遂迤潛江、天門至漢陽魯山入江，即《漢志》所謂至沙羨南入也。而《志》復言大別在安豐者，存《尚書》家舊聞耳。」〔註137〕經學地理由於時代邈遠的緣故，便得茫昧難知，而文獻記載亦復多有疑竇，難以指明所在，通過實地考察的方法，可以在一定程度上輔助對於文獻的深入理解，楊氏身在清季，已富科學精神，思索至此，眞可謂難能可貴。

然楊氏考證亦有可商榷之處，《水經注》卷二十六：「（巨洋水）又逕臨朐縣故城東，城，古伯氏駢邑也。」守敬按：「《春秋》莊元年，杜注：郱在東莞臨朐縣東南。《漢志》顏《注》引應劭曰：有伯氏駢邑。郱、駢音同。《續漢志》，臨朐有郱亭，古郱邑。《括地志》：郱城在青州臨朐縣東南三十里。是駢在臨朐境耳，非即臨朐城也。酈說稍誤。」〔註138〕此例可見楊氏考校地理之精密，於酈道元小誤之處亦不放過，其考證方法先拈出郱地所在，並說明其在臨朐東南，繼而又說明郱、駢相通，則駢地不在臨朐縣，明矣。然而，酈道元明謂「故城」，則或此故城即爲駢邑，而與新城有方位道里之別，楊氏所指謫未必即是。又《水經注》卷三十五：「江水又東，逕西陵縣故城南。《史記》：秦昭王遣白起伐楚，取西陵者也。」楊氏先尋酈說所本，「《秦策》：楚頃襄王二十年，白起拔楚西陵。《六國表》、《楚世家》同。《集解》徐廣曰：屬江夏。此酈氏所本。」繼而根據史實提出疑問：「據《表》：楚頃襄王二十年，當秦昭王二十八年。踰年，白起擊楚，拔郢，燒夷陵，更東至竟陵。竟陵在今鍾祥縣南，遠在漢西陵縣之西，若西陵是西陵縣，則秦兵已先出竟陵之東，於地望不合。」據楊氏所引，楚頃襄王二十一年，白起方拔郢，遂得至竟陵，而西陵城隔在竟陵之東尚遠，秦軍無由得至，故此處頗爲費解。楊氏對此進行了嘗試性解釋：「考《輿地紀勝》引《荊州記》：自夷陵縣泝江二十里，入峽口，名西陵峽。《吳志·孫權傳》：黃武元年，改夷陵爲西陵，蓋因附近先有西陵之目故也。然則夷陵、西陵伊邇，而非一地。白起先拔西陵，後燒夷陵，於情事亦合。《通鑑》周赧〔註139〕王三十六年《注》：西陵即夷陵，稍未審。徐廣以江夏之西陵縣當之，誤矣。」〔註140〕揣味楊氏之意，似以西

〔註137〕《水經注疏》，第 2419～2420 頁。
〔註138〕《水經注疏》，第 2207 頁。
〔註139〕「赧」，原書作「報」，顯誤，今改正。
〔註140〕《水經注疏》，第 2921 頁。

陵峽爲白起所取之西陵，然據其說「《秦策》：楚頃襄王二十年，白起拔楚西陵。《六國表》、《楚世家》同」，則白起明爲「拔」西陵，西陵若爲山峽，不知何能謂之「拔」，秦軍行進路線未必由西至東，先拔西陵，再搗楚郢，未嘗不可，即便白起不可拔江夏之西陵城，似亦不當以西陵峽爲是，楊氏此說，有待商榷。

結　語

　　清人常謂義理、考據、辭章爲學者必備之資，而考據一事正爲其標榜求
眞徵實之根本依託。因此，具體到經學地理研究，清人莫不汲汲於反覆考辨，
以求定一之見。所考既博，所辨復深，故其所得亦巨，本書正文述之詳矣。
古人有云：鴛鴦繡出從教看，莫把金針度與人。在此，筆者卻以爲有必要將
其金針所行、彌縫路徑簡括拈出，以助讀者瞭然其由此達彼之手段，從而既
可深知所謂清人樸學，又能尋其舊法以爲今日研究之用，庶幾可副結語之義。
　　清人經學地理考據方法大抵有四：其一，排比文獻；其二，斟酌史事；
其三，援經證經；其四，實地考察。所謂排比文獻，是將可信史料中所記載
和提及的相關地理信息羅列出來，若是所記沒有差異，則視之爲定讞；若所
記有兩組和多組不同說法，則再進行反覆比對、考辨甄別，最後選定其中一
種作爲結論。這是清人考辨古地最爲常用的方法，實際上也是今天進行地理
考據理應首先採用的辦法，其間水準高下之分在於對文獻記載的收輯與互
證，在討論經學地理問題時，清人最常使用的文獻是《漢書·地理志》、《水
經注》·《春秋經傳集解》二部，次者則爲《括地志》、《元和郡縣志》、《太平
寰宇記》乃至宋元方志、《大清一統志》。這一方法的便利之處是顯而易見的，
身處電子檢索蓬勃發展的科技時代，尤其如此。然而，其弊端在於單純依靠
乃至過分信任文獻記載，反而漠視了考辨對象作爲空間存在的地理特性。有
鑒於此，清人往往將地理考據與先秦史實結合起來加以考察，此爲斟酌史事
也。這一辦法特別適用於古國聚邑、關隘要津等等與重大歷史事件有關的地
理問題的討論，單憑文獻無法解決的矛盾疑惑，一旦落實到了具體史事中，
便能直觀的還原出地理情實，從而認定某說或否定某說，甚至會將既往文獻

所載一概推翻，重新指出新的考證方向，最終得出符合歷史事實的結論。此法主要是運用於《春秋》、《左傳》等經籍所見地理問題的考辨之中，然而對研究者要求很高，清人長期浸淫於四部之學，傳統學養深厚，所識者廣，所得者深，故能左右逢源、史地互證，這既爲後世開示門徑，又起到了榜樣的作用。清代學界經學研究爲犖犖大宗，今日所謂經學地理，在清人看來實因解經而釋地也。既爲解經，則必深明經旨、融通經文，爾後復能考辨古地，此爲援經證經。有以本經證本經者，則前後相繼所見之古地可互證也；有以他經證本經者，則諸經共見之古地可互證也。此法實有一語境觀念暗含其中，傳世五經無論是其記述對象還是其編纂時代都有一大致共通之語境，此非後世文獻所及，也非斟酌史事可一概解決，尤其是在進行《毛詩》地理、《尚書》地理研究時，往往會遇到很多虛無縹緲、無可徵實的疑惑，以經證經卻能在最大程度上發揮難可比擬的證明效果。以上三法實皆屬「紙上談兵」，故事早已逝滅，然舞臺尙存、地理猶在，清人亦深知此點，故復能跋山涉水、躬行走訪，寄思古之幽情，尋既往之故跡。雖其動身不易、實施頗難，考辨效果似又不如此前諸法，然清人科學考察之實踐精神於此可見，這對今日歷史地理研究也有深刻的啓示作用。

　　最後，需要特別指出的是清人考辨經學地理並非一味執著於結論之孰是孰非，而是往往能夠由考據地理上推至啓發當世，即從單純的學術研究轉向於民生憂慮，實際上正反映出清人通經致用的根本理念，故切不可僅以餖飣細屑、繁冗無用之學視之也。

主要參考文獻

1. 孔穎達，《南宋刊單疏本毛詩正義》，人民文學出版社，2012 年影印本。

2. 孔穎達，《附釋音毛詩注疏》，汲古書院，1973、1974 年影印本。

3. 焦循，《毛詩地理釋》，上海圖書館藏未刊稿本。

4. 王先謙，《詩三家義集疏》，中華書局，1987 年版。

5. 閻若璩，《尚書古文疏證》，上海古籍出版社，1987 年影印本。

6. 孫星衍，《尚書今古文注疏》，中華書局，1986 年版。

7. 胡渭，《禹貢錐指》，上海古籍出版社，2006 年版。

8. 姚燮，《胡氏禹貢錐指勘補》，北京師範大學圖書館藏未刊稿本。

9. 徐鹿蘋，《增訂夏書禹貢注讀》，揚州大學圖書館藏清刊本。

10. 馬俊良，《禹貢圖說》，揚州大學圖書館藏清刊本。

11. 沈練，《禹貢因》，揚州大學圖書館藏清刊本。

12. 袁自超，《禹貢翼傳便蒙》，揚州大學圖書館藏清刊本。

13. 姚明煇，《禹貢注解》，揚州大學圖書館藏線裝本。

14. 孔穎達，《春秋左傳正義》，《中華再造善本》，北京圖書館出版社，2003 年影印本。

15. 《公羊春秋穀梁春秋》，《中華再造善本》，北京圖書館出版社，2003 年影印本。

16. 顧棟高，《春秋大事表》，中華書局，1993 年版。

17. 洪亮吉，《春秋左傳詁》，中華書局，1987 年版。

18. 楊伯駿，《春秋左傳注》，中華書局，1990 年修訂版。

19. 皇侃，《論語義疏》，京都大學藏鈔本。

20. 劉寶楠，《論語正義》，《諸子集成》，上海書店，1986 年影印本。

21. 焦循，《孟子正義》，《諸子集成》，上海書店，1986 年影印本。

22. 段玉裁，《說文解字注》，上海古籍出版社，1981 年影印本。

23. 朱駿聲，《說文通訓定聲》，武漢古籍書店，1983 年影印本。

24. 丁福保，《說文解字詁林》，中華書局，1988 年影印本。

25. 戴侗，《六書故》，上海社會科學文獻出版社，2006 年影印本。

26. 周祖謨，《唐五代韻書輯存》，中華書局，1983 年版。

27. 司馬遷，《史記》，文學古籍刊行社，1955 年影印本。

28. 司馬遷，《史記》，百衲本《二十四史》，商務印書館線裝本。

29. 司馬遷，《史記（修訂本）》，中華書局，2013 年版。

30. 班固，《漢書》，《中華再造善本》，北京圖書館出版社，2003 年影印本。

31. 王先謙，《漢書補注》，書目文獻出版社，1995 年影印本。

32. 司馬彪，《續漢書志》，《仁壽本二十六史·後漢書》，成文出版社，1971 年影印本。

33. 司馬彪，《續漢書志》，日本內閣文庫藏宋本《後漢書》。

34. 王先謙，《後漢書集解》，中華書局，1984 年影印本。

35. 房玄齡，《晉書》，中華書局，1974 年版。

36. 沈約，《宋書》，中華書局，1974 年版。

37. 魏徵，《隋書》，中華書局，1973 年版。

38. 趙爾巽，《清史稿》，《二十五史》，浙江古籍出版社，1998 年影印本，

39. 方詩銘、王修齡，《古本竹書紀年輯證》，上海古籍出版社 1981 年版。

40. 范祥雍，《古本竹書紀年輯校訂補》，新知識出版社，1956 年版。

41. 《國語》，上海古籍出版社，1998 年版。

42. 譚澐，《國語釋地》，南京大學圖書館藏清刊本。

43. 董增齡，《國語正義》，巴蜀書社，1985 年影印本。

44. 《戰國策》，上海古籍出版社，1998 年版。

45. 諸祖耿，《戰國策集注彙考》，江蘇古籍出版社，1985 年版。

46. 賀次君，《括地志輯校》，中華書局，1980 年版。

47. 李吉甫，《元和郡縣圖志》，中華書局，1983 年版。

48. 樂史，《太平寰宇記》，中華書局，2007 年版。

49. 《嘉慶重修一統志》，中華書局，1986 年影印本。

50. 顧炎武，《肇域志》，上海古籍出版社，2004 年版。

51. 酈道元，《水經注》，《中華再造善本》，國家圖書館出版社，2003 年影印本。

52. 酈道元,《水經注》,中國書店,2012 年影印本。

53. 酈道元,《永樂大典》本《水經注》,廣陵古籍刻印社,1998 年影印本。

54. 王先謙,《合校水經注》,巴蜀書社,1985 年影印本。

55. 楊守敬、熊會貞,《水經注疏》,江蘇古籍出版社,1989 年版 1999 年第二次印刷本。

56. 楊守敬,《水經注圖（外二種)》,中華書局,2009 年影印本。

57. 林寶,《元和姓纂》,中華書局,1994 年版。

58. 余嘉錫,《四庫提要辯證》,中華書局,1980 年版。

59. 《天祿琳琅書目後編》,上海古籍出版社,2007 年版。

60. 《續修四庫全書總目提要·經部》,中華書局,1993 年版。

61. 《清史稿藝文志及補編》,中華書局,1982 年版。

62. 王紹曾,《清史稿藝文志拾遺》,中華書局,2000 年版。

63. 徐德明,《清人學術筆記提要》,學苑出版社,2004 年版。

64. 錢儀吉,《碑傳集》,中華書局,1993 年版。

65. 《清史列傳》,中華書局,1987 年版。

66. 支偉成,《清代樸學大師列傳》,嶽麓書社,1998 年版。

67. 江慶柏,《清代人物生卒年表》,人民文學出版社,2005 年版。

68. 王鳴盛,《十七史商榷》,上海書店,2005 年版。

69. 畢沅,《墨子注》,掃葉山房標點本。

70. 王應麟,《合璧本玉海》,京都中文出版社,1977 年影印本。

71. 沈括,《元刊夢溪筆談》,文物出版社,1975 年影印本。

72. 葉夢得,《避暑錄話》,《全宋筆記》第二編,大象出版社,2006 年版。

73. 黃汝誠,《日知錄集釋》,上海古籍出版社,1985 年影印本。

74. 王念孫,《讀書雜志》,江蘇古籍出版社,1985 年影印本。

75. 周中孚,《鄭堂讀書記》,北京圖書館出版社,2007 年影印本。

76. 成瓘,《篛園日札》,商務印書館,1958 年版。

77. 徐文靖,《管城碩記》,中華書局,1998 年版。

78. 杭世駿,《訂訛類編·續編》,中華書局,1997 年版。

79. 于鬯,《香草校書》,中華書局,1984 年。

80. 李慈銘,《越縵堂讀書記》,上海書店,2000 年版。

81. 宋翔鳳,《過庭錄》,中華書局,1986 年版。

82. 饒宗頤,《敦煌吐魯番本文選》,中華書局,2000 年版。

83. 洪興祖,《楚辭補注》,中華書局 2002 重印修訂版。

84. 全祖望，《全祖望集彙校集注》，上海古籍出版社，2000 年版。

85. 阮元，《揅經室集》，中華書局，1993 年版。

86. 錢大昕，《嘉定錢大昕全集》，江蘇古籍出版社，1997 年版。

87. 段玉裁，《經韻樓集》，上海古籍出版社，2008 年版。

88. 孫星衍，《問字堂集》，中華書局，1996 年版。

89. 錢穆，《錢賓四先生全集》，聯經出版事業公司，1998 年版。

90. 梁啓超，《梁啓超論清學史二種》，復旦大學出版社，1985 年版。

91. 譚其驤，《長水集》，人民出版社，1987 年版。

92. 石泉，《石泉文集》，武漢大學出版社，2006 年版。

93. 石泉、蔡述明，《古雲夢澤研究》，湖北教育出版社 1996 年版。

94. 施和金，《北齊地理志》，中華書局，2008 年版。

95. 丁山，《殷商氏族方國志》，科學出版社，1956 年版。

96. 高師第，《禹貢研究論集》，上海古籍出版社，2006 年版。

97. 周振鶴，《中國行政區劃通史·總論》，復旦大學出版社，2009 年版。

98. 周振鶴，《漢書地理志彙釋》，安徽教育出版社，2006 年版。

99. 李曉傑，《中國行政區劃通史·先秦卷》，復旦大學出版社，2009 年版。

100. 徐少華，《周代南土歷史地理與文化》，武漢大學出版社，1994 年版。

101. 任偉，《西周封國考疑》，社會科學文獻出版社，2004 年版。

102. 馬保春，《晉國歷史地理研究》，文物出版社，2007 年版。

103. 曲英傑，《〈史記〉都城考》，商務印書館，2007 年版。

104. 曲英傑，《先秦都城復原研究》，黑龍江人民出版社，1991 年版。

105. 后曉榮，《戰國政區地理》，文物出版社，2013 年版。

106. 鄭德坤，《中國歷史地理論文集》，聯經出版事業公司，1981 年版。

107. 《山海經新探》，四川省社會科學院出版社，1986 年版。

108. 洪湛侯，《詩經學史》，中華書局，2002 年版。

109. 趙伯雄，《春秋學史》，中華書局，2004 年版。

110. 孔祥軍，《漢唐地理志考校》，新世界出版社，2012 年版。

111. 孔祥軍，《晉書地理志校注》，新世界出版社，2012 年版。

112. 《清經解·清經解續編》，鳳凰出版社，2005 年影印本。

113. 《景印文淵閣四庫全書》，臺灣商務印書館，1983 年影印本。

114. 《四庫全書存目叢書》，齊魯書社，1997 年版。

115. 《四庫未收書輯刊》，北京出版社，2000 年版。

116.《續修四庫全書》，上海古籍出版社，2002 年版。

117.《四部叢刊》初編，商務印書館線裝本。

118.《四部叢刊》續編，商務印書館線裝本。

119.《四部叢刊》三編，商務印書館線裝本。

120.《古逸叢書》三編，中華書局線裝本。

121.《叢書集成初編》，中華書局，1985 年影印本。

122.《春秋戰國史研究文獻叢刊》，國家圖書館出版社，2009 年影印本。

123.《清人考訂筆記七種》，中華書局，2004 年影印本。

124.《清代詩文集彙編》，上海古籍出版社，2010 年版。

125. 譚其驤，《清人文集地理類彙編》，浙江人民出版社，1986 年版。

126.《居延漢簡·圖版之部》，中央研究院歷史語言研究所，1957 年版。

127. 清華大學出土文獻研究與保護中心編·李學勤主編，《清華大學藏戰國竹簡（貳)》，中西書局，2011 年版。

128. 姚遷、古兵，《六朝藝術》，文物出版社，1981 年版。

129. 顧頡剛、顧廷龍，《尚書文字合編》，上海古籍出版社，1996 年版。

130. 鮑漢祖，《石鼓箋釋》，鳳凰出版社，2007 年版。

131. 譚其驤，《中國歷史地圖集》，地圖出版社，1982 年版。

132.《中國文物地圖集·陝西分冊》，文物出版社，1998 年版。

後 記

  從計劃撰寫本書，到不斷修改補充完善，前後歷經八年時間，由於研究難度過大，雖說已竭我所能，但尚不能稱之為完善，不足之處，尚祈方家指正。撰寫書稿期間，多方搜集了大量原始資料，我都逐部逐篇的過目閱讀，書中所有關於清人經解地理考據的文字都是在前者的基礎上輯錄而成，而非抄襲或是剿竊於其它著述，我又反覆逐字覆核了全書所有引文，這是我特別想予以說明的。

  與此同時，為了在最大程度上減少錯誤，我還邀請了重慶沈楠先生審閱書稿，沈先生沉浸經學研究多年，是我素來所敬重的民間學者；師弟姚樂博士，不辭辛苦為我抄錄相關資料，書稿也曾請他過目；同事徐成博士也閱讀了書稿，他們提出的寶貴意見，為完善本書起到了重要作用。我的學生張敏碩士，幫助錄入了大量文字資料，何適博士也為本書的校訂勞心費力。復旦孟剛兄，既在學術史方面多有指點，也在我懈怠之時給予了我精神上的鼓勵。在此，真誠的感謝各位師友、同學對我的無私幫助。

  書稿的撰寫過程，既是研究的過程，也是學習的過程，在艱苦探索、攻堅克難的同時，也有了很多收穫。這份收穫主要是反映在提升個人學養方面，不但使我對清人經解地理考據有了深刻的認識，而且為我最終完成清經解提要撰寫計劃，奠定了堅實的基礎。此外，在研究過程中，我發表了一系列相關論文，並以此成功申報了新的研究項目，這些也是重要的收穫。如此，一方面，對我的任職單位有所交待，在科研指標層層下達的背景下，勉強算是沒有辜負領導和同事的包容與關心；另一方面，在新的研究計劃中，可以將本課題未盡之處拓展開來、深入下去，為最終能在最大程度上徹底完成這一

課題的研究建立學術基礎，所以本書僅是開始的一小步，希望在學界的批評幫助下，能走出以後的一大步。

　　特別需要感謝的是，在本書出版陡遇波折之際，花木蘭文化出版社和楊嘉樂老師慨然應允接受書稿，從而最終使得本書有幸問世。我校中國古代史學科點負責人王永平先生、教研室同事李文才教授一直以來對我多加關心、眞誠幫助，在我因出版糾紛陷入迷茫窘困時，又給予了及時的支持和鼓勵，好友宋燕鵬編審、蘇小芳醫師也多方勉力幫助。這些恩情，銘記在心，沒齒難忘。

甲午丁卯己卯初稿
乙未丙午辛酉定稿